Teosofia Explicada

Teosofia Explicada

Em Perguntas e Respostas

P. Pavri

Editora Teosófica
Brasília - DF

The Theosophical Publishing House
Quinta edição em inglês: 1999
Adyar, Chennai (Madras), 600 020, Índia

EDITORA TEOSÓFICA
Sig Sul Qd. 06 Lt. 1.235
70.610-460 – Brasília-DF – Brasil
Tel.: (61) 3322-7843
E-mail: editorateosofica@editorateosofica.com.br
Site: www.editorateosofica.com.br

Pavri, P.

P337

Teosofia explicada – em perguntas e respostas / P. Pavri – Brasília: Editora Teosófica, 2018.
488 p.

Título original: Theosophy explained - in question and answers

ISBN 978-85-7922-140-8

1. Teosofia. I. Título.

CDD 212

Tradução: Fernando Antônio Mansur Barbosa e Solimeire Oliveira Schilling
Revisão: Zeneida Cereja da Silva
Diagramação: Reginaldo Mesquita - Fone (61) 3341-3272
Capa: Ana Paula Cichelero
Impressão: Grafika Papel e Cores - Fone (61) 3344-3101
E-mail: comercial@papelecores.com.br

Sumário

Prefácio da primeira edição

Os principiantes no estudo da Teosofia costumam fazer inúmeras perguntas. Por isso, buscou-se apresentar neste livro, de maneira sistemática, o vasto ensinamento teosófico em forma de perguntas e respostas. O material aqui coletado foi obtido de mais de setenta livros e folhetos, principalmente de obras do admirável ocultista, o Bispo C.W. Leadbeater, e da célebre Presidente da Sociedade Teosófica, Dra. Annie Besant. O propósito deste livro é facilitar um pouco mais o estudo da Teosofia em seu estágio elementar, antes se de passar a obras de maior adiantamento e abrangência, que tratam de assuntos metafísicos e de difícil compreensão.

Meus sinceros agradecimentos ao Sr. Ernest Wood, Secretário do Theosophical Educational Trust e Diretor do Sind National College, e ao Sr. H.C. Kumar, Vice-Presidente do Sind National College, pelas muitas proveitosas sugestões e pelo auxílio prático.

P. Pavri

Nota da edição de Adyar

As três primeiras edições dessa popular exposição de Teosofia na forma de perguntas e respostas foram publicadas pelo autor "sem qualquer benefício, mas como oferenda à causa teosófica e sinal de gratidão aos Mestres de Sabedoria". No mesmo espírito, é publicada esta quinta edição sem qualquer vantagem comercial, subsidiada pela Theosophical Publishing House, Adyar, Chennai, Índia.

Aproveitamos a oportunidade para fazer algumas alterações editoriais, com vistas a tornar o trabalho atualizado.

Prefácio da quinta edição

Desde 1875, ano do renascimento da Teosofia no mundo do pensamento moderno, particularmente devido à atuação da Sociedade Teosófica, os pensadores em todos os países vêm aceitando com convicção suas explicações sobre as dificuldades e os mistérios da vida. Muitos que as estudaram profundamente convenceram-se, por experiência ou por raciocínio, da veracidade de seus acumulados ensinamentos; e centenas de milhares de outros pensadores menos diligentes as consideram, com o maior grau de probabilidade, o guia mais seguro e eficaz para a vida humana.

Embora muitas das afirmações a respeito desses mistérios – tais como a vida após a morte, a Lei da Justiça (*Karma*) e a peregrinação da alma até a perfeição humana através de repetidos renascimentos ou reencarnações – tenham chegado a nós sob a indubitável autoridade dos grandes Adeptos do Himalaia, reconhecidos como sábios e videntes, por meio de seus assistentes no mundo externo, sendo confirmadas pelos ensinamentos de muitas religiões e pela experiência de antigos e modernos místicos e filósofos do Oriente e do Ocidente, ainda assim, tais afirmações são profundamente satisfatórias à mente científica e lógica, e constituem os requisitos de nossas melhores opiniões morais e mais conscienciosas intuições. Em adição a isso, muitos pesquisadores independentes – a partir de algum método de treinamento próprio, defendido por aqueles que estejam ávidos pelo conhecimento direto – verificaram, por sua própria e imediata experiência suprassensorial, a veracidade de vários dos fatos apresentados ao mundo. A filosofia satisfaz, pois, aos três instrumentos humanos de verdadeiro conhecimento: autoridade, raciocínio e percepção direta.

Portanto, a Teosofia não é assunto tão somente para filósofos e estudiosos, mas acima de tudo para o "homem do mundo", levando a ele aquele conhecimento que satisfaz a mente e o coração, que faz da vida uma perpétua alegria, plena de propósito e poder. Faz com que esse homem perceba a ilusão da maioria das dificuldades e provações da vida, colocando-as em seu verdadeiro lugar, como instrumentos do progresso adjacente a elas; tal qual o cisne da fábula oriental, ele se torna capaz de separar, quase sem esforço, o leite da água na vida do dia a dia. Através da Teosofia, ele aprende que tanto o trabalho altruísta quanto o amor jamais refutam seus frutos e completa satisfação.

Tendo em vista este aspecto prático da Teosofia, o professor P. T. Pavri compilou esta obra, de maneira a colocar todo o assunto diante do público em geral sob uma luz clara e inteligível. Seu labor foi um trabalho de amor, resultado de cuidadosos estudos por muitos anos, durante os intervalos de seus deveres como engenheiro, e posteriormente como estudante em Adyar e professor do Sind National College. Sua apresentação dos ensinamentos teve completo êxito, como poderão julgar aqueles que passarem os olhos pelas páginas do livro, convenientemente organizado tanto para ser útil a uma leitura contínua como para o leitor que prefere repassar ligeiramente uma ou outra página.

Também recomendo fortemente este livro aos grupos de estudos teosóficos, sejam as Lojas Teosóficas ou outros, particularmente como um dicionário teosófico ou um companheiro que se consulta quando surgem dificuldades e dúvidas – é uma obra plena de detalhes úteis.

Ernest Wood

Em Seu Nome

Capítulo I:

O que é Teosofia

PERGUNTA 1: *A Teosofia é uma religião?*

RESPOSTA: A Teosofia não é uma religião em si, mas a Verdade que subjaz igualmente a todas as religiões, a raiz oculta da qual brotaram todas as diferentes religiões. É o mesmo que a Gnose dos cristãos, *Brahma Vidya* dos hindus e o Sufismo dos mulçumanos. "Teosofia" deriva de duas palavras gregas: *Theos*, Deus; e *Sophia*, sabedoria; significando "Sabedoria Divina", sem auxílio da qual é impossível para o homem conhecer algo acerca das mais profundas e perenes questões da vida.

P 2: *Quais são essas "questões mais profundas e perenes da vida"?*

R: Por que, de onde e como foi criado o Universo? Para onde ele propende? Quem sou eu? Qual o propósito de minha existência? Qual o objetivo? O que é Deus e onde está? De que maneira estou conectado a Ele e ao Universo? Qual é a explicação das aparentes injustiças da vida? Qual o sentido e o propósito do sofrimento e da dor? O que é boa sorte, fatalidade ou destino? O que são os sonhos e qual a sua causa? O que é a vida, e o que é a morte? Estas e muitas questões semelhantes, que o ignorante em todas as eras tem considerado inexplicáveis, podem ser compreendidas somente com a ajuda da Teosofia.

P 3: *Mas não é crença geral que tais questões não podem ser entendidas pelo homem?*

R: Nada há no mundo que o homem não possa conhecer e compreender. As razões de sua ignorância sobre tais assuntos são o seu orgulho, a sua inércia mental e o seu intelecto não desenvolvido.

P 4: *Porém, é levantada a objeção de que os assuntos não contemplados nas Escrituras religiosas não devam ser considerados verdadeiros.*

R: O fato de algumas Escrituras não apresentarem certos tópicos não prova a inveracidade deles; portanto, é insensato dizer que o estudo de temas teosóficos não tratados em determinadas Escrituras seja contrário à Verdade ou àquela religião. A maioria das ciências modernas não é mencionada nas Escrituras religiosas; seria correto, por isso, dizer que não devam ser estudadas?

P 5: *Se a Teosofia pode explicar os mistérios "inexplicáveis" da Natureza, por que tantas pessoas não somente a menosprezam como efetivamente a combatem?*

R: Uma razão é que, embora a Teosofia contenha, como um rio, baixios nos quais uma criança pode caminhar, há profundezas que nem o mais resistente mergulhador poderá sondar. E assim, apesar de alguns de seus ensinamentos serem tão simples e práticos que qualquer pessoa de inteligência mediana pode compreendê-los e segui-los, outros assuntos não serão alcançados e compreendidos, em seus mais elevados detalhes, sem esforços especiais. Desagrada à inércia mental ser perturbada; e o egoísmo prefere uma mentira fácil à maior verdade se esta exigir o sacrifício da mais ínfima comodidade. Portanto, o código altruísta da Teosofia só poderá ser atrativo àqueles poucos que já estejam preparados para levar uma vida de grande pureza. Outra razão é que a Teosofia rejeita qualquer superstição e fanatismo disfarçado de religião; por isso, quando são apresentadas verdades que contradizem categoricamente muitas das fantasias humanas acalentadas por sectários, elas não são aceitas por aqueles que não fizeram um estudo sério de sua própria religião e que, naturalmente, preferem se apegar às suas antigas crenças. Tal é a natureza humana, e não é fácil desenraizar ideias nutridas durante muitos anos, por mais falsas que sejam. Ademais, o caráter dos ensinamentos teosóficos é pouco familiar; e uma olhadela na história de qualquer novo pensamento, seja religioso ou filosófico, demonstrará que em sua trajetória são sempre colocados todos os impedimentos possíveis por aqueles que são avessos a inovações.

À medida que um homem progride intelectualmente, suas ideias acerca de religião sofrem uma grande transformação, e decresce proporcionalmente o seu fanatismo. No entanto, os ortodoxos e fanáticos de todas as religiões, que apesar de sua ignorância sobre os mais elementares princípios de outras religiões consideram a sua como a única verdadeira e demonstram desprezo por todas as outras, simplesmente proclamam sua própria insensatez. De igual modo, os que demonstram aversão à Teosofia, por acreditarem que ela seja contrária à sua religião, parecem não ter compreendido verdadeiramente sua própria religião ou de fato estudado os princípios básicos da Teosofia.

P 6: *Sendo assim, quais são os princípios fundamentais da Teosofia?*

R: São dois. O primeiro é a Imanência de Deus. Deus está em todos os lugares e em todas as coisas. A Vida divina é o Espírito em tudo que existe, desde o átomo até o Arcanjo. Todo pensamento e toda consciência são Seus, porque Ele é o UNO, o Único, a Vida Eterna. E assim, a essência da Teosofia é o fato de que o homem, por compartilhar de Sua Vida, pode conhecer a Divindade; e é ele próprio divino e imortal ou, melhor dizendo, eterno, pois imortalidade é apenas imensidade de tempo – aquilo que no tempo começa, no tempo deve terminar –, enquanto que o homem é também eterno como Deus, sendo a morte apenas o descarte de um traje antes de vestir-se de outro.

A partir da existência de uma Vida, uma Consciência, em todas as formas, sendo Deus imanente em cada uma delas, como corolário inevitável a esta suprema Verdade, deriva o fato da solidariedade de tudo o que vive, de tudo que existe – uma Fraternidade Universal. A Imanência de Deus e a Solidariedade do Homem – estas são as verdades fundamentais da Teosofia.

P 7: *Você poderia apresentar um esboço desses ensinamentos?*

R: Os ensinamentos teosóficos podem ser assim esboçados:

1. Há uma eterna Realidade Infinita, uma Existência real incognoscível;
2. Dela procede o Deus manifestado, revelando-se da unidade à dualidade e da dualidade à trindade.
3. Todo o Universo, com todas as coisas compreendidas dentro dele, é uma manifestação da Vida de Deus.
4. Existem várias poderosas Inteligências, denominadas Arcanjos, Anjos e *Devas*, que procederam do Deus manifestado e são Seus agentes para executar Seu pensamento e vontade.
5. O homem, como seu Pai Celestial, é divino em essência, sendo eterno o seu Ser interno.
6. Ele desenvolve-se e evolui mediante repetidas encarnações – em que ele é atraído pelo desejo, sob a Lei do *Karma* – nos três mundos (o físico, o astral e o mental), e deles se liberta através do conhecimento e do sacrifício, tornando-se divino em potência, como sempre o foi em latência.
7. Existem Mestres, homens perfeitos, homens que completaram sua evolução humana, que alcançaram a perfeição humana e já não têm nada mais a aprender no que se refere à nossa condição humana.

P 8: *Qual é a relação entre a Teosofia e a Sociedade Teosófica, e quando esta foi fundada?*

R: A Teosofia, em seus ensinamentos e ética, embora não na denominação, é tão antiga quanto o próprio homem; porém sabe-se que a palavra "teosofia" data do século III, quando o Sistema Teosófico Eclético, que depois floresceu no Neoplatonismo, foi estabelecido por Amônio Sacas e seus discípulos em Alexandria – embora Diógenes Laércio atribua esse Sistema a um sacerdote egípcio nos primeiros dias da dinastia Ptolomeica.

A Sociedade Teosófica, como tal, foi fundada por Madame H.P. Blavatsky e pelo coronel H.S. Olcott em Nova Iorque, a 17 de novembro de 1875. Em seus primórdios, as pessoas não só não a valorizaram como até se opuseram a esse profícuo movimento, designado ao progresso espiritual da humanidade.

P 9: *Mas como se pode demonstrar a proficiência da Teosofia?*

R: A proficiência da Teosofia jaz na concepção verdadeira do Plano de Deus, na compreensão apropriada do propósito da Vida, na indubitável confiança na Justiça Divina, no consolo mental e emocional, na absoluta liberação do desamparo e da desesperança, na completa ausência do temor e da ansiedade, e na oportunidade de cooperação inteligente e voluntária com o Plano Divino, com rápida consecução dos objetivos da vida humana. Porém, a prova de sua proficiência consiste no fato de ela ter sido aceita por pessoas sensíveis e inteligentes, ao demonstrarem o consequente melhoramento de conduta em suas vidas diárias, e no fato de estar impregnando gradualmente a literatura mundial.

A Sociedade Teosófica se expandiu por várias Lojas em diferentes partes do mundo; e todo membro da Sociedade Teosófica tem amigos ou parentes que estudaram a literatura teosófica e que são teósofos sem serem membros da Sociedade.

P 10: *Você mencionou que a Teosofia é tão antiga quanto o homem; qual foi, então, a necessidade de se criar a Sociedade Teosófica?*

R: As antigas Verdades haviam sido esquecidas e necessitavam de uma nova proclamação. O materialismo estava fazendo progressos muito rápidos nas nações civilizadas do Ocidente; e a ciência, em seu avanço, voltava-se para o materialismo, tanto que o agnosticismo havia se tornado a característica distintiva do homem de ciência, que sustentava serem os sentidos e o intelecto os únicos meios que o homem possuía para adquirir conhecimentos. Mesmo o Oriente, que costumava ser a fonte de onde brotava a Sabedoria, chegou ao ponto de ser invadido pela crescente onda de materialismo que ameaçava cobrir o mundo inteiro. Portanto, foi considerado prudente proclamar outra vez as Verdades eternas sob nova forma, apropriada à mentalidade e atitude do homem destes tempos. Porém, ao invés de revelar uma nova religião, conforme tão frequentemente se fez antes, a Sociedade Teosófica proclamou a fonte comum de todas as religiões, de tal maneira que qualquer pessoa, ao ver que todas elas são ramos da mesma árvore e possuem ensinamentos idênticos, possa compreender e obter inspiração a partir do significado interno, oculto, de sua própria fé.

P 11: *Todos podem estudar Teosofia?*

R: Naturalmente, qualquer um pode estudá-la, desde que tenha a mente aberta, uma atitude inteligentemente receptiva, e esteja disposto a buscar a Verdade onde quer que ela se encontre, em qualquer religião ou filosofia. Além disso, ele também não deverá ter nem a crença cega de uma pessoa pouco inteligente ou tendenciosa, nem a incredulidade vazia e belicosa do materialista. A Teosofia não é para aqueles que deem preferência a seus próprios preconceitos e ideias preconcebidas à Verdade revelada por outros, nem para os intolerantes e fanáticos que, por acreditarem ser a sua religião a única verdadeira, demonstram grande desprezo pelas outras.

P 12: *Qual a vantagem de se propagar a Teosofia?*

R: A Sociedade possui Três Objetivos, e mesmo que apenas um deles seja realmente alcançado, a vantagem seria formidável.

P 13: *Quais são esses objetivos?*

R: O Primeiro, e mais importante, é: "Formar um núcleo da Fraternidade Universal da Humanidade, sem distinção de raça, credo, sexo, casta ou cor".

P 14: *Como é possível formar uma Fraternidade Universal quando as pessoas, embora da mesma religião, têm desavenças entre si?*

R: O Segundo Objetivo é "encorajar o estudo de religião comparada, filosofia e ciência"; se ele for entendido e praticado, a Fraternidade Universal é possível.

P 15: *Em que consiste a vantagem disso?*

R: Um estudo comparativo das religiões comprova que a origem e a essência de todas elas são as mesmas e que, fundamentalmente, todas as religiões são uma só, ensinando as mesmas Verdades e inculcando os mesmos ideais de conduta e de vida.

P 16: *Como isso é possível, quando as distintas religiões do mundo aparentemente diferem tanto entre si?*

R: A Imanência de Deus é a base da Religião, e as variadas religiões são métodos pelos quais o homem busca Deus. E aqui reside a justificativa para a variedade: há muitos tipos de mentalidade, e diferentes religiões foram concebidas para atrair distintas Raças e temperamentos.

Além disso, as pessoas se encontram em diferentes estágios de evolução, e aquilo que serve em um determinado estágio pode não servir em outro. Por exemplo, uma nação jovem ou primitiva – ou seja, uma nação cujo povo não tem ainda muita experiência e treinamento a partir de uma longa série de encarnações humanas, e cujos prazeres capitais sejam comer, beber e procurar alimento – requererá um tipo muito simples de religião, que lhe ensine que existe um Deus que é bom, que as pessoas devem se conduzir corretamente para agradá-Lo e alcançar a felicidade depois da morte, e que, se agirem mal, Ele os castigará, fazendo-os sofrer após a morte.

No entanto, quando essas mesmas pessoas tiverem passado por muito mais vidas terrestres e nascerem em nações mais civilizadas, requererão uma forma de religião mais elevada e espiritual, pois já terão desenvolvido faculdades intelectuais e morais em maior grau. Através de sua evolução humana durante eras, tais pessoas crescerão em capacidade intelectual, e seu amor terá maior alcance e profundidade, pelo que estarão aptas a compreender mais das grandes Verdades em um grau a que nunca chegaram seus antepassados. Como já foi mencionado, aquilo que foi muito apropriado às necessidades do povo há dois mil anos obviamente não será inteiramente cabível agora, com seu ampliado conhecimento da Natureza.

As evidentes diferenças entre as várias religiões se devem às características nacionais e raciais, assim como aos variados estágios do desenvolvimento intelectual de cada povo, além dos agregados de ritos, cerimônias e graves deturpações, distorções e interpretações errôneas das Verdades fundamentais ensinadas pelos Fundadores.

Além disso, a Verdade pode ser expressa de mil maneiras distintas, porém sua totalidade jamais poderá ser expressa completamente. Os homens estão descobrindo agora que a Verdade é infinita, enquanto que os credos são finitos; que assim como é impossível reduzir o ilimitado a um atlas geográfico, também é inútil se empenhar para conter a Verdade, mesmo na mais elástica confissão de fé. Todavia, cada religião tem sua própria perfeição ou tônica, sua mensagem para a humanidade; e o estudo de todas as religiões é, portanto, necessário para se conhecer a multifacetada Verdade.

Assim, praticando o Segundo Objetivo, vemos que nenhuma religião particular é a única possuidora da Verdade e, por conseguinte, não sentimos preconceito com relação às outras. Consequentemente, a Fraternidade é de possível realização prática entre todos os homens, já que é um fato da Natureza, pois todos somos filhos do mesmo Pai.

P 17: *Você diz que os princípios essenciais a toda religião são os mesmos. Como é isso? Além do mais, se a Verdade se encontra em todas as religiões, por que ela parece tão diferente nelas?*

R: Todas as religiões crescem em torno de alguns grandes Instrutores – de fato, suas próprias denominações derivam desses Fundadores, como o Cristianismo, o Budismo, o Zoroastrismo e o Maometismo. Os Fundadores de religiões são todos Homens Divinos sob a orientação do Instrutor do Mundo; membros de uma Grande Fraternidade que dirige a humanidade e tem a custódia de um corpo de ensinamentos chamado "Sabedoria Antiga ou Divina". Quando uma parcela da humanidade está pronta para algum novo ensinamento, um dos pertencentes à Fraternidade nasce entre esses homens para fundar uma nova religião, trazendo consigo as mesmas Verdades, os mesmos preceitos, porém sob uma forma apropriada às condições da época, tais como nível intelectual do povo, seu tipo, suas necessidades e capacidades. "De muitas cores são as vacas, mas o leite (de todas elas) tem uma só cor. Consideremos o conhecimento como o leite e os instrutores como as vacas." E assim, devido a sua origem divina comum, o essencial em todas as religiões é idêntico, embora varie o que não é essencial.

As religiões são como as vasilhas em que se verte água; a água toma a forma do recipiente, mas conserva sua propriedade essencial de matar a sede. De igual maneira é vertida a vida espiritual nas religiões, assumindo uma forma de acordo com sua variedade (os requisitos dos tempos, os níveis de desenvolvimento intelectual das pessoas, etc.), porém permanece a mesma Vida espiritual única, capaz de saciar a sede que o Espírito tem de conhecer Deus.

Assim como uma luz branca inclui em si mesma todas as cores, também as diferentes religiões representam as variadas cores que, em seu conjunto, formam o único raio branco da Verdade. Como a água que, colocada em copos de vidro de diversas cores, aparenta ser diferentemente colorida, ainda que em realidade não tenha cor; como o mesmo raio de Sol, que visto através de vidros de matizes diversos aparece de cores variadas, de igual maneira a mesma Verdade tomará uma distinta aparência conforme as vestimentas das diferentes religiões, necessárias para sua expressão, sendo diferenciada em sua cor de acordo com as necessidades e capacidades dos diversos tipos de pessoas para as quais, principalmente, se destine.

Cada religião marca um estágio na civilização, aflorando alguma característica útil à humanidade. A humanidade deve aprender muitas lições e desenvolver diferentes qualidades que lhe são transmitidas por religiões especiais, adaptadas para enfatizar ensinamentos específicos. Esses ensinamentos se corporificam nas civilizações; e a humanidade, ao desenvolver as qualidades transmitidas pelas civilizações e ao aprender as necessárias lições instruídas pelos Instrutores do Mundo e incorporadas nas religiões, vai gradualmente mostrando um adiantamento, com qualificações cada vez mais enriquecidas. Portanto, ainda que todas as grandes Verdades se encontrem em cada religião, existe algo que predomina em cada uma – sua ideia central ou diretriz –, comunicando-lhe sua "cor" específica e desenvolvendo nela suas características peculiares.

P 18: *Quais são as ideias centrais, as diretrizes, das antigas religiões conhecidas?*

R: Embora seja certo que toda religião contém alguns ensinamentos universais, em cada uma predomina seu espírito peculiar. Cada uma soa sua própria nota, é evidenciada por uma qualidade dominante, como se tivesse escolhido uma virtude ou verdade sobre a qual imprima especial ênfase; e todas essas notas, quando ouvidas conjuntamente, não soam um monótono, mas um esplêndido acorde.

A contribuição da religião hindu à grande Religião Universal é a doutrina da IMANÊNCIA DE DEUS e da SOLIDARIEDADE DO HOMEM. Admitindo-se que a Vida universal habita em toda a humanidade, a fraternidade dos homens consiste tão somente no aspecto terreno dessa grande realidade espiritual; e a partir do reconhecimento da unidade dos homens, surge a nota dominante das obrigações sociais, o Dever, um sentido de obrigação entre os membros de uma comunidade, o dever de um homem para com outro.

O ensinamento do Instrutor Mundial, como Tehuti, ou Thoth (ou Hermes, segundo os gregos), que predominou na civilização do Egito, é o da CIÊNCIA, o estudo do homem e dos mundos que o rodeiam; e por que sua ideia central foi a Luz, teve o Egito, como tônica de sua fé, o conhecimento científico em um grau tal que o epíteto "sabedoria do Egito" tem perdurado através das idades, e a própria denominação "química" deriva-se de Chem, ou Khem, o nome primitivo do Egito, a terra da ciência no passado. Portanto, a contribuição do Egito à evolução do mundo consistiu na valorização da ciência e do conhecimento do mundo físico, isto é, a doutrina da Lei, pois a Lei é símbolo de Conhecimento, assim como o Dever é a flor da Verdade.

A base da civilização que o Instrutor Mundial, como Zoroastro, edificou na Pérsia é a PUREZA, "pureza de pensamento, pureza de palavra, pureza de ação". Ele proclamou a doutrina do Fogo e adotou o fogo como símbolo da Divindade, porque o Fogo é o grande purificador.

Na Grécia, o Supremo Instrutor, como Orfeu, deu a tônica à BELEZA, a beleza que é um aspecto da Divindade. Beleza é o enfoque da religião e da civilização grega, poderosa entre as antigas civilizações do mundo. A Grécia inseriu o belo na vida de seu povo, e a beleza se expressou através de sua maravilhosa literatura e de sua delicada arquitetura, assim como de suas estátuas sempre expostas ao povo.

Assim como a Grécia expressou a Beleza através da arte, Roma o fez através da LEI – o dever do cidadão para com a comunidade –, pois sem a lei, a beleza não poderia subsistir. Roma ensinou muito pouco acerca do indivíduo – o Estado foi o ideal romano; e não poderá existir verdadeira liberdade para uma nação sem a onipotência da lei.

A ideia central da grande religião fundada na Índia pelo Senhor Buda foi o CONHECIMENTO, o reto conhecimento da sabedoria, da compaixão e da obediência à Lei, do aprendizado sobre como viver e buscar a compreensão acerca de todas as coisas.

A tônica da religião hebraica é a RETIDÃO – a retidão de Deus, "do justo Senhor que ama a retidão".

No Cristianismo, a fé sobre a qual se edificou a civilização da cristandade, duas notas ressaltam, sendo uma consequência natural da outra. A primeira é o enfoque ao INDIVIDUALISMO. As nações mais antigas construíram suas civilizações baseadas na unidade da família, não do indivíduo. O Cristianismo evidenciou o individualismo; e a fim de que pudesse ser amplamente desenvolvido, algumas doutrinas, incluindo a da Reencarnação, ensinada na Igreja primitiva, foram sabiamente retiradas durante mais de mil anos. Era preciso construir a noção de individual, e a ideia de uma só vida proporcionava ao indivíduo uma atividade que ele não teria exercido se pensasse que atrás dele e diante dele existiriam muitas encarnações. Nos últimos dois mil anos, o individualismo tem sido aplicado em tal grau que, na Sub-raça Teutônica, o caráter individualista tornou-se egoísta, totalmente personalista e autocentrado. Talvez isso tenha sido necessário porque, sem que fosse fortemente construída essa qualidade, não teria havido base para uma futura cooperação. De fato, foi dito: "Não se pode sintetizar debilidades".

Logo, não tanto por preceito mas pelo primoroso exemplo do Fundador, há a ideia de que quando o poder for alcançado, ele deverá ser usado para o serviço; quando a força for adquirida, ela só será nobre se limitada à elevação do vulnerável; de que o conhecimento, o poder e a força são humanos tão somente quando dedicados ao serviço da Raça; de que o maior de todos será aquele que serve, sendo a medida de seu poder a proporção de seu dever. Isso faz soar a nota de AUTOSSACRIFÍCIO, que com o tempo será a tônica dominante nas nações cristãs. E assim, o Cristianismo liga ao amor de Deus o serviço ao nosso próximo, proferido pelos lábios do Instrutor Mundial a fim de que a raça humana seja capaz de ascender um degrau na escada da Verdade e do Amor.

Um cientista inglês, Huxley, elege e proclama a famosa frase de um Mestre de Sabedoria e Compaixão: "A lei da sobrevivência do mais apto é a lei de evolução para o bruto; porém, a lei de autossacrifício é a lei de evolução para o homem". O autossacrifício, tônica da vida do Senhor da Compaixão, o Cristo, não poderá ser claramente compreendido, mesmo por seus mais fervorosos fiéis, a menos que eles próprios tenham desenvolvido individualmente força intelectual e personalidade. O discípulo Pedro nos deu um exemplo disso quando negou a seu Senhor. Com uma maior compreensão, vem o reconhecimento do dever de autossacrifício; e o dever individual começa a ocupar o lugar dos direitos individuais.

O Islamismo fala de RESIGNAÇÃO à vontade de Deus e ensina que não há mais que um caminho para a Divindade, que é o da resignação à Vontade Divina.

Assim, revisando essas religiões mundiais, descobrimos que suas ideias centrais são como peças de um grande mosaico e devem se justapor antes que possamos apreciar a grandeza do completo resultado; vimos que cada fé tem sua própria nota musical, e não devemos perder nenhuma das tônicas ou dominantes, nenhuma das joias de cada credo, pois todas as sucessivas religiões do mundo são apresentações intelectuais da única esplendorosa Verdade espiritual, as diferentes cores da única Luz branca do sol espiritual da Verdade.

Lemos em uma das Escrituras orientais, a *Bhagavad-Gitā*, dos hindus:

> De qualquer modo que os homens venham a Mim, Eu lhes dou as boas-vindas, pois são Meus todos e quaisquer caminhos que os homens possam tomar, Oh Pārtha.[1]

Esta é uma grande verdade: Deus é o centro, as religiões todas se encontram na circunferência; e como todos os raios conduzem ao centro, assim todas as religiões levam a Deus. O que é necessário é que cada um de nós se aprofunde e se espiritualize em sua própria religião, descobrindo a identidade essencial em todas elas através de um estudo comparativo, auxiliado pelas mais profundas verdades e ensinamentos esotéricos da Teosofia.

P 19: *Afinal, a Teosofia não poderia ser considerada uma religião?*

R: A Teosofia é a base de todas as religiões, embora sob certo ponto de vista possamos pensar nela como se fosse uma religião em si, por levar a seus afiliados uma regra de conduta fundamentada não em mandamentos, mas no pleno senso comum comprovado por fatos. Os teósofos regulam sua conduta de acordo com a Vontade Divina expressa nas Leis da Natureza, evitando transgredi-las não para escapar da cólera de alguma deidade imaginária ofendida, mas para evitar danos a si mesmos.

Poderia também ser chamada de "religião" no sentido de que nos demonstra o curso normal de evolução e, ao mesmo tempo, nos assinala o caminho mais curto que conduz à meta da vida humana, através de um progresso mais rápido baseado no esforço consciente. Além do mais, por que a Teosofia demonstra, pelo estudo comparativo das religiões, que todas são idênticas em essência e origem, poderia ser considerada a chave para todas as religiões. A Teosofia nos dá uma explicação razoável para assuntos considerados mera superstição nas religiões, e nada tem a ver com as cerimônias externas de qualquer

[1] *BHAGAVAD-GITĀ – A CANÇÃO DO SENHOR*, tradução do sânscrito para o inglês por Annie Besant, Brasília: Ed. Teosófica, 2010. (N.E.)

uma delas, referindo-se somente à Verdade subjacente a todas elas.

Os membros da Sociedade não são obrigados a aceitar todas as afirmações da Teosofia como a uma fé cega, porém são livres para acolher o que lhes satisfaça como verdade. Essa abordagem repousa em uma base muito segura: de que nenhum homem poderá crer realmente em uma verdade enquanto não tenha se desenvolvido o suficiente para vê-la por si próprio. Um ensinamento não é, de fato, parte da vida espiritual do homem: o ensinamento entra em sua vida mental, naquela parte de sua natureza que é tida como entendimento, o intelecto; e o intelecto somente é capaz de captar o que tenha conformidade com ele. A verdade dentro de um homem é que reconhece a verdade fora dele, logo que se abre a visão interna. Daí que um dos objetivos da Sociedade Teosófica é o estudo das verdades fundamentais de todas as religiões. A ninguém se pergunta em que crê. Todos são deixados em liberdade para estudar por si mesmos. Quando se abrem os olhos do Espírito, o homem reconhece prontamente a Verdade porque a faculdade da Verdade em sua própria natureza lhe diz que ela existe. Ele vê através dela, assim como olha através da luz solar. Ao homem cego, a luz do Sol nada representa; mas para quem tem olhos, nenhum argumento é necessário para comprovar a existência da luz que ele vê. Daí o lema que a Sociedade adotou: "NÃO HÁ RELIGIÃO SUPERIOR À VERDADE".

P 20: *A ST se opõe a que seus membros sigam alguma religião particular?*

R: Certamente que não. Entre seus membros existem pessoas pertencentes às mais diversas religiões. Sendo a essência doutrinal de todas elas "pensamentos puros, palavras puras e ações puras", quem quer que os pratique, dentro de alguma religião, pode ser considerado um seguidor de qualquer outra ou todas elas.

P 21: *Há aspectos que diferenciam a Teosofia, e o que ordinariamente se denomina uma religião?*

R.: Sim, há dois aspectos. O primeiro é que a Teosofia não exige fé cega de seus afiliados, porém lhes é solicitado que conheçam algo por experiência, raciocínio ou intuição, ou que suspendam seu juízo sobre isso. Como naturalmente os principiantes não podem conhecer por si mesmos, é indicado que aceitem como "prováveis" as afirmações feitas por pessoas competentes para tal até que sejam capazes de verificá-las por si mesmos e se convençam de sua veracidade.

O segundo ponto de diferença é que a Teosofia não tenta converter ninguém, afastando-o da religião que professa, nem prega a superioridade de uma religião sobre outra. Pelo contrário, esclarece os significados profundos e ocultos dos textos e das cerimônias de sua própria religião, despertando nele uma apreciação mais intensa de seu próprio credo do que a que possuía antes de começar a estudar Teosofia, e ensinando-o a viver os preceitos de sua própria religião melhor do que costumava fazê-lo; em muitos casos, sobre bases mais inteligentes e em nível mais elevado, lhe restaura a fé que já quase havia perdido.

O postulado fundamental da Sociedade Teosófica, desde seu início, tem sido que devem ser respeitadas as diferenças de crenças religiosas. Ao constatar consagradas as mesmas grandes verdades com relação à vida, à morte e à conduta em todas as grandes religiões, a Sociedade procura atuar por todas elas, em vez de fazê-lo por uma só. Sabendo-se que a fé que existe em qualquer nação particular é, em geral, o credo mais apropriado para o seu povo, a Sociedade trata assim de purificar e fortalecer aquela fé, e não de implantar em seu lugar uma crença estranha. Dessa forma, na Índia, ela trabalha pelo renascimento e purificação do Hinduísmo; no Sri Lanka, pela causa do Budismo; e na Europa e na América, pela reta interpretação da gloriosa religião do Cristo. Como disse uma vez a Dra. Besant, de forma concisa, acerca da posição teosófica: "A Teosofia lhe pede que viva sua própria religião, não que a abandone".

P 22: *Agora, qual é o Terceiro Objetivo da Sociedade?*

R: "Investigar as Leis não explicadas da Natureza e os poderes latentes no homem." A intuição espiritual no homem deve se manter viva, combatendo e aniquilando a intolerância de todos os tipos – religiosa, científica ou social. Para tal fim, devemos tratar de adquirir o conhecimento de todas as Leis da Natureza – ou seja, o ordenamento invariável que existe na Natureza – e de fomentar o estudo especialmente daquelas Leis menos compreendidas pelos homens modernos – as chamadas ciências ocultas, que estão baseadas no verdadeiro conhecimento da Natureza, e não em crenças supersticiosas. Além disso, o homem possui em seu interior certos poderes latentes; e investigá-los e desenvolvê-los é objetivo da Sociedade, por meio de que possa o sofrimento cessar e a paz se irradiar por todo o mundo.

P 23: *A ciência moderna é antagonista da Teosofia?*

R: A Teosofia ou Sabedoria Divina abarca toda a ciência, antiga e moderna, já que não pode haver conhecimento fora da Sabedoria Divina. Enquanto os fatos permanecerem os mesmos, não pode haver senão *uma* ciência; o estritamente científico é teosófico, e o verdadeiramente teosófico está em completa harmonia com todos os fatos, sendo, portanto, científico no mais alto grau. No entanto, a diferença fundamental entre os pontos de vista da Teosofia e da ciência moderna é que a primeira se dedica ao estudo da Vida e da Consciência, e a segunda, ao estudo da forma e dos veículos da Consciência, dos fenômenos físicos neste e em outros mundos, e daquilo que possa ser trazido à nossa consciência tão somente através do cérebro físico e dos sentidos. A ciência moderna consiste em um conhecimento sistematizado de fenômenos sensoriais; porém, com o crescente interesse pela percepção extrassensorial e pelos fenômenos psíquicos, e com a perspectiva mais ampla em alguns ramos da ciência inclinando-se na compreensão da Unidade e relativamente em contraste com o fisicalismo e determinismo do século XIX, o escopo da ciência moderna tem se ampliado. Em tempos remotos, religião e ciência eram aliadas e uma só, e não havia discórdia entre inteligência e Espírito. A ciência moderna, em sua autossuficiência e materialismo, outrora fez escárnio da Teosofia e foi sua antagonista; mas felizmente o materialismo, com suas absurdas teorias, é hoje coisa do passado, motivo pelo qual a oposição e a incredulidade têm diminuído gradualmente.

Nenhum estudante imparcial e criterioso poderá estudar *A Doutrina Secreta*[2] – obra capital do ensinamento teosófico – sem se surpreender com a profundidade de conhecimento que ela revela e sem observar o quanto a ciência moderna está avançando ao longo das linhas traçadas antecipadamente pela talentosa autora daquela obra monumental, embora tenha sido muito caluniada.

P 24: *É então a Teosofia uma ciência?*

R: É verdadeiramente uma ciência, já que as Verdades que proclama não são assunto de mera crença teológica, mas de conhecimento direto adquirido pelo estudo, pela investigação e laboriosa observação. Sendo uma Ciência da Vida, uma Ciência da Alma, ensina que o mundo é uma manifestação do Pensamento Divino em todos os graus de matéria que mutuamente se interpenetram. O homem tem outros corpos à parte do físico, e quando tiver evoluído suficientemente, à força de repetidas encarnações, poderá desenvolver novos sentidos, adquirir mais elevadas faculdades mentais, observar os fenômenos da Natureza na matéria mais sutil, e compreender suas Leis inerentes.

Em toda ciência, o estudante deve se qualificar para o estudo e ter o tempo e a capacidade necessários se quiser adquirir conhecimento de primeira mão. Igualmente, um estudante da ciência teosófica deverá ter alcançado um certo estágio em sua evolução e ter seus corpos físico, astral e mental devidamente purificados para que sirvam como instrumentos perfeitos em suas investigações pelos mundos de ma-

[2] BLAVATSKY, H. P. *A Doutrina Secreta*. São Paulo: Ed. Pensamento, 1980. (N.E.)

téria sutil. De fato, definiu-se a Teosofia moderna como uma síntese das Verdades essenciais sobre religião, ciência e filosofia.

P 25: *Foram explicados os componentes religião e ciência, mas o que a Teosofia ensina sobre filosofia?*

R: "Alcançar o conhecimento do Uno é a meta de toda filosofia", disse Giordano Bruno. A filosofia é o conhecimento da Unidade através da razão, à parte da multiplicidade de objetos; a ciência é meramente a observação de objetos através dos sentidos. Somente aquele que conhece a Unidade é um filósofo; disse Platão: "A esse estimo como a um Deus".

A Teosofia é a filosofia da Vida, elucidando que o Sistema Solar é uma magnífica manifestação da Vida Divina, com o homem como parte dela; afirma que o homem, segundo é visto por meio de faculdades já desenvolvidas, não é um corpo com uma alma, mas *é* uma alma e *tem* um corpo – de fato, vários corpos, seus veículos para atuar em diferentes mundos. Existem vários mundos que mutuamente se interpenetram e que simultaneamente nos rodeiam, a todo o tempo, embora em nossa consciência de vigília só nos damos conta do mais denso deles, o físico.

O homem progride, vida após vida, sob as Leis da Reencarnação e do *Karma* até que realize a Unidade de tudo o que existe e alcance o conhecimento do Uno. É o arquiteto de seu próprio destino, colhendo em vidas futuras aquilo que semear nesta. A Teosofia explica também que o pensamento e o sentimento não são agregados de matéria, mas as *causas* de tais agregados; e declara, com *Sir* William Crookes, que devemos ver *na* vida o modelador e o conformador da matéria.

P 26: *Você fez colocações sobre o homem e sua evolução, sobre Reencarnação e* Karma, *sobre a existência de Mestres, etc. São, todos esses, fatos que podem ser demonstrados?*

R: Assim como um matemático não pode demonstrar um teorema de difícil compreensão para um adolescente, a menos que ele, mediante estudo diligente, tenha adquirido um conhecimento elementar sobre o tema, também é necessário um rigoroso treinamento para que os ensinamentos teosóficos sejam percebidos como fatos. Entretanto, eles nos são propostos como fatos por aqueles que verificaram sua exatidão. Antes que os fatos da Teosofia possam ser demonstrados, é necessário que sejam desenvolvidos, pelo treinamento, certas faculdades psíquicas e certos poderes espirituais, ainda que a verificação completa de todos os fatos seja possível somente para os Homens Perfeitos. Contudo, antes de alguém desenvolver poderes psíquicos, poderá constatar a necessidade da Reencarnação, do *Karma*, da peregrinação da alma, dos Mestres, etc., pelo poder que tem a alma de raciocinar acerca dos fenômenos e da experiência da vida humana.

P 27: *É verdade que se exige dos membros da Sociedade que sejam vegetarianos e abstêmios?*

R: Nada disso. Nossa Sociedade espera simplesmente que todos os seus afiliados se esforcem para servir a outras pessoas e para serem altruístas no trato com elas. Os membros da Sociedade devem viver a Lei da Fraternidade, o Primeiro Objetivo da Sociedade, e ser tolerantes com todas as religiões.

P 28: *Então, por que muitos de seus mais proeminentes membros são estritamente vegetarianos?*

R: O estudo dos ensinamentos teosóficos não é impossibilitado pela dieta carnívora ou pela ingestão de bebida alcoólica, porém os estudantes realmente dedicados anelam por algo mais que um estudo simplesmente teórico. Eles querem estudar o Ocultismo, a Ciência Secreta que revela as Leis ocultas na Natureza e auxilia a desenvolver os poderes latentes no homem. Eles buscam adquirir sabedoria e poder mediante o estudo do oculto a fim de ajudar os demais e de conhecer a Verdade por experiência direta pessoal, e não por dar crédito de confiança.

O estudante dedicado sabe que o corpo físico deve ser mantido perfeitamente puro se ele quiser atingir um completo domínio sobre este corpo, com suas paixões e desejos; e o vegetarianismo é um passo necessário nesta direção.

Há um grande volume de literatura disponível sobre os méritos do vegetarianismo quando comparado com uma dieta que inclui carne, particularmente para aqueles que aspiram uma vida espiritual. A Ciência Oculta comprova que quando a carne é assimilada pelo homem que se alimenta dela irradia nele algumas das características do animal, embrutecendo e animalizando o homem. Estes efeitos são maiores a partir da carne de animais de grande porte, e menores quando de pássaros e peixes, sendo praticamente nenhum proveniente dos vegetais.

Mesmo entre os animais, há diferenças entre os herbívoros e os carnívoros. Os homens que comem carne, em seus ditos países civilizados, não se alimentam dos animais carnívoros, pois a carne destes animais é muito dura e fétida; pelas mesmas razões são evitados os pássaros que se alimentam de peixes. Há uma distinção na própria natureza dos animais herbívoros e dos carnívoros, sendo os primeiros mais mansos e os últimos mais ferozes. Ademais, os animais que são usados na alimentação humana, como cavalos, bois, vacas, búfalos, elefantes, bodes, cordeiros, etc. são praticamente todos herbívoros.

Além disso, um teósofo é avesso a causar sofrimento a outras criaturas ou feri-las, pois ele sabe que o mundo animal não existe para satisfazer a mera apetência do homem, mas tem em si uma evolução.

P 29: *O vegetarianismo parece uma bela teoria, mas é praticável? Pode um homem viver sem alimentar-se de carne?*

R: Milhões de pessoas vivem sem carne como alimento; e é lamentável que seja ensinado a homens e mulheres que eles não podem subsistir sem a carne de um animal abatido em sua dieta imprescindível.

P 30: *Mas você pode afirmar que uma dieta vegetariana seja superior a um alimento de carne? Se assim o for, me apresente as razões, por favor.*

R: Certamente. Foi indubitavelmente constatado que o homem é biologicamente um animal frugívoro, ou seja, sua fisiologia é designada ao consumo de frutos, castanhas e grãos. O consumo de outros tipos de alimentos pode ser comparado ao funcionamento a querosene de um motor automobilístico a gasolina. Ele funcionará por um período, mas logo irá requerer muitos ajustes e reparos, e eventualmente sofrer uma avaria. Porém, para esclarecer algumas concepções errôneas, serão adicionados os seguintes pontos:

1. Experimentos conduzidos por várias Universidades demonstraram que uma dieta vegetariana contém mais nutrição que uma quantidade equivalente de carne. Um estudo (vide "The New York Times" de 22 de abril de 1971, página 43) conduzido por pesquisadores da Universidade de Harvard [nos Estados Unidos] e da Universidade de Quito, no Equador, na América do Sul, mostraram que as pessoas vegetarianas têm vidas saudáveis e são extraordinariamente longevas. Os eletrocardiogramas mostraram evidência de doença cardíaca apenas em 5% das pessoas examinadas, enquanto que, nos EUA, as pessoas do mesmo grupo etário "mostrariam 95% de doença cardiovascular". Um argumento usualmente em favor da alimentação carnívora é que ela fornece as proteínas necessárias para os músculos e outros tecidos. É verdade que a alimentação carnívora torna as proteínas disponíveis imediatamente, porém elas também são perdidas muito rapidamente, e a pessoa não obtém resistência a longo prazo. Ao considerar esse dado, não se deve desprezar os componentes tóxicos que a carne introduz no sistema. As reportagens em jornais também apontam que há mais casos de intoxicação alimentar quando é consumida uma dieta não vegetariana.

O Dr. J.M. Jussawalla, um renomado nutricionista de Bombay, evidencia os perigos da alimentação carnívora. Ele diz: "A formação de ptomaína, o veneno da decomposição cadavérica, se inicia imediatamente após a morte do animal. Esse é um aspecto importante, já que a carne é mantida em frigoríficos por vários dias, e mesmo meses, antes que chegue às cozinhas, com aparência esverdeada e sem vitalidade, exalando odores suspeitos que são então mascarados com químicos e condimentos". A carne jamais estará em condição saudável, pois a decomposição começa no momento em que o animal é morto. Além da ptomaína, outras toxinas e venenos encontrados na carne são: adrenalina, toxinas da fadiga, e toxinas produzidas pelos dejetos nos intestinos do animal morto.

A fonte primária de proteína é o reino vegetal. Grãos integrais, castanhas, feijões, ervilhas, derivados do leite e ovos são melhores fontes de proteína que a carne, sem as desvantagens desta. O leite, por exemplo, não apenas fornece proteína, mas também suplementos calóricos, minerais e vitaminas em uma forma facilmente assimilável.[3]

A carne certamente não é uma fonte de carboidratos que supra energia para o dia a dia. A maioria das plantas armazenam suas reservas de alimentos na forma de amido. No processo de amadurecimento dos frutos, o amido é convertido em açúcar. Para obter energia extra, deve-se comer mais carboidratos que proteínas. Como forma de advertência, já que os carboidratos estão facilmente disponíveis na dieta vegetariana, há uma tendência a consumi-los em demasia, causando um desequilíbrio na dieta, que precisa ser corrigido.

[3] Devido à crueldade promovida pela indústria de ovos, leite e derivados, muitas pessoas têm aderido à dieta vegana, sem consumo de qualquer alimento de origem animal, buscando compensações pelas deficiências nutricionais, como suplementos de vitamina B12. (N. E.)

As gorduras servem como reservas de energias. A grande variedade de óleos vegetais está disponível livres do colesterol, que é invariavelmente associado a gordura animal. Os efeitos nocivos deste colesterol ao coração são tão conhecidos que dispensam maiores menções.

Ainda, a alimentação carnívora é muito pobre como fonte de minerais essenciais. Estes formam a base da estrutura física do corpo – ossos, dentes, órgãos e tecidos –, auxiliam nos processos metabólicos e mantêm a alcalinidade do sangue. A deficiência mineral causa degeneração. As principais fontes de minerais são os vegetais e os laticínios.

Os vegetais são também a fonte primária de vitaminas. Aquelas que não são encontradas nos vegetais também não são sintetizadas pelos intestinos ou produzidas pela ação da luz do Sol na pele. As vitaminas, assim como os minerais, estão bastante associadas a todas as funções biológicas, sendo essenciais para a saúde. Uma overdose, porém, de vitaminas artificiais tem um efeito adverso. Os vegetais crus e as frutas suprem as vitaminas, assim como os minerais, nas formas e quantidades necessárias e assimiláveis.

2. A alimentação vegetariana ocasiona menos enfermidades. A carne é a causa de um vasto número de doenças, como câncer, tuberculose, verminoses intestinais, etc., que são facilmente transmitidas ao homem. Em seu quinto informe ao Conselho Privado da Inglaterra, o professor Gamges afirma que "um quinto do consumo total de carne na Inglaterra é derivado de animais mortos na condição maligna de enfermidade", enquanto que dificilmente qualquer enfermidade é transmitida por vegetais.

   Um grande número de médicos progressistas, que estudaram o assunto da "dieta em relação à saúde", proíbem seus pacientes de comer carne não somente como um meio de aliviar sofrimentos, tais como a gota, o reumatismo, etc., mas também como um preventivo contra os transtornos derivados do ácido úrico e de enfermidades de muitas espécies, incluindo câncer, apendicite e tuberculose. As pessoas que não se alimentam de carne animal têm maior cicatrização e menos resfriados – e quando ficam resfriadas, se curam mais rapidamente.

3. A questão tem maior extensão. Os carnívoros se vangloriam de seu vigor físico, mas eles não são tão resistentes quanto os vegetarianos. Eles podem praticar uma grande quantidade de atividades em um curto tempo quando estão bem alimentados, porém rapidamente ficam com fome e débeis, enquanto que os vegetarianos podem resistir por longos períodos de trabalho sob as condições mais árduas. Os cavalos e os bois demonstram maior poder de resistência do que quaisquer animais que se alimentam de carne. É interessante que os físicos sempre se referem a "cavalos de potência" e nunca a "tigres de potência" ou "leões de potência". Já foi observado que nas arenas de touros, um touro selvagem sempre vence um tigre.

   A noção errônea de que a alimentação carnívora dá mais vitalidade talvez venha do fato de que os produtos vegetais, em geral, são brandos na digestão e liberam energia mais lentamente, embora seja mantida por um período maior, e a energia estocada não é perdida. Os testes de resistência em atletas têm demonstrado as vantagens de uma dieta vegetariana.

   Em seu livro *Vegetarianismo e Ocultismo*[4], C.W. Leadbeater, relatando a superioridade em força dos vegetarianos, evidencia:

[4] LEABEATER, C. W e BESANT, Annie. *Vegetarianismo e Ocultismo.* Brasília: Ed. Teosófica, 1992. (N.E.)

Eu próprio posso testemunhar a enorme força demonstrada pelos trabalhadores assalariados vegetarianos tamis do sul da Índia pois, com frequência, eu os vi carregar fardos que me deixavam atônito. Lembro-me de um caso em que, estando eu no convés de um navio a vapor, observei que um destes trabalhadores colocava uma enorme caixa em suas costas e caminhava lenta, mas firmemente, até um galpão na praia e depositava-a em um alicerce. O capitão que estava ao meu lado comentou com surpresa: "Ora, precisaria quatro trabalhadores ingleses para carregar a caixa a bordo, nas docas de Londres!" Vi também outros destes trabalhadores colocarem um enorme piano em suas costas e carregá-lo sem ajuda por uma distância considerável; contudo, estes homens são inteiramente vegetarianos, pois vivem principalmente de arroz e água, talvez com um pouco de tamarindo ocasionalmente para dar sabor.

P 31: *Se você não considera como limpeza o mero asseio do corpo e o uso de vestimentas limpas, o que você chamaria de "genuína pureza"?*

R: Certamente, asseio externo e roupas limpas são necessários; mas esses requisitos apenas não constituem pureza. O corpo físico do homem é tão somente um de seus sete constituintes, enquanto que a pele de tal corpo não é sequer a centésima parte do mesmo. Por conseguinte, como poderia considerar-se limpo todo o corpo, e ainda mais todo o homem, pela simples limpeza de sua pele? Só pode ser chamado de puro aquele corpo cujo conjunto, incluindo sangue, músculos, ossos, etc., esteja formado por partículas puras.

"A lâmpada produz luz brilhante quando o pavio e o azeite estão limpos." A alimentação carnívora torna o corpo físico um instrumento em pior condição e atrai dificuldades para a alma, pois intensifica paixões e emoções indesejáveis.

É muito certo que a pureza de coração e alma é mais importante para o homem do que a do corpo. Entretanto, com toda segurança, não há razão para que não tenhamos ambas. Já existem dificuldades suficientes para se adquirir o autocontrole, e não precisamos acrescentar mais uma à lista. Embora um coração puro nos sirva mais que um corpo puro, este pode nos auxiliar enormemente; e nenhum de nós se encontra tão adiantado no caminho da espiritualidade que possa desprezar a grande vantagem que um corpo puro nos proporciona.

P 32: *Se, de acordo com as teorias modernas, tudo que existe tem vida, por que não poderíamos comer animais assim como comemos vegetais?*

R: Pela simples razão de que os animais possuem um sistema nervoso muito sensível e os vegetais não; e, por acaso, o canibal, se pudesse, não acrescentaria o homem à sua lista, fazendo com toda pertinência a mesma pergunta: "Por que não poderíamos comer igualmente homens, além dos animais e vegetais?"

A Vida na árvore ainda não está suficientemente desenvolvida para ser consciente de prazer ou dor, exceto de forma muito generalizada; experimenta um vago prazer sob a luz solar ou a chuva; uma leve dor sem eles[5]. O vegetariano se alimenta de seres vivos assim como o carnívoro, já que todos os seres vivem; mas ele opta por aqueles que não sofrem dor ao serem utilizados como alimento. De igual maneira, embora estejamos inalando miríades de criaturas viventes, em nada elas se prejudicam por uma permanência temporária em nossos pulmões.

P 33: *Mas muitos de nossos antepassados viveram de carne toda a vida e não foram piores; assim, por que deveríamos tentar ser melhores que eles? Por acaso a Natureza se opõe a que o homem seja carnívoro?*

R: A visão científica moderna consiste em que o homem evoluiu como um animal frugívoro (alimentando-se de frutas, castanhas e ce-

---

[5] Estudos científicos mais recentes, posteriores à edição desta obra, em 1999, demonstram que as plantas percebem agressões e cuidados e têm capacidade de reagir. Pesquisas de neurobiologia constatam que as plantas têm autoconsciência e interagem não apenas na superfície como também nas raízes, havendo um mecanismo de transmissão de informações por sinalização elétrica celular e intracelular entre as plantas. (N. E.)

reais). Sem entrar em detalhes sobre a anatomia e a fisiologia, pode-se mencionar que os outros três grupos em que os animais se dividem são: os carnívoros (que se alimentam de carne), os onívoros (consumidores tanto de carne quanto de vegetais) e os herbívoros (que se alimentam de grama e folhas em geral). Cada um desses grupos apresenta distintas características fisiológicas, como dentes, sistema digestivo, método para eliminação de dejetos, etc. Para citar um exemplo simples, que pode ser observado por todos, os cães não possuem poros em sua pele e se refrescam arfando e colocando a língua para fora da boca. Ele bebe água por lambidas e não por sucção, como fazem os homens. A estrutura dentária do homem é designada para triturar vegetais e frutas, e não para cortar ou dilacerar carne. As características fisiológicas do homem o colocam definitivamente na categoria dos frugívoros. Os animais carnívoros possuem intestinos bastante curtos, enquanto o homem possui extensos intestinos.

Acredita-se que durante a Era Glacial, o homem foi forçado a comer carne animal para sobreviver. Em várias partes do mundo esta prática continuou mesmo após essa Era. Acredita-se também que na Índia antiga as pessoas eram vegetarianas, porém aquelas que migraram das regiões árticas, dos desertos e das montanhas no norte introduziram a dieta não vegetariana, que era restrita aos estratos mais baixos e iletrados da sociedade.

Portanto, ao invés de nos alimentarmos de carne simplesmente porque alguns de nossos ancestrais o fizeram, deveríamos considerar como nosso dever a alimentação vegetariana quando o conhecimento e o senso comum comprovam que ela é mais purificadora, mais saudável e mais bem adaptada ao homem.

As Escrituras do mundo advogam uma dieta vegetariana. O corpo humano é um templo de Deus, e não deveria se converter em um cemitério. Nenhum dos ocultistas, profetas ou outros portadores da Luz jamais viveu sob a repulsiva dieta carnívora e nem a recomendou. Entre milhares de testemunhas fidedignas acerca da suficiência e superioridade da dieta frugívora, destacam-se os seguintes nomes, universalmente conhecidos: Pitágoras, Platão, Aristóteles, Sócrates, Hipátia, Jâmblico, Diógenes, Plutarco, Sêneca, Buda, Zoroastro, os apóstolos cristãos – Tiago [Maior], Mateus, Pedro e Tiago Menor –, os Padres cristãos – Tertuliano, Orígenes, Crisóstomo, Clemente e outros –, assim como Milton, Isaac Newton, Benjamin Franklin, Nelson, Wellington, Shelley, Paley, Wesley, Swedenborg, Newman, Annie Besant, Bernard Shaw, Edison, o General William Booth e W. Bramwell Booth.

P 34: *É dito que aqueles que deixam de comer carne adoecem e têm de voltar a esta dieta. Por que é assim, e o que deveriam fazer?*

R: Cada um de nós não só tem sua própria consciência como "Eu", mas também cada átomo, cada molécula e cada célula em nosso corpo têm sua própria consciência individual. O "Eu" em nós é consciente do corpo como um todo, mas não das células individualmente. De igual modo, as células não têm consciência do habitante do corpo. Agora, se as células forem treinadas ao longo de certa direção ou lhe for propiciado um hábito ou uma tendência particular, elas continuarão suas atividades em conformidade até que sejam impedidas de fazê-lo. Isso se deve ao que é chamado de "memória inconsciente da célula". Portanto, se for colocada uma orientação específica a todas as células do corpo, esta orientação se converte em um hábito para elas. Os trejeitos físicos são formados dessa maneira, e é muito difícil nos livrarmos deles. Igualmente, uma criança que começa a escrever terá a mesma dificuldade para fazê-lo com a mão direita ou com a esquerda, mas uma vez que tenha aprendido, seja com uma ou com outra mão, esta mão tem a iniciativa para escrever logo que pega a caneta, não acontecendo o mesmo com a outra mão, que não cultivou tal tendência. E assim, é facilmente explicada a dificuldade de banir o hábito de comer carne. Quando alguns pais insensatos forçam, pela primeira vez, a entrada de pedaços de tão detestável substância às bocas de seus filhos, as crianças manifestam imediatamente uma repulsa natural; mas quando as células do delicado corpo, mediante prática diária, aprendem a obter nutrição de tal matéria, elas adquirem uma tendência nessa direção, contraem o hábito e passam a demandar essa substância impura. Quando as crianças assim habituadas compreendem mais tarde seu erro e desejam abandonar a dieta da carne, elas se colocam em um grande desafio, pois as células, habituadas àquela má tendência, rebelam-se frente à mudança, e o corpo físico, às vezes, adoece por causa da pressão de apetites e ânsias não satisfeitas; porém, isso não significa que a dieta da carne seja necessária. Quando, devido à persistência de repetidos esforços, as células passam a se habituar à dieta vegetariana, elas abandonam aquele antigo hábito nocivo e se acostumam à nova dieta. O homem, então, tendo sido tão afeito à dieta carnívora, agora não só sente repugnância ao mero odor das carnes, mas passa mesmo a apreciar a dieta vegetariana ainda mais fortemente que a carnívora. Além disso, em muitos casos, as pessoas que se tornam vegetarianas subitamente percebem uma notável melhora em sua saúde geral.

No entanto, o modo mais seguro de passar a uma dieta sem carne é abandoná-la gradualmente. Primeiro de tudo, de maneira absoluta, parar de comer porco sob qualquer preparado ou derivado. Alguém que coma carne três vezes por dia deverá passar a comê-la duas vezes por dia durante quinze dias; depois, uma vez por dia por outra quinzena; em seguida, dia sim dia não durante uma quinzena; depois duas vezes por semana pelo mesmo tempo, passando a uma vez por semana e então abandonando-a definitivamente.

Algumas pessoas confundem todo o assunto quando começam a ser vegetarianas. À medida que gradualmente se elimina a carne, o que colocar em seu lugar? Muita gente começa imediatamente a comer grande quantidade de pão, aveia, bolo, tortas e tudo que contenha açúcar. Ao perder o estímulo da carne, chega a ânsia de outro estimulante para substituí-lo. Chá, café e açúcar parecem ser os favoritos, e logo se abusa deles. O corpo começa a acumular gordura, às vezes adoece, e em quase todos os casos há distúrbios digestivos mais ou menos sérios, cujos efeitos não desaparecem por um longo período. A literatura recente sobre dieta nos informa acerca da quantidade e da proporção dos diferentes tipos de alimentos que nos são necessários. Várias publicações trazem listagens dos alimentos, embora apenas alguns deles sejam adequados. Alguém que deseje se tornar vegetariano deverá descobrir, por experiência, aquele alimento que lhe é mais adequado.

P 35: *Se um homem sofre de enfermidade fatal ou crônica, e seu único remédio é comer carne, ela pode ser ingerida sob prescrição médica?*

R: A pergunta se baseia em uma suposição sem sentido. Seria como perguntar: "Se um quadrado fosse redondo, quantas quinas teria?" Não existe enfermidade cujo único remédio seja comer carne. De fato, a dieta de carne jamais é prescrita para curar qualquer doença. Mesmo supondo a possibilidade do caso proposto na pergunta, a pessoa aludida deve levar em consideração seus deveres e seu grau de evolução espiritual. Um *sannyāsī*, ou uma alma espiritualmente evoluída, diante das duas alternativas, deixaria morrer seu corpo, enquanto que um homem comum pretenderia preservá-lo.

No caso de uma enfermidade séria ou crônica, com uma prescrição médica para comer carne, o paciente deverá substituir o médico e não sua dieta. Os médicos divergem de opinião tanto quanto os leigos, e devemos escolher um profissional cujas opiniões sobre esses assuntos não se oponham às nossas. Muitos médicos proeminentes em todo o mundo estão chegando à conclusão de que comer carne é a raiz da maior parte das enfermidades, e estão substituindo tal dieta pela vegetariana. Conforme já se disse, a carne produz grandes quantidades de ácido úrico, e este origina a tuberculose, a gota e muitas outras enfermidades sérias.

P 36: *Você também descarta os vinhos e os narcóticos?*

R: O álcool, sob qualquer forma, produz um efeito direto e pernicioso em centros cerebrais, causando ao homem um dano ainda maior do que a carne, por impedir o desenvolvimento de seus poderes internos e deter seu progresso moral e espiritual. Todos os narcóticos são igualmente danosos, embora menos que o vinho e demais bebidas alcoólicas.

P 37: *De que forma a alimentação não vegetariana afeta o progresso espiritual do homem?*

R: Temos o testemunho dos Instrutores das grandes religiões, bem como das Escrituras provenientes de todo o mundo e em diferentes épocas. O progresso espiritual pode ser considerado como o desenvolvimento do altruísmo, da compaixão e do sentimento de unidade com tudo que existe. Fica claro que o abate de animais é totalmente contrário ao desdobramento dessas qualidades.

A dieta carnívora tende a aumentar as paixões animais no homem. As excitações produzidas por tais alimentos no sistema nervoso conduzem à habitual intemperança em tudo. Investigadores conceituados descobriram que a dieta carnívora leva à formação de determinadas ansiedades no corpo, que levam o homem a usar estimulantes de vários tipos. Alguns com frequência se tornam alcoólatras, causando sofrimento para si próprios e para os que estão à sua volta.

A Ciência Oculta nos ensina que o homem atua não apenas no plano físico; ele possui veículos mais sutis através dos quais ele se expressa. A matéria física no homem está em contato tão íntimo com a matéria astral e a mental que uma poderia ser considerada a contraparte da outra. Os corpos mais sutis são construídos de partículas de diferentes densidades. As partículas grosseiras são receptivas às variáveis paixões e emoções densas. As partículas mais finas vibram em resposta a emoções e aspirações mais refinadas e elevadas. Portanto, o homem que incorpora matéria grosseira em seu corpo físico atrai para o seu corpo emocional a matéria de tipo denso e desagradável como sua contraparte. O mesmo acontece com o corpo mental.

O Bispo C.W. Leadbeater, renomado clarividente, investigou a questão e constatou com sua visão treinada os efeitos prejudiciais da alimentação não vegetariana aos veículos mais sutis do homem. Ele diz: "A visão superior, quando enfocada sobre esse problema, revela-nos ainda mais vividamente como é indesejável o comer carne, desde que intensifica dentro de nós aquilo do que mais necessitamos nos livrar, e, portanto, sob o aspecto do progresso, este hábito é algo a ser eliminado de uma vez por todas"[6].

P 38: *Por último, a dieta vegetariana é econômica?*

R: É senso comum que os alimentos com carne custam bem mais que os vegetarianos. Há ainda um outro aspecto da questão: é requerida muito maior extensão de terras para as áreas de criação animal do que para o cultivo vegetal. Uma estimativa coloca que para cada 6.500 m^2 de terra para a criação animal apenas 2.000 m^2 são necessários para o cultivo vegetal. Assim, é mais fácil dar sustento à crescente população a partir de uma dieta vegetariana.

O preço das carnes e dos pescados tem subido continuamente, e foi calculado que os produtos à base de soja têm duas vezes mais proteína do que uma quantidade igual de carne (a carne tem 20% e a soja entre 40 a 45%). A soja é muito mais barata que a carne. Da mesma forma o trigo, o amendoim, a ervilha verde e *rajma* [feijão indiano]. Na Índia, o estrato mais pobre da população vive de *dal* (legumes) e *roti* (pão), e no geral mantêm a forma. Os trabalhadores braçais são, em maioria, dessa população.

P 39: *É verdade que o regulamento da Sociedade exige que seus membros não sejam casados?*

R: Não é exigido nada assim, pois há perfeita liberdade de opinião e de ação em nossa Sociedade. Além disso, como muito poucos podem

---

[6] LEADBEATER, C. W e BESANT, Annie. *Vegetarianismo e Ocultismo*. Brasília: Editora Teosófica, 1992. (N.E.)

ter um controle completo sobre suas paixões, desestimular o matrimônio significaria um aumento de imoralidade. E ainda, uma pessoa casada tem de cuidar e manter sua família, e por isso desenvolve em si mesmo a qualidade do amor altruísta, vida após vida, de tal sorte que mais tarde aprenderá a servir e a amar todo o mundo. Ao contrário, aquele que se abstém do matrimônio com frequência está inteiramente absorto em seus próprios interesses e, consequentemente, mais direcionado a desenvolver a sórdida característica do egoísmo. Portanto, a vida matrimonial é a aconselhável aos homens em geral, e inclusive àqueles que, embora muito dedicados e ardentes trabalhadores pela Teosofia, tenham ainda laços que os prendam ao mundo. Mas para aquele que tiver finalizado suas vivências mundanas, que aspira somente conhecer a Verdade a fim de ajudar os demais e tenha maior diligência para alcançar seu fim, o celibato é o melhor, porque assim como não se pode servir a dois senhores, é igualmente impossível para tal homem buscar o Ocultismo e ao mesmo tempo levar uma vida no mundo. Se ele tentasse assim se conduzir, falharia em seguir apropriadamente a ambos. Daí o celibato ser preferível, e mesmo necessário, aos poucos que estejam decididos a encontrar o caminho que conduz à mais elevada meta.

O matrimônio é também incompatível com certas formas especiais de *Yoga* – os sistemas que levam a uma expansão da própria Consciência além do físico –, e devem permanecer celibatários homens e mulheres que desejarem segui-los. Por outro lado, existem casos em que o matrimônio é necessário para fornecer corpos requeridos por certo tipo de almas, e para manter alguma Raça ou família que sejam úteis. Por último, se ocultistas se casam com ocultistas, eles antes se ajudam mutuamente do que se atrapalham.

P 40: *Encontramos no mundo mais sofrimento do que felicidade. Por que, então, deveríamos empregar nosso tempo e energia no estudo da Teosofia, em vez de utilizá-los em novas pesquisas e inventos que possam aliviar um pouco a grande dor do mundo?*

R: Toda dor e sofrimento no mundo podem ser classificados em três tipos: 1) *Ādhyātmico*; 2) *Ādhibhautico*; e 3) *Ādhidaivico*. O primeiro inclui toda dor mental e física; o segundo, todo sofrimento ocasionado pelo roubo, pelo ataque de tigres e outros animais selvagens, pela picada de cobras e insetos venenosos, assim como por acidentes ou violação de confiança; no terceiro, estão incluídos todos os infortúnios causados por causas naturais, como solares, elétricas, terremotos, frio, calor, vento, chuva, etc.

Todos os males do mundo cabem dentro dessas três classes. Se considerarmos a primeira, isto é, as aflições do corpo e da mente, verificamos que, apesar de milhares serem especialistas como médicos e criarem novos métodos específicos de cura para todos os tipos de enfermidades derivadas do consumo de carne, ainda não fomos capazes de exterminar completamente o sofrimento. Ainda que toda a humanidade se ocupasse em estudar a ciência médica, não conseguiríamos abolir todas as enfermidades físicas e mentais, pois muitas delas são congênitas – como a insanidade, a cegueira, a surdez ou a claudicação de nascimento, enfermidades que nenhum médico pode curar.

No que diz respeito às dores mentais, o fato de não obter algo muito almejado, o contato com objetos ou circunstâncias indesejáveis, a perda de alguma coisa muito estimada ou a morte de um amigo ou ente querido, etc. são algumas das causas que produzem aquelas aflições. Que poder temos para evitá-las? Mesmo supondo que possamos prevenir ou afastar toda aflição e dor mencionadas no primeiro item, que segurança teríamos contra os males procedentes das outras duas fontes, ou seja, de animais selvagens ou insetos venenosos, de roubo ou quebras de confiança, de insolação, escassez de chuvas e consequente fome, etc.?

P 41: *Como, então, podemos libertar o mundo de toda espécie de dor, sofrimento e enfermidade?*

R: Há somente um remédio, o reto conhecimento.

P 42: *Mas como podemos nos proteger e prevenir enfermidades físicas, picadas de cobra, insolação, morte acidental, males congênitos, etc., simplesmente pelo conhecimento?*

R: É claro que curar uma enfermidade depois de tê-la adquirido é algo como tentar extinguir um incêndio depois que ele tomou força; e exatamente como o fogo ocasiona algum dano, apesar da prontidão com que possa ser apagado, a enfermidade, uma vez contraída, ocasiona alguma dor, não obstante a prontidão com que seja curada. Além do mais, não temos o poder de impedir a recidiva de enfermidades. Assim como, quando comemos, a fome fica apenas temporariamente satisfeita e a sentiremos de novo pouco tempo depois, também todas as curas atuais estão direcionadas às doenças após se manifestarem, e de forma alguma são preventivas ou atuam como remédios para que não nos invadam.

Enquanto não conhecermos a raiz da causa de todas as aflições e sofrimentos do mundo, não poderemos exterminá-los; nos empenhamos apenas em lutar contra eles depois que começam a nos molestar. Isso não implica que o tratamento das enfermidades seja coisa inútil; pelo contrário, é tão necessário quanto apagar um grande incêndio. No entanto, em vez de estar constantemente apagando o fogo provocado por uma criança que brinca com uma caixa de fósforos em um monte de feno, é melhor remover a causa: a criança ou os fósforos. Igualmente, é óbvio que seria melhor afastar a causa do mal ou da enfermidade no mundo e assim pôr fim a todo sofrimento.

Existe uma Lei de Causa e Efeito que rege o mundo, determinando que não possa haver efeito sem causa. Então, se conhecemos a causa que produz a dor e a aflição, podemos, removendo esta causa, extinguir e prevenir toda dor e sofrimento do mundo.

P 43: *Como nos é possível conhecer a causa?*

R: A raiz de todo mal e sofrimento é a ignorância. O Senhor Buda disse que todo sofrimento vem da ignorância: "Dissipai a ignorância, tornai-vos homens sábios, e então todas as dificuldades se desvanecerão". Disse também um Mestre de Sabedoria:

> Aqueles que estão ao lado de Deus sabem por que aí se encontram e o que devem fazer, e estão tentando fazê-lo; todos os outros ainda não sabem o que devem fazer; e assim muitas vezes agem insensatamente, tentando criar caminhos para si próprios que pensam que lhes serão agradáveis, não compreendendo que todos são um, e que portanto somente aquilo que o Uno quer pode ser realmente agradável a todos.[7]

O homem comum não tem ideia das Leis da Natureza no mundo físico; muito menos nos mundos mental e moral. Não conhecendo quem é ele próprio e em que consiste sua verdadeira felicidade, vai insensatamente atrás do mal e, em consequência, sofre dor e desventura. Assim, até que tenha adquirido o conhecimento das Leis da Vida e da Natureza, mediante o estudo da Sabedoria Divina ou Teosofia, não poderá livrar-se da dor e do sofrimento.

P 44: *Como a Teosofia poderá me auxiliar a adquirir um conhecimento mais pleno acerca das Leis da Vida e da Natureza, e por que devo ser um teósofo?*

R: Conforme já se explicou, a Teosofia é uma síntese de religião, filosofia e ciência. A Teosofia pode ajudar a ciência com uma teoria inteligente sobre o Universo, desde a substância primordial; o Universo objetivo, com suas incontáveis entidades viventes e relacionadas ao homem por meio do corpo e dos sentidos, os sete planos da Natureza, etc. Assim, a Teosofia, a Ciência da Alma, toma pela mão o estudante cientista e o conduz ao longo de novas avenidas do pensamento.

[7] KRISHNAMURTI, J. *Aos Pés do Mestre.* Brasília: Ed. Teosófica, 1999. (N.E.)

Também é a Teosofia a base da Religião e da Filosofia da Vida. Vemos todo tipo de problemas sociais – extrema pobreza e extrema riqueza, o sofrimento desesperado e degradações que dilaceram a alma – lado a lado com o grande progresso das ciências e das artes. Os ensinamentos teosóficos explicam a causa-raiz do mal, apontando o meio seguro de escapar dele.

Têm sido listadas as "dez boas razões em prol da Teosofia":

1ª) Resolve o enigma do Universo, harmonizando os fatos da ciência com as verdades fundamentais da religião;

2ª) Comprova que a vida é digna de ser vivida, tornando-a inteligível, e demonstra que a justiça e o amor guiam sua evolução;

3ª) Elimina todo o temor da morte e muito da tristeza que esta ocasiona, reconhecendo que vida e morte, alegria e pesar são incidentes que se alternam em um ciclo de infindável progresso;

4ª) Insiste no lado otimista da vida, proclamando que o homem é o arquiteto de seu próprio destino, filho de seu passado e pai de seu futuro;

5ª) Demonstra o Poder, a Sabedoria e o Amor de Deus, não obstante toda dor e sofrimento do mundo;

6ª) Traz confiança ao desesperado, mostrando que nenhum esforço é perdido e nenhum erro é irreparável;

7ª) Proclama a Paternidade de Deus e, portanto, que o homem é Seu filho e tem como meta final a perfeição;

8ª) Declara a universalidade da Lei de Causação, afirmando que "qualquer coisa que o homem semear, isso ele colherá", neste e em todos os outros mundos;

9ª) Considera o mundo como uma escola à qual o homem retorna repetidas vezes até aprender todas as lições;

10ª) Afirma a Fraternidade dos homens e fornece uma base de união para todos os que desejarem trabalhar para realizá-la.

"A Teosofia leva à ciência novos reinos a conquistar, dissipa a desesperança a partir de condições sociais, mostra o caminho para o perfeito autossacrifício, instrui sobre Reencarnação, *Karma* e Fraternidade. Estas são algumas das razões pelas quais você deve ser teósofo."

P 45: *Pode-se ser teósofo de coração, estudar a Teosofia e também servir à humanidade de todos os modos possíveis sem se filiar à organização. Onde está, então, a vantagem de ser membro da Sociedade?*

R: As pessoas devem vir à Sociedade não para "obter" e sim para "doar"; para serem colaboradores de Deus, derramando por toda parte a luz do conhecimento que obtiveram; para lutar, para trabalhar pelo futuro e pela realização em seus corações daquilo que está por vir, colaborar para que isso venha mais prontamente; para alistar-se entre os Servidores da Humanidade que se acham trabalhando pelo reconhecimento de uma Fraternidade espiritual entre os homens.

Portanto, é um privilégio ingressar na Sociedade; e trabalhar para ela é sua própria recompensa, pois a oportunidade hoje aproveitada dará ao membro maiores oportunidades de trabalho altruísta no futuro. Isso é, por si só, uma grande vantagem pessoal; além disso, ao ser um membro, ele se torna parte de um organismo vivente e partilha de sua vida, que é de ordem mais elevada que sua própria vida individual, tanto em qualidade como em quantidade. Em outras palavras, sua Consciência se une à dos fundadores do movimento e, através deles, aos Mestres de Sabedoria, os reais fundadores da Sociedade.

E ainda, a aplicação prática da Teosofia é a filantropia, e o verdadeiro teósofo é sempre um filantropo. Existem pessoas que dissipam suas energias quando batem à porta de diferentes locais de maneira independente, não conseguindo derrubar o obstáculo à sua frente. O trabalho, no entanto, é mais proveitoso e efetivo quando se realiza sob um esforço concentrado, por um grupo ou associação, do que quando é realizado por indivíduos separadamente; as dificuldades do progresso espiritual e social do mundo podem ser muito mais bem superadas por uma associação sob a direção dos Grandes Seres do que por pessoas isoladas, por mais sinceras e bem-intencionadas que sejam.

Alguns podem não ter grande auxílio por ingressar na Sociedade, pois já fizeram esforços em seu passado para estudar a Sabedoria Antiga e já trabalharam na disseminação do conhecimento espiritual. Eles possivelmente não têm a recordação em seus cérebros e não estão conscientes disso, mas seus Egos sabem, e aquele conhecimento reside em sua supraconsciência. A prova de que tal memória está ali, de que a Consciência está desperta nos planos superiores, consiste em que, diferentemente de outras pessoas muito cultas que sentem uma espécie de vacuidade intelectual no estudo teosófico, elas são capazes de abarcar rapidamente todos os princípios fundamentais da Teosofia e sentir como se atravessassem um terreno conhecido, aflorando antigas lembranças do conhecimento assimilado anteriormente. A Lei é lei; oportunidades merecidas não podem ser negadas; e afiliar-se à Sociedade Teosófica é resultado do bom *karma* deles, uma vez que no passado conquistaram o direito de se associar a ela, e por boas obras anteriores têm merecimento para o atual privilégio de difundir novamente o conhecimento teosófico.

> As riquezas do perfeito serviço realizado,
> Do dever da caridade cumprida,
> Da linguagem amável e de dias imaculados
> Nunca desaparecerão da vida,
> Nem morte alguma poderá destruí-las.

Um dos principais benefícios do ingresso à Sociedade consiste na percepção interna que seus membros adquirem acerca de certas verdades fundamentais – as Leis de Reencarnação, *Karma* e Fraternidade humana –, cujo conhecimento promove o esforço com contentamento e esperança, enquanto que sua ignorância leva ao sofrimento e desespero. Certamente, o conhecimento não tem nenhum valor se não se transmuta em serviço; e a filiação à Sociedade, por proporcionar maior aquisição de conhecimento pelo intercâmbio com outros membros, se traduz enfaticamente em incremento e maior efetividade de serviço.

Pelo fato de ingressar na Sociedade, o membro pode se capacitar para servir como um canal através do qual poderá ser vertida vida espiritual na religião a que pertence, e assim ter a honra de ser utilizado pelos Guardiões da Humanidade em sua grande Obra de apressar a evolução e soerguimento do mundo.

Um grande Instrutor disse certa vez que em todo o mundo só existem duas classes de pessoas: aquelas que sabem, e por isso trabalham; e as que não sabem e são inativos. Mas só é conhecimento real aquele que se insere na vida, que é vivido diariamente, cujos preceitos são praticados. À medida que o homem vive as Verdades, elas se tornam parte dele. Outros podem professar a crença nos princípios teosóficos e se contentar só com isso; no entanto, assim como "belo é o que põe em prática a beleza", "o teósofo é quem pratica a Teosofia". Os membros da Sociedade, tendo aceito o Primeiro Objetivo – a Fraternidade Universal da Humanidade –, devem tratar de converter a si próprios em instrumentos de auxílio *impessoal* em todos os departamentos da Vida; devem figurar na primeira fila de todos os movimentos voltados a difundir a Fraternidade; devem se transformar em fontes de felicidade espiritual e trazer iluminação às vidas de seus semelhantes. Em suma, devem se esforçar por capacitar a si mesmos para o serviço contínuo, para serem instrumentos nas mãos dos reais fundadores da Sociedade, os Mestres de Sabedoria. Desse modo, sua filiação à Sociedade os protegerá contra uma parte de sua natureza inferior, livrando-os da apatia ou indolência no trabalho prático pela fraternidade e pelo bem-estar da humanidade.

Em todo o mundo, os membros da Sociedade têm os mesmos ideais e convicções; isso naturalmente os une em estreita amizade. A partir dessa amizade, nasce uma grande cooperação; e com esta vem a realização de sua força. Pois a Sociedade é como uma enorme usina elétrica que gera grande quantidade de energia, tanto espiritual como temporal, para o auxílio e a orientação da humanidade; e nossa filiação à Sociedade nos confere o privilégio de manejar essa energia e de ser uma das forças de orientação e espiritualização do mundo.

Uns poucos membros da Sociedade agrupados em harmonia formam um centro através do qual atuam os Mestres, pois um dos maiores entre eles disse: "Onde dois ou três se reúnem em Meu nome, lá estarei em meio a eles". Portanto, eles se encontram sempre dispostos a oferecer de seu poder e força onde quer que se estabeleça um canal puro; e a filiação à Sociedade proporciona um canal à abençoada influência deles, ofertando aos seus membros uma inigualável oportunidade de prestar um verdadeiro e louvável serviço, atuando como instrumentos em prontidão, autoconscientes mas facilmente adaptáveis – homens que se percebem como partes integrantes de uma Unidade e aos quais os Mestres podem utilizar em sua excelsa Obra de regeneração espiritual da humanidade.

Finalmente, se um membro deveras fervoroso, por sua purificação interna e atuação externa altruísta, anseia qualificar-se para ser discípulo de um dos Grandes Seres, perceberá sua vida completamente alterada e descobrirá um novo mundo de experiência espiritual aberto diante dele; e qualquer que seja a batalha que ele enfrente, jamais fracassará em essência, pois em todas as circunstâncias da vida, ele não realizará seu trabalho sozinho, mas sob a orientação e a bênção de um Instrutor e Amigo, sob a direção de um Guia e Comandante invisível.

Os Grandes Seres necessitam de trabalhadores, e *alguns* devem ser seus agentes e colaboradores nos mundos inferiores. Por que não seríamos *você e eu* que os serviríamos em sua grande e gloriosa Obra do progresso espiritual e social do mundo, da evolução da humanidade?

Capítulo II

Deus e o Sistema Solar

P 46: *Você crê em Deus?*

R: Se você se refere a uma divindade extracósmica e antropomórfica, ou se você considera que a relação entre Deus e o Universo (ou nosso mundo) é como aquela entre o oleiro e o vaso, esse deus nós absolutamente rejeitamos por várias razões. Primeiramente, ele é chamado por seus devotos de "infinito" e "absoluto". Ora, a forma implica limitação, um princípio e um fim; e se Deus é infinito, ilimitado e absoluto, de que maneira Ele pode ser concebido como limitado a uma forma? Em segundo lugar, se é ilimitado, deve estar em todas as partes; e se está em todas as partes, não pode criar um universo externo, pois onde está o espaço para a criação? Em terceiro lugar, pensar e planejar são antecedentes necessários para uma criação; mas como pode o absoluto pensar, já que pensar implica uma relação com algo já concebido, limitado e finito? Em quarto aspecto, um criador deve fazer algum movimento no espaço para criar um universo, o que parece impossível para o infinito, que já está em todas as partes. E em quinto, se Deus se encontra separado de Seu universo, ou seja, se Deus é uma coisa e o Universo outra à parte, como o oleiro e o vaso, de onde trouxe Deus o material para a criação, se é admitido que no princípio nada havia, exceto Deus? Portanto, não podemos crer em tal deus extracósmico.

Ora, Deus é chamado, por um lado, de "Todo-justiça" e "Todo-misericórdia" e, por outro, de "dispensador de glória e condenação, de felicidade e sofrimento para a humanidade". Mas se uma pessoa leva uma vida feliz desde o berço até a tumba enquanto outra sofre por toda a vida, ao bel prazer de deus, tal deus não pode se Todo-poderoso (sem ser justo) ou Todo-justiça (sem ser poderoso).

Além disso, algumas pessoas que professam a crença de que Deus é onipotente creem também que satã seja a causa de todo sofrimento e dor no mundo. Mas se fosse assim, isso implicaria que tal deus é impotente contra satã e, consequentemente, não é Todo-poderoso.

Ademais, considera-se que Deus seja onisciente, isto é, conhecedor do passado, do presente e do futuro; e em seguida é dito que seu próprio anjo se rebelou contra ele e se converteu em satã. Isto sugere que tal deus não teve a presciência de saber que seu próprio anjo se rebelaria contra ele e, por conseguinte, ele não poderia ser considerado onisciente.

Mais ainda, admite-se que Deus seja infinito e onipresente, mas espera-se vê-lo e encontrá-lo somente no Céu. Essas duas premissas parecem incompatíveis. Se for infinito, ou sem forma nem limite, como pode estar tão apenas no Céu, ou sentado ou de pé em algum lugar especial? Tal deus parece ser, simplesmente, produto de uma imaginação pueril e irrefletida, pois filosófica e logicamente é um absurdo.

P 47: *Então, explique sua concepção de Deus, por favor.*

R: Cremos na Existência Una, o Uno que é o centro de toda a Vida; um Princípio Onipotente, Eterno, Ilimitado e Imutável, sobre o qual toda especulação é impossível; o Um sem Segundo; a Existência Una

Infinita, Eterna e Imutável; o Todo; o Eterno Agora, sem passado, presente ou futuro; o Logos Não Manifestado, fora do espaço e do tempo; o Espaço Insondável – *Zarwāné Akrané* – do Zoroastrismo; a Inefável Tríplice Escuridão Desconhecida do Sistema Órfico grego; chamado pelos hindus de *Parabrahman* – o Supremo *Brahman*; *Paramātman* – o Ser Supremo; *Nirguna Brahman* (*Brahman* sem atributos ou incondicionado), para distinguir o estado de não manifestação de *Brahman*, o Todo, do estado de manifestação, no qual *Brahman* é denominado *Saguna Brahman* (*Brahman* com atributos ou condicionado, o *Brahman* revelado) – o Supremo *Ishvara* com Seu universo.

D'Aquilo, tudo procede; para Aquilo, tudo retorna. Aquele inclui dentro de Si mesmo tudo o que sempre foi, é e pode ser. Como uma onda que se levanta no oceano, assim surge no Todo um universo; como uma onda que se esvanece no oceano, assim um universo se dissipa novamente no Todo. Como o oceano é água, e a onda uma forma ou manifestação da água, havendo portanto uma existência, assim também o Universo é uma forma ou manifestação da Existência. "Verdadeiramente, tudo isto é *Brahman*." Assim, todos os universos surgem do Todo e nele desaparecem; nascem e morrem em Sua imensidão.

P 48: *Foi, então, o Um sem Segundo quem produziu nosso Sistema Solar?*

R: Não, não diretamente. Provindo da profundidade da Existência Una, um Logos, impondo a si mesmo um limite, torna-se o Deus manifestado; ao traçar a esfera limite de Sua atividade, demarca a área de Seu universo. O manifestado e o não manifestado são, simplesmente, "os dois estados de *Brahman*". Esse Logos manifestado não é "um Segundo", mas "O Uno" em manifestação – o *Saguna Brahman*, o *Brahman* com atributos acima mencionado, o Logos Cósmico, o Supremo Regente do Universo, o Um existente por si mesmo, a Raiz e Causa de todos os seres, também denominado algumas vezes *Purusottama*, o Espírito Supremo, "O Ser". Consigo mesmo, como Espírito, Ele revela o outro aspecto do Todo que se chama *Mulaprakri-*

ti, a raiz da Matéria. Ele manifesta uma parte de Si mesmo; estabelece o universo com uma porção de Si mesmo, toda-transcendente, que tudo compreende, o Deus manifestado, autolimitado pela manifestação. Ele então se revela em uma forma tríplice, os três grandes *Logoi* da evolução cósmica; portanto, a *Trimurti* ou Trindade é o aspecto, para o Universo, do Deus manifestado.

Associadas com a obra do Logos Cósmico no Universo, há sete Corporificações de Sua natureza chamadas "Os Sete *Logoi* Cósmicos Planetários". Todos os astros no firmamento, que são centros de grandes sistemas evolucionários, pertencem a um ou outro desses grandes Sete, e são, de certa maneira, expressões de Sua vida, como Eles, por sua vez, são expressões da Vida Una do Logos Cósmico.

Na Existência Una existem inumeráveis universos; em cada universo, incontáveis Sistemas Solares. Cada Sistema Solar recebe energia e é controlado por um poderoso Ser, *Ishvara*, o Logos Solar, a Deidade Solar. Como uma Estrela, entre as miríades de estrelas, o Senhor de um sistema vive, se move e tem Seu ser em sua Estrela Paterna, um dos Sete Grandes; contudo, Ele reflete diretamente a Vida, a Luz e a Glória do Uno sem Segundo. Para Seu Sistema, Ele é tudo o que os homens entendem por "Deus". Ele o impregna; não há coisa alguma que não seja Ele; é imanente em cada átomo do sistema, a tudo permeia, a tudo sustenta, a tudo expande. Ele está em todas as coisas e todas as coisas estão n'Ele. De Si Mesmo, nosso Logos Solar trouxe à existência nosso Sistema Solar; e nós, que n'Ele nos encontramos, somos fragmentos de Sua Vida em evolução; d'Ele todos viemos e a Ele todos retornaremos.

Todavia, Ele existe por sobre Seu sistema, vivendo Sua própria e esplendorosa Vida entre Seus Iguais, outros *Logoi* Solares, Estrelas-Irmãs de Sua Companhia. "Havendo penetrado todo o Universo com um fragmento de Mim Mesmo, Eu permaneço." De Sua mais elevada existência, nada se pode saber; mas quando Ele se limita, descendo a condições tais que estão a nosso alcance, Sua manifestação é sempre trina. Na evolução de qualquer Sistema Solar, três dos mais elevados princípios do Logos do Sistema (geralmente denominados "os três *Logoi* do Sistema") correspondem e exercem as funções dos três Grandes *Logoi* da evolução cósmica. E assim, a manifestação do Logos de nosso Sistema é trina – três mas fundamentalmente uma; três Pessoas (pois "pessoa" significa "máscara"), porém um Deus mostrando-se nesses três Aspectos, que são somente Suas facetas. Há, portanto, um significado muito real na insistência com que a Igreja Cristã diz que "adoramos um Deus na Trindade e a Trindade na Unidade, sem confundir as Pessoas nem dividir a substância", ou seja, sem confundir jamais em nossa mente a ação e as funções das três separadas Pessoas (literalmente, máscaras) ou manifestações, cada uma em Seu próprio plano, sem porém esquecer por um momento a Eterna Unidade da "Substância" subjacente a tudo no mais elevado plano.

O Aspecto de *Ishvara* por meio do qual Ele cria os mundos é chamado "*Brahman*" pelos hindus, e "Espírito Santo" pelos cristãos. O Aspecto pelo qual *Ishvara* preserva e mantém os mundos é chamado "*Vishnu*" pelos hindus, e "Filho" pelos cristãos. E o Aspecto pelo qual Ele dissolve os mundos, quando já estão esgotados e para nada servem, é chamado "*Shiva*" ou "*Mahādeva*" pelos hindus, e "Pai" pelos cristãos.

Imediatamente abaixo da Deidade Solar – embora de maneira misteriosa, também parte Dele, tal qual o Logos Cósmico e suas Sete Corporificações, os Sete *Logoi* Planetários –, vem Seus sete ministros, as sete expressões de Sua natureza, os sete canais de sua Vida inextinguível, chamados "Sete *Logoi* Planetários Solares", ou os Espíritos Planetários. No Hinduísmo são denominados como os Sete *Prajāpatis* (Senhores das Criaturas); no Zoroastrismo, os Sete *Ameshā Spentās* (os Santos Seres Imortais); nas Tradições hebraica e cristã, "os Sete Espíritos diante do trono de Deus". As energias desses Sete controlam e dirigem tudo o que acontece dentro do Sistema Solar. São eles os Regentes dos Planetas Vulcão, Vênus, Terra, Júpiter, Saturno, Urano e Netuno. Cada um dos Sete é o Chefe e Regente de hierarquias de entidades criadoras que trabalham, sob sua direção, para formar e preservar o Sistema Solar; sob cada um deles se encontram Anjos ou Seres Resplandecentes, as Hostes Angélicas, chamadas nas Religiões orientais de *Ādityas*, *Vasus*, *Dhyān Choāns*, etc., e na Tradição cristã de Anjos, Arcanjos, Tronos, etc. – as manifestações do Uno, os inumeráveis ministros da Vontade Suprema.

Presidindo o nosso mundo, há um grande Oficial que representa a Deidade Solar. Ele é o verdadeiro Rei deste mundo, com absoluto controle de toda a evolução em nosso planeta; e abaixo dele existem ministros a cargo dos diferentes departamentos.

Assim, o Deus em que cremos, o Supremo Senhor de nosso Sistema, manifesta a Si mesmo sob uma tríplice forma, uma Trindade: o Regenerador, o Preservador, o Criador; denominados na literatura teosófica como o Primeiro, o Segundo e o Terceiro Logos; o Pai, o Filho e o Espírito Santo do Cristianismo; *Shiva*, *Vishnu* e *Brahmā* do Hinduísmo; *Kepler*, *Binah* e *Chochmah* da Cabala hebraica; *Ahura*, *Mazda* e *Ahuramazda* (Vida, Sabedoria e Existência Una) do Zoroastrismo. Está em tudo e em todas as partes, e *é* todas as coisas. O mundo todo é tão somente Sua manifestação. Ele está manifestado sob incontáveis formas, em graus inumeráveis de inteligências viventes, todas procedentes dele, da mesma forma que posteriormente dele procederam os vegetais, os animais e o homem. Portanto, existe unicamente a Vida Una manifestada em infinitas formas. O homem, o vegetal e o mineral são expressões daquela Vida. Não pode existir um grão de poeira sem que Deus esteja nele; o mais elevado Arcanjo é somente outra expressão dele, o Uno. Assim, estando Deus imanente em tudo, todos participamos de uma mesma Vida e formamos uma grandiosa Fraternidade.

P 49: *A existência de Deus pode ser provada?*

R: Nenhum processo de raciocínio puramente intelectual proporciona uma completa demonstração da existência de Deus, que seja satisfatória a todas as mentes. Tal existência pode ser provada indiretamente pelo raciocínio, pela devoção e pela pureza de vida. Um extenso e cuidadoso estudo da Natureza comprova a probabilidade de que um "Divino Arquiteto" edifica os mundos; a Existência Una parece ser uma necessidade filosófica, assim como a manifestação da Dualidade primordial (*Pratyagātmā* e *Mulaprakriti*, ou seja, a raiz do Espírito e a raiz da Matéria) se configura uma necessidade cósmica; *Pratyagātmā*, emocionalmente contemplado, é Deus, o Supremo Senhor.

A devoção a Deus habilita o homem a sentir sua existência e a obter dele força e paz. À medida que um homem se faz mais puro, mais nobre, mais amoroso, começa a conhecer Deus e já não necessita de provas de Sua existência, assim como não precisa de comprovação da luz através da qual enxerga.

Mas a prova direta e última radica-se dentro do Ser; Sua "única prova é a consciência no Ser". Cada um de nós está completamente seguro de que ele existe. Embora tenhamos muitas existências, cada uma consciente de si mesma, elas não podem surgir separadamente, do mesmo modo que uma fonte, se não tiver água, não poderá lançar seu jorro pelos ares. Essas existências surgiram do Ser Uno, são partes dele; e esse Ser uno é Deus. Daí que a convicção do Ser é Sua única prova, a realização do Divino em nós, nosso verdadeiro Ser, que reconhece o Divino Ser fora de nós por identidade de natureza. Portanto, somente ao realizar a Divindade em nós mesmos poderemos conhecê-La fora de nós, a Divindade na qual "vivemos, nos movemos e temos o nosso ser".

P 50: *Qual foi o objetivo de Deus ao criar o Universo?*

R: A palavra "criação" é popularmente usada nos tempos atuais com o sentido de "fazer surgir algo a partir do nada", o que é impossível. "O irreal não tem ser, o real nunca cessa de ser"[8], diz Shri Krishna na mais famosa joia da literatura ária, a *Bhagavad-Gitā*. A ideia de

[8] BHAGAVAD-GITĀ – *A CANÇÃO DO SENHOR*; tradução do sânscrito para o inglês por Annie Besant. Brasília: Ed. Teosófica, 2010. (N.E.).

criação nasceu em uma idade sem filosofia, entre pessoas ignorantes. Em tempos remotos, o que hoje se chama "criação" era interpretado como "rearranjo", um reajuste da matéria já existente em novas formas; e termos como "o Construtor Celestial", "o Grande Arquiteto", "o Formador", "o Artífice", "o Modelador" eram usados em lugar de "o Criador". A palavra "criação" ainda é usada no sentido de dar nova forma ou arranjo a algo que já existe, quando, por exemplo, se diz que um artista *cria* um quadro ou uma estátua.

Aquela emanação, não a criação, é uma manifestação da Vida Divina, a expressão natural de uma fase da Natureza Divina. A pergunta sobre "qual é o objetivo de tal emanação" foi respondida de várias maneiras. Há muitas razões possíveis; um gato não pode compreender por que um homem emprega seu tempo em ler um livro e não em sair correndo, perseguindo uma folha no chão, pois a consciência do gato ainda não está suficientemente desenvolvida para ler um livro. E todos nós nos encontramos mais próximos do gato do que de Deus, em certo sentido, isto é, em nossa compreensão de Sua natureza.

Não obstante, alguns dizem que o amor de Deus necessitou trazer autoconsciência a muitos seres capazes de compartilhar sua bem-aventurança e amor; outros dizem que o Amor desejou ser amado. Os cristãos dizem que o objetivo é que ele demonstre sua glória. O sufi diz: "Era Ele um tesouro oculto e desejou manifestar-se". Os *Upanishads* dizem: "Ele pensou: Eu me multiplicarei"[9]. A resposta final parece ser que no Universal, no Todo, existem eternamente todos os universos, tudo o que foi, é e pode ser; mas, no tempo e no espaço, aparece um ou outro universo e logo desaparece. Deus é o manifestado, o *Saguna Brahman* ou *Ishvara*, o Senhor de um universo, concedendo existência objetiva dentro do tempo e do espaço a parte daquilo que sempre existiu na eternidade.

O que parece certo é que o objetivo do homem em estar aqui

[9] MEHTA, Rohit. *O Chamado dos Upanixades*. Brasília: Ed. Teosófica, 2014. (N.E.)

é desenvolver suas capacidades e refletir a perfeição Divina, isto é, "alcançar a medida da estatura do Cristo".

P 51: *Como se formou nosso Sistema Solar?*

R: Do ponto mais remoto da história que podemos alcançar, os pares de opostos – Espírito e matéria, Vida e forma – aparecem já em completa atividade. O que comumente chamamos "energia" e "matéria" são, em realidade, duas variedades de Espírito em diferentes etapas de evolução. A raiz última da matéria, tal como se vê em nosso nível, é aquilo que os cientistas chamam "éter do espaço"; na literatura teosófica se denomina "*koilon*", o vazio, a negação primordial da matéria, pois o espaço ocupado por ele parece vazio para os sentidos físicos. Essa substância, perceptível somente à faculdade clarividente altamente desenvolvida, preenchia originariamente todo o espaço, mas um Ser infinitamente mais elevado que nossa Deidade Solar modificou essa condição de repouso ao infundir Seu espírito ou energia em certa seção da matéria, uma seção com a dimensão de todo um universo. A introdução de tal força formou dentro do éter um número incalculável de pequenas bolhas esféricas, referidas em *A Doutrina Secreta*[10] como "os buracos que *Fohat* cava no espaço". Cada bolha, ou ponto de luz, é onde não se encontra *Koilon*; cada bolha é, em realidade, um ponto de Sua consciência, e persiste somente enquanto Ele quer desalojar dali o *Koilon*. Essas bolhas são os átomos, as unidades últimas das quais se compõe o que chamamos "matéria"; portanto, a matéria não é outra coisa que buracos no éter.

Quando a Deidade Solar começa a construir seu sistema, encontra esse material, que se compõe de um número infinito de pequeninas bolhas, pronto para ser usado. Primeiramente, Ele demarca o limite de seu campo de atividade, uma imensa esfera cuja circunferência é muito maior que a órbita do mais distante de seus

[10] BLAVATSKY, H. P. *A Doutrina Secreta*. Brasília, São Paulo: Ed. Pensamento, 1980. (N.E.)

futuros planetas. Dentro do limite de tal esfera, Ele estabelece uma espécie de vórtice gigantesco, que arrasta todas as bolhas em uma vasta massa central – o material que constituirá a futura nebulosa.

Por meio da atividade de seu Terceiro Aspecto, envia ao corpo dessa enorme esfera giratória sete impulsos sucessivos de força, reunindo as bolhas em agregados cada vez mais complexos, segundo será explicado no Capítulo VIII ao se tratar das Três Grandes Emanações. Dessa maneira se formam sete mundos de matéria, gigantescos, interpenetrantes e concêntricos; todos iguais em essência, pois são constituídos do mesmo tipo de matéria, mas diferindo em graus de densidade. Esses sete tipos de matéria ou classes de átomos são livremente mesclados, de modo que partículas de cada um dos tipos sejam encontradas na menor porção da esfera, tomada ao acaso. Os mais densos desses sete tipos de átomos, os átomos físicos últimos, se combinam em certos agregados e formam, então, diferentes variedades daquilo que se pode chamar "protoelementos"; e estes se agregam novamente de várias formas e constituem os chamados "elementos químicos" pela ciência.

Esse processo se estende por grandes períodos de tempo e, na medida em que se sucedem as idades, chega-se ao estágio de uma vasta e incandescente nebulosa. À proporção que a esfera se esfria, ainda em rápida rotação, ela se aplaina, assumindo a forma de um imenso disco, e fragmenta-se em anéis que circundam um corpo central, que posteriormente formará o nosso Sol. A Deidade estabelece então, em cada anel, um vórtice subsidiário, acumulando ali uma grande quantidade da matéria do anel para formar um planeta ao redor do corpo central. A colisão dos fragmentos acumulados ocasiona um aumento de calor, e o planeta resultante é, por muito tempo, uma massa de gás incandescente que se esfria gradualmente até tornar-se adequado à habitação humana.

Cada um dos planetas de nosso Sistema Solar se compõe, pois, de sete tipos de átomos, cujas agregações fornecem os sete tipos fundamentais de matéria que se encontram no Sistema e constituem os "planos da Natureza"; cada um desses sete tipos é mais denso que o seu predecessor.

P 52: *Normalmente, são conhecidos apenas três estados da matéria: sólido, líquido e gasoso. O que são esses sete tipos de matéria, e o que você quer dizer com "planos da Natureza"?*

R: O que usualmente é denominado de sólido, líquido e gasoso são apenas os estados ou subdivisões do tipo inferior da matéria, a física. Toda a matéria do Sistema Solar está composta de sete tipos de átomos de várias densidades, desde o mais denso até o mais sutil; e cada região, com matéria composta de um tipo particular de átomo e relacionada a um estágio distinto de consciência, é denominado um plano ou mundo; por isso reconhecemos sete de tais planos no Sistema Solar.

P 53: *O que esses planos têm a ver com a nossa Terra, e como ela se formou?*

R: Esses sete tipos de matéria interpenetrantes se agregam parcialmente em planetas, mundos ou globos, porém não estão dispersos por igual sobre toda a área do Sistema Solar. Os três tipos mais sutis estão, de fato, espalhados por tudo, sendo portanto comuns a todo o Sistema; enquanto as quatro classes mais densas compõem e rodeiam os planetas. A Terra, como é um de tais planetas, contém os sete tipos de matéria em sua constituição.

P 54: *Então a Terra não é formada somente de matéria física?*

R: Nossa Terra não é construída somente pela matéria do plano ou mundo inferior, o sétimo; mas contém também uma abundante provisão de matéria do sexto, do quinto e dos outros mundos. Segundo foi amplamente demonstrado pelos cientistas, as partículas de matéria, mesmo das substâncias mais densas, nunca se tocam umas às outras. Os átomos são extremamente diminutos em proporção aos espaços compreendidos entre eles, sendo cada um deles como um solitário grão de poeira em um grande salão. Portanto, todos os outros tipos de átomos, de cada um dos outros planos mais sutis, contam com amplo espaço não apenas se colocarem entre os átomos da matéria mais densa como também para se moverem livremente ao redor e entre eles. Consequentemente, o globo em que vivemos não é composto de matéria de um só tipo, mas dos diferentes tipos de matéria dos sete planos ou mundos, que se interpenetram uns aos outros e ocupam todos o mesmo espaço.

P 55: *Como podem ocupar o mesmo espaço diferentes tipos de matéria sem que uma desaloje a outra?*

R: Isso é possível porque o espaço entre os átomos é sempre muito maior do que o tamanho destes. Tome-se o exemplo de uma esponja ou de um novelo de lã submersos na água. A matéria sólida da esponja ou do novelo ocupa certo espaço; mas todos os vazios ou interstícios da esponja contêm água, e assim a água ocupa praticamente o mesmo espaço que a esponja. Ao mesmo tempo, diminutas partículas de ar se mantêm detidas na água; portanto, as matérias sólida, líquida e gasosa ocupam o mesmo espaço naquela esponja.

P 56: *Onde se encontram situados, na Terra, esses diferentes planos?*

R: Os mundos sutis se encontram todos à nossa volta, embora normalmente não sejamos conscientes de sua existência. Não estão um sobre o outro, como as cascas de uma cebola, mas contidos um dentro do outro, estando a Terra sólida e física encravada no coração da totalidade deles. O sexto mundo é mais amplo que o sétimo (o físico), e se estende a uma distância muito maior no espaço, porém permeia, ao mesmo tempo, toda a matéria física da Terra. O quinto se estende além do sexto, permeando os outros dois como se fora vapor de água espalhado pelo ar. De maneira que o mundo em que vivemos não é apenas *um* mundo, porém sete mundos interpenetrantes, ocupando todos o mesmo espaço, exceto que os tipos sutis de matéria se estendem, a partir do centro, mais que os densos.

P 57: *Como se denominam esses sete planos ou mundos interpenetrantes?*

R: A região superior ou mais sutil se chama *Mahāparanirvāna* ou *Ādi*, ou Divino. A segunda é denominada *Paranirvāna* ou *Anupādaka*, ou também *Monádico*, porque lá residem as chispas da Vida divina, as Mônadas humanas, sendo o lugar de procedência e habitação do Ser no homem, a Mônada, o Deus no homem. O terceiro plano se denomina *Nirvāna* ou *Átmico*, já que *Ātmā*, o mais elevado Espírito no homem, conforme está atualmente constituído, atua em tal plano. O quarto é o mundo Búdico ou Intuitivo, o mundo das mais elevadas intuições. Esses dois últimos são chamados também de "planos espirituais", pois neles o homem realiza sua divindade. O quinto, muito mais denso, se chama *manásico*, o Intelectual ou Mental, pois a mente humana compõe-se de matéria deste plano. O sexto é o mundo Astral ou Emocional, o passional, já que as emoções e paixões do homem ocasionam ondulações em sua matéria. O sétimo é o mundo Físico, o qual conhecemos apenas parcialmente, por meio de nossos sentidos. Desses planos, os dois mais elevados não podem ser alcançados pelo homem em seu estágio atual, já que, em nossa presente etapa de revelação, temos de ser autoconscientes nos outros cinco para atingir a nossa meta, como Homens Perfeitos.

Cada um desses planos se subdivide, por sua vez, em sete estados de matéria.

P 58: *Como está subdividido cada plano, e o que são essas subdivisões de matéria?*

R: Conforme afirmamos na resposta anterior, cada plano está dividido em sete subplanos e contém, por isso, sete estados de matéria.

O plano físico tem sete subdivisões, representadas por sete graus de densidade da matéria. Ascendendo da mais grosseira à mais sutil, a matéria dessas subdivisões é denominada sólida, líquida, gasosa, etérica, supraetérica, subatômica e atômica. As quatro classes de matéria mais sutil compõem-se do que ordinariamente chamamos "éter", de quatro densidades ou graus; embora seja normalmente invisível aos olhos humanos, o éter é matéria física. Todos esses estados de matéria pertencem somente ao plano físico. Os átomos mais sutis, ou átomos físicos últimos, do subplano atômico se agregam para formar os chamados "protoelementos"; e estes, por sua vez, se unem para constituir várias formas daquilo que a ciência conhece como elementos químicos.

O plano astral é igualmente subdividido em sete, mas apresenta duas grandes divisões: o astral inferior, com quatro subdivisões; e o astral superior, com as três restantes.

Similarmente, o quinto plano, o mental, tem duas divisões principais: o *Rūpa-Loka* e o *Arūpa-Loka*, ou seja, o nível com formas e o nível sem formas, com quatro e três subdivisões respectivamente. Esse plano inclui o que se chama *Devachan*, ou *Devaloka*, a residência dos Deuses, ou o Céu. *Devachan*, o estado de bem-aventurança, deriva seu nome de sua natureza e condição: nada que cause dor ou tristeza se encontra ali. É um estado especialmente resguardado, no qual não se permite a presença de mal algum; um lugar de bem-aventurado repouso, no qual pode o homem assimilar pacificamente os frutos de sua vida física passada.

Os outros planos são, cada qual, também subdivididos em sete.

P 59: *Os distintos mundos ou planos, assim como os subplanos, são compostos de diferentes tipos de matéria?*

R: Cada mundo tem seu próprio tipo de matéria, que é a matéria de seu subplano atômico; e tem também suas próprias substâncias, ou agregados daquela matéria, organizadas em sete estados. Mas todos os tipos de matéria são formados a partir da matéria mais grosseira do plano imediatamente superior, e esta é a razão pela qual a matéria de que se compõem todos os mundos interpenetrados é essencialmente a mesma, embora organizada de maneira distinta e em diferentes graus de densidade.

P 60: *Se esses sete planos existem simultaneamente à nossa volta, por que não somos normalmente conscientes de sua existência?*

R: O homem, habitualmente, somente se torna consciente de qualquer coisa através do auxílio de um ou mais dos cinco sentidos, e obviamente ele não poderia estar consciente da existência de algo que ele não possa ver, cheirar, provar, tocar ou ouvir. Mesmo no caso de objetos fisicamente grosseiros o bastante, os sentidos não podem ser inteiramente confiáveis por várias razões, por exemplo:

1. Devido à grande distância, o planeta Netuno não é visto, embora ele exista;
2. Devido à demasiada proximidade, o colírio no olho também não é visto;
3. Devido à debilidade dos sentidos, os sons não são audíveis em caso de surdez;
4. Devido à sua pequenez, não percebemos as partículas de água no ar que nos rodeia;
5. Devido à proeminência de algo maior, o planeta Mercúrio não será visível à luz do Sol.

P 61: *Então, como pode ser comprovada a existência de coisas não cognoscíveis pelos sentidos físicos?*

R: Pode-se comprová-la pela aquisição de poderes suprafísicos, que por agora se acham latentes no homem. Se a ciência fez tantos progressos conhecendo somente os três estados inferiores do plano físico, ela faria um progresso imensurável, para o bem de todos, se alcançasse o conhecimento, pelo menos, sobre os éteres mais sutis, cumprindo assim, embora parcialmente, o Terceiro Objetivo da Sociedade.

P 62: *Isso simplesmente conduz a dificuldade ao estágio anterior. Como você pode comprovar a existência de poderes supranaturais no homem?*

R: Nada existe de "supranatural", já que tudo se dá dentro do domínio das Leis naturais.

O hipnotismo, o mesmerismo, a clarividência e a telepatia são agora fatos reconhecidos pelo mundo científico. Alguém que, por um hipnotizador, é feito artificialmente clarividente é capaz de ver qualquer coisa, em qualquer parte do mundo – visão que não lhe é possível por meio de seus olhos físicos; e isso prova a existência de algum poder "suprafísico". De modo semelhante, as investigações em espiritismo demonstram a existência do plano astral e a sobrevivência do homem após a morte, embora ambos os eventos não possam ser reconhecidos pelos órgãos sensoriais. Além disso, somos conscientes dos efeitos de pouquíssimas vibrações no ar ou no éter – denominadas eletricidade, som, luz, etc. –, enquanto que somos inconscientes da existência de outras inumeráveis classes de vibrações, que produzem sons, cores, luzes e formas. Isso também é admitido pela ciência.

A Teosofia demonstrou, com a força da experiência, que em cada homem existem sentidos inativos, os quais, quando estimulados, podem tornar possível a investigação em reinos da matéria normalmente imperceptíveis ao nosso redor. Houve e há ocultistas que, desenvolvendo seus sentidos suprafísicos, investigaram a parte etérica de nosso mundo e outros reinos superiores; e suas investigações são de inestimável valor para a humanidade.

Igualmente, existem Mestres, Homens Perfeitos, que despertaram inteiramente seus sentidos sutis ao completarem sua evolução humana e permanecem em contato com o mundo unicamente para ajudar a humanidade em seu crescimento; seus discípulos também despertam e desenvolvem sentidos sutis, um após o outro, sob sua direção, e verificam a exatidão de suas afirmações.

P 63: *Compreendo que o mundo em que vivemos não é único, mas sete mundos interpenetrantes de matéria cada vez mais sutil ocupando todos o mesmo espaço; porém você acrescentou que os tipos mais sutis de matéria se estendem do centro até uma distância maior do que alcança o tipo grosseiro. Então, que extensão atinge a matéria dos mundos sutis?*

R: A matéria do mundo astral se estende até pouco menos da metade da distância da Terra à Lua, e assim, como os dois globos físicos – a Terra e a Lua – se encontram à distância de 385.000 quilômetros, suas esferas astrais têm contato quando a Lua está no ponto de sua órbita mais próximo da Terra, isto é, no perigeu; mas não há contato quando ela se encontra mais distante da Terra, ou seja, no apogeu. O mundo mental é uma esfera de matéria mental ainda mais extensa, enquanto que nos globos superiores temos esferas tão grandes que tocam as correspondentes esferas de outros planetas do Sistema Solar.

P 64: *Se esses planos ou mundos não podem ser comumente conhecidos por nós, que temos a ver com eles?*

R: Temos que chegar gradualmente a um íntimo contato pelo menos com alguns deles em nosso estágio atual; mas para compreender isso, teremos que conhecer algo da constituição do homem, conforme explica o Capítulo III.

Capítulo III

A constituição do homem

P 65: *Já que a constituição do homem é tão bem conhecida pela ciência ocidental, o que mais tem a dizer a Teosofia sobre este assunto?*

R: A ciência ocidental descreve somente o corpo físico do homem, que não é o homem real, mas o veículo do verdadeiro Ser interno. Considerar o corpo físico como o homem real é tão equivocado como considerar a casa como o habitante dentro dela.

P 66: *Como a Teosofia explica, então, a constituição do homem?*

R: Segundo os ensinamentos teosóficos, o homem é, em essência, uma Mônada, um fragmento da Divindade, uma centelha de Deus, uma chispa do divino Fogo residindo perenemente no plano Monádico ou *Anupādaka* da Natureza. Ele é uma individualidade, um filho que vai crescer e evoluir até a semelhança de seu divino Pai. Sendo essa Mônada um fragmento do Divino, contém em si mesma, em potencialidade, toda bondade e toda perfeição. Em tal estado, embora seja divina, é incapaz de atuar nos planos inferiores, não possuindo o poder de dominar as particularidades físicas ou de atuar na matéria física de maneira definida e precisa. No curso da evolução pela qual passará, a Mônada terá de desenvolver todos os seus poderes latentes. Então, para os propósitos da evolução humana, o verdadeiro Ser, a Mônada, se manifesta nos mundos inferiores. Ela se envolve em uma e outra vestimenta, cada qual feita de matéria pertencente a uma região definida do Universo; e assim o Ser se habilita a entrar em contato com cada região, adquirindo, por conseguinte, o conhecimento acerca dela. No atual estágio do desenvolvimento do homem, a evolução humana ocorre tão somente em cinco dos sete planos da Natureza.

P 67: *Mas se a Mônada permanece continuamente no mundo Monádico ou* Anupādaka, *como pode se manifestar nos mundos inferiores?*

R: Quando a Mônada desce de seu plano e entra no mundo espiritual, mostra-se em três aspectos, dos quais o primeiro, que permanece sempre nesse mundo, denomina-se *Ātmā*, ou o Espírito no homem. O segundo, que se manifesta no plano da Intuição ou Búdico, é denominado *Buddhi*, ou a Intuição no homem; enquanto que o terceiro, que se mostra no plano Mental Superior, é chamado *Manas*, a Inteligência no homem. Essa tripla manifestação da Mônada, em três diferentes níveis, como *Ātmā-Buddhi-Manas*, ou Espírito-Intuição-Intelecto, é denominada "Ego" ou "Individualidade". Esse Ego é o homem durante os estágios de evolução humana no mundo de manifestação, ou universo quíntuplo, e é descrito como uma semente, um gérmen da Vida divina, contendo as potencialidades de seu próprio Pai Celestial, sua Mônada, que deve se transmutar em faculdades no curso da evolução. De fato, esse seria o equivalente mais aproximado do conceito ordinário de "alma". O Ego toma sobre si um veículo chamado "corpo Causal", constituído de matéria do plano mental superior. Portanto, o homem, tal como o conhecemos, embora seja em realidade uma Mônada residindo no mundo Monádico, se mostra como um Ego no mundo Mental Superior por meio de um veículo denominado "corpo Causal", constituído a partir dos três subplanos mais sutis do mundo Mental.

O Ego, antes de descer ao mundo físico, deve passar através dos mundos mental inferior e astral; ao fazê-lo, ele envolve em torno de si mesmo véus da matéria desses planos, que mais tarde transforma em seus corpos mental e astral. Somente depois de haver assumido esses veículos intermediários, ele poderá ter contato com o feto e nascer no mundo físico, para viver sua vida física e ali atuar para dela obter o conhecimento. Ao final de sua vida, quando o corpo físico estiver gasto, o Ego inverte o processo de descida, abandonando primeiramente seu corpo físico e centralizando sua vida no corpo astral, no mundo astral. Posteriormente, se desfaz também deste veículo e permanece no mundo mental, em seu corpo mental, por um longo tempo. Quando este corpo é, por sua vez, posto de lado, o Ego se encontra de novo em seu próprio mundo. Transcorrido certo tempo, ele repete o processo de descida até a matéria densa, tomando, mais uma vez, novos corpos mental, astral e físico.

O Ego evolui, mas, por outro lado, vive sem alterações até que alcance sua meta de imergir na Divindade. Ele não é afetado pelos sucessivos nascimentos e mortes, mas reside, vida após vida, em um corpo Causal permanente e retém a memória das experiências de todas as suas personalidades. O que comumente chamamos "uma vida" é apenas um dia de sua vida real; e o corpo físico que nasce e morre é somente uma vestimenta usada por ele para impulsionar sua evolução.

Essa, pois, é a real constituição do homem. Ele é uma Mônada, uma Centelha Divina; e o Ego é uma expressão parcial dessa Mônada, vestido pelo corpo Causal que lhe foi constituído para que possa entrar na evolução e regressar à Mônada com qualidades desenvolvidas e o conhecimento adquirido através das experiências.

O Ego, por sua vez, faz descender parte de si mesmo denominada "personalidade", que então se veste de três corpos – o mental, o astral e o físico. Por conseguinte, quando pensamos e dizemos que conhecemos um homem no plano físico, estaria um pouco mais de acordo com a verdade se disséssemos que conhecemos a milésima parte dele. O Ego é uma parte da Mônada, algo assim como a proporção que existe entre uma orelha e todo o corpo; e sendo a personalidade, por sua vez, uma parte do Ego, o que usualmente cremos que seja o homem trata-se apenas de um fragmento de outro fragmento do Homem real.

Logo, a parte da Individualidade ou do Ego, também chamado "Eu Superior", que se manifesta em uma reencarnação em um dado tempo e em uma determinada Raça, seja como homem ou mulher, é a personalidade ou "eu inferior". A relação entre a Individualidade e a personalidade foi expressa através de muitos símbolos, um deles é o colar de pérolas, no qual o fio representa a Individualidade e as pérolas cada uma das distintas personalidades em sucessivas encarnações. Entretanto, uma personalidade somente é criada pela Individualidade com o propósito de executar o trabalho em uma encarnação; em um novo nascimento, uma nova personalidade é formada, com novos corpos mental, astral e físico.

Além disso, cada um desses corpos possui sua própria vida e consciência, inteiramente distintas da vida e consciência da personalidade que usa os corpos. Essa "consciência corporal" do corpo mental é conhecida como "elemental mental"; a do corpo astral como "elemental do desejo"; e a do corpo físico como "elemental físico".

P 68: *Poderia explicar primeiro o que são os elementais mental e astral?*

R: A matéria dos corpos mental e astral não é matéria morta. De fato, em nossa compreensão, não existe matéria morta em parte alguma, pois toda a matéria foi vivificada pela Primeira Emanação, proveniente do Terceiro Aspecto do Logos; enquanto que todas as formas são também animadas e ainda mais vivificadas pela Segunda Emanação, que é geralmente chamada "essência elemental", mas frequentemente descrita como "essência monádica", especialmente quando anima a matéria atômica de cada um dos planos em seu curso descendente (ver "As Três Grandes Emanações", no Capítulo VIII). As consciências corporais dos veículos mental e astral, chamadas respectivamente de "elemental mental" e "elemental astral", é a vida da essência elemental da matéria mental e da matéria astral em seus respectivos veículos. Na vida celular que as interpenetra, não há nada ainda de inteligência, mas um forte instinto, fazendo constante pressão na direção do que é vantajoso para seu desenvolvimento.

A essência elemental requer vibração para seu desenvolvimento, porque ela se desenvolve – tal como nós próprios fazemos em um nível muito mais elevado – ao aprender a responder a impactos do exterior. A essência vivente na matéria do corpo mental está sempre em busca de variedades de vibração, e faz a mais forte objeção possível ao ser contida por muito tempo em uma só frequência vibratória. Podemos perceber esse fato em nossos esforços por concentração, quando algo dentro de nós parece impelir continuamente o nosso pensamento a vagar, resistindo vigorosamente a todo esforço que fazemos para mantê-lo fixo em uma determinada direção.

A vida que anima a matéria com a qual são construídos os corpos mental e astral encontra-se no arco descendente da evolução, movendo-se para baixo e para o exterior, de tal sorte que, para ela, "progresso" significa maior materialidade, isto é, descer a formas mais densas de matéria e buscar expressar-se através delas. Para o homem, o progresso é exatamente o contrário; ele já mergulhou profundamente na matéria e se encontra agora saindo dela, na direção de sua origem, elevando-se do material para o espiritual e reagindo tão somente às vibrações mais delicadas, de elevadas aspirações. Por conseguinte, existe um perpétuo conflito de interesses entre o homem interno e a vida que habita a matéria de seus veículos, dado que esta tende para baixo enquanto ele aspira elevar-se.

O elemental astral (isto é, a vida que anima as moléculas de matéria no corpo astral), também chamado de "elemental de desejo", requer, para sua evolução, todo gênero de vibrações passionais, de diferentes classes e tão fortes e grosseiras quanto possível. Sua evolução, assim como a evolução do elemental mental, efetua-se mediante vibrações; e vibração, no plano astral, é sempre o resultado de alguma paixão ou emoção de qualquer gênero. O passo seguinte, em sua evolução, consiste em animar a matéria física e se acostumar às suas oscilações ainda mais lentas; para tanto, requer as mais grosseiras e intensas vibrações astrais. Não se pode dizer que possua alguma inteligência, já que não chega ainda nem mesmo no nível do mineral; entretanto, tem uma capacidade extraordinária para se adaptar às circunstâncias do ambiente e extrair delas o que necessita; e isso seguramente parecerá muitas vezes como uma inteligência parcial de instinto muito perspicaz.

A vida na massa de moléculas no corpo astral tem, ainda que vaga, a percepção de si mesma como um todo, como uma classe de entidade temporária; não tendo percebimento de que é parte do corpo astral de um homem, sendo completamente incapaz de compreender o que seja um homem. No entanto, através de seu instinto curioso, se dá conta, às cegas, de que sob suas atuais condições recebe muito mais ondas de vibração e ondas muito mais fortes do que receberia se estivesse vagando solta na atmosfera, no vasto mar de essência astral, onde receberia muito ocasionalmente, a distância, a radiação das paixões e emoções do homem. Mas agora está no próprio coração dessas paixões e emoções; não pode perder uma só, e as recebe em seu mais alto grau. Portanto, percebe-se em uma posição satisfatória, e se esforça por manter condição tão vantajosa.

As partículas do corpo astral são expelidas e substituídas continuamente, da mesma forma como ocorre com as partículas do corpo físico; não obstante, a sensação de individualidade é comunicada às novas partículas na medida em que ingressam, e a essência que se acha incluída dentro do corpo astral de cada homem considera a si mesma, sem dúvida, como uma espécie de entidade e, por conseguinte, atua em benefício do que convém a seus interesses.

Esses interesses, como se disse antes, são quase sempre diametralmente opostos aos da alma. Daí, surge um perpétuo conflito entre ambos, isto é, entre o elemental de desejo e a alma – ou, como descreve São Paulo: "a lei dos membros combatendo a lei da mente". Mas isso vai além; a entidade encontra incluída em si certa classe de matéria mais sutil – a matéria do corpo mental do homem; e chega à conclusão de que, se conseguir envolver aquilo que é mais sutil dentro de suas próprias ondulações, estas serão intensificadas e prolongadas sobremaneira. Como a matéria astral é o veículo do desejo e a matéria mental o veículo do pensamento, aquele instinto, se o traduzirmos para nossa linguagem, arquiteta que se o corpo astral conseguir nos induzir a pensar que *nós* necessitamos aquilo que *ele* quer, é provável que ele o consiga. E assim, exercita uma leve mas firme pressão sobre o homem – para a matéria astral, uma espécie de insaciabilidade, mas para o homem uma tentação por aquilo que é grosseiro e que ele internamente não deseja. Se acaso o homem for passional, existirá uma pressão suave mas incessante para a irritabilidade; se acaso for sensual, haverá uma pressão igualmente firme para a impureza.

Tal pressão, que não é um estímulo vindo da própria natureza do homem, nem uma tentação posta por algum demônio imaginário, é natural ao veículo que o homem está usando, porém danoso para ele. Daí a necessidade de o homem resistir a ela. Certamente, será muito humilhante para o homem deixar-se vencer ou permitir ser usado como instrumento por algo que não é ainda sequer um mineral. Mas se ele resiste e se recusa a ceder aos sentimentos que lhe são sugeridos, que buscam gratificar os desejos inferiores, ele gradualmente substitui a essência elemental dentro de si, construindo uma entidade inteiramente distinta – uma criatura diferente –, pois as partículas grosseiras dentro dele, que necessitavam daquelas vibrações embrutecidas, desfalecem por falta de alimento e finalmente se atrofiam e se retiram de seu corpo astral, sendo substituídas por outras partículas mais elevadas e sutis, cujo tipo vibratório esteja em relação mais estreita com o que o homem habitualmente permite dentro de seu corpo astral.

Isso explica o que se considera, durante a vida, como insinuações de nossa natureza inferior. Se o homem se submete a elas, essas insinuações tornam-se cada vez mais fortes, até que ele se sente impotente para resistir e se identifica com elas – precisamente o que objetiva essa curiosa semivida existente nas partículas do corpo astral. Porém, se o homem controla seus desejos e vive a vida teosófica, terminará sua atual encarnação com um tipo muito melhor de elemental de desejo do que aquele que trouxe em seu nascimento e, por conseguinte, principiará sua nova encarnação usando uma classe mais refinada daquela essência elemental.

O elemental astral desempenha também uma parte importante na vida do homem imediatamente após sua morte, como se descreverá no Capítulo VI.

P 69: *O que é o elemental físico e quais são suas funções e natureza?*

R: A consciência corporal do veículo físico – o elemental físico – é a essência de todas as vagas de vida mineral, vegetal e animal que integram o corpo físico. Este corpo é edificado por células, sendo cada uma delas uma pequena e separada vida animada pela Segunda Emanação (mencionada em "As Três Grandes Emanações", no Capítulo VIII) que procede do Segundo Aspecto da Deidade.

O conjunto de todas as células reunidas no corpo serve como veículo de uma forma de consciência muito mais elevada do que elas possam conhecer em suas vidas separadas. Essa consciência limitada, conforme está, basta para os propósitos da vida e funções do corpo físico. É essa consciência corporal física – o elemental físico – que chama a atenção do indivíduo quando é necessário, ou seja, demanda descanso quando o corpo está fatigado ou desperta nele o desejo por alimento e bebida quando o corpo precisa. O corpo, com seu elemental físico, por prolongados hábitos ancestrais de hereditariedade, é também suficientemente apto a proteger a si mesmo – quando atacado por gérmens de enfermidades, põe em prontidão seu exército de fagócitos para eliminá-los; quando sofre escoriações, cortes ou ferimentos, acumula legiões de glóbulos brancos no local para construir novas células; quando o corpo físico está adormecido e inativo, estando ausente o seu senhor em seu corpo astral, no mundo astral, o elemental físico é quem recolhe os cobertores para protegê-lo do frio e quem o vira para que descanse em nova postura.

Muitas dessas manifestações do elemental físico são bastante naturais e não requerem intervenção por parte da consciência do ocupante do corpo; mas algumas vezes tal intervenção é necessária, como quando se trata de um trabalho perigoso e o elemental, temendo por sua vida, tenta afastá-lo, vendo-se obrigado a manter-se na obra por vontade do homem; ou então quando este trata de cumprir com seu dever e o corpo, cansado, resiste, devendo ser forçado ao trabalho. Disse um Mestre de Sabedoria:

> Mas o corpo e o homem são dois, e a vontade do homem não é sempre a que o corpo deseja. Quando o teu corpo deseja alguma coisa, para e pensa se tu realmente desejas isso. [...] Quando há trabalho que precisa ser feito, o corpo físico quer descansar, passear, comer e beber; e o homem que não sabe diz a si próprio: "Eu quero fazer estas coisas, e preciso fazê-las". Mas o homem que sabe diz: "Aquele que quer *não* sou eu, e deve esperar um pouco". Frequentemente, quando há uma oportunidade de auxiliar alguém, o corpo insinua: "Quanto aborrecimento me trará isto; que outro qualquer o faça". Mas o homem que sabe replica ao seu corpo: "Tu não me impedirás de praticar uma boa ação".[11]

Nas crianças, o elemental físico é muito pronunciado; quando o bebê grita e esbraveja, é o elemental e não a alma da criança quem dá expressão às suas objeções, que, embora muito razoáveis para ele, são com frequência irracionais para nós.

[11] KRISHNAMURTI, J. *Aos Pés do Mestre*. Brasília: Ed. Teosófica, 1999. (N.E.)

P 70: *Mas por que o homem real necessita de tantos corpos ou veículos? Não poderia atuar sem esses envoltórios ou vestimentas?*

R: Essas diferentes vestimentas são necessárias para o desenvolvimento do Ego, pois somente por meio de tais especializados organismos de matéria ele é capaz de receber vibrações às quais possa responder, e assim desenvolver suas faculdades latentes.

A fim de adquirir plena consciência em qualquer dos mundos, isto é, para perceber e responder a toda vibração em um dos mundos, o Ego deverá pôr-se em conexão com ele através de uma vestimenta feita da matéria daquele mundo. Existem diferentes mundos ou planos da Natureza, segundo já foi explicado, e o homem real necessita de diferentes corpos para atuar nessas diferentes regiões. Pensemos nos diversos veículos materiais de que uma pessoa precisa para viajar por terra, pelo mar ou no ar. Por terra, ela deverá usar um trem ou algum tipo de automóvel; na água, é necessário ter uma embarcação; e no ar, um balão, um avião, etc. Nesses casos, embora o veículo seja variável para se adaptar ao meio, o viajante permanece o mesmo.

Durante as horas de vigília, atuamos através de nosso corpo físico; mas durante o sono, deslizamos temporariamente para fora dele e atuamos no mundo astral, em nosso veículo astral. Quando morremos, deixamos para sempre o corpo físico e passamos a atuar no plano astral, com nosso corpo astral. Do mesmo modo, os corpos mental e Causal são necessários para que atuemos respectivamente nos planos mental inferior e Mental Superior – pensamentos concretos e abstratos. Naturalmente, sob a cobertura dessas roupagens, a luz do homem real, a Individualidade, fica imensamente obscurecida. Exatamente como a luz de uma lâmpada parece diminuir e tornar-se opaca ao colocarmos sobre ela um tubo ou um globo colorido, também o homem real, embora seja uma Centelha da Grande Chama que é Deus, parece muito diferente quando se reveste de tantas coberturas, e brilha com maior ou menor intensidade de acordo com a qualidade da matéria, sutil ou grosseira, dos corpos que veste.

P 71: *Você poderia me dizer algo sobre cada um desses corpos? Primeiramente, o que é o corpo Causal, e por que tem essa denominação?*

R: O corpo Causal ou intelectual é o corpo de *Manas*, o aspecto forma do Indivíduo, do homem verdadeiro; é o veículo permanente do Ego no mundo Mental Superior, e compõe-se da matéria das três primeiras subdivisões daquele mundo. Tudo o que compõe a sua trama subsiste. É o depósito das riquezas, no qual são armazenadas todas as experiências adquiridas durante a vida nos três planos inferiores – os mundos físico, astral e mental inferior.

É chamado "corpo Causal" porque nele residem todas as causas que se manifestam como efeitos nos planos inferiores; nele está a causa de nosso progresso, rápido ou lento, pois é do tesouro estocado nesse corpo que extraímos as qualidades de caráter e capacidade cada vez que temos um novo nascimento na Terra.

Quando o Indivíduo toma um novo conjunto de corpos para sua próxima morada na Terra, extrai do depósito de seu corpo Causal faculdades, de coração e de mente, superiores às que usou durante sua última vida; e durante sua nova encarnação ele edificará qualidades ainda mais elevadas, que passarão a enriquecer seu corpo Causal.

P 72: *Qual a forma e o uso do corpo Causal?*

R: O corpo-alma, assim chamado porque a alma do homem (uma Consciência individual e permanente) vive nesse corpo, é uma forma humana, nem de homem nem de mulher, sem características sexuais, à semelhança do anjo tradicional. Está rodeado por um ovoide de matéria luminosa, ígnea, delicada como os tons evanescentes do crepúsculo. Essa forma, chamada "*Augoeides*", e o ovoide de matéria luminosa que a rodeia constituem a habitação permanente da alma, o corpo Causal. Em tal corpo mora a alma, imortal e eterna.

Para um clarividente, esse corpo aparece como um ovoide circundando o corpo físico e estendendo-se a uma distância em torno de cinquenta centímetros. Nos primeiros estágios de uma "alma jovem", ou do homem primitivo (que pouco difere da etapa do animal da qual ele acabou de sair), o corpo Causal é pequeno, quase sem cor, semelhante a uma bolha ou película delicada, e se desenvolve muito lentamente. Sua matéria, do mundo Mental Superior, não entra em atividade até que o progresso do homem a agite, promovendo um gradual despertar pelas vibrações que procedem dos corpos inferiores; mas quando o homem alcança o estágio do pensamento abstrato ou emoção altruísta, a matéria do corpo Causal começa a responder e surgem as primeiras ondulações, que se manifestam em cores, de modo que, em vez de aparecer como uma película vazia e descolorida, esse corpo passa a ser um brilhante globo de luz, pleno de gloriosas cores e delicados matizes, irradiando raios de amor e benevolência em todas as direções.

À medida que o homem começa a desenvolver sua espiritualidade, ou pelo menos seu intelecto mais elevado, o Indivíduo real – o Ego – começa a adquirir um caráter próprio permanente, à parte daquele que é moldado em cada uma de suas personalidades pelo treinamento e pelas circunstâncias à sua volta. Esse caráter se mostra no tamanho, na cor, na luminosidade e na precisão de contornos do corpo Causal, exatamente como o da personalidade se mostra no corpo mental, exceto que aquele, sendo um veículo mais elevado, é naturalmente mais sutil e belo. No caso de um discípulo que tenha feito algum progresso na Senda da Santidade, o corpo Causal é uma maravilhosa e adorável visão, além de toda concepção terrena; enquanto que o de um Adepto (ou Mestre) é uma magnífica esfera de vívida luz, cuja glória radiante não pode ser descrita em palavras.

As cores nesse corpo são também significativas. A vibração que denota o poder de um afeto altruísta se manifesta como um rosa pálido; a que indica alto poder intelectual é amarela; a que expressa simpatia é verde; o azul tipifica os sentimentos de devoção; enquanto que um luminoso lilás-azulado demonstra alta espiritualidade.

P 73: *Mas um homem, no curso de sua evolução, adquire também qualidades não desejáveis. Elas passam igualmente a esse corpo Causal?*

R: Não. Tais qualidades, como o orgulho, a sensualidade e a irritabilidade, são também reduzíveis a vibrações, mas, sendo vibrações das subdivisões inferiores de seus respectivos mundos, não podem radicar-se no corpo Causal, pois ele é constituído somente da matéria dos três subplanos superiores do Mental. Apenas as boas qualidades entram na constituição do corpo Causal; as más qualidades são tão somente a atuação dos corpos inferiores quando estes corpos não estão sob controle do Ego – são, portanto, negativas e representam uma falta de desenvolvimento no corpo Causal. À medida que o Ego se fortalece, as atividades do corpo e da mente que chamamos más diminuem, e acabam por desaparecer inteiramente quando o corpo Causal está perfeito e o homem alcança o final de sua peregrinação terrena de nascimentos e mortes.

A diferença entre o corpo Causal de um homem primitivo e o de um homem avançado em santidade e sabedoria consiste em que o primeiro é uma bolha vazia e sem cor que se estende um pouco além do corpo físico, enquanto que o segundo é um globo de luz brilhante, de irradiação deslumbrante, que pode se estender a um raio de um metro ou mais.

P 74: *Como podemos contribuir para o crescimento de nosso corpo Causal?*

R: Não há muito o que se possa fazer pela ação direta, mas o aperfeiçoaremos e estimularemos seu crescimento se atuarmos no aprimoramento dos corpos inferiores e na edificação de um caráter puro e nobre. No Causal, o homem lida com abstrações e conhece a Verdade por intuição, não por raciocínio. Portanto, ele se alimenta e se desenvolve a partir do pensamento abstrato, pela mais alta matemática ou pela profunda imaginação científica e filosófica, pela meditação dedicada, pela subjugação do intelecto ao serviço, pelo amor altruísta e autossacrifício. Em um Adepto, esse corpo alcança enormes dimensões, com um raio em torno de 1,5 km, enquanto que há relatos que o Senhor Buda teve um corpo Causal que se estendia cerca de 5 km à sua volta.

P 75: *O que é o corpo mental e qual a sua função?*

R: O corpo mental é construído da matéria do mundo mental inferior, isto é, dos quatro subplanos inferiores do plano mental. Ele expressa os pensamentos concretos do homem, reagindo, por suas vibrações, às mudanças de pensamento nele. É o veículo do Ego, que é o Pensador, para sua atuação racional, para sua manifestação como intelecto; e varia muito nas diferentes pessoas. É ovalado em seu contorno, interpenetrando os corpos físico e astral, circundando-os de radiante atmosfera à medida que vai se desenvolvendo.

O tamanho e o formato desse corpo dependem dos do corpo Causal. O corpo mental literalmente cresce de tamanho à medida que o homem avança em evolução. Em uma pessoa não evoluída, é de desenvolvimento tão diminuto que é até mesmo difícil distingui-lo; mas em um homem mais avançado, alguém que não seja espiritualizado mas que tenha somente as faculdades mentais desenvolvidas e seu intelecto treinado, o corpo mental é visto como um veículo de atividade definidamente desenvolvido e organizado, de contornos precisos e pleno de vigor.

As cores nesse corpo e no corpo astral têm o mesmo significado que no corpo Causal; mas à medida que nos aproximamos da matéria física, os matizes são comparativamente mais embrutecidos, menos delicados e menos vívidos, encontrando-se algumas cores adicionais nos corpos inferiores. Vemos o pensamento de orgulho como alaranjado; a irritabilidade como escarlate brilhante; a avareza como um castanho claro; o egoísmo como cinza escuro e a falsidade como cinza esverdeado. Além disso, as boas qualidades de afeto, devoção e intelecto podem estar manchadas pelo egoísmo, e então suas respectivas cores aparecerão impuras e turvas devido à sua mistura com o tom escuro do egoísmo. Nos veículos superiores existem cores adicionais das quais não podemos nem ter ideia no mundo físico.

P 76: *Como evolui o corpo mental?*

R: Evolui pelo pensar, pelo estudo, pelo exercício das boas emoções, aspirações e esforços benevolentes, assim como por uma meditação regular e tenaz. Nossos pensamentos são o material que introduzimos no corpo mental e o construímos; e pelo uso de faculdades artísticas e das mais elevadas emoções, nós literalmente edificamos o corpo mental dia após dia. Se não exercitamos nossas faculdades mentais, mas aceitamos continuamente os pensamentos alheios em vez de criá-los em nosso interior, nosso corpo mental não poderá se desenvolver. Quando um homem utiliza seu corpo mental, este não só vibra com maior rapidez como também se dilata temporariamente e aumenta de tamanho. Por meio de prolongadas reflexões, esse aumento passa a ser permanente; e as qualidades construídas por pensamentos bons e proveitosos dentro do corpo mental são transmitidas ao corpo Causal permanente, que as acumula para as futuras encarnações, capacitando o homem a obter um corpo mental mais altamente desenvolvido na próxima encarnação, com aquelas qualidades como faculdades inatas.

Os bons pensamentos produzem vibrações na matéria mais sutil do corpo, que, por sua gravidade específica, tende a flutuar na parte superior do ovoide; enquanto que os maus pensamentos, tais como egoísmo e avareza, são oscilações da matéria mais grosseira, a qual tende a gravitar na parte inferior do ovoide. Em consequência, o homem comum, que frequentemente se entrega a pensamentos egoístas de várias classes, tende a expandir a parte inferior de seu corpo mental, que aparece assim como um ovo com sua extremidade mais larga para baixo. Ao contrário, o homem que cultiva pensamentos elevados e reprime os pensamentos inferiores, expande a porção superior de seu corpo mental, que apresenta, portanto, a aparência de um ovo com a extremidade menor para baixo.

Esse tema, a respeito do poder e do uso do pensamento, será tratado em capítulo à parte.

P 77: *Por que algumas pessoas têm o cérebro capacitado para a matemática, enquanto outras não conseguem nem mesmo somar corretamente? Por que algumas assimilam e apreciam a música, enquanto outras nem sequer distinguem um tom do outro?*

R: Existem certos sulcos no corpo mental que o dividem em segmentos irregulares, correspondendo cada um a certo departamento do cérebro físico, de tal modo que determinado tipo de pensamento tem que atuar por meio de sua porção devidamente especificada. Como o corpo mental do homem comum não está completamente desenvolvido, grande número de seus departamentos específicos não estão ainda em atividade; e qualquer tentativa de pensamento que corresponda a estes departamentos terá que buscar seu caminho através de algum canal inapropriado que se encontre completamente aberto. O resultado é que seu pensamento sobre tal assunto é turvo e incompreensível.

A partir de um estudo das cores e dos sulcos do corpo mental de um homem, o clarividente deduz seu caráter e os progressos que tenha efetuado em sua vida presente. Por observação similar do corpo Causal, ele pode ver que progresso fez o Ego desde sua formação original, durante a individualização.

P 78: *Qual a função do corpo astral?*

R: Estando construído da matéria dos sete subplanos do mundo astral, esse é o corpo da consciência *kāmica* do homem; a base de todos os desejos animais; o centro dos sentidos onde todas as impressões sensoriais se tornam sensações; o veículo da paixão e da emoção inferior no homem.

Com relação a seu tamanho e sua forma, é como os dois corpos superiores já descritos, o mental e o Causal. Todos nós atuamos constantemente através do corpo astral, mas muito poucos o fazem separadamente do físico. Em uma pessoa pouco desenvolvida, esse corpo apresenta uma aparência muito rudimentar, com seu contorno impreciso e seu material muito turvo e mal-ordenado, parecendo uma nuvem enrolada, de cores não aprazíveis. Quando separado do corpo físico, como durante o sono, não é mais que uma instável nebulosa disforme, incapaz de atuar como um veículo independente. Porém, no homem de cultura intelectual e desenvolvimento espiritual, demonstra os progressos de seu senhor por seu contorno bem definido, pela luminosidade de seus materiais e pela perfeição de sua organização.

As cores do corpo astral têm o mesmo significado que as dos corpos mais elevados, porém brilham a várias oitavas de cor abaixo destes, além de apresentar também cores adicionais, que expressam sentimentos menos desejáveis, pois estes sentimentos não podem se expressar nos veículos superiores. Por exemplo, o preto é a cor do ódio e da malícia; o cinza escuro significa depressão, enquanto o cinza pálido indica temor. A sensualidade se mostra pela presença de um sombrio vermelho amarronzado; as manchas escarlates no corpo astral indicam irritabilidade, enquanto o ciúme aparece como um verde acastanhado peculiar, com sua expressão mais intensa mostrada por manchas escarlates de ira que o atravessam.

Quando o corpo astral se acha relativamente quieto (na verdade, ele nunca descansa), as cores que nele são vistas indicam as emoções às quais o homem se entrega habitualmente. Mas quando o homem está experimentando qualquer sentimento específico, a frequência vibratória que expressa este sentimento domina momentaneamente todo o corpo astral. Por exemplo, se for devoção, todo o corpo astral se inunda de azul; e enquanto a emoção subsiste em toda sua força, as cores habituais aparecem desvanecidas por trás daquele véu momentâneo. No entanto, à medida que a veemência do sentimento vai desfalecendo, as cores habituais se afirmam de novo. Devido a esse espasmo de emoção, aquela parte do corpo astral que normalmente se apresenta em azul aumenta de tamanho. Assim, uma pessoa que frequentemente sente grande devoção logo passa a ter uma extensa área em azul permanentemente em seu corpo astral.

P 79: *Como podemos aperfeiçoar o corpo astral para que cesse de vibrar em reação aos impulsos inferiores e comece a responder às influências mais elevadas do mundo astral?*

R: Uma vez que o corpo astral se encontra entre os corpos mental e físico, seu aperfeiçoamento ocorre, por um lado, mediante a purificação do corpo físico e, por outro, pela purificação e desenvolvimento da mente. Estando composto da matéria dos sete subplanos do astral, quanto maior for a proporção da matéria astral mais sutil de cada subplano, será mais puro e mais bem acondicionado para atuar como um veículo de consciência e para viajar longas distâncias, quando separado do corpo físico durante o sono.

A matéria astral é peculiarmente suscetível a impressões de pensamentos, pois responde a elas mais facilmente do que o corpo físico; o pensamento forte, tomando uma cobertura de matéria astral, persiste por longo tempo como uma entidade. E assim, o corpo astral estremece ao reagir a cada pensamento que o toca, quer proceda da mente de seu senhor ou do exterior, das mentes de outros homens; e muda de cor continuamente ao vibrar sob os impactos de pensamentos. Se estes são elevados e nobres, demandam uma matéria mental mais sutil e, por conseguinte, uma matéria astral também mais sutil no corpo astral para responder a eles. Dessa forma, o corpo astral tem que perder partículas mais grosseiras e densas de cada subplano e adquirir outras de tipo mais sutil e purificada para tornar-se puro. E mais ainda, o corpo astral purificado atrai para si, como um ímã, os pensamentos puros, que, por sua vez, reagem sobre ele tornando-o ainda mais puro.

O corpo astral é também afetado pela pureza ou impureza do corpo físico. Se insensatamente introduzimos em nosso corpo partículas físicas grosseiras, de classe impura, pela inclusão de carne em nossa dieta, de bebidas alcoólicas, drogas narcóticas ou outros compostos sujos ou degradantes, atraímos para nós os correspondentes tipos impuros de matéria astral. Por outro lado, ao nos alimentarmos com ingredientes e bebidas puros, não só melhoramos nosso veículo físico como também purificamos o corpo astral, pois tomamos do mundo astral materiais delicados e sutis para sua construção. E com esses três corpos assim purificados, abrem-se diante do homem novas possibilidades, e o conhecimento flui gradualmente dentro dele, um universo mais amplo se revela.

P 80: *Ocorre alguma alteração no corpo astral durante o sono? Quais são suas respectivas funções durante os estados de vigília e de sono?*

R: Ao observar uma pessoa quando está desperta e quando adormecida, percebemos uma mudança marcante em seu corpo astral. Em estado de vigília, as atividades astrais – mudança de cores, etc. – manifestam-se dentro e ao redor do corpo físico; mas quando se acha adormecida, o corpo astral desliza para fora e, com o verdadeiro Ser dentro de si, flutua no ar sobre o corpo físico que repousa. Em uma pessoa não desenvolvida, o corpo astral, quando separado, aparenta uma massa amorfa e irregular que se assemelha ao vulto de uma nuvem de cores repulsivas. Ele não consegue se afastar do corpo físico, e é inútil como veículo de consciência. O homem dentro dele está em uma condição de torpor, quase tão adormecido em seu corpo astral como em seu físico. Se ocorresse algo para afastá-lo de seu corpo físico, este despertaria e o corpo astral entraria rapidamente nele.

O corpo astral de um homem comum adormecido assume a semelhança do físico; tal homem, no entanto, não consegue atuar conscientemente no plano astral. Em seu corpo astral, ele gravita junto àquelas pessoas pelas quais sente atração, mas sua atenção está introvertida, motivo pelo qual se comunica com seus amigos apenas mentalmente. Em um estágio um pouco mais elevado, sua mente é muito ativa e receptiva, e pode resolver, mais facilmente que no corpo físico, os problemas que se lhe apresentarem. Por isso se diz "vou consultar o travesseiro".

Um homem puro e que tenha autodomínio, que demonstre um desejo ardente pelo serviço a seus semelhantes no mundo físico e que tenha seu corpo astral completamente cultivado e adequadamente organizado por atividades morais e mentais, é com frequência "despertado" no mundo astral por alguém mais avançado – usualmente um discípulo de um Mestre –, que o induz a voltar sua atenção para fora, a caminhar por suas cercanias astrais e observar o que se passa ao redor de si, em vez de permanecer meramente imerso em pensamentos. No caso de uma pessoa assim desenvolvida, sendo treinada e habituada a mover-se no mundo astral, o homem em seu corpo astral está em plena consciência quando este corpo se separa de seu físico durante o sono. Seu corpo astral se encontra claramente delineado e nitidamente organizado; comporta-se à semelhança do homem e pode ser inteiramente utilizado como um veículo, no qual é possível ao homem atuar mais ativa e convenientemente do que em seu corpo físico, podendo viajar a qualquer distância com grande liberdade e rapidez, sem perturbar o corpo físico. Naturalmente, se o homem não aprendeu a ligar seus corpos astral e físico, o que é muito frequente, haverá uma falta de continuidade em sua consciência, e ele não será capaz de recordar o que fez durante seu sono.

P 81: *Conhecemos muito, através da ciência ocidental, sobre o veículo físico, pelo menos. Possui a Teosofia algo a acrescentar a esse conhecimento?*

R: O plano físico possui sete subplanos, conforme já se explicou no Capítulo II. O veículo físico se compõe da matéria de todos esses estados. O corpo físico ordinariamente visível (*Sthula Sharira*) possui matéria dos três subplanos inferiores, isto é, sólida, líquida e gasosa;

enquanto que a matéria dos quatro éteres compõe o que se chama "duplo etérico" ou *Chāyā Sharira* (corpo sombra). Os dois funcionam em conjunto no plano físico durante uma vida física, e são descartados pelo homem em sua morte.

O corpo existe para nós, não nós para ele. É um instrumento a ser refinado, aperfeiçoado, e ainda exercitado; deve ser construído com os componentes adequados para torná-lo um veículo aos propósitos mais elevados no plano físico. Uma de suas peculiaridades é que, uma vez acostumado a atuar ao longo de certas linhas, continuará nelas por sua própria conta. Caso se queira mudar um mau hábito, o corpo inicialmente mostrará considerável resistência; mas se for obrigado à mudança e forçado a atuar como o homem deseja, então, depois de pouco tempo, repetirá também por conta própria o novo hábito que lhe foi imposto e prosseguirá muito contente com o novo método, conforme fazia com o antigo. A razão disso é a memória inconsciente das células no corpo físico, como se explicou no Capítulo I, ao tratar do vegetarianismo.

O organismo humano está constituído por inumeráveis corpúsculos viventes chamados "células"; cada uma delas possui uma vida consciente por si mesma, e todas se combinam para formar no corpo uma única entidade.

P 82: *Como você pode afirmar que cada célula possui uma vida ou consciência própria?*

R: Existem várias classes de consciência no corpo. Uma delas é a consciência do "Eu", que se manifesta através do corpo como um organismo; outra é a consciência puramente física, que pode ser o elemental físico mencionado antes e que consiste no agregado das consciências das células individuais. A ação seletiva das células, ao extrair do sangue o que precisam e rechaçar o que não necessitam, é um exemplo da autoconsciência das células, bem como aquilo que os fisiologistas chamam "memória inconsciente da célula". A ciência nos diz que nosso corpo físico é formado por inumeráveis pequenas "vidas" ou células, e que estas são continuamente substituídas, algumas passando de nós para o mundo que nos rodeia, e outras sendo tomadas, em seu lugar, para fazer parte de nosso corpo; tanto é assim que nenhum homem apresenta, em nenhum momento, em seu corpo físico, uma só partícula de matéria da qual ele se constituía sete anos antes. Segundo a Ciência Oculta, não só nossos próprios corpos mas também os dos animais, plantas e mesmo minerais são construídos de partículas viventes (incluindo os microrganismos), algumas das quais são tão diminutas que somente podem ser vistas mediante um microscópio muito potente. Cada partícula, seja orgânica ou inorgânica, é uma vida, e edifica a matéria.

Os experimentos do Dr. J.C. Bose têm um valor de pioneirismo ao evidenciar a sensibilidade de plantas e um perceptível grau de consciência, de forma que podemos inferir que minerais, plantas e animais tomam parte da mesma Vida Una. Os recentes trabalhos de Backster usando a polarografia mostraram que a sensibilidade das plantas pode se estender a respostas a estímulos emocionais.

P 83: *Então, também existe vida em uma pedra?*

R: Certamente. Embora cada partícula seja uma vida, o homem comum considera "vivo" um corpo se o movimento de suas partículas for rápido o bastante para ser visível a ele através de seus sentidos. Quando tal movimento não é visível, ele diz que o corpo é inanimado. Mas o fato de o movimento na pedra ser demasiado sutil para que seus toscos sentidos físicos possam observá-lo não é razão para se considerar a pedra inanimada.

P 84: *Então, quem morre no momento da morte de um homem? É o "Eu" que se manifesta através do corpo, ou são as partículas que constituem as células do corpo?*

R: Nada verdadeiramente morre. Uma célula é um agregado de vidas, pois cada partícula na constituição da célula é uma vida; e mesmo quando a célula é destruída, tais vidas não podem sê-lo, pois passam à constituição de outras formas. É o que ocorre no caso similar de um corpo, que é um todo composto de inumeráveis células, cada uma com sua vida própria; é a vida conjunta de todas elas que constitui a vida ou consciência física elemental, de que falamos anteriormente. Tudo o que ocorre com a morte é que o "Eu" – a Consciência que estava se manifestando através do corpo durante a vida do homem no plano físico – simplesmente se evade daquele corpo; ela não pode morrer, pois o verdadeiro homem é imortal. A morte do corpo físico ocorre quando, ao retirar-se a energia vital, as múltiplas e minúsculas vidas (microrganismos), antes mantidas naquela forma corporal sob o controle dessa energia vital, prosseguem separadamente, como soldados de um exército posto em debandada por seu general; e então, ocorre o que chamamos "decomposição".

O corpo está igualmente vivo em ambas as condições que chamamos "vida" e "morte". Quando se considera como vivente, tem uma forma organizada específica e controlada pela energia vital ou *Prāna*; quando dizemos que morreu, acha-se igualmente vivo na forma de microrganismos separados, embora já não constituam a forma externa devido à retirada da energia vital. Nossa comprovação usual de que algo tem vida ou não é o movimento; e se o corpo estivesse realmente morto, não haveria o movimento de decomposição, nem o crescimento do cabelo no corpo após o homem ter abandonado definitivamente aquele veículo.

P 85: *O que é o duplo etérico?*

R: O duplo etérico é assim denominado por ser formado da matéria dos quatro éteres, isto é, dos quatro subplanos mais sutis do físico; consiste em uma réplica exata, uma contraparte, do corpo físico denso, partícula por partícula – digamos, uma sombra. Por conta disso, algumas vezes é chamado de *Chāyā Sharira* (corpo sombra). Também se pode aludir a ele como "o fantasma", o "corpo fluídico" ou simplesmente "o duplo". É debilmente luminoso e de cor cinza violeta; interpenetra o corpo físico e se estende 0,5 cm além de sua periferia. Seus quatro éteres podem se agregar em combinações mais sutis ou grosseiras, conforme os constituintes de sua contraparte densa; porém, o corpo denso e seu duplo apresentam variação de qualidade em conjunto, de tal sorte que, se um homem refina e purifica seu corpo físico mediante bebida e alimentos puros, o duplo etérico se torna purificado sem mais esforço.

Essa parte invisível do corpo físico é o veículo através do qual fluem as correntes de *Prāna* ou vitalidade, que mantêm o corpo vivo; sem ele, como uma ponte que leva as ondulações de pensamento e sentimento do astral à matéria física densa, o Ego não poderia fazer uso das células do cérebro.

A compleição e a forma do corpo físico dependem daquelas do duplo etérico; portanto, este é o molde para aquele. Todas as alterações no corpo físico, desde a juventude até a velhice, ocorrem primeiramente no duplo etérico, passando então ao corpo físico; e se o duplo etérico for defeituoso ou tiver uma compleição específica pelos éteres finos ou toscos que o constituem, o corpo físico será edificado sobre aquele molde etérico, com similares defeitos e forma, composto igualmente de partículas densas também delicadas ou grosseiras.

P 86: *Por que um homem tem um belo duplo etérico, enquanto que outro possui um defeituoso?*

R: O homem evolui através de reencarnações e sob a Lei do *Karma*, como se explicará mais adiante; portanto, terá diferentes classes de duplos etéricos em suas diversas vidas. A cada vida, lhe é dado um corpo etérico apropriado para que nela colha aquilo que semeou em encarnações anteriores. Isso lhe capacita a adquirir experiência, que é necessariamente o resultado de suas boas ou más ações; e sendo o seu corpo físico modelado segundo o molde etérico, o homem colherá nele o que tenha semeado. Esses dois corpos, normalmente, permanecem juntos.

P 87: *Se o corpo físico e seu duplo etérico têm que permanecer juntos, eles são dependentes um do outro para sua existência?*

R: Sendo o duplo etérico um molde para o corpo físico, ele adquire existência antes de sua contraparte densa e prossegue seu próprio modo de suave desintegração depois que o homem abandona seu corpo físico ao morrer. Ele é separável de sua contraparte física, embora não possa se afastar muito dela. Em pessoas de boa saúde, a separação é difícil e mesmo deletéria, por mais que o duplo seja separado de sua contraparte densa sob a ação dos anestésicos; mas em enfermos ou em corpos defeituosos, assim como nas pessoas chamadas "médiuns para materializações", ele desliza sem grande esforço, sendo visto pelos clarividentes como uma réplica exata do físico, unida a ele por um delgado cordão magnético. O duplo etérico possui vórtices através dos quais fluem forças, sendo o ambiente das forças vitais e o transmissor dessas energias para sua contraparte densa. Afastado desta contraparte, ele é inútil e inconsciente, uma nuvem errante de centros vitalizadores; sem utilidade se não há nada para onde possa transmitir as forças nele atuantes, tornando-se objeto de manipulação por parte de entidades alheias, que podem usá-lo como uma matriz para materialização.

P 88: *O que acontece com o duplo etérico na hora da morte?*

R: Para o duplo etérico, a morte representa exatamente o mesmo que para o corpo físico – a ruptura de suas partes constituintes. Ele é o veículo da vitalidade ou *Prāna*, que anima todo o corpo físico. Na hora da morte, ele se desprende do corpo, quando o clarividente o vê como uma luz violeta ou uma forma violácea flutuando sobre o moribundo, aderido ainda ao corpo físico pelo delicado cordão já mencionado. A consciência começa então a ser cada vez menos vívida até que, na morte do corpo físico, o cordão se parte, rompendo-se assim o último laço magnético entre o corpo denso e os

Princípios remanescentes da constituição humana. Sendo de matéria física, o duplo etérico permanece nas proximidades do cadáver e se desintegra lentamente; seus remanescentes são algumas vezes vistos nos cemitérios como luzes violetas flutuando sobre as sepulturas. Por várias razões, é melhor cremar os mortos do que enterrá-los, segundo se explicará no Capítulo VI.

P 89: *Você falou do duplo etérico como o veículo de* Prāna *ou vitalidade. O que é* Prāna?

R: Para viver, o corpo físico requer alimento para sua nutrição, ar para sua respiração e vitalidade para sua absorção. A vitalidade é, essencialmente, uma força; mas quando se reveste de matéria, aparece como um elemento existente em todos os planos da Natureza. A vitalidade é uma força que vem originariamente do Sol; tudo e todos estão imersos em um oceano desta vida – essencialmente, o princípio vital solar – como peixes no oceano de água. Cada qual se apropria dessa vida, chamada por isso *Prāna*, o Princípio vital humano ou a força vital. *Prāna* não tem cor, embora seja intensamente luminoso e ativo porque procede do Sol; e não pode ser diretamente utilizado pelo corpo para assimilação a menos que seja absorvido através da contraparte etérica do baço, especializado e transmutado em partículas cor-de-rosa. A atmosfera terrestre se encontra, o tempo todo, repleta dessa força, embora seja particularmente ativa na brilhante luz solar. Assim como o sangue circula através de artérias e veias, também a vitalidade flui ao longo dos nervos em pequeninos glóbulos de uma linda luz rosada, sendo o cérebro o centro de sua circulação nervosa; e qualquer irregularidade na absorção ou circulação da vitalidade afeta imediatamente o duplo etérico, da mesma forma que qualquer anormalidade na circulação do sangue afeta o corpo físico. Quando essa força vital deixa de fluir ao longo dos nervos – como em um membro que fica dormente pelo frio ou quando é afastado pelos passes magnéticos de um hipnotizador –, não há sensação em tal parte do corpo; é o caso da anestesia local.

Uma vez absorvido o rosado éter nervoso, ou as partículas cor-de-rosa, o *Prāna* excedente se irradia do corpo como uma luz branca azulada. Em uma pessoa de saúde perfeita, o baço cumpre tão eficientemente sua missão que a força vital que excede o necessário é constantemente irradiada do corpo em todas as direções; portanto, um homem em plena saúde pode doar parte dessa força vital a outra pessoa intencionalmente, por meio de passes mesméricos ou de outra forma, embora esteja inconscientemente irradiando força e vitalidade ao seu redor. Por outro lado, quando um homem está debilitado por doença ou outras causas e incapaz de cultivar uma quantidade suficiente dessa força para seu próprio uso, ele atua inconscientemente como uma esponja, apropriando-se da vitalidade já cultivada por uma pessoa sensitiva que tiver a má sorte de encontrar-se muito perto dele, que logo sentirá uma fraqueza e languidez incompreensíveis.

Aí se encontra o perigo de crianças cheias de saúde dormirem ao lado de pessoas fracas e anciãs; e de igual modo se explica a fadiga experimentada por aqueles que assistem a sessões espíritas sem se precaverem da drenagem de sua força vital durante as manifestações.

Quando aquele *Prāna* cultivado circula no corpo com mais rapidez que o necessário, as pessoas tornam-se agitadas e histéricas. Por outro lado, quando não é cultivada a força vital em quantidade suficiente ou circula pelo corpo com muita lentidão, o homem sente languidez e fadiga.

Prāna não pode se separar do veículo físico e seu duplo etérico durante a vida – os três permanecem continuamente juntos, quer se encontre o homem dormindo ou desperto. Quando o *Prāna* deixa de circular em alguma parte do corpo, aquela parte falece, com uma morte local no corpo (frequentemente, assim ocorre na cegueira, na surdez, etc.); e do mesmo modo, quando *Prāna* se separa de todo o corpo, há uma morte completa. Esse *Prāna* não deve ser confundido com o que se chama comumente "vitalidade física", medida pelas atividades químicas no corpo – estas são os efeitos de *Prāna*, que em si mesmo é mais análogo às condições elétricas e é a causa dos efeitos químicos e outros.

P 90: *O homem é o mesmo quando se encontra dormindo ou desperto, ou existe alguma alteração durante o sono?*

R: Enquanto o homem está vivo e desperto no mundo físico, encontra-se limitado por seu corpo físico, por isso utiliza seus corpos astral e mental somente como pontes para se conectar com o físico. Este último logo se cansa, necessitando de descanso periódico; dessa forma, ao deixar este corpo juntamente com seu duplo etérico e *Prāna* a cada noite, o homem se refugia no corpo astral, que – até onde sabemos – não se cansa nem requer repouso.

Liberado assim de seu corpo físico durante o sono, o homem pode se mover pelo mundo astral em seu corpo astral. O homem primitivo não se afasta para muito longe de seu corpo adormecido e praticamente não tem consciência durante o sono, segundo já se explicou. Todas as pessoas que pertençam às Raças mais adiantadas do mundo têm atualmente seus sentidos astrais bastante desenvolvidos, de tal sorte que, se estiverem já suficientemente despertas para examinar as realidades que as rodeiam durante o sono, podem observá-las e aprender muito com elas. Na vasta maioria dos casos, no entanto, elas não se encontram tão despertas, conforme se disse antes, e passam a maior parte de suas noites em uma espécie de estudo confuso, ponderando profundamente sobre qualquer pensamento que predomine em suas mentes no momento em que adormecem. Elas possuem as faculdades astrais, mas raramente as usam; sem dúvida, acham-se despertas *no* plano astral, entretanto ainda não estão despertas *para* o plano, e consequentemente conscientes do meio ambiente apenas de um modo muito vago, se tanto. Mas um homem adiantado pode viajar em seu corpo astral por onde queira, e tem plena consciência no mundo astral, embora geralmente incapaz de imprimir em sua memória de vigília os acontecimentos de sua vida astral durante o sono. Algumas vezes, quando se recorda de um incidente, chama-o de "um sonho vívido", se bem que, com frequência, suas recordações estejam irremediavelmente mescladas com acontecimentos de sua vida diurna e impressões em seu cérebro etérico. Porém, à medida que a evolução avança, chegará para cada homem o dia em que recordará todo incidente de sua vida astral e terá memória contínua (ver "Sonhos", neste Capítulo).

P 91: *Se um homem deixa seu corpo físico durante o sono todas as noites do mesmo modo que em sua morte, ele morre a cada noite e volta à vida novamente a cada manhã?*

R: Não. O corpo físico, deixado a si mesmo, logo se desintegraria, e não poderia ser usado como veículo se não contasse com a força coordenadora de *Prāna* atuando através do duplo etérico. O corpo físico e seu duplo podem ser comparados a uma casaca e seu forro – só se veste-os ou tira-os conjuntamente; se forem separados ou rasgados, não mais poderão ser usados. E assim, quando durante o sono o homem vai ao mundo astral, ficam sobre a cama, como um veículo, seu corpo físico juntamente com o duplo etérico e *Prāna*; o homem real sai em seu corpo astral levando consigo seus outros veículos. Mas na hora da morte, somente o corpo físico é abandonado, e o homem sai integralmente dele em seu duplo etérico. Depois de pouco tempo, esse duplo etérico é também abandonado, e o homem se retira dele em seu corpo astral.

Portanto, durante o sono, o homem verdadeiro, com quatro de seus Princípios, deixa temporariamente o veículo físico, constituído pelos três Princípios inferiores, isto é, o corpo físico, o duplo etérico e *Prāna*, enquanto que na morte somente um Princípio, o corpo físico, fica permanentemente separado do resto do homem, ou seja, dos outros seis Princípios.

P 92: *Você explicou amplamente a constituição do homem, mas mencionou os "Sete Princípios do homem". Quais são eles?*

R: Falando de outra forma, o homem é um ser sétuplo, possuindo uma constituição setenária, quer dizer, ele é composto de sete Princípios:

DENOMINAÇÕES DOS PRINCÍPIOS

TRÍADE SUPERIOR:

Ātmā ou Espírito
Buddhi ou Intuição, ou Veículo de *Ātmā*
Manas ou Pensador, ou Inteligência

QUATERNÁRIO INFERIOR:

Kāma ou natureza passional e emocional
Prāna ou Vitalidade, ou Energia Vital
Duplo Etérico, ou Veículo de *Prāna*
Corpo Físico

Deve-se observar que esses Princípios estão divididos em dois grupos: um, que contém os três Princípios superiores, chamado "Tríade Superior", é a parte imortal da natureza do homem, o Espírito, a "alma" da terminologia cristã; e o outro, contendo os quatro Princípios inferiores e chamado, portanto, de "Quaternário Inferior", é a parte mortal ou transitória, o "corpo" do Cristianismo.

P 93: *Poderia explicá-los mais em detalhe? Os três últimos já foram explicados; mas o que é* Kāma*?*

R: Literalmente, *Kāma* significa "desejo", e consiste na natureza passional e emocional, incluindo todas as necessidades animais, como fome, sede, desejos sexuais, etc., e também as paixões, como amor (em seu sentido inferior), ódio, inveja, ciúme, etc. É o desejo de experimentar prazeres materiais; é a atividade de consciência correspondente ao corpo astral, o mais grosseiro de todos os nossos Princípios, que nos prende firmemente à vida terrena. Atua no *Kāma-rupa* (corpo de desejos) ou corpo astral, que já foi descrito antes.

P 94: *Agora, o que é* Manas*?*

R: *Manas*, do sânscrito "*man*", pensar, significa "Pensador" (denominado vagamente no Ocidente como "mente") e contém em si matéria do plano Mental. É o ocupante na casa do quaternário. Já o mencionamos como a Inteligência no homem. É a atividade de consciência correspondente aos corpos mental e Causal.

Em cada encarnação, *Manas* é dual, projetando uma parte de sua substância, cuja projeção, chamada "*Manas* inferior", unida a *Kāma*, como *Kāma-Manas*, torna-se a inteligência normal do cérebro humano, o "eu" pessoal do homem; o quaternário, como um todo, é a personalidade, de que já se falou. O *Manas* Superior dá o toque de individualização que faz a personalidade reconhecer a si mesma como "eu", embora o *Manas* inferior construa o pensamento "eu sou isto", confundindo o Ser com seus veículos pessoais.

A mente que aspira aos Céus, o *Manas* Superior com *Buddhi* e *Ātmā*, é denominado "Ego", conforme já se explicou. O *Manas* inferior se acha engolfado no quaternário, ligado a *Kāma* com uma mão, enquanto com a outra retém seu contato com seu pai, o *Manas* Superior.

O problema vital de cada encarnação é se *Manas* inferior será arrastado para baixo por *Kāma*, e arrancado da Tríade Superior à qual pertence por natureza, ou então se unirá vitoriosamente a seu "Pai que está nos Céus" – o *Manas* Superior na Tríade –, levando consigo as experiências de sua última vida. Deve-se entender, naturalmente, que essas possibilidades representam os dois extremos e que, no caso do homem comum, o *Manas* inferior aspirará, parcialmente, ao Superior e tenderá, parcialmente, para o inferior.

P 95: *O que são os dois Princípios superiores,* Ãtmã *e* Buddhi?

R: *Ātmā*, referido acima como o Espírito no homem, é a parte mais abstrata da natureza humana; a realidade única que se manifesta em todos os planos, de cuja essência todos os nossos Princípios são aspectos. A Existência Una Eterna se irradia como *Ātmā*, o verdadeiro Ser, tanto do Universo como do homem; envolve-se em *Buddhi*, a Intuição no homem, como já mencionado, constituído pela matéria do plano Búdico, sendo o Princípio do discernimento espiritual. *Ātmā-Buddhi* é um Princípio universal, mas requer individualização para adquirir experiências e alcançar autoconsciência; por isso o Princípio Mental se acha unido a esses dois mais elevados Princípios para formar o Ego.

Os quatro Princípios inferiores são comuns tanto ao animal quanto ao homem.

P 96: *Se os quatro Princípios inferiores se encontram tanto no animal quanto no homem, por que vemos tão grande diferença entre eles?*

R: Embora *Kāma* se manifeste, em maior ou menor grau, mesmo entre os animais, a diferença entre estes e o homem se deve à presença do quinto Princípio, *Manas*, no homem. *Kāma-Manas* é a alma humana, enquanto que a alma animal é somente *Kāma*. Se o homem se acha animado tão somente por *Kāma*, por desejos e paixões, ele se encontra ao nível dos animais, porque *Kāma* não tem uma consciência elevada; e enquanto houver predomínio de *Kāma*, *Manas* não poderá atuar, e o homem se conduzirá como um animal. Essa é também a razão pela qual um homem, sob uma violenta paixão, é insensível à razão e à ponderação.

Através desses Princípios, o homem se põe em contato com os diferentes planos da Natureza.

P 97: *De que forma o homem se põe em contato com esses planos por meio de seus diferentes Princípios?*

R: O homem se põe em contato com as coisas do plano físico através de seu corpo físico, ou se torna consciente da existência delas com a ajuda de um ou mais de seus cinco sentidos físicos. De igual maneira, ele se põe em contato com planos mais elevados através de seus outros Princípios, e assim se torna consciente da existência deles. Os diferentes planos não ocupam diferentes lugares ou divisões de espaço, mas se interpenetram. O mesmo ocorre com os diferentes Princípios do homem; ir de um plano a outro não é como ir de Londres a Nova Iorque, mas simplesmente transferir a consciência de um plano para outro.

Por exemplo, no estado de vigília, estamos conscientes da dor causada por ferimentos em nosso corpo físico; mas se estivermos em uma luta física com outra pessoa, muito enfurecidos, não estaremos conscientes da dor física de tais ferimentos, pois nossa consciência está atuando temporariamente no plano astral; enquanto que, no momento em que o ardor da luta esfria, voltamos a nos dar conta da dor. Igualmente, um filósofo abstraído em profunda reflexão esquece fome e sede, comodidade corporal ou enfermidade, família e bens pessoais, assim como cólera e avareza, ódio e amor, em suma, toda classe de emoções e paixões, porque no momento encontra-se atuando no plano mental. Assim, um homem comum se coloca em contato com diferentes planos em sua vida em vigília, embora ele esteja temporariamente no plano astral a cada noite durante o sono. Após a morte, ele passa primeiramente um período na condição astral e depois na mental, sendo esta uma parte do mundo mental especialmente resguardada que se chama "*Devachan*". Ele possui um corpo ou veículo para cada um desses mundos, segundo se explicou.

P 98: *Já foram explicados os Sete Princípios do Homem, mas quantos corpos ele possui?*

R: Ele possui três corpos imortais e três mortais: o *Átmico*, o Búdico e o Causal são os corpos imortais, enquanto que o mental, o astral e o físico são os mortais.

O corpo *Átmico* é apenas um átomo de seu mais sublime mundo, a mais fina película de matéria, uma corporificação do Espírito. A esse corpo passará o resultado de todas as experiências à medida que os dois corpos inferiores a ele [Búdico e Causal] forem gradualmente nele se diluindo.

O corpo Búdico, ou corpo de bem-aventurança, chamado às vezes pelos cristãos de "Corpo Crístico", procede do mundo Búdico; alimenta-se de aspirações sublimes e amorosas, de compaixão e ternura para com todos os seres. Na maioria da humanidade, ele apenas começou a se formar. Quando está formado e a consciência do homem principia a estar ativa nele, sua característica peculiar é que o homem perde o senso de *separatividade* de todos os outros indivíduos, compreendendo a Unidade que subjaz em toda manifestação.

O terceiro corpo imortal, o corpo Causal, e os três corpos mortais – o mental, o astral e o físico – já foram detalhadamente descritos.

Quando adentra o mundo celeste em seu corpo mental, o homem lança fora seu corpo astral, assim como o fez com o físico ao morrer. O corpo mental também se desintegra quando conclui sua vida celestial, e o homem fica revestido somente de seus três corpos imortais, que não estão sujeitos nem ao nascimento nem à morte. Ao descer para uma nova encarnação, ele toma um novo corpo mental, assim como um novo corpo astral, de acordo com seu caráter, e esses se vinculam a seu corpo físico; então o homem entra, pelo nascimento, em um novo período de vida mortal.

P 99: *Agora, o que são os sonhos e como se originam?*

R: Essa pergunta, que tão frequentemente se formula, requer um estudo detalhado, porém aqui se pode dar tão somente uma explicação elementar do fenômeno. Podem ser ordenados os vários aspectos do assunto da seguinte maneira: primeiro, considerando o mecanismo – físico, etérico e astral – por meio do qual as impressões são transmitidas à nossa consciência; segundo, vendo como a consciência, por sua vez, afeta e usa esse mecanismo; terceiro, ao observar as condições da consciência e de seu mecanismo durante o sono; e quarto, investigando como, desse modo, se produzem as várias classes de sonhos:

1. O MECANISMO:

a) Físico:

Há no corpo um grande eixo central de matéria nervosa que termina no cérebro; dele se irradia, através do corpo, uma rede de fios nervosos em todas as direções. Segundo a moderna teoria científica, são esses filamentos nervosos que, por suas vibrações, transmitem ao cérebro todas as impressões do exterior; e o cérebro, ao receber tais impressões, as traduz em sensações ou percepções. Dessa forma, se um homem coloca sua mão sobre algum objeto quente, em realidade não é sua mão que assim o sente, mas seu cérebro, que está atuando sobre a informação que lhe é transmitida pelas vibrações ao longo de seus fios "telegráficos", os filamentos nervosos. Todos os fios nervosos do corpo – tanto os da mão ou do pé quanto os feixes nervosos denominados nervos ótico, auditivo ou olfativo – têm a mesma constituição, embora alguns deles tenham se especializado, através de longas eras de evolução, em receber e transmitir mais prontamente ao cérebro um conjunto específico de rápidas vibrações.

O cérebro, que é o grande centro do sistema nervoso, é muito propenso a ser afetado pela menor variação na saúde geral de um homem – e mais especialmente por aquela que produza uma alteração em sua circulação sanguínea. Se o cérebro for suprido com sangue em demasia, ocorrerá a congestão dos vasos; se for muito pouco, o cérebro, e por consequência o sistema nervoso, torna-se inicialmente irascível e posteriormente letárgico. O sangue, à medida que circula pelo corpo, tem duas funções principais a cumprir: fornecer oxigênio e prover nutrição aos diferentes órgãos do corpo. Se o fornecimento de oxigênio ao cérebro é deficiente, ele se sobrecarrega de dióxido de carbono e logo sobrevêm a lassidão e a letargia, como ocorre em um ambiente superlotado e mal ventilado. Por outro lado, se a velocidade com a qual o sangue flui através dos vasos é muito intensa, há febre; se demasiado lenta, novamente se apresenta a letargia.

Por conseguinte, é óbvio que o cérebro, através do qual devem passar todas as impressões físicas, pode ser facilmente perturbado no devido cumprimento de suas funções por causas aparentemente triviais, às quais um homem não prestaria atenção durante seu estado de vigília e das quais estará completamente ignorante durante o sono. Uma particularidade do mecanismo físico é sua notável tendência a repetir automaticamente aquelas vibrações às quais se acostumou a responder. Essa propriedade do cérebro é responsável por todos os hábitos e manias corporais que são inteiramente independentes da vontade e, com frequência, tão difíceis de dominar; e tal propriedade desempenha um papel mais importante ainda durante o sono que durante a vigília.

b) Etérico:

Como a transmissão de impressões ao cérebro depende mais do fluxo regular de *Prāna* ao longo da envoltura etérica dos fios nervosos do que da mera vibração das partículas da porção mais densa e visível de tais fios, segundo se crê comumente, é óbvio que qualquer alteração no volume ou na velocidade dessas correntes vitais afetará a condição da parte etérica do cérebro e produzirá histeria, abatimento, lassidão, etc., como já se comentou. Por serem as matérias densa e etérica do cérebro partes de um mesmo organismo físico, qualquer irregularidade em alguma delas entorpecerá ou perturbará de tal maneira a receptividade do cérebro que produzirá imagens embaraçadas ou confusas daquilo que se apresentar.

c) Astral:

O veículo astral é ainda mais sensível às impressões externas dos corpos denso e etérico, pois ele consiste na base de todos os desejos e emoções – o único elo através do qual o Ego pode coletar experiências da vida física. É peculiarmente suscetível à influência de correntes passageiras de pensamento, conforme é explicado no Capítulo VII; e quando não se acha sob o controle ativo da mente, está continuamente recebendo esses estímulos externos e respondendo avidamente a eles. Também esse mecanismo, como os outros, é mais facilmente influenciável durante o sono do corpo físico.

2. O EGO:

Todas essas diferentes partes do mecanismo são, em realidade, simplesmente instrumentos do Ego. O Ego é, ele próprio, uma entidade em desenvolvimento; e, no caso da maioria dos homens, não passa de um gérmen daquilo que deverá ser algum dia, conforme já se explicou com referência ao corpo Causal e que será tratado como "a evolução da Vida" no Capítulo VIII. Portanto, o domínio que esse Ego que reencarna tem de seus vários instrumentos e, por conseguinte, sua influência sobre eles são naturalmente reduzidos em seus primeiros estágios. Nem sua mente, nem suas paixões estão completamente sob seu controle. Consequentemente, as diferentes partes do mecanismo durante o sono atuam quase que inteiramente por conta própria, sem se reportarem a ele; e assim, o estágio de seu adiantamento espiritual é um dos fatores que devem ser levados em conta ao se considerar a questão dos sonhos.

Por outro lado, o que as vibrações dos filamentos nervosos conduzem ao cérebro são meras impressões; e compete ao Ego, atuando através da mente, classificá-las, combiná-las e reajustá-las para formar nossos conceitos dos objetos externos. Por exemplo, quando uma pessoa olha pela janela e vê uma casa e uma árvore, ela instantaneamente as reconhece; a informação realmente transmitida ao cérebro por meio de seus olhos e sistema nervoso é que, em uma direção específica, existem certas nuances de cor delineadas por contornos mais ou menos definidos. É a mente que, por sua experiência passada, é capaz de definir que aquele pequeno objeto branco é uma casa e aquele outro arredondado e verde é uma árvore; e que têm provavelmente tal ou qual tamanho e que estão a tal ou qual distância.

Assim, pois, a mera visão de maneira nenhuma é suficiente para a percepção exata – necessita-se aplicar, por meio da mente, o discernimento do Ego ao que se vê; além do mais, esse discernimento não é uma faculdade inerente à mente, perfeita desde o início, mas o resultado da comparação inconsciente de várias experiências.

3. CONDIÇÕES DO SONO:

Em sono profundo, o corpo físico de um homem – com seu duplo etérico e *Prāna* – descansa tranquilamente no leito enquanto o Ego, no corpo astral, flutua com igual tranquilidade exatamente acima dele.

a) O Cérebro:

Quando o Ego abdica temporariamente do controle de seu cérebro, nem por isso tal cérebro se acha inteiramente inconsciente, pois o corpo físico tem certa consciência rudimentar própria – provavelmente o elemental físico de que já se falou –, inteiramente à parte da consciência do Ser real e também da consciência do *mero agregado* de suas células individuais. O domínio dessa consciência atuando no cérebro físico é muitíssimo mais fraco que aquele obtido pelo próprio homem; e, por conseguinte, todas as causas (quantidade, qualidade e circulação do sangue), que foram mencionadas como sendo capazes de afetar a ação do cérebro, são agora capazes de influenciá-lo em uma extensão muito maior. Por isso é que a indigestão, afetando a circulação do sangue, tão frequentemente ocasiona pesadelos e um sono intranquilo.

Porém, mesmo quando não é perturbada, essa obscura e estranha consciência possui muitas peculiaridades notáveis. Sua ação parece ser automática em sua maior parte, e os resultados são geralmente incoerentes, sem sentido, e irremediavelmente confusos. Parece incapaz de perceber qualquer ideia, exceto na forma de uma cena na qual ela mesma seja um ator; e, por conseguinte, todos os estímulos, sejam internos ou externos, são imediatamente traduzidos em imagens perceptivas. É inábil para compreender ideias abstratas ou recordações como tais – são imediatamente transformadas em percepções imaginárias. Por exemplo, a ideia de glória sugerida àquela consciência poderia tomar a forma de uma visão de um ser glorioso, que aparecesse diante dela em um sonho.

Além disso, qualquer direção local do pensamento se torna para ela um transporte espacial independente. De forma que, na ausência do Ego com seu discernimento para pesar as impressões mais grosseiras, qualquer pensamento passageiro que sugira Delhi e Bombay e ela somente poderia se imaginar como tendo um transporte real instantâneo para estes locais, e aquele que sonha iria subitamente se ver nesses lugares, sem qualquer sensação de surpresa por esse tipo surpreendente de deslocamento.

Outra fonte da extraordinária confusão visível nessa autoconsciência é a maneira como nela atua a lei de associação de ideias. Cada associação, seja abstrata ou concreta, consiste em uma mera combinação de imagens; e como nossa associação de ideias é comumente devida a um simples sincronismo a partir de eventos que, embora inteiramente desconexos, nos ocorrem em sucessão, pode-se imaginar que ocorra com frequência a mais intrincada confusão dessas imagens.

Outra peculiaridade dessa curiosa consciência do cérebro é que, por ser singularmente sensitiva às menores influências externas, tais como sons ou contatos, ela os amplia e distorce em um nível inacreditável. Por exemplo, a picada de um alfinete será amplificada até parecer uma estocada fatal em um duelo, enquanto que o menor beliscão será traduzido como a mordida de um animal selvagem.

b) O Cérebro Etérico:

Esta parte do organismo, tão sensível a qualquer influência mesmo durante o período de vigília, é ainda mais suscetível sob a condição do sono. Ao exame clarividente nessas condições, veem-se correntes de pensamento passando rapidamente através dele – não os seus próprios pensamentos, já que ele não tem o poder de pensar, mas os pensamentos fortuitos de outros que estão sempre flutuando ao nosso redor, como se menciona no Capítulo VII. Durante o sono, muito comumente se encontra à mercê de tais correntes de pensamento, já que o Ego abandonou momentaneamente sua íntima ligação com ele. Também foi observado que quando, por algum meio, essas correntes são excluídas do cérebro etérico, ele não permanece absolutamente passivo, mas começa pouco a pouco e sonolentamente a evocar, por si mesmo, cenas do seu arsenal de reminiscências passadas.

c) O Corpo Astral:

Como já mencionado, a aparência desse veículo, no qual atua o Ego durante o sono, difere imensamente de acordo com o estágio de desenvolvimento do Ego. Mas, em todo caso, esse corpo é, como de costume, intensamente impressionável por qualquer pensamento ou sugestão que implique desejo.

d) O Ego durante o sono:

Se as condições do corpo astral durante o sono são alteradas à medida que a evolução prossegue, as do Ego que o habita se alteram ainda mais. Enquanto o corpo astral estiver no estágio do véu flutuante de névoa, o Ego se encontrará praticamente tão adormecido como o corpo que jaz sob ele, e é cego para as visões e surdo para as vozes de seu próprio plano superior. Se um homem nessa condição primitiva recordasse pelo menos algo de tudo quanto lhe sucede durante o sono, seria quase invariavelmente o resultado de impressões puramente físicas feitas em seu cérebro, quer do interior ou do exterior – tendo sido esquecida qualquer experiência que seu Ser real possa ter tido. Podem-se observar pessoas adormecidas em todos os estágios, desde a condição de pleno esquecimento até a de completa e perfeita consciência do plano astral, embora as últimas sejam comparativamente raras. Mesmo o homem que esteja suficientemente desperto para obter importantes experiências nessa vida superior pode, contudo, ser ainda incapaz de dominar seu cérebro, regulando o fluxo de quadros mentais inconsequentes e imprimindo sobre ele o que deseje lembrar; assim, ao despertar, ele poderá ter uma recordação muito confusa, ou nenhuma, do que realmente lhe tenha acontecido.

Mas quer se recorde ou não de algo quando esteja desperto no plano físico, o Ego que já tenha consciência completa, ou mesmo parcial, de seu ambiente no plano astral, está começando a tomar posse de sua herança de poderes, que transcendem qualquer um dos que possua aqui embaixo, pois sua consciência, quando se acha liberada do corpo físico, tem possibilidades notáveis. Possui uma medida transcendental de tempo e espaço, ou seja, sua maneira de medir o tempo e o espaço é tão completamente diferente da que temos em estado de vigília que, do nosso ponto de vista, parece como se nem o tempo nem o espaço existissem para ele. Exemplo disso é a história do homem que foi despertado por um disparo de fuzil, que lhe pareceu ser a conclusão de um longo sonho durante o qual ele era um soldado que havia desertado e sofrido terríveis contratempos, pois foi capturado, julgado, condenado e finalmente executado. Todo o longo drama foi vivido no exato momento em que foi despertado pelo som da detonação.

Outra notável peculiaridade do Ego é sua faculdade ou costume de dramatização instantânea. Nos casos da picada e da detonação mencionadas, o efeito físico que despertou a pessoa veio como a culminação de um sonho que aparentemente se prolongou por um considerável espaço de tempo, embora em realidade o sonho tenha sido sugerido por aquele próprio efeito físico. A informação de tal efeito físico, seja a do som ou da picada, tem de ser transmitida ao cérebro pelos filamentos nervosos, e essa transmissão requer certo tempo, quer seja a mínima fração de um segundo. Mas o Ego, quando se encontra fora do corpo, é capaz de perceber instantaneamente sem o uso dos nervos e, por conseguinte, se dá conta do que ocorre exatamente naquela mínima fração de segundo, antes que a informação chegue a seu cérebro físico; e naquele quase imperceptível espaço de tempo, ele parece compor uma espécie de drama ou uma série de cenas, conduzindo e culminando com o evento que despertou o corpo físico.

Outra consequência que deriva do excepcional método que o Ego tem para medir o tempo é que, em certa medida, a previsão é possível para ele; às vezes, prevê acontecimentos que serão de interesse ou importância para sua personalidade inferior, e faz esforços mais ou menos vitoriosos para avisá-la deles.

Por outro lado, quando fora do corpo durante o sono, parece que o Ego pondera por meio de símbolos; portanto, uma ideia que exigiria muitas palavras para ser expressa lhe é perfeitamente transmitida através de uma única imagem simbólica. Tal pensamento ou símbolo, quando é recordado na consciência de vigília, necessita, naturalmente, ser traduzido. Normalmente a mente desempenha muito bem essa função, mas às vezes o símbolo é recordado sem a sua chave, e então surge a confusão. A maior parte das pessoas está de acordo que sonhar com águas profundas significa que um transtorno está próximo e que sonhar com pérolas são um sinal de lágrimas.

4. SONHOS:

Vimos, pois, que os fatores para a produção dos sonhos podem ser:

1. O Ego, em qualquer estado de consciência, desde a completa insensibilidade até o perfeito domínio de suas faculdades, possuindo, neste último caso, certos poderes que em muito transcendem aqueles que apresenta no estado ordinário de vigília.

2. O corpo astral, constantemente palpitando sob os apetites grosseiros de emoção e desejo.
3. O cérebro etérico, com uma incessante procissão de cenas desconexas que fluem através dele.
4. O cérebro físico, com sua infantil semiconsciência e o hábito de expressar todo estímulo de forma pictórica.

Naturalmente, os sonhos reais são experiências verdadeiras que ocorreram ao Ego no astral ou em planos mais elevados, quando se achava viajando para longe do seu corpo físico adormecido:

a) A Visão Verdadeira – dá-se quando o Ego olha, por si mesmo, algum fato em um plano elevado da Natureza, ou então quando lhe é incutido por uma entidade mais avançada. Ele é despertado para algum evento que lhe é importante saber ou, talvez, ter uma visão gloriosa que o encoraje e fortaleça.
b) O Sonho Profético – este também deve ser atribuído exclusivamente à ação do Ego, que prevê por si mesmo ou é informado sobre algum acontecimento futuro para o qual deseja preparar sua consciência inferior. Há ocasiões em que o acontecimento é muito sério, como a morte ou um desastre, enquanto que outras vezes a profecia é somente uma advertência.
c) O Sonho Simbólico – também este é obra do Ego, e pode ser considerado uma variante menos afortunada da classe precedente, pois é um esforço de tradução imperfeita de sua parte para transmitir informação acerca do futuro.
d) O Sonho Vívido e Coerente – este é, algumas vezes, a lembrança de uma real experiência astral, que ocorreu ao Ego quando vagava distante de seu corpo físico adormecido; muito frequentemente é a dramatização feita pelo Ego, seja da impressão que lhe produziu algum som insignificante ou contato físico, ou de alguma ideia casual que teve.

e) O Sonho Confuso – este, o mais comum de todos, pode originar-se de várias maneiras. Pode ser simplesmente a lembrança mais ou menos perfeita de uma série das cenas incoerentes e conversões impossíveis produzidas pela ação automática, não sensorial, do cérebro físico; pode ser uma reprodução da corrente de pensamento acidental que tenha estado fluindo através do cérebro etérico – se aparecem nele imagens sensuais de qualquer tipo, é devido à sempre inquieta onda de desejos terrenos, provavelmente estimulada por alguma influência profana do mundo astral; pode ser devido a um infrutífero intento de dramatização por parte de um Ego não desenvolvido; ou, finalmente, na maioria das vezes, a uma mescla inextrincável de várias ou de todas as influências anteriores.

P 100: *Você explicou como se originam os sonhos. Agora, poderia indicar algumas sugestões práticas acerca do modo de recordá-los?*

R: Algumas pessoas, nas quais o Ego não está desenvolvido e cujos desejos terrenos de várias classes são muito fortes, nunca sonham; muitas outras são capazes, de vez em quando, quando colocadas sob circunstâncias favoráveis, de trazer à sua memória uma lembrança confusa de aventuras noturnas. Mas se um homem deseja colher em sua consciência de vigília o benefício do que seu Ego possa ter aprendido durante o sono, lhe é absolutamente necessário adquirir controle sobre seus pensamentos, subjugando todas as paixões inferiores e voltando sua mente para as questões elevadas.

Quando um homem abandona seu corpo durante a noite, ele se lembra de tudo o que fez na noite anterior e durante o dia – de fato, tem toda a sua memória de vigília mais aquela de sua vida astral noturna. A memória astral inclui a física, mas seu cérebro físico não se recorda da experiência astral pela simples razão de que não teve participação nela.

Deve-se, pois, criar uma conexão especial, ou melhor, deve-se afastar um obstáculo, a fim de infundir a memória no cérebro físico. No lento curso da evolução, chegará a cada um de nós o poder da perfeita memória, de tal modo que não haverá véu algum entre os dois planos.

Se o homem entrar no estado de sono com seu pensamento fixo em coisas elevadas e sagradas, atrairá ao redor de si os elementais criados pelos pensamentos similares de outras pessoas (ver Capítulo VII); seu descanso será sereno, sua mente estará aberta a impressões elevadas e fechada às inferiores, pois ele a orientou na reta direção. Se, pelo contrário, ele adormecer com pensamentos impuros e terrenos flutuando em seu cérebro, ele atrairá todas as criaturas grosseiras e más que passem perto dele, e seu sono será intranquilo, pelas ondas descontroladas de paixões e desejos que o deixam cego às visões e surdo aos sons provenientes dos planos elevados. E assim, apenas mediante o que parece o portal dos sonhos, pode-se eventualmente conseguir entrar nesses grandiosos reinos, nos quais a única visão possível é a verdadeira.

Algumas vezes, o homem poderá despertar pela manhã com um forte sentimento de júbilo e êxito sem ser capaz de recordar o mínimo que seja daquilo em que triunfou. Isso geralmente significa alguma boa obra, mas em geral é impossível para o homem fixar os detalhes. Em outras ocasiões, ele poderá despertar com um sentimento de reverência, significando que teve uma visão e esteve na presença de alguém muito superior a ele. Às vezes, também, poderá despertar com um sentimento de horrível temor, o que se deve, muito frequentemente, a um alarme do corpo físico por alguma sensação com a qual não está acostumado; embora também possa ser devido ao encontro com algo horrendo no mundo astral; ou então a causa pode ser meramente certa afinidade com alguma entidade astral que se encontrasse em estado de terror, pois é coisa muito frequente, no plano astral, que uma pessoa fique poderosamente influenciada com a condição de outra por comiseração.

Ao regressar do mundo astral para o corpo físico, tem-se uma sensação de grande limitação, como se a pessoa tivesse sido envolvida por um manto grosso e pesado. O contentamento da vida no plano astral é tão maior que, em comparação, a vida física nem parece ser de fato vida. Muitos homens, que têm capacidade de atuar no mundo astral durante o sono de seu corpo físico, consideram o regresso diário ao mundo físico com a resignada sujeição com que muitas pessoas fazem sua viagem diária ao local de trabalho – não lhes desagrada inteiramente, mas não o fariam se não fossem compelidos a isso.

E assim, nove em cada dez pessoas, quando se acham em seu corpo astral, não apreciam muito regressar ao corpo físico, e não se preocupam se o cérebro físico recorda ou não. Mas se um homem deseja especialmente adquirir o hábito de se recordar, são recomendados os seguintes procedimentos:

1. Visto que seu último pensamento antes de se entregar ao sono é de imensa importância e o afeta física, mental e moralmente, ele deverá fazer um esforço especial para elevar seus pensamentos ao mais alto nível que seja capaz antes de dormir – embora, conforme já foi mencionado, ele deva fazer isso invariavelmente, quer queira ou não recordar suas experiências astrais.
2. Ao se preparar para dormir, ele deve pensar na aura que o rodeia (ver ao final deste Capítulo) e desejar fortemente que a superfície externa de tal aura seja um escudo que o proteja da invasão de influências estranhas – da turva corrente dos pensamentos de outros; e a matéria áurica obedecerá ao seu pensamento – uma concha magnética realmente se formará ao redor dele, e as correntes mentais externas ficarão excluídas, mesmo no caso de seu cérebro etérico passar a evocar cenas (de seu interior) por si mesmo.
3. Quando se achar fora do corpo, deverá primeiramente tentar recordar que se encontra no mundo astral.

4. Então, para estabelecer a conexão entre a memória física e a astral, deve recordar (quando estiver fora do corpo) que assim deseja fazê-lo e que a consciência física será confortada se a memória puder passar para ela.
5. Depois, deve tomar a resolução de regressar a seu corpo lentamente, em vez de fazê-lo com precipitação e abalo, como geralmente é o caso; essa trepidação é que o impede a recordação.
6. Deve dizer para si exatamente antes de despertar: "Este é o meu corpo; agora vou retornar a ele. Tão logo eu o faça, estabelecerei que se sente e escreva tudo o que puder recordar". Então, deve retornar a ele tranquilamente, sentar-se nesse momento e *imediatamente* escrever tudo o que for capaz de recordar. Se esperar alguns poucos minutos, usualmente tudo se perderá. Cada fato que ele recordar, porém, servirá como conexão para outras lembranças. As notas poderão parecer incoerentes quando as ler posteriormente, mas isso não deve lhe importar; ocorre porque ele está tentando narrar, com palavras físicas, experiências de outro plano. Dessa maneira, ele irá gradualmente recobrando a memória, ainda que isso possa requerer um longo tempo.

Deve, porém, ser sistemático em seus esforços. Cada vez que conseguir reter algo assim, mais lhe será fácil recordar na próxima ocasião e se tornará mais curto o período necessário para estabelecer o hábito da recordação automática. Existe um momento de inconsciência entre o dormir e o despertar que atua como um véu; é causado pela espessa rede de matéria atômica através da qual as vibrações têm de passar.

P 101: *Podemos reconhecer um amigo ou um conhecido, no mundo astral ou no mental, por sua aparência, na ausência de seu corpo físico?*

R: A forma de todos os corpos superiores é, sem dúvida, ovoide, mas a matéria que os compõem não é uniformemente distribuída. O corpo físico se acha no centro de tal ovoide. Ele atrai fortemente a matéria astral que, por sua vez, atrai vigorosamente a mental. Por isso, quase toda, ou seja, noventa e nove por cento da matéria do corpo astral se acha comprimida dentro da periferia da estrutura física, o mesmo ocorrendo com o corpo mental. Se virmos o corpo astral de um homem em seu próprio mundo, afastado do corpo físico, perceberemos a matéria astral ainda agregada exatamente na forma da física; mas como a matéria astral é mais fluídica em sua natureza, o que veremos será um corpo constituído por espessa névoa no centro de um ovoide de névoa mais fina. O mesmo se observa com o corpo mental. Por conseguinte, se encontrarmos um conhecido no mundo astral ou no mental, nós o reconheceremos por sua aparência tão instantaneamente quanto o fazemos no mundo físico.

P 102: *O que é a auréola que normalmente se vê nas pinturas, ao redor das cabeças dos santos?*

R: Todo ser humano está rodeado por uma nuvem luminosa chamada "aura", uma porção sutil de fina matéria que se estende ao redor do corpo físico a uma distância de 45 a 60 centímetros. Tem forma ovalada, e por isso é comumente chamada "ovo áurico"; não tem contornos bem definidos, e se desvanece gradualmente até desaparecer. Parte dessa aura, mais desenvolvida em um santo, mostra-se como um círculo radiante ao redor da cabeça no retrato e se chama "auréola" ou "glória".

Pode-se ver a aura como uma nuvem de luz não somente em volta do corpo humano, mas também ao redor de animais, árvores e até minerais, circundando-os ou emanando deles, ainda que menos extensa e complexa que a do homem.

A aura humana consta de matéria de diferentes estados; e cinco de seus componentes são visíveis ao clarividente, sendo cada uma, digamos assim, uma aura por si mesma, que ocuparia todo o espaço se as outras quatro fossem retiradas.

A primeira, chamada de "aura da saúde" devido ao fato de que sua condição é fortemente afetada pela saúde do físico, é composta puramente de matéria física muito fina. É de um branco azulado fraco, quase sem cor; em um homem saudável, apresenta aparência estriada com numerosas linhas retas irradiando do corpo em todas as direções. Essas linhas, rígidas e paralelas em tempos de saúde, devido à constante irradiação de força vital abundante procedente de um corpo são, deformam-se durante enfermidades, tornando-se irregulares, confusas e lânguidas como as hastes de flores murchas.

A segunda se chama "aura *prânica*" porque se compõe de matéria especializada do *Prāna*, irradiando-se constantemente do corpo em todas as direções; possui um matiz azulado pálido, apesar de o *Prāna* que circula pelo corpo ter uma cor rosa. À radiação da aura *prânica*, se deve o paralelismo das linhas da aura da saúde. A aura *prânica* é frequentemente mencionada como a "aura magnética", e é usada na produção de muitos dos fenômenos de magnetismo.

A terceira aura é aquela que expressa *Kāma* ou desejo, ou seja, é o campo de manifestação de *Kāma*. Dela se forma o corpo astral para que o homem viaje no mundo astral durante o sono do corpo físico. Há muito pouca constância em suas manifestações, já que suas cores, seu brilho e seu tipo de vibração estão mudando a cada momento. Por exemplo, um arrebatamento de paixão carregará toda a aura de profundas labaredas vermelhas sobre um fundo preto fuliginoso, enquanto que o medo repentino a converterá em uma lívida e palpitante massa cinzenta.

A quarta é a aura do *Manas* inferior, a manifestação da personalidade. Dessa aura se forma o corpo mental do homem comum. É usada também para se fazer o *māyāvirupa* – um corpo que atua no plano mental, mas que permite a seu ocupante pôr-se em contato ao mesmo tempo com o astral; é utilizado em ambos os planos por Adeptos e alguns de seus discípulos, e por outros que sejam capazes de formá-lo. Nesta aura podem ser vistos raios de espiritualidade e de intelectualidade; os fortes desejos, habitualmente repetidos na aura *kâmica*, estabelecem nela vibrações correspondentes, produzindo um matiz permanente da mesma cor, de onde é possível identificar a disposição geral e o caráter de um homem. Essa aura é, por conseguinte, a registradora dos progressos da personalidade, conforme já se explicou antes no caso do corpo mental.

A quinta aura, do *Manas* Superior ou Individualidade, não distinguível ao redor de cada pessoa, é de inconcebível beleza; de fato, é o corpo Causal, o veículo do Ego que reencarna, e demonstra, por sua condição, o grau de seu adiantamento desde a individualização.

O mesmo significado de cores se aplica para todas essas auras, segundo já se explicou com relação aos vários corpos.

Quando, durante o sono, um homem passa ao plano astral em seu corpo astral, leva também consigo as auras *manásicas* inferior e superior, deixando atrás de si na cama, com seu corpo físico, as duas primeiras auras junto com um pálido resíduo da terceira, parte que não é necessária na formação do corpo astral. Naturalmente, se ele passa em um veículo sutil ao plano Mental Superior, deixa muito mais atrás de si.

Existem ainda uma sexta e uma sétima auras, mas não se conta com informações no momento acerca delas.

As auras, todas, não são meras emanações, mas constituem manifestações ou expressões do homem nos diferentes planos.

Capítulo IV

Reencarnação

P 103: *O que é reencarnação?*

R: É o renascimento, a descida da alma humana a sucessivos corpos físicos. Cada homem deverá passar por muitas vidas, voltando várias vezes à Terra e habitando, a cada ocasião, um diferente corpo terreno em acordo com a Lei do *Karma*, segundo a qual cada um colhe o que semeou em vidas anteriores.

P 104: *Mas o que é que reencarna, e qual o objetivo da reencarnação?*

R: Pela etimologia da palavra (*re* – outra vez; *in* – em; *caro*, *carnis* – carne), "reencarnar" significa "repetidas entradas em envolturas carnais ou físicas", e implica a existência de algo relativamente permanente que adentra alguma coisa relativamente impermanente. O homem é uma inteligência espiritual revestida de corpos de matéria. Essa inteligência, que deve revelar todos os seus poderes e capacidades divinas, desenvolve-se por descer à matéria densa e depois ascender com os resultados das experiências assim obtidas. É o Ego, ou seja, o quinto Princípio, *Manas*, com os dois Princípios superiores, *Buddhi* e *Ātmā*, que assume diferentes corpos, embora sua residência natural sejam as regiões mais elevadas e espirituais. Ainda não manifesta a Divindade e deve aprender a dominar a matéria através de prolongadas experiências e muitas lições.

Tal como a ave marinha que plaina nos ares, mergulha na água para apanhar sua presa e se eleva de novo ao seu próprio elemento, assim ocorre com o homem real; o Ser espiritual pertencente aos mundos superiores desce à Terra para obter experiências, que é o alimento para o desenvolvimento do Espírito, levando-as de volta ao Lar para assimilá-las em capacidades inatas e poderes mentais e morais. Depois de assimiladas as experiências de uma vida, ele regressa à Terra para outra vida, para mais desenvolvimento.

Primeiramente, ele vem à Terra e toma um corpo que lhe foi preparado, geralmente o corpo de um homem primitivo, para aprender as primeiras lições da experiência humana. Logo passa ao outro lado da morte, assimilando os erros que cometeu através das lições de dor, e pelas lições de contentamento assimila os retos pensamentos e sentimentos que teve; durante a última parte de sua vida *post-mortem*, apreende o que pôde coletar na Terra. Uma vez assimilada tal experiência, volta novamente à Terra para mais assimilação, ocupando um corpo mais adequado à sua condição já mais adiantada. Sua vida real requer, pois, milhões de anos, e o que normalmente considera como sua vida é, de fato, apenas um dia, já que uma existência de cerca de sessenta anos neste mundo é comumente seguida, nos mundos superiores, por um período de cinco a vinte vezes aquela duração, de acordo com o desenvolvimento. Cada vida corresponde a um dia na escola; e cada vez que voltamos à Terra, reassumimos nossas lições no ponto em que as deixamos, auxiliados por aquilo que obtivemos com o "dever de casa", isto é, o estudo no mundo celestial, que é o lar da alma.

O homem primitivo se acha precisamente no início de sua educação humana, enquanto que um homem espiritualmente adiantado está se aproximando de seu exame final nessa escola do mundo. Alguns alunos, que são perspicazes, aprendem rapidamente, ao passo que outros Egos, como crianças pouco inteligentes, requerem maior tempo para compreender suas lições. Nenhum estudante jamais haverá de fracassar, mas a duração do tempo necessário para capacitar-se para o exame superior dependerá de seu próprio critério. O discípulo sensato, considerando que essa vida escolar é meramente uma preparação para outra mais elevada, procura aproveitar o tempo o melhor possível, e tenta compreender as regras da escola e conformar sua vida de acordo com elas.

P 105: *Acaso não temos bastante sofrimento em uma única vida? A ideia de ter que renascer para sofrer repetidas vezes é horrível...*

R: Os fatos não se alteram por não nos agradarem ou por não termos compreensão acerca da proposta da existência. Se no mundo fossem desconhecidas a dor e a aflição, acaso não seria um cruel sofrimento abandonar essa Terra de bem-aventurança na hora da morte, e não seria, então, bem-vinda a reencarnação? Portanto, o que desagrada não é a reencarnação, mas as provações e os sofrimentos da vida terrena. No entanto, dificuldades e pesares nos trazem experiência, nos ensinam algumas das maiores lições da vida e nos compelem a desenvolver poderes que, de outra maneira, jamais entrariam em atividade. Segundo se explicará depois, no Capítulo V, colhemos o que semeamos, sofremos na vida presente devido aos erros nas vidas passadas; e ninguém além de nós mesmos pode nos causar sofrimento.

P 106: *Não parece injusto que sejamos castigados por más ações de que não lembramos, perpetradas há muito tempo, em uma vida anterior? Por que há de sofrer um homem em consequência daquilo que não é consciente de ter praticado?*

R: Um homem sofrerá uma enfermidade por ignorar as condições pelas quais os germes se propagaram em seu corpo, porém a reta sequência de causa e efeito não se altera por sua ignorância, pois não há tal absurdo no Universo, de um efeito sem uma causa responsável.

Por outro lado, o esquecimento dos erros destruiria suas consequências? Ele também não se regozija das boas ações que ele não lembra igualmente de ter praticado?

De fato, o homem real, o Ego, não esquece suas más ações, mas as recorda como nós recordamos o que fizemos ontem, apesar de a memória do cérebro físico do novo corpo não recordar o que foi feito no corpo que o Ego usou em sua vida anterior. Um menino que roube maçãs hoje será punido no dia seguinte, embora ele esteja usando um traje diferente. O Ego que criou o *karma* colhe aquele *karma*. O lavrador que plantou as sementes faz a colheita, mesmo que as roupas que tenha usado ao semear possam ter se destruído durante o intervalo entre a semeadura e a colheita. Igualmente, terão se destruído as roupagens física, astral e mental do Ego entre a semeadura e a colheita, e ele colherá em um novo conjunto de vestimentas, mas quem colhe é quem semeou; e se empregou pouca semente ou de má qualidade, ele mesmo terá de fazer uma exígua colheita quando chegar o tempo.

Se recordássemos todas as nossas ações passadas, nos sentiríamos desolados ante a dolorosa visão de um passado pleno de debilidades, ainda que esteja livre da mancha do crime; e se soubéssemos que cada um de nossos erros passados, continuamente presentes diante de nossos olhos, traria consigo seu castigo, não ficaríamos atemorizados a cada passo em nossa vida atual, transformando nossa vida em um infindável tormento, desproporcional ao erro cometido? Referindo-nos a uma vida apenas, muitos dos criminosos só conseguem seguir em frente se esquecerem, pois a recordação de seu crime seria um grilhão que impediria sua recuperação e progresso. E quão mais felizes muitos de nós seríamos se pudéssemos esquecer parte do passado dessa própria vida atual! Enquanto não formos suficientemente fortes para suportar, sem tristeza, remorso ou ansiedade e sobretudo sem ressentimento, as recordações da vida presente, não deveríamos desejar agregar a essa carga o peso de um passado milenar.

Portanto, é um banqueiro misericordioso que nos poupa de todos os incômodos em manter nossas contas; e quando estamos prontos para começar um novo livro caixa, fecha o balanço e transfere nossos recursos líquidos com todos os juros acumulados.

Assim, após a morte, a alma, livre de suas envolturas ilusórias, faz uma revisão imparcial do passado, anota seus erros e fracassos, assim como seus motivos, e pelo conhecimento adquirido dessa maneira cresce em sabedoria e em poder, em inteligência e em consciência.

P 107: *Mas por que não temos recordações de nossas vidas passadas? Nós nos lembramos de tudo que experimentamos, e se já o vivemos antes, por que haveríamos de esquecê-lo?*

R: Em primeiro lugar, observemos o fato de que, nessa vida atual, nosso esquecimento é maior que nossa lembrança. Não nos recordamos de quando aprendemos a ler, mas o fato de que podemos ler demonstra a aprendizagem. Evitamos que o fogo nos queime, mas não nos recordamos da ocasião particular em que pela primeira vez nos queimamos e aprendemos a lição. Além do mais, esses acontecimentos não estão inteiramente esquecidos; acham-se submersos, não destruídos, e podem ser extraídos das profundidades da memória do homem, podem ser recuperados de seu subconsciente se ele for colocado em transe mesmérico.

Se esse esquecimento é um fato, tratando-se de experiências pelas quais passamos em nosso corpo atual, como esperar que nosso cérebro atual recorde experiências nas quais nem ele nem o corpo tiveram participação alguma? Nosso corpo Causal e os corpos superiores permanecem conosco através de toda a série de reencarnações, mas os corpos físico, astral e mental se desintegram depois de cada encarnação. E quando somos revestidos por três corpos mortais em uma nova vida, estes novos corpos recebem da inteligência espiritual que está reencarnando não as experiências do passado em detalhes, mas as qualidades, as tendências e as capacidades adquiridas por estas experiências; nossa consciência, nossa resposta instintiva às demandas emocionais e intelectuais, nosso assentimento a princípios fundamentais de certo e errado são indícios de experiências passadas.

Existem muitas recordações inconscientes que se manifestam em faculdade, em emoção, em poder – marcas do passado impressas no presente que podem ser descobertas pela observação de nós mesmos e dos demais. De conformidade com nosso *karma*, obtemos de nossos pais nosso corpo físico mediante o que se chama "herança física"; mas a mentalidade que possuímos, assim como nosso caráter íntimo, nós mesmos os construímos. A cada vida, trazemos conosco certas tendências que são as lembranças acumuladas de vidas passadas, determinados poderes que são também a soma de atividades do passado, e características específicas, certas faculdades que prontamente se revelam na infância e expressam o que fizemos ou deixamos de fazer durante vidas anteriores na Terra. Consequentemente, as recordações do passado podem ser aclaradas e definidas pela prática do *Yoga* – um sistema de treinamento e disciplina –, ou podem ser inconscientes, mas evidenciadas pelos resultados e intimamente ligadas de várias formas aos chamados instintos, através dos quais temos certas atitudes, raciocinamos em determinadas linhas, exercitamos funções específicas, e possuímos um conhecimento particular sem a consciência de o termos adquirido. Nas atuais investigações da Psicologia, muitos arrebatamentos de sentimento, que levam alguém a cometer ações imprudentes e precipitadas, são atribuídos ao subconsciente, isto é, à consciência que se evidencia nos pensamentos, sentimentos e ações involuntárias; vêm até nós procedendo do passado remoto, sem nossa volição nem nossa criação consciente. Nossos instintos são recordações enterradas no subconsciente, que influenciam nossas ações e determinam nossas escolhas; nosso instinto moral é consciência, uma massa de recordações entrelaçadas de experiências passadas que fala com o mandato imperativo de todos os instintos, decidindo acerca do "certo" e do "errado" sem argumentar nem raciocinar, e nos alertando a evitar perigos já experimentados no passado.

Que são as faculdades inatas senão uma lembrança inconsciente de assuntos bem dominados no passado? Temos aqui uma prova da exatidão da ideia de Platão, de que todo conhecimento é uma reminiscência. Tendo apreendido bem algum assunto nesta vida, por exemplo, a matemática, e tendo-a esquecido durante anos, podemos reaprendê-la muito rapidamente, pois seria apenas percorrer um terreno bem conhecido. Da mesma maneira, quando compreendemos e aplicamos prontamente uma ciência ou uma filosofia, ou quando dominamos uma arte sem muito estudo, a memória de vidas passadas está ali em ação, ainda que os fatos da aprendizagem tenham sido esquecidos. E assim ocorre que uma pessoa que tenha estudado Ocultismo em uma vida anterior, ao entrar em contato com a Teosofia nesta vida, aceita-a imediatamente como quem renova uma antiga relação e faz rápidos avanços, enquanto que outra pessoa que a estuda pela primeira vez nesta vida não faz tanto progresso.

Igualmente, quando sentimos afinidades por um estranho que encontramos ou quando nos apaixonamos à primeira vista, lá está a memória – o reconhecimento do Espírito de um amigo de vidas anteriores, o chamado de Ego para Ego, velhos amigos apertam as mãos em perfeita confiança e mútuo entendimento. De modo semelhante está presente a recordação quando nos surpreendemos com um sentimento de repulsão por algum desconhecido, que nada mais é que a identificação de um antigo inimigo.

As lembranças de vidas passadas se manifestam também, ocasionalmente, em crianças que têm lampejos de sua vida anterior e que algumas vezes rememoram muitos detalhes, especialmente se tiveram morte violenta em sua última encarnação. Sem dúvida alguma tal recordação pode ser conseguida, mas isso requer esforço firme e prolongada meditação para controlar a mente, sempre inquieta, tornando-a sensível e responsiva ao Espírito manifestado como Ego, que armazena com exclusividade todas as lembranças do passado. Assim, as cenas do passado são relembradas, velhos amigos são reconhecidos, e antigos laços são percebidos. O fato é que o Ego passou por todos esses eventos, e no mundo celeste, depois da morte, assimilou as experiências em faculdades e caráter, em intelecto e consciência. Mas somente quando alcança a memória do Ego, unificando-se com ele conscientemente, o homem consegue ter toda a recordação em seu novo cérebro.

Nenhum cérebro pode conservar a lembrança de acontecimentos de várias vidas passadas com todos os detalhes; e ainda que pudesse, sendo meros detalhes, não teriam valor ao homem que tivesse de agir no impulso do momento. Se cada vez que nos aproximássemos do fogo tivéssemos de recordar todos os sofrimentos de queimaduras anteriores, voltaríamos a nos queimar muitas vezes antes de passar todos os detalhes de recordações passadas e delas deduzir uma linha de conduta. Mas quando esses acontecimentos estão sintetizados em juízos morais e mentais, acham-se prontos para uso imediato. A lembrança de numerosos assassinatos cometidos seria uma carga inútil, embora o instinto da santidade da vida humana seja uma memória eficaz a partir deles.

Um homem idoso é mais sábio e mais inteligente que um jovem rapaz, pois ele já acumulou mais experiência. Similarmente, um homem desenvolvido é mais sábio que um homem primitivo, pois ele passou por mais encarnações.

P 108: *Nem sempre um homem idoso é mais sábio e mais inteligente que um garoto; ou um jovem civilizado de vinte anos mais que um homem primitivo de cinquenta!*

R: Esse fato só vem reforçar a teoria da Reencarnação. Um garoto de dez anos e dez dias é mais sábio do que outro de cinco anos e cinquenta dias, pois os dias nada significam diante dos anos. Igualmente, visto que anos nada significam diante de vidas, um jovem de vinte anos e, digamos, mil vidas deve ser mais sábio que um homem primitivo de cinquenta anos e, talvez, cem vidas. Porém, se não aceitássemos a Reencarnação, todas as crianças deveriam nascer com a mesma inteligência, o que não acontece. Somente a Reencarnação explica a diferença entre elas – a diferença em seu desenvolvimento, decorrente das diferentes idades das almas.

P 109: *Mas uma criança obtusa, sendo estimulada e exercitada em um meio favorável, não se torna tão inteligente quanto qualquer criança normal?*

R: Se a inteligência dependesse da educação na infância, então duas crianças filhas dos mesmos pais, estimuladas e criadas da mesma forma, deveriam ser igualmente inteligentes e sábias ou igualmente obtusas. Isso não só não acontece, como também, muito frequentemente, ocorre o inverso, sendo um dos irmãos sábio e virtuoso enquanto o outro é obtuso e perverso. E ainda, no caso dos gêmeos, que são indistinguíveis na infância, eles tornam-se muito diferentes apesar da similaridade de capacitação e educação em todos os aspectos.

O obtuso é brilhante até certo ponto, e então repentinamente estaciona, para desapontamento de seu instrutor que esperava que ele fosse mais adiante. A Reencarnação explica que uma criança vem ao mundo com um caráter, com qualidades, peculiaridades, capacidades e deficiências, e que nós devemos moldar e modificar esse caráter, mas que nosso alcance a esse respeito é muito limitado. Como disse Ludwig Buchner: "A Natureza é mais forte que a criação".

P 110: *Sabe-se que as peculiaridades físicas, mentais e morais das crianças procedem dos pais pela lei da hereditariedade; como acontece, então, que uma criança seja inteligente em um ambiente favorável e obtusa em um ambiente inverso? Acaso a Reencarnação ignora tal lei?*

R: Não. Pelo contrário, a Reencarnação a ratifica no plano físico. Ao fornecer corpos físicos, os pais assinalam neles a sua marca, e assim as moléculas do corpo da criança trazem consigo o hábito de vibrar de modo específico. Dessa maneira, são transmitidas à criança as enfermidades hereditárias assim como as maneiras e os costumes.

Mas a transmissão de semelhanças e peculiaridades mentais e morais é verdadeira até certo limite, e não na extensão que se supõe. Os pais fornecem os átomos físicos e etéricos assim como os elementos *kâmicos* (estes especialmente trazidos pela mãe), os quais, atuando sobre as moléculas do cérebro, conferem à criança as características passionais dos pais, modificando em parte as manifestações do Ego da criança.

Embora a Reencarnação admita todas essas influências paternais na criança, ela vai mais longe e afirma que existe uma ação independente do Ego, a tendência inerente à sua natureza, dando assim uma explicação plena das diferenças assim como das semelhanças. A hereditariedade pode explicar somente as semelhanças, e não as diferenças.

Além do mais, embora a lei da hereditariedade explique a evolução dos corpos, não lança luz alguma sobre a evolução da inteligência e da Consciência; e as últimas pesquisas demonstram que as qualidades adquiridas não são transmissíveis e que o gênio é frequentemente estéril.

Há notáveis violações à lei da hereditariedade que são facilmente explicadas pela Reencarnação; os casos abaixo comprovam a inadequação de influências meramente hereditárias:

1. Filhos dos mesmos pais que não são igualmente inteligentes nem de mesmas tendências morais;
2. O histórico de vida dos gêmeos demonstra que dois indivíduos nascidos sob condições exatamente idênticas e tendo precisamente a mesma hereditariedade costumam diferir enormemente no físico, no intelecto e no caráter;
3. As grandes diferenças de caráter e de inteligência entre pai e filho, apesar das semelhanças físicas;
4. O nascimento de gênios em circunstâncias modestas e triviais, o que prova irrefutavelmente que a alma individual

ultrapassa as sujeições do nascimento físico;

5. Filhos pouco inteligentes que nascem de pais muito cultos, demonstrando a inadequação de influências hereditárias nas faculdades e capacidades mentais e morais;
6. Filhos dissolutos que nascem de pais virtuosos;
7. Filhos virtuosos que nascem de pais dissolutos;
8. Grandes gênios morais – como Buda, Zoroastro, Jesus, etc. –, cujo nascimento não pode ser explicado pela hereditariedade;
9. Instintos musicais ou tendências artísticas em um irmão, enquanto o outro não possui sequer uma noção elementar sobre arte.

Todos esses casos podem ser explicados satisfatória e facilmente pela Reencarnação.

P 111: *Não poderia haver uma criação especial por Deus para cada alma? É dito que existem três explicações para as desigualdades humanas, para as diferenças de faculdades, oportunidades e circunstâncias: a lei científica da hereditariedade, a criação especial por Deus e a Reencarnação. Você refutou a primeira; o que poderia dizer da segunda?*

R: A Lei de Evolução é amplamente aceita com relação a todas as coisas, exceto com relação ao homem! Aquilo que principia no tempo deve terminar no tempo; e a ideia de criação especial implica a correlata ideia de aniquilação com a morte. Com isso, supõe-se que a inteligência espiritual chamada "homem" não tenha um passado individual, embora se admita que tenha um futuro interminável, como um bastão que tivesse apenas uma extremidade.

Segundo essa hipótese, o caráter de um homem, do qual depende todo o seu destino, é criado especialmente para ele por Deus, e lhe é imposto sem qualquer escolha própria. Se ele for presenteado com uma natureza nobre e com refinadas capacidades, deverá ser agradecido, ainda que nada tenha feito para merecê-las. Se ele herdar uma enfermidade hereditária, uma natureza criminosa ou perversa, ou se nascer deficiente ou incapaz, também não terá feito nada para merecê-lo. Tudo dependeria então do mero acaso, do capricho ou da arbitrária vontade de Deus. Se fosse esse o caso, onde estaria a justiça do Deus sumamente Justo, bem como o amor do Pai Todo-amoroso? Diz-se, às vezes, que todas essas coisas serão ajustadas na vida futura. É possível que assim seja; mas isso não fornece nenhuma explicação razoável acerca da razão de serem desse modo nesta vida atual, nem tampouco nos parece razoável excluir especialmente a vida humana, nesta Terra, do conjunto de lei e ordem, do delicado desígnio e propósito que se observa por toda parte no mundo natural.

Ademais, uma criança pode morrer poucas horas depois de nascer, de ter sido criado um Espírito especialmente para ela. Tal Espírito será para sempre desafortunado por ter perdido aquela vida e as experiências que poderia ter obtido sobre a Terra. Mas se as experiências terrenas não tivessem qualquer serventia posterior e a vida na Terra nenhum valor, exceto para ser julgada ao inferno ou ao céu eternos, poderia ser dito a um Espírito que venha a um corpo e viva até a velhice que lhe tocou a pior parte, pois ele terá que suportar dificuldades, sofrimentos e atrocidades, correndo o risco de acabar no inferno, enquanto que outro Espírito, de uma criança que não corra nenhum risco, não sofra qualquer dificuldade, estaria em melhor situação.

Além disso, essa teoria faz de Deus um servidor do homem, já que Ele tem que esperar para criar uma nova alma até que o homem, impelido por suas paixões, forneça material para um corpo físico. Embora se afirme, por um lado, que Deus castiga o que peca, por outro Ele próprio criaria uma nova alma para os corpos criados a partir de meios dissolutos. Por conseguinte, a teoria de uma criação especial também parece ilógica, injusta e absurda, restando a Reencarnação como explicação mais razoável e justa.

P 112: *Uma objeção: se não há criação especial, logo terá que existir um número fixo de Egos humanos que voltem várias vezes à Terra. Como se poderia explicar, então, o aumento da população do mundo?*

R: Há, em realidade, um número fixo de Espíritos humanos, cerca de 60 bilhões, que formam nossa humanidade. Em determinado ponto da evolução, houve um influxo do reino animal ao humano; porém isso foi há muito tempo. Naturalmente, ainda há ocasionalmente uns poucos, do reino animal, que se individualizam e entram no reino humano, mas tal número é insignificante, assim como o daqueles que deixam nossa humanidade e passam à evolução supra-humana. Portanto, o número de Espíritos que formam nossa humanidade praticamente se mantém constante.

Apesar de o número de Egos ser fixo, aqueles que se acham encarnados formam uma pequena minoria, em qualquer tempo, de cerca 1 para cada 38 do total, já que a população do mundo chega a 160 milhões[12], contra um total de 60 bilhões de Egos. Muitos se encontram nos planos astral e mental, permanecendo longos períodos afastados da Terra enquanto evoluem, sendo que as almas adiantadas encarnam em intervalos maiores do que as menos desenvolvidas. O mundo poderia ser comparado a uma câmara municipal, que pode estar parcialmente vazia, completamente cheia ou superlotada enquanto a população local da cidade permanece constante; e à menor aceleração da reencarnação ou encurtamento do período celestial, se aumentaria sobremaneira a população física de nosso globo, sem qualquer aumento no número total de Espíritos que reencarnam.

Além disso, não há provas confiáveis de que a população da Terra tenha aumentado, embora o recenseamento possa ser bastante preciso em alguns países, é mera especulação em um país densamente populoso como a China.[13]

---

[12] O autor se refere à data de publicação da obra: 1925. (N.E.)

[13] Novamente o autor se refere a uma época em que as estatísticas demográficas disponíveis careciam de maior precisão. A Organização das Nações Unidas (ONU), fundada em 1945, divulga atualmente

P 113: *Então, qual a necessidade da Reencarnação?*

R: A Reencarnação é lógica, científica e moralmente necessária.

P 114: *Por favor, explique cada ponto detalhadamente. Em primeiro lugar, qual é o argumento do ponto de vista lógico?*

R: A Reencarnação é logicamente necessária, pois sem ela, sem nada que satisfaça a razão, a vida seria um enigma desesperador.

Existe algum propósito para nossa vida entre o berço e a sepultura? Nós nos preparamos de algum modo, ou não, para a vida após a morte? Se existe uma vida de bem-aventurança do outro lado da morte, deve ser merecida de algum modo, seja por se resistir a tentações ou por obras positivas. Se é requerido esforço para que se conquiste a vida celestial, é difícil explicar o caso de uma criança que morre na infância sem ter tido qualquer oportunidade. Ou talvez este seja o caso em que, por não ter cometido nenhum erro, ela adentra o Céu. Então, parece incompreensível que outros tenham que passar uma longa vida de tentações e perigos, correndo o risco de irem, ao final, para o inferno. Se fosse assim, a prece das mães deveria ser não para que seu recém-nascido viva e cresça, mas que morra imediatamente. Agora, se o resultado fosse o mesmo, isto é, se chegassem ao Céu tanto a criança que perece na infância quanto o homem bom que alcança uma velhice madura, então a vida seria uma espécie de embuste, mais do que inútil, já que é cheia de dor e sofrimento desnecessários. Ademais, se a vida celestial devesse ser conquistada pelo esforço individual, deveria haver oportunidades iguais para todos. Entretanto, vemos que não é assim, já que nascem diferentes homens, com distintos poderes, capacidades e oportunidades em meio a circunstâncias e ambientes diversos: um como um homem primitivo, imbecil ou criminoso congênito; e outro dotado de boas tendências e oportunidades favoráveis. Igualmente, não se poderia esperar pouco

---

dados estatísticos quanto à população mundial e seu ritmo de crescimento. (N.E.)

do primeiro e muito do outro, pois isto equivaleria à admissão de que a vida é desnecessária e que é justo que um deva levar aqui uma vida de ignorância e sofrimento, e o outro uma vida de refinamento e deleite; e, entretanto, ambos colham o mesmo resultado. Nem se afirmaria que o primeiro receba uma recompensa maior no mundo celestial, por suas maiores dificuldades aqui, pois então poderia o outro reivindicar também que ele receba uma oportunidade semelhante a fim de alcançar maior exaltação.

Todas essas questões parecem de difícil solução; no entanto, a teoria da Reencarnação torna tudo facilmente inteligível.

Vejamos o caso de um homem primitivo, sem desenvolvimento mental ou moral, que vê a própria esposa como melhor alimento para o jantar, que devora os próprios pais quando não lhe são *mais* de serventia e os próprios filhos por não lhe serem úteis *ainda*; ele mata, rouba e se embriaga, até que finalmente sucumbe nas mãos de outro mais forte que ele. É essa vida estreita e brutal tudo o que o mundo tem a lhe oferecer – o mesmo mundo que para alguns é tão belo, maravilhoso e pleno de beatitude? Que será dele do outro lado da morte? Não pode ser enviado ao Céu; embora também não seja justo enviá-lo ao inferno.

Agora, vejamos esse caso à luz da Reencarnação. Quando o corpo físico de tal homem morre e ele passa ao mundo intermediário, descobre que aqueles a quem matou estão todos vivos, e por não terem esquecido o passado, o recebem com a maior hostilidade. Assim, ele aprende sua primeira lição: se matar um homem hoje, o encontrará no futuro. Ele não assimila isso em uma única vida, mas após muitas. Por outro lado, terá também alguma boa experiência *post-mortem* no mundo celestial. Pode ter sentido algum afeto por sua esposa e seus filhos antes que a extrema necessidade de alimento o impulsionasse a devorá-los; aquele pequeno gérmen crescerá trazendo-lhe contentamento, se transmutará em uma qualidade moral com a qual renascerá, e lhe comunicará também certa tendência a resistir ao impulso de matar. Dessa forma, adquire experiências em cada vida, transmuta-as em qualidades e faculdades, e vai se desenvolvendo gradativamente até chegar ao ponto alcançado pelas crianças que nascem hoje.

Ademais, se a Reencarnação não fosse um fato, que objetivo teriam as qualidades que com tanto esforço e dificuldade adquirimos a cada vida? Um homem revela maior sabedoria quando chega à velhice, mas morre quando é de maior utilidade e valia; se acaso fosse salvo ou condenado irremissivelmente, seria levado a mundos nos quais seria inútil, para sempre, aquele conhecimento adquirido em tantas e variadas experiências – toda a vida humana careceria de fundamento. Mas a Reencarnação explica que o homem renasce com aquelas qualidades como parte de seu caráter e que, portanto, nada é perdido. Por conseguinte, quanto mais se aplicam os pontos de vista lógicos e razoáveis, mais inevitável parece ser a Reencarnação.

P 115: *O que você quer dizer ao referir-se à necessidade moral para a Reencarnação?*

R: A necessidade moral é o argumento mais poderoso para a Reencarnação, pois, de outro modo, não poderia haver Justiça divina nem Amor neste Universo. Já se demonstrou que as outras duas explicações possíveis para as desigualdades humanas – a saber, a hereditariedade e a criação especial – carecem de razão. Um homem nasce disforme e outro é um atleta. Por quê? Um é incapaz congênito, outro, um gênio dotado de brilhantes potencialidades intelectuais. Um é magnânimo, o outro avarento e mesquinho. Por quê? Se Deus é autor de tais diferenças, isso implica irremediavelmente injustiça, desamparo e consequente desesperança. Uma alma nasce [como uma personalidade] em condições miseráveis, de uma meretriz e um bêbado, não aprende senão crimes e maldições, é obrigada a roubar para se alimentar, nada sabe de bondade ou amor; [por hipótese] torna-se uma criminosa habitual e, em estado de embriaguez, agride alguém passionalmente matando-o; é enviada à forca. Para onde irá depois da morte? É demasiado pecadora para o Céu, ao mesmo tempo em que não pode ser enviada ao inferno eterno, pois não teve qualquer oportunidade na vida. Outra alma é criada em uma família refinada e afetuosamente protegida por pais amorosos. É impulsionada para a virtude e recebe esmerada educação. Durante toda sua vida, recebe gratificações por habilidades que não desenvolveu, morrendo após uma existência de vantagem e glória. O que fez para merecer tudo isso?

Se cada uma dessas almas tivesse sido produto de uma criação especial, com um Céu ou um inferno perpétuo subsequente à morte, onde estaria a Justiça Divina? Acaso o criminoso não teria direito de reclamar a Deus: "Por que me fizestes assim?". Porém, a Reencarnação restaura a Justiça a Deus e o poder ao homem, esclarecendo que o criminoso é uma alma jovem e não desenvolvida, um homem primitivo que entrou na corrente evolutiva em um período posterior à outra alma, que tem extensa experiência, com muitas vidas atrás de si; que ambas são o resultado de seu passado, e que as diferenças entre elas são tão somente de idade e crescimento.

Entre muitas outras questões, a Reencarnação:

1. Explica as atuais desigualdades de condições e privilégios sociais;
2. Afasta a necessidade metafísica de se ter que atribuir o princípio de injustiça ao próprio âmago do Supremo;
3. Apresenta aos mundos moral e espiritual a mesma ordem que a observação e a ciência descobriram no mundo físico;
4. Explica o aparecimento de homens geniais em famílias nas quais outros membros carecem de habilidades extraordinárias;
5. Esclarece a frequente ocorrência de casos de ambientes desfavoráveis, que comumente amarguram o temperamento e paralisam o esforço;
6. Justifica a violenta antítese entre o caráter e a condição, demonstrando que ela é resultado do crescimento e não de um decreto divino;

7. Elucida as variações do sentido moral na humanidade, isto é, os problemas de consciência;
8. Aclara sobre a ocorrência de acidentes, infortúnios e morte prematura ou súbita;
9. Justifica por que alguns indivíduos possuem poderes psíquicos;
10. Mostra o fundamento e a base lógica da Evolução Darwiniana;
11. Fornece uma solução razoável ao problema sobre o futuro dos homens que, tendo-lhes sido concedida por Deus uma existência física, jamais aprenderam a lhe dar valor; por exemplo, o avarento, cujo único prazer é contar certo número de moedas de metal amarelo; ou o sensual, que não possui outro conceito da vida que não a bestialidade;
12. Explica a enorme contradição que frequentemente surge entre nossos desejos e nossa vontade, nosso caráter segundo o conhecemos e nossas ações conforme são olhadas pelos demais;
13. Soluciona a dificuldade de conciliar o Amor de Deus com Seu Poder;
14. Esclarece o capricho, aparentemente sem significado, da morte.

P 116: *E quanto ao recém-nascido que morre imediatamente após o nascimento? Como você poderia explicar este nascimento inútil?*

R: Um dos fatores dos quais decorre a Reencarnação é a Lei do *Karma* ou Lei de Causa e Efeito (Ver o Capítulo V), e o Ego nesse caso tornou-se devedor por esta Lei, por haver ocasionado, sem malícia ou intenção, a morte de alguém, simplesmente por algum descuido, como por exemplo ao acender um charuto com um fósforo e lançá-lo inadvertidamente sobre um monte de palha, levando fogo a uma casa e queimando mortalmente seu ocupante. Tal Ego deverá compensar seu descuido, não sendo criminalidade, com uma permanência breve em um novo corpo. Ele paga com a perda prematura de um corpo infantil e de sua consequente permanência; mas logo ocupará outro, geralmente daí a uns poucos meses.

Nestes casos, são os pais que mais sofrem. Por quê? Possivelmente os pais, em uma vida anterior, tenham tido a guarda de uma criança órfã de algum parente distante só por preocupação com as aparências, e demonstraram falta de cuidado ou agiram tão cruelmente que lhe ocasionaram a morte. Conforme a Lei do *Karma*, eles colhem o que semearam, e têm de saldar o débito pendente, por sua falta de amor, com a perda prematura de seu próprio filho, tão querido, aprendendo assim a tratar com ternura e bondade todas as crianças. A criança, que morre imediatamente depois de seu nascimento, nada perde – apenas seu progresso demora um pouco mais; no entanto, os pais sofrem seu merecido *karma* ao perder seu filho tão querido. O *karma* dos pais entra então em contato com o daquela pessoa que tem o débito de vida, e ambos os destinos se cumprem na morte da criança.

P 117: *Quão disseminada se encontra a crença na Reencarnação entre as religiões e filosofias, antigas e modernas?*

R: A filosofia da Reencarnação antecede a mais remota antiguidade em todo o mundo, pois é um corolário indispensável da imortalidade da alma. A Reencarnação é ensinada nas grandes epopeias dos hindus como um fato inegável, no qual se baseia a moralidade. Indiscutivelmente, os egípcios ensinavam esta doutrina, e a concepção deles a esse respeito, conforme a interpretação sacerdotal, é mostrada em seu clássico *Livro dos Mortos*, uma de suas principais Escrituras, que descreve a rota seguida pela alma depois da morte; era depositada uma cópia em cada ataúde. Na antiga fé persa, ela aparece nos escritos hoje existentes do *Avesta*, cuja maior parte se perdeu irremissivelmente, embora haja uma passagem no *Vandidād* (o mais ortodoxo dos livros zoroastrianos) que se refere à doutrina da transmigração da vida animal. O Buda a ensinou e constantemente se referia a seus nascimentos anteriores. Entre os remanescentes das antigas raças do continente americano encontra-se ocasionalmente tal crença, como por exemplo entre os índios zuni. Os hebreus de hoje parecem não aceitar a Reencarnação, embora ela seja ensinada na *Kabala* e, nos tempos antigos, a crença apareça aqui e ali. No livro da *Sabedoria de Salomão*, é afirmado que nascer em um corpo imaculado seria a recompensa por "ser bom". Quando muito, alguns poucos milhares daqueles que são reconhecidos como cristãos creem agora na Reencarnação; e a cristandade atual a rejeita, embora o Cristo a tenha aceitado quando disse a seus discípulos que João Batista era Elias. Orígenes, o mais instruído de todos os Santos Padres cristãos, declarou que "cada homem recebe um corpo de acordo com seus merecimentos e suas ações prévias". Os sufis maometanos sustentam tal crença, que chegou a nós, na Idade Média, por um sábio filho do Islã, o poeta e místico persa Jalal-ud-Din Rumi, quando disse:

> Morri no mineral e me tornei um vegetal;
> Morri no vegetal e reapareci em um animal;
> Morri no animal e me tornei um homem.
> Por que, então, haveria de temer? Quando me tornei indigno por ter morrido?
> Em seguida morrerei no homem para que brotem em mim as asas do Anjo.

Com razão, disse Max Müller que as mais excelsas mentes que a humanidade já produziu aceitaram a Reencarnação. Pitágoras a ensinou, e Platão a incluiu em seus escritos filosóficos. Virgílio e Ovídio deram-na por certa. As escolas neoplatônicas a aceitaram, e os gnósticos e maniqueístas creram nela. Posteriormente, a vemos ensinada por Schopenhauer, Fichte, Schelling, Lessing, Henry More, Hender, Southey, Bulwer, Pezzani, para mencionar só alguns dentre os filósofos e autores ocidentais. Hume declarou que essa era a única doutrina de imortalidade que um filósofo poderia levar em consideração. Goethe, em sua velhice, via com satisfação a perspectiva de seu regresso. Emerson, o Platão do século XIX, assim como Wordsworth, Rossetti, Gosse, Tennyson, Browning, Coleridge, Collins, Bailey, Sharp e outros poetas acreditaram nela. O reaparecimento da crença na Reencarnação não é, portanto, a emersão de uma ideia de selvagens entre nações civilizadas, mas um sinal de reconhecimento da não racionalização da religião, que tornou a vida um emaranhado não inteligível de injustiças e parcialidades, dando origem a tanto ceticismo e materialismo.

P 118: *Embora a doutrina da Reencarnação faça parte das religiões hindu, budista, egípcia, grega e romana, não é ela totalmente desconhecida no Cristianismo?*

R: Essa questão, de grande importância, é atualmente muito discutida pelos pensadores do Ocidente, e está suscitando boa dose de controvérsia e antagonismo, que parecem estar baseados mais na ignorância do que no estudo. A doutrina da preexistência da alma e da Reencarnação se ramifica em duas linhas nos livros dos primitivos cristãos e nos escritos dos judeus que precederam os cristãos. Às vezes é salientado o fato de que a alma não veio à existência com o corpo, que ela é eterna em sua natureza ou, melhor dizendo, que o Espírito é eterno e procede de Deus. Esse ramo da doutrina, comumente identificado, portanto, como "a preexistência da alma", afirma diretamente que o Espírito no homem é eterno, pois vem de Deus; que também procederam de Deus muitos outros Espíritos não encarnados em forma humana; que estes passaram por várias etapas e vários mundos, até que alguns chegaram ao mundo físico, onde tiveram um treinamento que os preparou para uma evolução superior, ascendendo gradualmente com as experiências que iam acumulando até alcançar a pureza original que haviam perdido. Pode-se afirmar que tal doutrina, levemente aqui esboçada, era universal, fosse entre os judeus ou na Igreja primitiva.

Em sua forma mais científica e precisa, a Reencarnação, isto é, repetidos nascimentos do ser humano na forma física nesta Terra física, encontra-se em alguns dos primeiros escritos da Igreja, embora não em todos. Alguns falam vagamente da preexistência; outros, claramente, de repetidos nascimentos no mundo. Em todos, o princípio é o mesmo, a ideia de que o Espírito humano, procedente de Deus, não é inerentemente santo, exceto por derivar da Suprema Santidade Una, mas que a santidade em seu caráter, que se deve à sua procedência de Deus, pode estar parcialmente encoberta por algum tempo. Quando o Espírito perde sua primitiva inocência, ele é então denominado "alma", o estado intermediário entre o Espírito e o corpo. Ela adquire experiências, passa através de vários mundos no Universo, e regressa por fim, com as experiências acumuladas, a seu primitivo lar, o seio de Deus.

Sabe-se que os Santos Padres atacaram cruelmente e condenaram muito veementemente uma forma da doutrina que estava em voga entre gregos e romanos e é encontrada na literatura daqueles tempos: a ideia de que a alma humana pode passar por formas animais. Porém, o próprio fato de que este é o único ponto da preexistência e da Reencarnação que eles condenaram robustece sua aceitação, de maneira geral, do princípio conforme descrito.

A fim de compreender as circunstâncias em que surgiu a Igreja de Cristo, é necessária uma compreensão acerca do ambiente judaico e dos pensamentos e pontos de vista do povo hebreu, ao qual, naturalmente, pertenciam os apóstolos e os discípulos primitivos – entre os quais, de acordo com a genealogia, o próprio Jesus tomou corpo. No *Antigo Testamento*, o versículo de Jeremias (i, 5) – "Antes que saísses do ventre, Eu te santifiquei e te ordenei como Profeta." – é referido por vários Padres da Igreja como relacionado com a preexistência da alma humana. Tanto Orígenes como Jerônimo claramente se referem à afirmação de que, antes que Jeremias nascesse, ele fora santificado como Profeta, sendo uma das provas da preexistência da alma contidas nas Sagradas Escrituras. Orígenes assinala especialmente que a Justiça divina possivelmente não teria amparo a menos que um homem, santificado como Profeta ou nascido para prestar um grande serviço ao mundo, tivesse merecido aquele privilégio por uma vida anterior de retidão ou tivesse escalado essa bendita elevação como resultado de meritórias ações em seu passado. Em seguida, temos a bem definida afirmação em Malaquias (iv, 5) de que "Elias regressaria". Existe ainda outra passagem interessante no livro da *Sabedoria de Salomão*, em que Salomão diz: "Eu fui uma criança de aguda vivacidade e tive um Espírito bom. Em verdade, por ser bom, vim a um corpo imaculado..." (ix, 15). Eis aí a afirmação explícita de que por já ser um Espírito bom é que Salomão veio a um corpo imaculado. Além disso, claras afirmações no que diz respeito aos judeus de sua própria época são fornecidas pelo famoso escritor judeu Josefo. Em sua obra *De Bello Judaico* (ii, 8) diz, referindo-se aos fariseus: "Afirmam eles que todas as almas são incorruptíveis, mas que somente as almas das pessoas boas passam a outros corpos, e que as almas dos maus estão sujeitas à punição eterna". Há, todavia, outra citação melhor em Josefo, aludindo à crença geral de seu próprio tempo, com respeito à Reencarnação da alma. Tendo defendido a fortaleza de Jotapata e buscado refúgio em uma caverna com cerca de quarenta soldados que planejavam matar uns aos outros para evitar caírem em mãos dos romanos, o próprio Josefo argumentou com eles: "Não recordais que todos os Espíritos puros, que estão em conformidade com a providência divina, vivem na mais bela das moradas celestiais, e a seu devido tempo eles são novamente enviados ao mundo para habitar corpos imaculados; enquanto que as almas daqueles que cometem suicídio são condenadas a uma região nas trevas dos mundos inferiores?" Recentemente, foi claramente demonstrado pelo professor Victor Rydberg, com relação a essas palavras, que o fato de que Josefo fizera considerações dessa classe a soldados violentos e homens sem instrução – não a filósofos que sabidamente, por seus escritos, acreditavam na Reencarnação e a ensinavam naqueles tempos – demonstra que a doutrina era corriqueira entre os judeus de sua época. A mesma se encontra claramente definida nos escritos de Philo como uma das bases da grande Escola Judia Alexandrina. Portanto, no que tange aos judeus, tal doutrina era geralmente admitida entre eles, e é útil recordar as palavras dos discípulos de Jesus e suas perguntas acerca do pecado daquele homem que havia nascido cego, já que parece que se referiam somente a uma crença comum e corrente em seus dias.

Folheando o *Novo Testamento*, o primeiro dado interessante que se encontra sobre esse particular é o famoso cumprimento da profecia de Malaquias acerca do retorno de Elias, o Profeta. É inteiramente certo que quando se perguntou a São João Batista: "És tu Elias?"; ele respondeu: "Não". Mas o próprio Jesus afirmou exatamente o contrário e disse: "Este é Elias". A negação de São João Batista se explica facilmente pelo fato de que, conforme já se explicou antes, a memória de uma vida passada subsiste à morte e ao renascimento somente em casos muito raros; assim, a ausência de tal conhecimento por parte de São João Batista não é evidência contra a realidade da Reencarnação; enquanto que a dupla afirmação do próprio Cristo de que São João Batista era Elias (S. Mateus, xi, 14 e xvii, 12-13), falando, como o fez, com conhecimento do passado, seguramente contrabalança muito a negação de São João Batista, pois não era esperado que ele se recordasse. É importante também notar a semelhança de caráter (exatamente o que se poderia esperar), pois ambos pregaram a retidão, foram ascetas por treinamento, de natureza impetuosa, denodados na reprovação do mal em alto nível. O caráter vigoroso e decidido do profeta Elias reaparece no caráter igualmente forte de São João Batista. E ainda, eles também tiveram muita semelhança externa e iguais peculiaridades em sua indumentária. Elias foi "um homem coberto de pelos e usava um cinturão de couro ao redor de suas costas", enquanto que João, o Batista, usava "sua roupa de pelo de camelo e um cinto de couro ao redor de suas costas". Ambos residiram na solidão do deserto. Elias viajou quarenta dias e quarenta noites para o Horeb, a montanha de Deus no deserto do Sinai (Reis I, xix, 8). João Batista residia no deserto da Judeia, além do Jordão, batizando (Marcos, i, 4). A vida deles no exílio – um desterro voluntário, de renúncia e afastamento dos redutos humanos – era mantida de um modo marcadamente análogo, mediante uma ave que lhe levava o alimento. "Ordenei aos corvos que te alimentem", disse a voz da Divindade ao Profeta (Reis I, xvii, 4), enquanto que o alimento do Batista eram "os gafanhotos e o mel silvestre" (Mateus, iii, 4). Por conseguinte, dada a identidade de características, certas semelhanças exteriores e a solene declaração do próprio Jesus, duas vezes repetida, é difícil não chegar à conclusão de que São João Batista foi realmente uma reencarnação de Elias, se levamos a sério o *Evangelho*.

Assim, no caso do homem que nasceu cego (São João, ix), não é preciso muita argumentação. A pergunta é bem simples: "Quem pecou, este homem ou seus pais?" Os discípulos se deram conta de que aquele devia ser o resultado de algum pecado ou insensatez, e seu questionamento foi para saber de quem foi o pecado que produziu tão deplorável resultado. Seria talvez porque os pais haviam sido tão perversos que mereceram o pesar de ter um filho cego? Ou foi porque, em algum estado anterior de existência, o filho mesmo havia pecado, atraindo sobre si tão lamentável destino? É óbvio que se a segunda fosse a razão verdadeira, os pecados que mereceram tal castigo deveriam ter sido cometidos antes que ele nascesse, isto é, em uma existência prévia. Portanto, os grandes pilares dos ensinamentos teosóficos – Reencarnação e *Karma* – se acham claramente implícitos nessa única pergunta. Aqueles que, a partir da resposta de Jesus – "Nem este homem nem seus pais pecaram" –, deduzirem uma descrença na Reencarnação, teriam de manter o inaceitável ponto de vista de que os pais do cego se achavam livres de pecado, pois foram considerados exatamente no mesmo nível. Mas uma mente imparcial, que não deseje torcer o significado do enunciado a fim de reforçar uma ideia preconcebida, verá naturalmente em tal resposta, dita por um próprio judeu de nascimento e dirigida a judeus, entre os quais a doutrina da Reencarnação era coisa corrente, a afirmação simples e direta de que a cegueira daquele homem não se deveu a pecado seu em uma vida anterior, como tampouco a pecado daqueles que deram nascimento à criança cega. O Mestre apontou outra razão para o fato, de caráter místico: "Para que as obras de Deus possam manifestar-se nele"; e com toda segurança, se ele considerasse que o conceito da Reencarnação, claramente presente nas mentes de seus discípulos, fosse errôneo em si, ele o teria declarado imediatamente, como costumava fazer quando era necessário corrigir algo; e talvez os tivesse reprovado por seu desatino com esta resposta: "Por que me fazeis esta pergunta insensata sobre se um homem nasce cego por causa de seu pecado? Como ele poderia pecar antes de nascer?"

Igualmente, a frase em São João (xiv, 2), "Na casa de meu Pai há muitas moradas", é muito significativa, sendo a palavra "moradas" erroneamente traduzida pelo termo que se usava para designar as pousadas ou casas gratuitas de descanso ao longo dos caminhos do Império. Essa é uma alusão muito sugestiva aos muitos descansos que a alma humana, ou Ego, desfruta na Casa do Pai entre vidas de esforço na Terra, durante as quais cresce em estatura. "Sede perfeitos" seria um mandamento inútil por parte do Cristo se fosse dirigido a uma humanidade tropeça com apenas poucos anos para sua vida, ou a ébrios ociosos cujos pensamentos estivessem concentrados no prostíbulo mais próximo. Foi, porém, uma gloriosa promessa aos homens que tivessem tempo de crescer "até a medida da estatura da plenitude do Cristo". Diz o próprio Cristo: "O discípulo não é superior a seu Mestre, mas cada um, quando chegar à perfeição, será como seu Mestre" (Lucas, vi, 40).

Há outro texto no livro da *Revelação* que traz também implícita a doutrina da Reencarnação. Trata-se do versículo no qual o Filho do Homem, ao dirigir-se a alguém das sete Igrejas da Ásia, faz afirmação a respeito daquele que vencerá: "Farei dele uma coluna no Templo de meu Deus, e ele não mais partirá". Esse "partir", que chega ao fim com a vitória última, refere-se às repetidas partidas da alma dos mundos celestiais, que terminam quando a alma é perfeita e torna-se "uma coluna no templo de Meu Deus" – "Vigilantes e Santos, pilares do Templo de Deus, que dali não mais sairão" (Rev., 3, 12).

Muitos dos Padres cristãos se referiram à preexistência e ao renascimento, doutrinas fundamentais entre os gnósticos, que representaram durante muitos séculos a mais pura corrente do ensinamento espiritual e filosófico do Cristo.

Nos escritos de Orígenes, o discípulo mais célebre de São Clemente de Alexandria e talvez o mais brilhante e instruído de todos os Padres Eclesiásticos, particularmente em seu grande tratado, *De Principiis*, há uma mina de informações acerca dos ensinamentos dos primitivos cristãos no século segundo. Seu ponto de vista era o da evolução.

Referindo-se a ter sido São João, o Batista, infundido com o Espírito Santo no ventre materno (I, vii, 4), diz ele que "alguns poderão pensar que Deus inspira os indivíduos com seu Santo Espírito e lhes confere a santificação não com base na justiça e de acordo com seus merecimentos, mas arbitrariamente". E não evitaríamos então a pergunta: "Existe falta de retidão em Deus? Deus exclui?" Ou então: "Deus tem favoritismos por pessoas?" Pois tal é a defesa dos que sustentam que as almas vêm à existência com os corpos. São João Batista foi infundido com o Espírito Santo no ventre materno somente porque teria obtido tal bênção por vidas anteriores de retidão. Orígenes acrescenta que "Deus dispõe todas as coisas de acordo com os merecimentos e progresso moral de cada indivíduo", e que isso é necessário "para demonstrar a imparcialidade e reta justiça de Deus, já que, conforme a declaração do apóstolo Paulo, Ele não tem predileções por pessoas".

Declara ainda Orígenes que a condição de um homem é o juízo de Deus acerca das ações de cada indivíduo, e passa a ilustrar seu argumento com o famoso caso de Jacó e Esaú (II, ix, 7). Esse exemplo tem sido usado, às vezes, pela Escola Calvinista como um argumento para a predestinação direta do homem por Deus, seja para uma felicidade eterna ou uma condenação eterna. Mas segundo o ensinamento de Orígenes, tendo nascido livre, o homem não pode ser predeterminado por outra vontade, nem para a felicidade nem para o sofrimento, sem que ele próprio a mereça. Seria injusto que Deus amasse Jacó e odiasse Esaú desde antes de as crianças nascerem; e o único modo de reconciliar tal declaração com a justiça de Deus seria dizer que Esaú estaria colhendo os frutos de males passados, enquanto que Jacó colhia o fruto de boas ações anteriores. Esta declaração de Orígenes é muito similar à feita por São Jerônimo, quando este diz (*Carta a Avitus*): "Se examinarmos o caso de Esaú, poderemos verificar que ele foi condenado, por causa de seus antigos pecados, a um pior transcurso de vida". O que Orígenes também sustenta: "Verificaremos que não existe falta de retidão em que Jacó, já no ventre, suplantasse seu irmão, se considerarmos que ele era merecidamente amado por Deus de acordo com os méritos de sua vida anterior, a ponto de alcançar preferência sobre seu irmão". E acrescenta que isso deve ser "cuidadosamente aplicado a todas as outras criaturas, pois, conforme já fizemos notar antes, a Retidão do Criador deve brilhar em tudo". "A desigualdade de circunstâncias resguarda a justiça de uma retribuição conforme o mérito."

Orígenes trata admiravelmente do caso do Faraó, cujo coração, está escrito, foi endurecido por Deus, e assinala que neste mundo nem sempre a cura mais rápida é a mais efetiva: "Às vezes não conduz a bons resultados que um homem seja curado rapidamente, em especial se a enfermidade, ao ser represada subitamente nas partes internas do corpo, ruge com maior ferocidade" (III, i, 17). E declara que o endurecimento do coração teve por objetivo apenas capacitar o Faraó a ver o mal em seus procedimentos, a fim de que, em vidas futuras, tendo já aprendido a lição do quão amargo é pecar contra Deus, ele pudesse voltar à retidão do viver. Assim, como um bom médico de almas, ele disponibiliza o remédio adequado à enfermidade que aflige o homem.

Pelas citações anteriores, pode-se ver que não há discussão possível sobre se a Reencarnação foi ou não ensinada por Orígenes. Contudo, acrescentamos outra citação, a mais convincente de todas, para demonstrar que na mente de Orígenes eram admitidos repetidos nascimentos neste mundo, e não somente experiências prévias em outros mundos: "Ao partirem desta vida em virtude da morte, que é comum a todos, de acordo com suas ações e méritos, desde que sejam considerados merecedores, alguns são destinados ao lugar que se chama 'inferno' e outros ao seio de Abraão, em diferentes localidades ou moradas". Isso se refere às condições *post-mortem* nos mundos invisíveis. E ainda, a partir dessas moradas, ao morrerem nelas – se for permitida a expressão –, eles descem do "mundo superior" a esse "inferno". Pois o "inferno" ao qual são enviadas as almas dos mortos deste mundo chama-se, por causa dessa distinção, segundo creio, "inferno inferior". "Portanto, cada um dos que descem à Terra, de acordo com seus merecimentos ou com a posição que ocupou antes aqui, é levado a nascer, neste mundo, em um país diferente ou entre homens de um diferente modo de vida; ou cercado de enfermidades de tipos diversos; pode nascer de pais religiosos ou de quem não o seja; de tal sorte que frequentemente nasce um israelita entre os escoceses, ou um pobre egípcio na Judeia..." (IV, i, 23). Dificilmente se poderia encontrar algo mais claro e definido acerca do renascimento das almas.

Se é possível criar-se uma alma boa, então criar uma alma má é impossível para um Deus de Justiça e Amor. Isso não pode acontecer. Não existe justificativa alguma para tal. E desde o momento em que se reconhece que alguns homens já nasceram criminosos, conforme ocorre com frequência, nos sentimos forçados ou a blasfemar, dizendo que um Deus perfeito e amoroso cria uma alma arruinada e logo a castiga por ser o que Ele a fez ser, ou então compreendemos que Ele lida com almas que estão evoluindo, criaturas que se desenvolvem, as quais Ele treina para a perfeição última. E se em uma vida nasce um homem vicioso e malvado, é porque ele se perverteu e terá de colher em sofrimentos o resultado dos males que cometeu, a fim de que possa aprender a sabedoria e retornar à bondade. Cabe aos cristãos se darem conta do quanto ilumina a vida e a torna razoável aquela ardente esperança do apóstolo: "Que Cristo nasça em vós"; esperança que não é possível realizar nem mesmo para o melhor homem em uma única vida, e absurdamente impossível e vazia se colocada diante da massa abjeta que povoa os arrabaldes do vício e da criminalidade, embora muito mais se tenha pecado contra ela.

Portanto, a Reencarnação é uma doutrina cristã, e se um cristão a aceita pelo exercício de sua razão e de seu pensamento, chegando à conclusão de que a Reencarnação é verdade, não deverá considerá-la como doutrina exótica, procedente das religiões hindu, budista, egípcia, grega e romana, mas tomá-la como parte da sua própria religião, por direito de nascimento, como parte da fé entregue aos Santos.

P 119: *Se a Reencarnação é, pois, uma doutrina cristã, por que ela desapareceu e hoje não mais se encontra no Cristianismo moderno?*

R: No *Novo Testamento* não se encontra palavra alguma de anátema, crítica ou admoestação contra essa doutrina, a qual, como vimos antes, constituía uma porção considerável das filosofias e crenças dos judeus e gentios. Pelo contrário, as Escrituras contêm numerosas passagens que só podem ser iluminadas e compreendidas pela luz que sobre elas verte a doutrina da Reencarnação. Mas tal doutrina foi condenada e excluída da ortodoxia cristã pelo Segundo Concílio de Constantinopla, no século VI (ano 553). Essa é a razão pela qual essa doutrina desapareceu do Cristianismo oficial, representado pela Igreja Católica Romana. Mas ela não desapareceu da cristandade; persistiu e foi preservada nos ensinamentos de muitas seitas místicas – chamadas hereges – e nas canções de muitos trovadores errantes. A Escola dos Albigenses, que tantos mártires produziu por seu apego à Verdade original do *Evangelho*, ensinou a Reencarnação, doutrina que reaparece de tempos em tempos na Igreja. A obra *Lux Orientalis* estabelece passo a passo exatamente a mesma doutrina da Reencarnação que se encontra nos primitivos Padres e que é agora familiar aos teósofos. E houve ainda, no século XVIII, uma propaganda regular dessa doutrina e foram lançados vários livros, demonstrando que era parte integral do Cristianismo.

Portanto, o ensinamento da Reencarnação desapareceu apenas por pouco tempo, na maré de ignorância que inundou a Europa após a decadência do Império Romano; porém, esse esplêndido conceito está agora retornando firmemente ao pensamento ocidental por meio de livros, conferências e artigos de filósofos, poetas e mesmo alguns clérigos, mais recentemente.

P 120: *Quais são os principais fatores que determinam o próximo nascimento de um homem?*

R: Há três fatores principais. O primeiro é a Lei da Evolução, que impulsiona o homem para circunstâncias nas quais ele possa desenvolver mais facilmente as qualidades de que necessita. Todo homem tem que se tornar perfeito pela manifestação de todas as divinas potencialidades que se acham latentes nele, pois o objetivo de todo o Esquema é esse desenvolvimento. Para tal propósito, ele é precisamente direcionado para aquela Raça ou Sub-raça que, mediante suas condições e ambiente, seja a mais adequada para desenvolver nele as qualidades especiais que lhe faltem.

Todavia, a ação dessa Lei é limitada pela Lei do *Karma* ou Lei de Causa e Efeito. Se um homem criou para si *karma* que lhe produza limitações, terá de avançar sem as melhores oportunidades possíveis e contentar-se com as que houver à sua volta. Em tal caso, nossas próprias ações passadas são as que restringem a atuação independente da Lei da Evolução.

O terceiro fator, que limita ainda mais a ação da Lei da Evolução, é a influência do grupo de Egos com os quais ele tenha criado fortes laços de afeto ou de ódio em vidas anteriores. Sua relação com tais Egos, com os quais terá de se encontrar devido às suas ligações anteriores, é um fator importante, atuando para o bem ou para o mal na determinação de seu nascimento seguinte.

A evolução é, para o homem, a Vontade de Deus; e a Lei da Evolução fornecerá ao homem o que mais lhe convier, embora, conforme se mencionou, as melhores oportunidades fiquem limitadas pelas ações passadas do homem e por suas ligações com outras almas. Um homem pode ser capaz de aprender certas lições em cem diferentes posições, mas poderá ser afastado de mais da metade delas por seu *karma* passado; e mesmo do restante delas pode ser feita uma seleção, principalmente devido à presença, em sua família ou nos arredores, de almas com as quais tenha formado laços de amor ou de ódio no passado.

Filosoficamente, é certo dizer que um homem consegue sempre as melhores oportunidades, já que obtém as condições mais apropriadas para seu caráter imperfeito, necessárias para retirar-lhe os defeitos. É o mesmo que ocorre nas escolas, onde não podemos dar a um aluno muito jovem o melhor compêndio, pois ele não conseguiria compreendê-lo nem se aproveitar dele, por ser muito elevado para ele.

P 121: *Então, voltamos ao contato, em uma nova vida, com pessoas a quem amamos ou odiamos nesta vida?*

R: Certamente. Em primeiro lugar, durante nossa longa vida no mundo celestial, passamos todo o tempo em companhia das pessoas que amamos na Terra; e, quando a ela regressamos, trazemos a tendência de fazê-lo em grupos, com os mesmos entes queridos.

O amor é um laço formado entre os Egos, e a morte não pode rompê-lo; os Egos que se amam se reconhecem, nos novos corpos, como velhos amigos que usam trajes diferentes. Entretanto, disso não se segue que os Egos terão de possuir as mesmas relações terrenas que tiveram na vida passada. O laço de um amor puro subsiste, porém o marido e a mulher de uma vida podem renascer como dois irmãos, ou irmãs, ou irmão e irmã; ou então podem ter a relação de pai e filho, de avô e neto, ou qualquer outro laço de consanguinidade. Porém, se por razões *kármicas* nascem em famílias diferentes, na mesma região ou em países muito distantes, são reaproximados e atraídos um pelo outro, como amigos íntimos ou bem-amados, já que nada há nos Céus ou na Terra que possa destruir o amor ou romper seus laços.

Por vezes, sendo laços de ódio ou de atrocidade, antigos inimigos são atraídos para uma mesma família para esgotá-los em sofrimento ou em terríveis tragédias familiares, pelos maus resultados de um passado comum.

Quando sentimos repulsa à primeira vista por algumas pessoas, esse é o alerta que nos dá o Ego do inimigo do passado. Os laços forjados pelo ódio somente podem se dissipar no fogo do amor, já que "ódio jamais se extingue com ódio; ódio cessa somente com amor". E é assim que regressamos, juntos aos antigos amigos e juntos também aos antigos inimigos, embora em novos trajes, com novos veículos a cada vida.

No 18º e último volume das obras de Max Müller, há uma passagem notável, que demonstra claramente sua crença na Reencarnação:

> Não consigo deter o pensamento de que as almas para as quais nos sentimos atraídos nesta vida são as mesmas almas que conhecemos e amamos em vidas anteriores; e que as almas que aqui nos repelem, sem saber por quê, são as almas que mereceram nossa reprovação, aquelas das quais nos afastamos em uma vida anterior.

Ele é apenas mais um depoente em uma longa lista, mas cada homem notável que acrescenta seu testemunho reforça a racionalidade da doutrina ante os olhos daqueles que são influenciados pela autoridade de seus célebres nomes.

A ideia da repulsa instintiva à primeira vista ("a política do Dr. Fell", como é chamada) foi bem expressa nos seguintes versos:

Não gosto de ti, Dr. Fell;
A razão, não consigo dizer;
Porém disto eu sei muito bem,
Não gosto de ti, Dr. Fell.

P 122: *Poderia, por favor, explicar como se formam os novos veículos mental, astral e físico para uma nova vida?*

R: Quando ocorre a morte física, o homem abandona, um após o outro, seus corpos físico, astral e mental, conforme se descreve no Capítulo VI. Uma vez descartados, esses corpos se desintegram, e suas partículas se mesclam à matéria de seus respectivos planos. Mas sendo cada homem uma tríade espiritual (o triatômico *Ātmā-Buddhi-Manas*, o *Jīvātma*), anexou a si, desde sua origem, uma tríade inferior de átomos permanentes, um átomo do plano físico, outro do plano astral, assim como uma molécula ou unidade do plano mental inferior, que se denominam, respectivamente: átomo permanente físico, átomo permanente astral e unidade permanente mental. O homem leva consigo, de uma vida a outra, esses átomos permanentes, que são preservados após a desintegração dos três corpos inferiores, como um núcleo extraordinariamente cintilante dentro de seu corpo Causal, sendo tudo o que subsiste para ele de seus corpos nos mundos inferiores. Em realidade, são sínteses dos corpos, que reúnem cada vida à sua volta, com o objetivo de preservar dentro de si, como poderes vibratórios, os resultados de todas as experiências pelas quais tenham passado. Assim, os corpos astral e mental transmitem ao Ego, ao homem real, os gérmens das qualidades e faculdades daquela vida terrestre, que ficam então armazenados no corpo Causal como sementes para seus futuros corpos astral e mental.

As pessoas às vezes questionam por que as más qualidades que um homem apresenta em uma vida persistem tão frequentemente em vidas posteriores. A razão é não só que, por não estarem desenvolvidas as boas qualidades, haverá oportunidade para más influências atuarem sobre o homem naquela direção particular, mas também porque o homem leva consigo, de uma vida para outra, os átomos permanentes de seus veículos inferiores; e eles tendem a reproduzir as qualidades exibidas em suas encarnações anteriores. Por outro lado, se o homem já desenvolvido há de cumprir o propósito da evolução humana e dominar *todos* os planos, é preciso que leve consigo os átomos permanentes. Se fosse concebível que ele pudesse desenvolver-se sem esses átomos permanentes, ele poderia ser, talvez, um glorioso Arcanjo nos planos elevados, mas resultaria inteiramente inútil nestes mundos inferiores, pois teria cortado de si o poder de sentir e de pensar. Por conseguinte, os átomos permanentes devem ser purificados, e não abandonados.

Ao terminar sua estada nos mundos superiores, um estremecimento vital do Ego desperta a unidade mental, que atua como um magneto, atraindo em torno de si matéria com semelhantes capacidades vibratórias ou que estão no mesmo tom que o seu para formar um novo corpo mental, representante da etapa mental do homem com todas as suas faculdades mentais.

Depois que o corpo mental foi parcialmente formado, o estremecimento de vida desperta, ou vivifica, o átomo astral para fornecer um corpo astral, representante da natureza dos desejos e reproduzindo as qualidades desenvolvidas no passado.

Continuando, o toque vital do Ego chega ao átomo permanente físico, e a tônica deste átomo é uma das forças que guiam a seleção da matéria do futuro corpo físico, pois não será escolhida qualquer matéria que não esteja, pelo menos até certo ponto, em sintonia com aquele átomo. Porém, essa é somente *uma* das forças; o *karma* de vidas anteriores – mental, emocional e relativamente aos demais – requer materiais capazes das mais variadas expressões. Certas poderosas e benéficas Inteligências, denominadas *Lipika* ou Senhores do *Karma*, que possuem os fios do destino de cada homem, elegem, a partir daquele *karma*, o que seja congruente, isto é, o que possa ser exercido e esgotado mediante um corpo constituído por um grupo particular de materiais; essa massa congruente de *karma* determina o grupo de materiais que sobrevêm ao átomo permanente, e de tal grupo são selecionados os que possam vibrar em harmonia com o átomo permanente ou em discordância tal que não se segreguem por violento conflito. E assim, os Senhores do *Karma* elegem a raça, a nação, a família, etc., e guiam o Ego que reencarna até o ambiente requerido de acordo com os três fatores que determinam a reencarnação, conforme já se disse.

O molde do novo corpo físico, adequado para a expressão das qualidades do homem e para colocar em atuação as causas postas em ação no passado, é fornecido por esses Grandes Seres; o novo duplo etérico, cópia de tal molde, é construído no ventre materno em conformidade, enquanto que o corpo denso é construído, molécula por molécula, dentro deste duplo etérico, tendo a hereditariedade física completa influência sobre os materiais fornecidos. Os pensamentos e as paixões das pessoas próximas, especialmente da mãe e do pai, influenciam a construção dos corpos. O novo corpo astral, ao entrar em contato com o duplo etérico, exerce uma grande influência sobre sua formação; e através dele o corpo mental atua sobre a organização nervosa. Essa construção de cérebro e nervos, e sua correlação com os corpos astral e mental, continua até o sétimo ano, quando se completa a conexão entre o homem real e seu veículo físico.

> É como alguém que deixa
> De lado suas vestes desgastadas;
> E, tomando novos trajes, exclama:
> 'Usarei estas hoje'.
> Assim alegremente descarta o Espírito
> Seu traje de carne,

E passa a ser herdeiro de
Uma residência outra vez.

E essa sua longa vida permanece até que ele alcance a meta de Divindade, que Deus intenciona que ele atinja.

P 123: *E por que algumas pessoas nascem disformes, anãs ou aleijadas?*

R: O *karma* de crueldade infligida a outros em vidas passadas resulta em corpos físicos disformes. Os inquisidores de antigamente, os vivissecionistas de nossos dias, assim como os mestres de escolas que se valem do temor em vez do amor, aterrorizando as crianças e abusando do poder que foi colocado em suas mãos, costumam nascer em tais corpos.

Nos casos extremos, os maus pensamentos e desejos, os ódios e as paixões dão origem a corpos disformes; e, em todos os casos, resultam em corpos deficientes em força ou em beleza e refinamento. Nada fica fora da Lei do *Karma*.

P 124: *Mas não seria horrível esse destino no caso de uma pessoa que tem que ser cruel para o bem último dos demais?*

R: A crueldade é o pior dos crimes, pois é um pecado contra a Lei do Amor. Alegam-se como desculpas as boas intenções; os inquisidores queriam salvar as almas dos homens, e os vivissecionistas fingem salvar seus corpos, mas certamente haverá métodos melhores para fazer isso. Igualmente, o professor deve eliminar deficiências nas crianças por meio do amor e do bom exemplo, já que quando são tratadas cruelmente, as crianças, frágeis, não apenas sofrem fisicamente de imediato como também se tornam covardes e servis, e frequentemente cruéis quando crescem e ficam mais fortes.

Porém, não se perde o efeito das intenções realmente boas. Como se explicará no Capítulo V, cada força trabalha em seu próprio plano. A boa intenção fará reagir a natureza moral do homem, que nascerá com um caráter gentil e pacífico; entretanto, como resultado de haver torturado a outros no plano físico, deverá sofrer fisicamente; por isso é dotado de um corpo físico disforme.

Entre outros de seus funestos resultados, a crueldade muito frequentemente dá origem à insanidade em uma vida posterior. Em certas ocorrências, parece trazer uma espécie de reembolso, isto é, um homem que foi cruel é, ele próprio, posto em uma posição na qual sofre grande crueldade em outra vida. Repetidamente, tem também resultado em um acentuado e cataclísmico declínio na escala social, e uma pessoa que tenha sido cruel em uma posição razoavelmente boa se encontra jogada em meio à escória da população por aquela crueldade.

O destino do cruel há de recair também sobre todo aquele que intencionalmente se empenha em matar as criaturas de Deus, chamando a isso de "esporte". O mesmo se aplica a determinados artigos de vestuário. Existe certo tipo de plumas, adornos, que só podem ser obtidos à custa de terríveis perdas para a vida animal, não somente pela morte dos que são sacrificados para tal fim como também pela morte de suas crias, que geralmente dependem da mãe para sobreviver. As pessoas que usam essas coisas supérfluas, apesar de não serem intencionalmente cruéis, são com certeza negligentes criminalmente. Elas estão simplesmente fazendo o que outros fazem, e "tentam desculpar sua brutalidade dizendo que esse é o costume; mas um crime não deixa de ser um crime porque muitos o cometem". O destino do cruel alcança a todos que o merecem, mais cedo ou mais tarde.

P 125: *É regra fixa que uma criança nascida de pais pouco desenvolvidos seja igualmente pouco desenvolvida, e que uma criança altamente desenvolvida nascerá de pais mais desenvolvidos?*

R: Normalmente, semelhantes atraem semelhantes; e um Ego é direcionado a pais de desenvolvimento similar ao seu para que conte com um corpo físico adequado ao que necessita e também para liquidar seus débitos com os pais ou com os futuros parentes, com os quais possivelmente tenha pendências de vidas anteriores. Porém, existem exceções ou casos anormais. Às vezes, em um meio de pessoas de tipo degradado, em regiões marginalizadas, encontramos uma criança pura e santa crescendo como flor imaculada no lodaçal da vida degenerada; e também às vezes, no seio de alguma família nobre, encontramos uma "ovelha negra". Esses casos podem ser explicados pela Lei do *Karma*, por meio do laço criado com outros Egos no passado. A "ovelha negra", por alguma ação benéfica em uma vida anterior, pode ter se ligado a um Ego mais nobre e está cobrando agora, em sua nova vida, a antiga dívida de gratidão na forma de vantagens em um ambiente favorável.

Em certas ocasiões, uma grande alma, movida pelo espírito de autossacrifício, nasce entre pessoas de tipo inferior simplesmente para elevar os degradados e para alentá-los, por seu exemplo, a aspirar a um nível superior. Exemplos disso se vê em alguns dos maiores Santos no sul da Índia que nasceram entre os párias, assim como o bem conhecido caso de Booker Washington.

P 126: *São contínuas as encarnações no mesmo sexo, ou alguém que nasceu como homem em uma encarnação pode nascer como mulher em outra?*

R: Homens e mulheres são antes complementos que réplicas. Há importantes diferenças entre os dois sexos, tanto sociais quanto biológicas.

O professor Edward Lee Thorndike, famoso psicólogo educacional da Universidade Columbia, classificou as diferenças específicas na mentalidade de ambos os sexos. Ele diz que as mulheres se sobressaem na ortografia, em inglês e em idiomas estrangeiros, na memória imediata e retentiva. Os homens, ele diz, tomam a dianteira em história, engenhosidade, física, química e precisão de movimento.

Segundo a fisiologia, o corpo feminino possui um desenvolvimento muito maior do sistema glandular, enquanto que o masculino possui um desenvolvimento superior do sistema muscular. Estando as emoções vinculadas ao sistema glandular como seu alimento, tal desenvolvimento se encontra, pois, em grau maior no sistema glandular da mulher do que no correspondente sistema do homem. Essas diferenças fisiológicas fundamentais entre homem e mulher são necessárias a fim de que as qualidades correspondentes a elas possam ser desenvolvidas na Raça. "Os homens foram criados para a paternidade e a mulher para a maternidade", disse o *Manu*. E isso marca a diferença que rege os corpos de ambos – Maternidade e Paternidade –, ocasionando as diferenças fundamentais de tipos. A mulher é a que nutre, a protetora, a auxiliadora; tais são as qualidades especiais da Mãe (terna, gentil, paciente e resignada), tanto assim que mesmo se consideramos a qualidade masculina predominante, a bravura, vemos que a bravura feminina é muito diferente da masculina. A bravura do homem consiste naquele grande impulso de sua natureza de se manter firme contra toda oposição. A bravura da mulher brota do amor ou da devoção, e será tão brava, e às vezes até mais, que o homem mais valente, porém o será em defesa de alguém ou de algo que lhe seja estimado, e não por mero desejo ou rivalidade contra algum opositor. Isso vigora de forma abrangente, embora em uma etapa posterior da evolução as qualidades de ambos os sexos se misturem.

É bem verdade que às vezes encontramos desenvolvidas em cada sexo algumas das qualidades opostas, ou seja, grande compaixão no homem mais magnânimo e muita força e valentia na mulher mais digna. Todavia, essa é uma fusão dos opostos a fim de que comece gradualmente a aparecer sobre a nossa Terra o ser humano perfeito, no qual todas as qualidades estão desenvolvidas. Contudo, não é desejável nenhuma tentativa prematura para forçar esta perfeição se não alcançamos ainda a perfeição das qualidades separadamente[14]. Isso requer mais evolução. Consequentemente, é um grande erro atual tentar converter as mulheres em homens, conduzi-las exatamente pe-

[14] "Os homens foram criados para a paternidade e a mulher para a maternidade, disse o Manu. E isso marca a diferença que rege os corpos de ambos – Maternidade e Paternidade –, ocasionando as diferenças fundamentais de tipos". O autor P. Pavri enfatiza as caractéristicas das polaridades 'masculino' e 'feminino'.

las mesmas linhas, esquecendo a diferença e o valor dessa diferença[15]. A mulher masculinizada, que tem um sexo indefinido, é tão pouco cativante quanto o homem afeminado.

O Ego leva muitas encarnações para adquirir todas as boas qualidades e desenvolver todas as faculdades que objetivam a perfeição; e os diversos Egos, que requerem variados tipos de experiências, têm que nascer em diferentes raças, países, religiões e famílias.

O Ego é assexuado, sendo o sexo uma característica da forma, do veículo, somente. Segundo se disse antes, na etapa atual do progresso humano, comumente encontramos a força, o arrojo, a firmeza, etc., desenvolvidos no sentido masculino; e a ternura, a pureza, a resignação, etc., desenvolvidas no sentido feminino; por conseguinte, cada Ego tem de habitar em corpos masculinos e femininos para adquirir aquelas qualidades que lhe faltem em todos os estágios. Além do mais, o mal infligido por um sexo sobre o outro pode fazer com que o malfeitor, como um resultado *kármico*, nasça com o sexo que prejudicou para sofrer por seus erros em vidas passadas.

Como regra geral, um Ego comum não fica menos de três nem mais de sete encarnações sucessivas em um mesmo sexo antes de mudar para o outro; mas tratando-se de um Ego desenvolvido, permite-se uma grande elasticidade, sendo mais provável que nasça com o sexo e na raça mais adequados para proporcionar-lhe uma oportunidade de fortalecer os pontos fracos de seu caráter.

[15] De fato, comentando as pesquisas clarividentes do Bispo C.W. Leadbeater, C. Jinarajadasa afirma: "Em uma [re]encarnação como homem ou mulher, o objetivo é obter qualidades mais prontamente desenvolvidas num sexo do que no outro. Visto, porém, que a capacidade de assimilar experiências varia nas almas e que, além disso, as necessidades mudam nas diversas vidas, não existe uma regra fixa quanto ao número de encarnações em cada um dos sexos. Geralmente, não acontecem mais de sete vidas consecutivas, nem menos de três, em um [mesmo] sexo antes da mudança para o outro sexo. Contudo, há exceções..." (JINARAJADASA, C. *Fundamentos de Teosofia*. Brasília: Teosófica, 2014. p. 79). Portanto, a média para mudança de sexo seria a cada cinco reencarnações, o que significaria que 1/5 ou 20% dos seres humanos em média estariam numa reencarnação de transição em que pelo menos os traços psicológicos característicos de seu sexo poderiam não estar tão acentuadamente definidos, mas isso não implicaria necessariamente, nesta proporção, em um conflito da pessoa com seu próprio corpo ou uma atração pelo mesmo sexo, pois um homem mais afeminado ainda poderia sentir atração por uma mulher mais masculinizada e vice-versa. (N.E.)

P 127: *Se um homem nasce em um corpo condicionado pelas ações de sua vida passada, tendo que sofrer ou desfrutar dele, as pessoas muito pecadoras terão que nascer em corpos de animais, conforme muitos hindus dizem acreditar?*

R: Os sábios hindus ensinaram que existem três fases distintas no processo de renascer: ressurreição, transmigração ou metempsicose, e reencarnação. Como já se explicou, nosso corpo é uma espécie de colônia de átomos, moléculas e microrganismos, cada um com sua vida própria. Estamos continuamente emanando milhões de vidas, que são atraídas aos diferentes reinos da Natureza de acordo com a tendência que lhes demos; ao passo que na morte, esses átomos-vidas do corpo são espalhados em todas as direções pela Terra e se encaminham a novos organismos de tendências similares. A doutrina da ressurreição é, portanto, correta somente com relação a átomos e emanações despendidos pelo homem durante o curso de sua vida e na morte.

Os elementos *kāmicos* de um homem persistem como uma sombra, ou uma casca, por algum tempo depois de sua morte e, finalmente, se desintegram no mundo astral. Então, de acordo com a lei de atração e repulsão que controla a seleção universal, eles são atraídos para os elementos *kāmicos* de animais e de homens de classe inferior. "Um sacerdote bêbado se transforma em um verme; o ladrão de milho, em um rato" – significa que os elementos que serviram de base para as paixões de um homem passam, depois de sua morte, a corpos de animais que possuem paixões semelhantes.

Mas é perguntado se um homem pode renascer como animal para sofrer pelos horríveis crimes de sua vida passada. Os que argumentam dessa maneira esquecem que há muito pouco sofrimento em um corpo meramente animal. Suponhamos que renasça como um tigre. Tal tigre, de acordo com sua natureza, fará dos animais mais fracos sua presa, e levará uma vida de relativa tranquilidade até sua morte, provavelmente perecendo, sem dor alguma, de um tiro certeiro. Entretanto, se a mesma alma fosse compelida a renascer como homem, acaso não sofreria mais ao purgar suas faltas de vidas anteriores se, por exemplo, tivesse de perder todos os seus bens e ficar sem sustento, vendo diante de si seus filhos morrerem de fome, sua esposa se suicidando e ele próprio enlouquecendo?

Uma chispa divina, que constitui a alma pela individualização, há de encontrar expressão adequada para sua natureza divina; e tendo passado do estágio animal ao humano, seria tão impossível para um Espírito humano residir em um corpo animal como o seria para um litro caber em uma medida de decilitro.

No entanto, quando um Ego, uma alma humana, por seus apetites viciosos, cria um forte laço de apego a um tipo particular de animal, o corpo astral de tal pessoa, depois que a alma abandonou o corpo físico, pode assumir uma forma semelhante à do animal que representou suas paixões sobre a Terra, e a alma pode assim corporificar-se naquela vestimenta animal. Quer seja nessa etapa ou quando estiver retornando à reencarnação, estando novamente no mundo astral, a alma pode, em casos extremos, permanecer ligada por afinidade magnética ao corpo astral de um animal de apetites viciosos semelhantes, acorrentada como um prisioneiro ao corpo físico daquele animal por meio de seu astral. Caso esteja presa dessa forma no mundo astral justamente depois da morte, ela não poderá ir ao mundo celestial; nem poderá renascer como homem se o aprisionamento ocorrer quando a alma estiver descendo à vida física. Tal entidade humana tem todas as suas faculdades e consciência no mundo astral, porém não pode expressar-se porque, em primeiro lugar, o corpo animal não serve para a autoexpressão humana, e em segundo lugar porque o animal controla ainda seu próprio corpo. Todavia, tal obsessão animal, isto é, estar sujeito à servidão penal por estar preso a um animal, temporariamente privado de expressar a si próprio e progredir, não é reencarnação, já que a reencarnação consiste em entrar em um veículo físico que pertença e seja controlado pelo Ego. E assim compreendemos que a alma de um homem não se transforma na alma de um animal, mas que se acha presa à alma de um animal e é arrastada na organização animal, permanecendo totalmente impedidas todas as energias daquela alma racional.

Em casos mais simples, de aprisionamento absoluto mais curto, o Ego pode ter um nascimento humano, porém o corpo físico ficará impresso com as características do animal, por exemplo, o rosto parecido com o de um porco ou de um cachorro.

P 128: *Então, como se explica a afirmação feita em* A Luz da Ásia[16] *de que o Buda podia recordar uma encarnação dele em uma forma de tigre?*

R: Para entender isso, não levamos em conta nem o nascimento de almas humanas em corpos animais nem a teoria de uma consciência individual persistente nos animais. Primeiramente, aquela afirmação é meramente a repetição de uma lenda exotérica, que pode ou não ser correta. E mesmo supondo que seja correta, devemos recordar que os Adeptos podem retroceder a suas reencarnações passadas, até o princípio, quando eles se individualizaram e se tornaram homens. E o Buda é um Ser cujos poderes são, em muito, superiores aos de um Adepto. Ele pode ver o passado e ler os registros *akáshicos* de um *Manvantara* anterior, quando, da essência monádica que então se encontrava evoluindo por meio da forma de um tigre, individualizou-se o ser humano que mais tarde evoluiu a um *buddha*, isto é, quando a essência monádica que hoje é Ele Mesmo fazia parte de uma porção dessa essência que animava os corpos de muitos tigres.

P 129: *Em que estágio termina a Reencarnação para um Ego, e como isso se dá?*

R: O Ego tem que descer aos mundos inferiores e neles atuar revestido de diferentes veículos até alcançar a meta que lhe foi assinalada pela Lei

[16] ARNOLD, Edwin. *A Luz da Ásia*. Brasília: Ed. Teosófica, 2011. (N.E.)

da Evolução, adquirindo conhecimento e pureza suficientes para ser capaz de mover-se conscientemente nos cinco planos da Natureza até o *Nirvāna*, com completo domínio da matéria desses planos.

O que o atrai novamente para a Terra é, em primeiro lugar, seu *karma*, e em segundo, *Trishnā* (em páli, *Tanhā*), a sede, o desejo pela existência senciente no plano físico. O desejo é útil enquanto nos falta a experiência; e enquanto estiver insatisfeita essa sede, o Ego regressa à Terra várias vezes. Porém, o desejo é pessoal e, portanto, egoísta; sendo a condição do *Arhatado* uma atividade incessante sem nenhuma recompensa pessoal, ao ascender em seu caminho o Ego deve se libertar de seus desejos, um após o outro: do desejo por deleite, satisfação, benefício ou logro pessoal, e do último e mais sutil de todos, o desejo de perfeição pessoal. Não deve cessar a ação, mas continuar ininterruptamente em atividade sem desejar recompensa alguma pelo fruto da ação. E assim, para nos liberarmos da cadeia de nascimentos e mortes, é necessário esgotarmos todo o *karma* e destruirmos todo desejo pela existência senciente. Todavia, não se pode extinguir o desejo enquanto não se tenha adquirido o conhecimento, pois não se pode obter a liberação sem o conhecimento. De fato, a liberação não é algo por adquirir – todos somos livres; mas para saber, para realizarmos que somos livres, e não acorrentados, é preciso o autoconhecimento. Assim, lemos em *A Voz do Silêncio*:

> Por que queres abster-te da ação? Não é assim que a tua alma conquistará sua libertação. Para alcançar o *Nirvāna* é preciso chegar ao autoconhecimento, e o autoconhecimento é filho de ações amorosas.[17]

No mesmo livro se lê: "A inação num ato de misericórdia se converte em ação num pecado mortal"[18]. O fracasso em perceber a dis-

[17] BLAVATSKY, H. P. Aforismo 136 de *A Voz do Silêncio*. Brasília: Ed. Teosófica, 2012. (N.E.)
[18] BLAVATSKY, H. P. Aforismo 135 de *A Voz do Silêncio*. Brasília: Ed. Teosófica, 2012. (N.E.)

tinção entre a ação e o desejo pelos frutos da ação levou as nações orientais à sua paralisia e passividade características, uma vez que o egoísmo espiritual e a indiferença têm produzido sua decadência.

P 130: *Qual é o intervalo entre as vidas, o tempo que transcorre entre as encarnações do mesmo indivíduo?*

R: O período entre as encarnações, ou seja, entre a morte e o próximo nascimento físico transcorre em sua maior parte no mundo celestial inferior (*Devachan*), e a duração da permanência ali depende da quantidade e da intensidade das aspirações durante a vida terrena. Tal período varia amplamente em extensão, segundo as diferentes pessoas.

Três fatos principais devem ser levados em consideração:

I. A classe a que pertence um Ego, que depende da época na qual ele alcançou a individualização, quer dizer, quando passou do estágio animal ao estágio humano;
II. O modo como ele tenha se individualizado, se foi por alguma das maneiras corretas ou linhas normais, tais como pela inteligência, pela vontade ou pela emoção; ou se por alguma maneira desfavorável ou método irregular, a saber, por orgulho, temor ou ódio, ou pelo desejo intenso de dominar os demais;
III. A extensão e a natureza de sua última vida.

Isso pode ser compreendido tomando-se exemplos das diferentes classes de Egos:

1. Aqueles que já estão na Senda e próximos de alcançar a meta de liberação normalmente têm uma sucessão contínua de encarnações; por serem discípulos dos Mestres de Sabedoria, estão ansiosos por continuar o trabalho de seus Mestres no plano físico e, assim, renunciam a bem-aventurança do mundo celestial, que lhes é devida, para servir à humanidade com sua

atuação. Seus Mestres escolhem onde e quando devem nascer, e geralmente, após a morte, eles reencarnam em poucos meses ou anos, sem se desfazerem de seus corpos astral e mental antes de renascerem – como ocorre normalmente –, adquirindo apenas novos corpos físicos. No entanto, se por alguma razão essas almas adiantadas não seguem este curso, o intervalo entre suas vidas é de 1.500 a 2.000 anos, ou mais. Sua permanência no astral é deveras curta e inconsciente, passando a maior parte do intervalo no nível mais elevado do plano Mental Superior ou mundo celestial; e cerca de um décimo desse intervalo o Ego passa em seu próprio plano, como vida consciente, no corpo Causal, no mundo Mental Superior.

2. Para aqueles que estão se aproximando da Senda, o intervalo é de cerca de 1.200 anos se o Ego tiver se individualizado lentamente, pelo desenvolvimento intelectual, e de cerca de 700 anos se ele houver se individualizado abruptamente, por meio de um ímpeto emocional ou por um enorme esforço de vontade. Eles passam, em média, 5 anos no plano astral e o restante no mundo celestial, com exceção de 50 anos no corpo Causal, no plano Mental Superior.
   As pessoas que se destacaram no sentido artístico, científico ou religioso têm o mesmo intervalo, com uma tendência a uma permanência maior no astral e uma vida Causal mais curta.
3. Uma ampla classe de pessoas – como por exemplo os cavalheiros com um apurado senso de dignidade e acima da média em bondade, intelecto e inspiração religiosa, incluindo os melhores tipos de profissionais, comerciários urbanos e senhores rurais, e outros que sejam bem desenvolvidos e altruístas – tem um intervalo de 600 a 1.000 anos, sendo 20 ou 25 anos passados no plano astral e o restante nos vários estágios do mundo celestial, com apenas um toque de consciência no Ego em seu próprio plano.

4. Uma outra classe, também incluindo comerciantes urbanos e senhores rurais um pouco abaixo em bondade, intelecto e inspirações religiosas, que voltam seu intelecto mais para fins materiais e levam uma vida menos elevada que o homem profissional, tem um intervalo entre vidas de 500 anos, sendo 25 no astral e o restante no mundo celestial. Eles não têm vida consciente no corpo Causal, embora tenham um lampejo de memória concedido pelo Ego quando ele toca seu próprio plano, entre duas encarnações físicas.
5. A grande massa da classe intermediária, mais inferior – do tipo de pequenos comerciantes, vendedores ou agricultores, convencionais, embotados e estreitos, embora bem-intencionados – tem em média 200 a 300 anos de intervalo, sendo 40 no plano astral e o mais em níveis inferiores do *Devachan*.
6. As chamadas "classes operárias", os trabalhadores especializados, que utilizam tanto as mãos quanto a mente, homens de respeitabilidade e bom caráter, têm um intervalo que varia entre 100 e 200 anos, dos quais cerca de 40 são passados no nível intermediário do astral e o restante nos subplanos inferiores do mundo celestial.
7. A grande massa de trabalhadores não qualificados, bem-intencionados mas negligentes, e ainda os tipos primitivos mais elevados têm um intervalo de 60 a 100 anos, dos quais 40 a 50 são passados na parte inferior do astral e o remanescente na subdivisão mais inferior do mundo celestial.
8. Os primitivos do tipo comparativamente moderado, como algumas tribos montanhesas da Índia, e ainda os vadios, os desocupados e os bêbados de todas as nações, bem como os marginais, ficam fora do mundo de 40 a 50 anos, passados inteiramente na subdivisão mais baixa do plano astral.
9. Os tipos mais ínferos da humanidade – os primitivos mais brutais, os criminosos habituais, os agressores de mulheres e

crianças – passam cerca de 5 anos no subplano mais baixo do astral antes de renascerem, a menos que estejam aprisionados à Terra por crime, o que frequentemente ocorre.

Em todos os casos acima, aqueles que se individualizaram pelo intelecto têm tendência a passar o intervalo maior entre os dois que foram mencionados como possibilidades para eles; enquanto que aqueles que adquiriram a individualização por outros meios tendem a passar o intervalo menor.

Quando uma criança morre, ela também tem uma curta vida astral e no *Devachan* antes de regressar ao novo nascimento, podendo variar o intervalo entre as duas vidas desde uns poucos meses até vários anos, de acordo com a idade e a natureza mental e emocional da criança.

Porém, a extensão e a natureza da última vida são também um importante fator na determinação do intervalo. Um Ego que parte jovem, sem ter tido a oportunidade de gerar grande força espiritual, terá um intervalo mais curto que outro que fique até a velhice, e terá também uma proporção maior de vida astral, pois a maioria das emoções fortes é gerada na primeira parte da existência física, ao passo que a energia mais espiritual é comumente gerada durante a segunda parte, continuando até o fim da vida terrestre. O caráter do homem durante sua vida terrena também influencia imensamente o intervalo, já que muitos homens vivem uma vida longa sem muita espiritualidade, o que tende naturalmente a encurtar o intervalo entre suas encarnações.

Por outro lado, os Egos se encontram estreitamente associados a grupos ou famílias, e esta associação tende a igualar os intervalos entre suas vidas, já que vêm juntos a uma encarnação, embora isso envolva um aumento ou uma diminuição do ritmo em que é vertida a força espiritual em cada caso individualmente. Entretanto, de maneira nenhuma há injustiça: cada um colhe exatamente o que semeou.

Capítulo V

Karma

P 131: *Haveria algo como sorte, fatalidade ou destino; ou existe uma Lei que guia as inumeráveis vidas para a felicidade ou para o sofrimento, para o nascimento e a morte?*

R: Não é correta a crença somente na sorte ou predestinação, pois embora seja fato que há fado ou destino, é o homem que consciente ou inconscientemente constrói esse destino; ele é o senhor de sua própria sorte e obtém felicidade ou sofrimento, nascimento e morte, etc., de acordo com a Lei do *Karma*, colhendo em cada vida o que tiver semeado em vidas passadas.

Por que alguns nascem ricos e outros pobres; alguns cheios de riqueza, que só empregam para corromper, degradar e depravar a outros, enquanto pessoas pobres, porém muito dignas, lutam sem conseguir ajuda? Por que alguns nascem dotados de beleza e de saúde corporal e mental, enquanto outros, infelizes, carecem desses dons? Alguns com uma natureza nobre, de nascença, e outros com propensões congênitas à brutalidade e à criminalidade? Alguns que atravessam esta vida por uma senda coberta de rosas, e outros vão por um caminho pavimentado pelo fracasso, tristeza e desespero? Por que alguns chegam a uma plácida velhice e outros apenas vivem alguns instantes, pois apenas nascem, dão um suspiro e morrem? Essas e outras perplexidades da vida só podem ser esclarecidas através da compreensão da Lei do *Karma.*

P 132: *Você mencionou a Lei do* Karma, *mas não existem outras duas explicações acerca do destino humano, sendo uma a Vontade de Deus e outra o Resultado da Casualidade?*

R: Naturalmente, existe a teoria de que o destino é a Vontade de Deus; de que por Sua ordem as coisas são concedidas ou negadas; de que somos como marionetes manejadas por Sua mão, e nenhum esforço poderia mudar nosso destino. Mas uma aplicação consistente dessa doutrina significa que Deus priva da vista as crianças e quebranta o coração de homens vigorosos; permite que sofra o inocente no lugar do culpado, e cria um mundo com almas que vêm como deficientess, incapazes ou doentes congênitos, sem que tenham qualquer culpa por si próprios. E com que propósito? Não sabemos por que viemos ao mundo, nem para onde vamos, nem por que somos tratados injustamente enquanto estamos aqui. E, assim, essa teoria do destino humano mostraria que Deus é injusto e caprichoso.

Por outro lado, se o destino fosse o resultado da casualidade, a vida seria tão somente uma miscelânea de circunstâncias. E se existe Deus, Ele não se interessa em nada pelo mundo que criou. Os corpos humanos seriam procriados por pais tomados pela paixão em um casebre ou em um lar refinado, sem que lei alguma governasse os nascimentos, sem qualquer escolha de nossa parte, sem justificativa para as condições ou ambiente – tudo seria o resultado da casualidade. Então, jamais poderíamos ter certeza quanto aos resultados; poderíamos nos esforçar durante anos e, depois de tudo, fracassar por força do acaso. A ciência é possível devido a que a Natureza é organizada de acordo com Leis. Por que haveria Leis e ordem em todas as coisas do Universo, exceto nos eventos e na existência humanos?

P 133: *Então, qual é a terceira explicação do destino, essa Lei do* Karma*?*

R: *Karma* significa, literalmente, ação. Cada ação tem um passado que conduz até ela assim como um futuro que procederá dela. Uma ação implica a preexistência de um desejo que a originou e de um pensamento que a modelou, além do movimento visível chamado "ato". Um desejo estimula um pensamento, e este se corporifica em um ato; enquanto que às vezes é um pensamento em forma de recordação que desperta um desejo, e este se irrompe em ação. Toda causa foi anteriormente um efeito, e cada efeito, por sua vez, converte-se em uma causa. Uma ação é a forma externa de um pensamento e de um desejo invisíveis, e em sua própria consumação ela dá origem a um novo pensamento e a um novo desejo, formando os três um círculo perenemente renovado. A relação desses três como "ação" e os intermináveis entrelaçamentos de tais ações como causas e efeitos acham-se todos incluídos na palavra "*karma*", uma reconhecida sucessão na Natureza, ou seja, uma Lei. Por isso, *Karma* se chama a Lei de Causação ou Lei de Causa e Efeito; é a Lei de uma força e dos resultados por ela produzidos.

Essa força atua no mundo físico do movimento, no mundo astral do sentimento, ou no mundo mental do pensamento. Todo homem faz uso dos três tipos de força: o primeiro, nas atividades de seu corpo físico; o segundo, nos sentimentos de seu corpo astral; e o terceiro, nos pensamentos concretos e abstratos de seus corpos mental e Causal. Aspirar, sonhar, planejar, pensar, sentir, agir – tudo isto significa pôr em movimento forças dos três mundos; e de acordo com o uso que faz de tais forças, ele cria bom ou mau *karma*, ao ajudar ou prejudicar a outros.

Uma vez que cada homem é uma unidade dentro de uma humanidade de milhões de indivíduos – e não uma individualidade isolada –, cada um de seus pensamentos, sentimentos e ações afetam seus semelhantes proporcionalmente à proximidade de cada um com ele, como distribuidor de forças. Cada vez que faz uso de tais forças, auxiliando ou prejudicando o todo do qual é parte, surge para ele um resultado, uma reação resultante de sua ação sobre os demais. No mundo físico, um dano infligido por ele a outros produzirá a reação da dor, enquanto que o *karma*, ou reação, de uma ação benéfica será uma força que ajustará as circunstâncias materiais de maneira a produzir um bem-estar; no mundo astral, as aversões reagirão como aflições, enquanto que as simpatias lhe trarão felicidade; no mundo mental inferior, as críticas sobre os demais atuarão sobre ele como preocupações, enquanto que a busca da Verdade lhe produzirá inspirações; e no mundo mental superior, as aspirações lhe trarão ideais para serem buscados vida após vida.

Agora, devemos compreender em primeiro lugar que a Lei do *Karma* é uma Lei natural e não uma regulação artificial estabelecida por alguma autoridade externa. Uma lei artificial tem sanções determinadas, que são locais e mutáveis, e pode-se esquivar delas. Um ladrão pode escapar de ser preso, ou ser leve ou gravemente castigado se o prenderem. Mas uma Lei natural não é um mandamento como as leis artificiais; é simplesmente a expressão de sucessões ou sequências. Que o fogo queima, que sua mão queimará se você a colocar no fogo – são enunciados de uma Lei natural. Não é um mandamento para que não sejam postas as mãos no fogo, nem assinala pena alguma pela sua transgressão; estabelece apenas uma sequência invariável de condições: dada certa condição, invariavelmente se seguirá outra condição, e a sequência jamais varia. A primeira condição é chamada "causa"; a segunda, "efeito". Porém, se introduzida uma nova condição, a segunda condição se altera, sendo então o efeito a resultante de ambas. Ela não tem a natureza de comando, deixando-nos livres para escolher, mas assinala tais ou quais resultados que inevitavelmente se sucederão como consequência de nossa escolha; e qualquer que seja a condição que tivermos escolhido, devemos aceitá-la com sua inevitável consequência. Para se produzir água pela união do oxigênio com o hidrogênio, requer-se certa temperatura que podemos derivar da chispa elétrica. Se insistirmos em manter a temperatura a zero ou se substituirmos o hidrogênio por nitrogênio, jamais conseguiremos produzir água. A Natureza nem oferece nem nega a água, unicamente estabelece condições para sua produção. Temos liberdade para cumpri-las ou não. Se quisermos produzir água, teremos de justapor certos elementos e estabelecer assim as condições. Sem essas condições, não se formará água; com elas, inevitavelmente se produzirá. Somos livres ou aprisionados? Livres para criar as condições; aprisionados aos resultados, uma vez que as tenhamos criado.

Essa Lei é invariável, e a invariabilidade da Lei não prende, libera. A ciência demonstra que conhecimento é condição de liberdade, e que somente na medida de seu conhecimento pode o homem obrigá-la – a Natureza é conquistada pela obediência.

O aforismo científico dessa Lei é: "A ação e a reação são iguais e opostas". E não se pode encontrar melhor versão religiosa desse aforismo que aquele bem conhecido versículo da Bíblia: "Não vos enganeis; a Deus ninguém ilude; *aquilo* que um homem semear, *isso* também colherá". E poderíamos acrescentar: *Aquilo* que um homem colhe, *isso* ele semeou no passado.

Na matéria sutil dos mundos superiores, a reação de maneira alguma é instantânea, frequentemente se difundindo por longo tempo, mas se apresentará de forma inevitável e exata.

> Embora os moinhos de Deus moam lentamente,
> Trabalham com precisa exatidão;
> Embora Ele costume esperar pacientemente,
> Seu labor é de acabada perfeição.
> Ignora a cólera ou o perdão;
> A absoluta equidade governa Seus decretos,

O irrepreensível equilíbrio de Seus fardos;
As eras nada representam,
Julgará amanhã ou depois de muitos anos.

P 134: *Quando começa o* karma*?*

R: Essa pergunta demonstra um falso conceito da verdadeira natureza do *karma*. Não se pode dizer que uma Lei geral da Natureza tenha princípio ou fim. Onde quer que exista uma manifestação, um universo, um mundo, acham-se presentes ali as Leis gerais como inerentes à própria essência das coisas. Por conseguinte, o *karma*, sendo uma Lei geral, é eterno; é uma condição perpétua da existência na matéria, que não começa nem acaba. Onde haja matéria, a eternidade só pode refletir-se a si mesma como interminável sucessão; por isso se tem dito que a matéria é "a causa da geração de causas e efeitos".

Se fosse modificada a forma da pergunta e questionado: "Quando se iniciou o *karma* de uma determinada criatura?"; a resposta seria: "No momento em que tal criatura veio à existência". Quando o Espírito eterno toma para si uma roupagem de matéria, ele entra nas condições em que a Lei do *Karma* se encontra perpetuamente em atuação. Sua entrada em tais condições inicia seu *karma* particular. No princípio, é o *karma* do mineral, isto é, o jogo da energia e da matéria que o rodeiam e sua reação a elas. Essas ações e reações tecem os fios de seu *karma*, e a teia o leva até um ou outro tipo do reino vegetal. Ali, sua reação é mais complexa, e a complicada rede do *karma* o eleva, por último, a algum tipo de animal. Neste reino, sua crescente sensibilidade o faz entrar em causas *kármicas*, e as dores que ocasiona reagem sobre ele como sofrimentos. A sensação de dor se deve ao desenvolvimento nele da capacidade para sentir. A Lei é a mesma: trata-se sempre de ação e reação; mas enquanto que no mineral elas não eram acompanhadas pelo sentimento, no animal a sensibilidade resulta em prazer ou dor. Com o desenvolvimento da razão, acrescenta-se outro elemento ao tecido *kármico*, e a ação no mundo mental se soma às do mundo de atuação e do mundo de sensação. Daí que, embora tenha se agregado um poderoso fator à reação, a Lei segue atuando ao longo das mesmas linhas.

Ao aplicar essa Lei aos reinos do intelecto e da moral, o homem modela seu futuro e torna-se senhor de seu destino.

P 135: *Como pode um homem tornar-se senhor de seu próprio destino?*

R: Existem três Leis subsidiárias à Lei do *Karma* integral; e para modelar nosso próprio futuro, requer-se um conhecimento de seus métodos de aplicação. Os três fios da corda do destino são:

1. O pensamento constrói o caráter;
2. O desejo cria as oportunidades e atrai os objetos;
3. A ação cria as condições ambientais.

P 136: *Considerando o primeiro fio da corda do destino, de que forma o pensamento constrói o caráter?*

R: O caráter no homem é a totalidade de suas qualidades mentais e morais. "Homem" significa "o pensador"; e a relação entre pensamento e caráter é reconhecida nas Escrituras de todas as nações. Uma Escritura hindu declara: "O homem é criado pelo pensamento; como um homem pensa, assim ele se torna"; e na Bíblia se lê: "Tal como pensa um homem, assim ele é"; e também: "Aquele que olha para uma mulher com concupiscência cometeu já adultério com ela em seu coração"; e "Aquele que odeia seu irmão é um assassino".

A razão desses fatos é que, quando a mente se ocupa de um pensamento particular, estabelece-se na matéria um tipo definido de vibração; e quanto maior for a frequência com que se origina, esta vibração adquirirá maior tendência a se repetir automaticamente na matéria do corpo mental, até que constitui um hábito, conforme se explicará no Capítulo VII.

Para criar um hábito de pensamento, o homem deve escolher uma qualidade desejável (uma virtude, uma emoção) e então pensar persistentemente na qualidade escolhida. Deve meditar deliberadamente nela todas as manhãs por alguns minutos, e persistir naquela criação mental até que se forme um forte hábito e se tenha criado a virtude dentro de sua própria natureza, o que se efetua especialmente quando põe o pensamento em prática, em sua vida diária. Como tudo se acha sob a Lei, o homem não pode obter habilidades mentais ou virtudes morais sentando-se a esperá-las, mas pode edificar sua natureza mental e moral por pensar vigorosamente e atuar em conformidade. Suas aspirações se tornarão suas capacidades; seus repetidos pensamentos se converterão em suas tendências e hábitos. No passado, ele criou o caráter com o qual nasceu nesta vida, e agora está criando o caráter com que morrerá e renascerá; e o caráter é a parte mais importante do *karma* (ver "Como se constrói o caráter a partir do conhecimento do poder do pensamento", no Capítulo VII).

Se um homem é hábil em alguma vertente, é porque em uma vida anterior dedicou muito de seus esforços naquela direção. O gênio e a precocidade assim se explicam satisfatoriamente. As aspirações elevadas de uma vida florescem como capacidades em uma vida futura; e uma firme vontade de serviço altruísta tem como resultado a espiritualidade.

P 137: *Agora, como o desejo cria as oportunidades e atrai os objetos?*

R: A vontade é a energia do Ser, uma concentração interior que impele à ação. Quando tal energia é atraída por objetos externos que nos acarretam prazer ou sofrimento, é chamada desejo: o desejo de possuir, que é amor ou atração; o desejo de rechaçar, que é ódio ou repulsão. Entre o desejo e o objeto desejado há um laço magnético, e nosso desejo atrai para nós o que desejamos, assim como o ímã atrai e retém o aço. Pode haver obstáculos ou dificuldades, mas inevitavelmente aquele desejo se cumprirá, às vezes na mesma vida, às vezes em alguma das posteriores.

Eventualmente, encontramos alguém afortunado ou de "boa sorte"; tudo o que toca se converte "em ouro". Mas se pudéssemos conhecer e estudar o passado de tal pessoa, descobriríamos que ela teve um grande desejo por riquezas, que persistiu nela tenazmente; se esforçou por tal desejo, trabalhou por ele e às vezes pecou por ele. Tal desejo tem que chegar a seu cumprimento, e assim essa pessoa torna-se alguém tão afortunada que outras a invejam. O desejo lhe propiciou a oportunidade.

Um homem que deseje ardentemente visitar um país encontrará provavelmente a oportunidade de fazê-lo em alguma época de sua vida. O desejo dirige a pessoa para o lugar onde possa obter o objeto desejado, e esta é uma das causas que determinam o lugar de renascimento. Vemos, pois, como o desejo une aquele que deseja ao que é desejado, isto é, cria as oportunidades e aproxima os objetos.

Portanto, devemos ser muito cuidadosos com relação ao que desejamos e analisar o valor do objeto desejado, pois inevitavelmente virá a nós mais tarde e poderá então nos parecer como cinzas na boca. Muitíssimos homens desejaram a riqueza e a conseguiram, para então percebê-la como fardo em vez de deleite. Muitíssimos homens alcançaram o objeto de seus desejos, descobrindo geralmente que lhes ocasiona dor e não prazer. Deveríamos, pois, mensurar nossos desejos, prever o que resultará deles, e pesar bem o valor do objeto desejado. E assim iremos aos poucos aprendendo a desejar naturalmente as coisas que sejam retas e puras, boas e elevadas. Para todos é necessária esta vigilância cuidadosa quanto à natureza de seus desejos, pois somente quando os desejos estão em harmonia com a Vontade Divina podem se converter em fonte de felicidade, e não de sofrimento, ao serem satisfeitos.

P 138: *Como a ação nos proporciona o ambiente físico?*

R: O terceiro fio da corda de nosso destino aparece no plano físico como ação, e é o menos importante de todos, já que afeta apenas ligeiramente de modo direto o Homem Interno. As ações são resultado de nossos pensamentos e desejos anteriores, e o *karma* da maior parte delas esgota-se quando são executadas, embora nos afetem indiretamente porque dão origem a novos pensamentos e desejos. A fiação dessa terceira linha traz felicidade ou sofrimento externos ao nosso destino. Na medida em que um homem tiver feito outras pessoas fisicamente felizes, ou fisicamente infelizes, colherá *karmicamente*, de sua ação, circunstâncias físicas favoráveis ou desfavoráveis, que lhe trarão felicidade ou sofrimento físico. Sua circunstância imediata, a expressão de sua atividade passada, é seu corpo físico, que lhe é modelado de acordo com o molde do duplo etérico, conforme já se explicou anteriormente. A sabedoria na atual existência é o resultado das experiências em vidas passadas; e o discernimento é igualmente construído pelas experiências dolorosas do passado.

Consequentemente, a reação de nossos pensamentos sobre nós próprios consiste na construção de caráter e de faculdades; a reação de nossos desejos sobre nós mesmos é a consecução de oportunidades, de objetos e de força, fazendo-nos "afortunados" ou "desafortunados", segundo o caso; a reação de nossas ações sobre nós mesmos se constitui em nosso ambiente, as condições e as circunstâncias, os amigos e os inimigos que nos rodeiam. Trazemos conosco duas partes de nosso *karma*: nossa natureza mental e nossa natureza de desejo; a terceira parte é aquela na qual nascemos, nosso ambiente, incluindo nosso corpo físico. Somos o que somos devido a nossos pensamentos, desejos e ações anteriores; não há favoritismo na Natureza. Se compreendermos bem essa ideia, serão impossíveis para nós a inveja e o ressentimento, e cessaremos de estar inutilmente renegando nosso destino. Colhemos nesta encarnação o que semeamos no passado, e o que estamos semeando hoje colheremos no futuro; conforme estivermos tecendo na atualidade, assim será a "corda de nosso destino" para as vidas futuras. Portanto, o homem é o criador de seu futuro, o modelador e senhor de seu próprio destino.

Aquele que trabalhou como escravo será o novo príncipe,
Pelo nobre valor e mérito adquirido;
Aquele que governou como rei vagueará sobre a Terra aos trapos
Pelo que fez e deixou de fazer.

O que semeardes, colhereis. Observai as várzeas distantes!
O sésamo foi sésamo; o milho foi milho;
O Silêncio e a Obscuridade o sabiam;
Assim é gerado o destino de um homem.

A plantação de pimenta jamais produzirá rosas, nem a doce estrela argentada do jasmim procriará espinhos ou abrolhos.

Podereis criar hoje vossas oportunidades de amanhã. Atuai sobre elas hoje, e elas atuarão sobre vós amanhã.

Vede: tornou-se o barro duro qual aço,
Mas o oleiro modelou o barro;
E assim o destino é hoje o amo;
Mas o amo de ontem foi o homem.

P 139: *Mas esse conceito do destino controlado pela Lei do* Karma *não elimina Deus do mundo?*

R: Não, pelo contrário, nossa ideia de Deus se torna mais ampla que antes, pois em vez de crer que Ele seja um péssimo arquiteto, por haver criado tão mal um mundo que requer sua contínua intervenção para endireitar as coisas, nós o consideramos como o Perfeito Arquiteto do Universo, guiando esse Universo por Leis naturais e morais primorosamente balanceadas, perfeitas em seu funcionamento nos mínimos detalhes. A transgressão dessas Leis nos acarreta sofrimento; a obediência a elas nos proporciona felicidade.

As Leis da Natureza são tão somente as expressões mais materiais da Mente Divina, da Vontade Divina; rígidas como rochas. O homem vai e se golpeia contra elas; se não aprendeu de nenhum outro modo, se não aprendeu pelo preceito e pelo exemplo, então deverá aprender deste modo, através das duras circunstâncias das Leis da Natureza, ainda que constituam sofrimento e infortúnio. Isso é o que Sri Krishna exprime quando diz: "Eu sou a trapaça do trapaceiro"[19]. Esse homem, o trapaceiro, tem algo a aprender a partir de suas trapaças, sendo essa a única maneira em que tão pobre alma pode aprender. Ele causa mal por sua estupidez e direção incorretas, mas tudo está dentro do Conhecimento Divino, tudo é parte dele. Apesar de fazer mau uso dela, sua mente é, no entanto, parte da Mente Divina; e mesmo que vá pelo mau caminho, do mal que faça lhe resultará algum bem, pois ele aprenderá, por meio disso e por conta de seus fracassos, a dar um passo na direção do reto caminho. É, por assim dizer, um último recurso, mas é um recurso, e portanto acha-se dentro do Plano Divino. O homem de que falamos teve à sua disposição ambas as coisas: o preceito e o exemplo; e se tivesse escolhido retamente, teria evitado todo mal e sofrimento; teria evoluído sem optar por isso. Por conseguinte, se não houver outro modo de ele aprender, então, pelas Leis Divinas, ele aprenderá através do mal que fizer e do sofrimento que se segue a esse mal. E assim, existe o entendimento pelo qual tudo, absolutamente, é Deus.

P 140: *O que é o pecado?*

R: Popularmente, supõe-se que o pecado indique uma rebeldia à Lei Divina – a execução de alguma ação cujo autor sabe que é incorreta. Porém, em quase todos os casos, o homem infringe a Lei por ignorância, descuido ou falta de experiência, e não com intenção deliberada. Quando um homem *conhece* realmente a Intenção Divina, ele inevitavelmente se coloca em harmonia com ela por duas razões: em um estágio inicial, porque vê a futilidade completa de proceder de outra

[19] BHAGAVAD-GITĀ – *A CANÇÃO DO SENHOR*; tradução do sânscrito para o inglês por Annie Besant. X DISCURSO, aforismo 36. Brasília: Ed. Teosófica, 2010. (N.E.)

maneira; e depois porque, ao ver a glória e a beleza do Esquema, não pode senão se impelir em sua execução, com toda a força de sua alma e de seu coração.

Poderia objetar-se que, na vida diária, vemos constantemente pessoas fazendo coisas que sem dúvida sabem serem erradas. Entretanto, isso é uma distorção (ou pelo menos uma má interpretação) do caso. Elas fazem o que lhes *foi dito* ser errado, o que é inteiramente diferente. Se um homem *sabe* realmente que uma ação é errada, e que inevitavelmente será seguida de más consequências, ele fica atento para evitá-la. Um homem *sabe* certamente que o fogo queima, por isso se abstém de colocar a mão nele. Ao homem foi dito que o fogo do inferno o queimará como resultado de certas ações suas, mas ele não *conhece* isso em realidade e, por conseguinte, quando sente a inclinação ou quando é tentado a cometer certa ação, ele a pratica apesar das consequências com as quais foi ameaçado. Sabe-se também que todo aquele que age mal justifica para si mesmo sua má ação no momento de cometê-la (o que demonstra ausência do real conhecimento), mesmo que ele possa refletir sobre ela em um momento mais tranquilo. E essa falta de experiência subsiste ainda naqueles que pela primeira vez veem que uma ação é pecaminosa, pois o sofrimento que se segue à maldade não causou ainda impressão suficientemente profunda, e sempre, até que tal ocorra, o homem se afastará da retidão devido à ignorância.

Portanto, o pecado não é uma perversidade que deva ser castigada com rigor desmedido, mas o resultado de uma lamentável condição de ignorância ou de falta de experiência, que só pode ser tratada com percepção e educação. Naturalmente, por causa da ação egoísta que se chama "pecado", o homem põe em movimento certas causas que lhe acarretarão resultados inevitáveis pela Lei do *Karma*, a Lei de Causa e Efeito, que é educativa e não punitiva.

P 141: *Existe o perdão dos pecados?*

R: O perdão dos pecados supõe alguma forma de retaliação. A ideia de castigo pelos pecados pertence a um degradado conceito de Deus como uma deidade limitada, que se sobressai dos homens por um poder superior, mas que tem as mesmas paixões dos homens que governa.

Nosso progresso através da evolução consiste na aquisição da sabedoria de acordo com as Leis da Reencarnação e do *Karma*; assim, supor que um homem deva ser castigado por seus pecados por colher os resultados de sua ignorância e seus enganos seria como afirmar que uma criança que esteja aprendendo a andar deva ser castigada por suas quedas.

Além do mais, não há que se esperar que as Leis da Natureza esqueçam ou perdoem alguma infração; *Karma* é uma Lei da Divina Natureza na qual não há variabilidade nem vestígio de desvios. Se um homem se joga contra uma parede, seguramente se machucará; a Lei é como uma parede, e cometer erro é como se atirar contra ela. O arrependimento não cura os machucados passados.

A Lei Divina opera tão invariavelmente nos mundos mental e moral como no físico. Se o homem cai em uma fogueira, queimará o corpo, e nenhuma prece nem arrependimento o poupará da dor da queimadura. Nem sequer lhe ocorrerá implorar à lei da gravidade o perdão por tê-la infringido; por que, então, haverá de esperar perdão se infringir as Leis mentais ou morais? O falso ensinamento de que um homem pode fazer mal e ser perdoado, isto é, escapar das consequências de sua má ação, é muito desmoralizador.

Karma não é um castigo pelo pecado, mas o resultado imprescindível das causas postas em movimento; e a dor será sempre a planta que surgirá das sementes do pecado. Depois de semear má semente, nossa salvação não está em implorarmos perdão, mas em tratarmos de nos corrigir e proceder melhor a partir daí.

Karma é o reajuste da harmonia no Universo, quebrada por uma ação egoísta que se chama "pecado"; e como o método de reajuste consiste em que a Lei do Amor reine por toda parte, pedir perdão seria como pedir que a harmonia não seja restabelecida.

Em um mundo sujeito à Lei, não pode haver castigo para o pecado, uma pena arbitrária decretada em momento de cólera e sem relação com o pecado que lhe antecedeu. Por conseguinte, supor que um homem pode ser queimado no inferno porque não acreditou em algum dogma particular ou que o malfeito em uma vida finita, por mais persistente que tenha sido, mereça os tormentos de um inferno eterno é violentar não só nosso sentido de justiça como também nosso senso comum. Mas a boa Lei é educativa; e é razoável supor que se um homem, nadando em riquezas e vivendo entre luxos, for inteiramente incompassivo ou indiferente às necessidades mais urgentes daqueles que estão ligados a ele ou a sua volta, lhe será dada a oportunidade de aprender sobre compaixão e corrigir os erros cometidos, restaurando assim a harmonia no Universo, ao nascer pobre em uma vida futura e daí compreender as dificuldades da pobreza por experiência pessoal. A Lei do *Karma* "não conhece nem cólera nem perdão"; de outro modo, não seria nem absolutamente justa nem absolutamente inviolável, e não se poderia confiar nela.

Portanto, não se pode intervir na exata operação da Lei, nem há dispensas arbitrárias como ordinariamente implica o perdão. Mas a palavra "perdão" é às vezes usada nas Escrituras cristãs no sentido de uma liberação da obscuridade espiritual e consequente "alinhamento com Deus". Na ação egoísta que se chama "pecado", a vontade e o desejo da natureza inferior do homem estão em oposição à Vontade Divina (a Lei Divina), e tal oposição poderá suprimir-se repentinamente por algum apelo vindo do exterior, por um instrutor espiritual ou alguém muito querido, ou por uma mudança sutil no próprio coração do homem, produzida às vezes por puro contentamento. Sendo assim, subitamente dissipada a treva espiritual, a vontade humana, que era continuamente dirigida contra a Vontade de Deus, pode mudar de plano e transformar-se quase que instantaneamente.

Por isso, quando lemos no *Evangelho* que o Senhor Cristo usa as expressões: "Teus pecados te são perdoados, vá em paz", ou "Os pecados dela, que são muitos, estão perdoados, pois ela muito amou"; a palavra "perdoados" implica algo inteiramente diferente da mera isenção de castigo, mas se emprega para descrever o sentido de retidão que advém com tal experiência, como pode se ver claramente em numerosas passagens do *Novo Testamento*, nas quais se repete em muitas frases que aquele que foi verdadeiramente "perdoado" não pode mais pecar.

Porém, mesmo com esse perdão, nesse sentido de retidão, estando a vontade do pecador já redimida, não se apagam os efeitos de seus pecados anteriores; aquilo que ele semeou terá de colher, embora não tornará a semear má semente. Ele se acha livre e perdoado porque resolveu se conduzir retamente e está cooperando agora com a Vontade Divina, e não atuando contra ela. Do mesmo modo, na *Bhagavad-Gitā*, o Senhor Krishna, falando de um homem que cessou de buscar a satisfação do eu inferior e elevou seus olhos até o Deus dentro e em volta de si, diz que tal homem, embora de vida má, pode ser contado desde já entre os bons: "Mesmo o mais pecador, se Me adorar de todo o coração, deverá ser contado entre os justos, porque se determinou corretamente"[20]. Mas também pode acontecer que quando o pecador tiver escolhido a Senda da Retidão e tiver também sido esgotada a reação externa do mal, alguém com elevado conhecimento, ao ver a cadeia de causa e efeito, possa declarar concluído o sofrimento, conforme fez o Cristo com aquelas jubilosas palavras de liberação: "Levanta-te de teu leito e anda".

P 142: *O arrependimento dos pecados traz algum bem?*

R: Ninguém deveria deixar-se enganar por ilusões acerca do remorso e do arrependimento. Se o homem reflete sobre sua falta, ele cria uma forma-pensamento daquela falta; quanto mais pesaroso se sente, quanto mais vezes reconsidere o assunto em sua mente, maior será

[20] BHAGAVAD-GITĀ – *A CANÇÃO DO SENHOR*; tradução do sânscrito para o inglês por Annie Besant. IX DISCURSO, Aforismo 30. Brasília: Ed. Teosófica, 2010. (N.E.)

a força da forma-pensamento. "Tu te tornas aquilo em que pensas"; por conseguinte, ruminar repetidamente acerca de um defeito é simplesmente fortalecê-lo. Portanto, quando o homem tiver se extraviado do reto caminho, em lugar de entregar-se ao remorso e ao arrependimento, deverá dizer a si próprio: "Bem, isto é algo insensato; jamais voltarei a fazê-lo". Deverá recordar o que disse Talleyrand: "Qualquer homem pode cometer um erro – todos erramos; mas o homem que comete o mesmo erro por duas vezes é um tolo".

E assim, a ideia do remorso e do arrependimento de seus pecados é uma ilusão. É perda de tempo e energia; e ninguém deveria se permitir ser levado por ela, mas deixá-la para trás e continuar de onde se encontre, resolvendo firmemente não cometer o mesmo erro jamais. Nisto se insiste muito fortemente em *A Voz do Silêncio*: "Não te voltes para trás ou estarás perdido"[21]. Um Mestre disse certa vez: "O único arrependimento que vale a pena é a resolução de não errar de novo".

Naturalmente, isso não implica que alguém possa escapar das consequências de seu mau *karma* já causado. Tendo semeado má semente, terá de recolher sua má colheita. Mas seu arrependimento é uma nova causa, já que ele o coloca contra seu pecado; é uma força para reparar a deterioração do caráter, que é o pior resultado do malfeito. E afastar-se do pecado, voltando-se para Deus, é como voltear seu rosto de uma parede para o Sol – a luz solar o anima e alegra; este entusiasmo e alegria no coração é o que sente o pecador arrependido, e os chama de "perdão". Então, ele pode aceitar alegremente o sofrimento subsequente a seu pecado. Por conseguinte, o único bem de um arrependimento real, ou seja, a resolução de não repetir o erro, é que no futuro ele será posto à prova de tentações da mesma classe e, portanto, não estará sujeito a posteriores consequências ou maus efeitos.

P 143: *Pode o* karma *de uma pessoa ser transferido para outra? Acaso não está implícita a transferência do* karma *na doutrina cristã da expiação vicária?*

[21] BLAVATSKY, H. P. *A Voz do Silêncio.* Fragmento I, Aforismo 75. Brasília: Ed. Teosófica, 2012. (N.E.)

R: Como já se explicou, a punição dos pecados não é reconhecida na Lei do *Karma*. Além do mais, a expiação vicária está enormemente mal-entendida. Nos tempos primitivos da Igreja, o ensinamento acerca da Expiação era que o Cristo, como representante da humanidade, lutou com Satanás e o derrotou, libertando-a do cativeiro. Os instrutores cristãos perderam o contato com as Verdades espirituais e começaram a pregar que Cristo sofreu a ira de Deus pelos pecados dos homens.

A Lei de Sacrifício jaz subjacente a todos os sistemas; encontra-se na raiz da evolução, e os universos estão construídos sobre ela. Na doutrina da Expiação, ela toma forma concreta com relação aos homens que, tendo chegado a certo estado de desenvolvimento espiritual, se dão conta de sua unidade com toda a humanidade. Quando se diz que o Cristo sofre pelos homens, substituindo seus pecados por sua pureza, sua ignorância por sua sabedoria, significa que ele, desse modo, se torna uno com eles, que eles vivem nele e ele neles. Não há substituição deles por ele, mas o acolhimento de suas vidas em seu seio e a difusão de sua vida na vida deles; pois tendo-se elevado até o plano da Unidade, ele pode compartilhar tudo que atingiu. Sua expiação por seus irmãos não se dá por uma substituição vicária, mas por identidade de natureza, pela unidade de uma vida comum. Ele é pecador com eles, e sua pureza é que os purifica; ele é o "Homem de Sofrimento" neles. Portanto, a identidade de natureza foi equivocadamente tomada por uma substituição pessoal, e de tal doutrina, estreitamente considerada, surgiu a ideia de uma expiação vicária à maneira de uma transação legal entre o homem e Deus, na qual o Cristo tomara o lugar do pecador.

O *karma* de um homem é sua identidade pessoal, o que ele fez de si mesmo. Ninguém pode tomar o alimento por ele, viver sua vida por ele ou suportar seu *karma* por ele sem aniquilá-lo. Certamente, um homem pode auxiliar outro a superar seu próprio *karma*, mas não pode afastar dele os meios de adiantamento que lhe foram assinalados para seu progresso mediante um duro esforço. Consequentemente, é irracional e amoral a expiação vicária que premia a negligência e o cometimento de pecados do homem.

P 144: *Mas se tudo é a atuação da Lei e de uma força de coação, não seremos então escravos desvalidos do destino? A doutrina do* Karma *não será uma doutrina de fatalismo?*

R: O fatalismo implica que estejamos de tal maneira dominados pelas circunstâncias que nenhum esforço nosso poderia nos libertar. "A ignorância da Natureza é a fonte de todo sofrimento; e não existe ignorância mais fatal nem desastrosa que o conhecimento parcial." Um conhecimento exíguo dessa Lei é, amiúde, claramente perigoso e tem um efeito paralisante, pois um dos resultados do pouco conhecimento da Lei é a tendência que alguns têm de suprimir todo esforço e dizer: "Bem, este é meu *karma*!". Seria o mesmo que um homem, que conhecesse algo acerca da lei da gravidade, se sentasse desolado ao pé de uma escada e dissesse: "Como eu gravito para o centro da Terra, não posso subir por estes degraus".

A Lei do *Karma*, como toda outra Lei da Natureza, aprisiona o ignorante e dá poder ao sábio; não é uma força de coação, mas uma força que capacita, ao estabelecer que, embora estejamos ligados ao que já fizemos no passado, podemos, a todo momento, modelar e modificar o futuro pelas escolhas que fazemos; e que o empenho ou o esforço no presente é superior ao destino ou aos resultados do passado, conforme explicou também Bhishma, o Mestre do *Dharma*.

Nosso *karma* é de natureza mista, não uma grande corrente que nos envolve, mas algo constituído por pequenas correntes que seguem em diferentes direções, neutralizando-se às vezes umas às outras com um resultado líquido extremamente pequeno. Assim, como na balança do *karma* não estão todos os pesos em um só prato, e como tais pesos se encontram uniformemente balanceados, o peso de um dedo pode fazer oscilar a escala; e embora alguns de nossos pensamentos, desejos e ações do passado sejam a nosso favor e outros contra nós, formando o chamado "destino", pelo esforço atual que fizermos poderemos facilmente inclinar a balança para o lado que quisermos, vencendo assim o nosso passado.

Por isso, quando se apresenta uma oportunidade qualquer, não devemos hesitar em aproveitá-la por temor de que nossas capacidades sejam inadequadas para tal responsabilidade. A oportunidade não nos teria sido apresentada se nosso *karma* não a tivesse trazido como fruto de desejos passados; e o próprio esforço que fizermos para agarrá-la despertará poderes latentes dentro de nós. Devemos aspirar a coisas um pouco maiores do que as que cremos poder efetuar, e a força *kármica* adquirida no passado virá em nossa ajuda; mesmo que fracassemos, a capacidade que desenvolvermos passará ao repositório de nossas forças; e dessa forma o fracasso de hoje é a vitória de amanhã. As circunstâncias poderão ser adversas, mas teremos chegado a um ponto em que um pequeno esforço a mais, um pouco mais de empenho, podem significar o êxito.

P 145: *Entendo que as prisões de um homem foram feitas por ele mesmo; mas como ele é guiado para determinado ambiente de nacionalidade e de família?*

R: Um Ego não pode recolher toda a colheita do passado nem descarregar todas as obrigações contraídas com outros seres em uma única vida.

Como já se explicou no Capítulo IV, o molde etérico do Ego a reencarnar é guiado ao país, à raça, à família e ao ambiente social que lhe proporcionarão o campo mais apropriado para a atuação do *karma* que lhe foi assinalado para aquela vida particular, embora algumas vezes, em um estágio superior de evolução, ele seja guiado a um lugar específico para exercitar as faculdades e qualidades que já estejam desenvolvidas nele e que sejam requeridas para auxílio dos demais.

Ele é colocado onde possa relacionar-se com Egos ligados a ele no passado; um país lhe é escolhido no qual as condições sejam propícias para suas capacidades; é selecionada uma raça cujas características assemelhem-se a algumas de suas faculdades; e é encontrada uma família com uma herança física conveniente para sua constituição física, a fim de que possa exercitar seu *karma* assinalado para aquela vida. Portanto, "a ocorrência do nascimento não é, de maneira nenhuma, fruto do acaso, mas o resultado de causas, atrações e afinidades estabelecidas pelo Ego durante suas vidas passadas, que o impulsionam, quando ele já está pronto para renascer, até aquela encarnação que seja a mais adequada para lhe dar expressão física".

Às vezes, após obter certas faculdades mentais, o Ego recebe algumas tarefas de natureza destoante. Se ele ignorar a Lei do *Karma*, ele realizará suas desagradáveis incumbências de má vontade e lamentará seus "talentos perdidos, enquanto um tolo está em posição muito mais elevada"; porém, ele não deve "se exasperar com o *karma*, nem com natureza imutável das Leis", mas perceber que aquele tolo tem que aprender sua lição naquela posição, e que ele próprio não ganharia nada em repetir esta lição, devendo então se focar no aprendizado da nova lição, dirigindo-se com contentamento àquela tarefa desagradável e procurando compreender o que ela tem para ensiná-lo.

E ainda, um Ego que anseia por auxiliar de forma mais ampla se acha sobrecarregado com encargos familiares. Se ele for ignorante da Lei do *Karma*, lutará contra seus vínculos, ou mesmo os romperá, sem saber que dessa forma ele está assegurando que eles retornem no futuro. Aquele que conhece a Lei do *Karma* verá nesses encargos as reações de suas próprias atividades passadas, e pacientemente os aceitará e os resgatará. Sabe que quando seus débitos forem totalmente amortizados, tais obrigações se desprenderão dele, deixando-o livre para um trabalho superior, mas que por enquanto ainda guardam algumas lições para ensinar-lhe, que lhe convêm aprender a fim de que se torne um auxiliar mais eficiente.

P 146: *Se uma determinada ação pode ser feita com diferentes intenções, a motivação não afeta o resultado?*

R: Cada força atua em seu próprio plano. O sofrimento físico infligido resulta em um tormento físico a ser suportado, e o motivo não mitiga os resultados, assim como a dor de uma queimadura não é mitigada por ter ocorrido ao socorrer uma criança do fogo. A motivação é uma força mental ou astral, segundo surja da vontade ou do desejo, e reage respectivamente sobre o caráter mental e moral ou sobre a natureza emocional. Um homem pode nascer disforme mas com um caráter gentil e tranquilo, indicando que ele tenha atuado com boa intenção em suas vidas anteriores, porém intelectualmente mal direcionada, sendo, por exemplo, um vivissecionista ou um inquisidor. Todavia, a promoção da felicidade física é uma força física e atuará no plano físico.

Três pessoas poderão contribuir para a fundação de um hospital ou de uma escola em uma cidade com diferentes motivos: a primeira, por motivação puramente filantrópica; a segunda, por mera ostentação ou pelo desejo egoísta de obter um título; e a terceira, pela combinação de ambos. A ação física de cada uma dessas pessoas trará o alívio àquele que sofre ou o conhecimento ao ignorante, independentemente dos diferentes motivos; por isso, os três benfeitores gozarão, em uma vida futura, de um ambiente físico confortável, porém seus motivos afetarão distintamente suas naturezas em suas próximas encarnações, para melhoria ou degradação. Por outro lado, o uso que cada pessoa faça de suas riquezas e a felicidade que delas derive dependerão de seu caráter; a primeira pessoa as usa para obras filantrópicas e caritativas, e a segunda para propósitos egoístas. Embora a pessoa egoísta vá obter condições agradáveis no plano físico como consequência de sua contribuição ao hospital ou à escola, seu egoísmo também semeará de acordo com seu gênero e, mental ou moralmente, ela colherá a respectiva semeadura, os dissabores e o sofrimento. Se uma pessoa doa dinheiro para obras de caridade em uma vida, mesmo que seja por um motivo egoísta ou obrigado pela força das circunstâncias, terá riquezas em outra vida, mas as usará para agiotagem e será demasiado egoísta ou mesquinho ao empregá-las. E assim se explica como existem ricos miseráveis, que simplesmente acumulam dinheiro e mais dinheiro sem usá-lo para se sentirem felizes nem para fazerem felizes a outros.

No caso de ser obtida felicidade celestial pela caridade, é pelo *coração* caridoso e não pela natureza das doações beneficentes que as alegrias celestiais são alcançadas. As doações em dinheiro, que causam felicidade a muitos, trazem, como seu *karma*, prosperidade mundana em outra vida; mas os pensamentos bondosos que provocaram a doação darão seus frutos nos Céus. Os donativos feitos de má vontade ou com um objetivo egoísta, embora tragam prosperidade mundana, não conduzem à felicidade. E é por isso que a *Bhagavad-Gitā* distingue entre as três classes de caridade, *Sátvica*, *Rajásica* e *Tamásica*, respectivamente: harmônica, feita em tempo e lugar oportunos, a pessoas realmente necessitadas e sem intenção alguma de recompensa; de apego, feita de má vontade, pensando em receber algo em troca; e maléfica, com desrespeito e desprezo, em lugar e tempo inoportunos, a pessoas que não necessitam dela.

Por conseguinte, o motivo é de muito maior importância que a ação, e é melhor uma ação equivocada executada com motivo bondoso que uma ação aparentemente benévola realizada com motivação malévola. O motivo reage sobre o caráter e dá origem a uma longa série de efeitos, já que as futuras ações, orientadas a partir daquele caráter, serão todas influenciadas por sua natureza; enquanto que a ação, proporcionando felicidade ou sofrimento físicos a quem a executa segundo seu resultado sobre os demais, não traz em si qualquer força geratriz, mas se esgota em seus resultados.

P 147: *Mas como é que algumas pessoas, impulsionadas por bons motivos e desejando vivamente ajudar a outras, encontram seu caminho obstruído, seja por falta de capacidade, de habilidade ou de oportunidade?*

R: As oportunidades para o serviço que são aproveitadas em uma vida resultam em maiores oportunidades de serviço em outra, enquanto que o não aproveitamento de tais oportunidades traz como consequência limitações no corpo ou um ambiente desfavorável, que são traduzidas em desejos frustrados. O cérebro etérico poderá estar mal conformado, e o Ego, embora cheio de planos, carecerá de habilidade executiva. Tal homem poderá dar conselhos muito bons a outros, porém ele mesmo fracassará ao seguir seu próprio conselho.

O *karma* de uma vida útil não é a aquisição de riqueza, nem mesmo dos mais altos dotes intelectuais, mas de maiores oportunidades de serviço, tanto nas atividades desenvolvidas no passado quanto nas novas linhas de atividade que se abrem diante do Ego, tornando-o um instrumento melhor nas mãos das forças superiores para o bem da humanidade. Qualquer pessoa que use todas as suas capacidades para o serviço aos demais sem nenhum pensamento egoísta tem toda possibilidade de receber novos poderes. É a repetição da antiga parábola dos talentos. Àqueles que fazem bom uso de seus talentos serão confiadas obras de maior importância. A cada um será dito: "Foste fiel nas coisas pequenas, eu te darei autoridade em coisas maiores; entra no júbilo de teu Senhor". O júbilo do Senhor – o júbilo do Logos – é a Sua obra. Pois "Deus tem um plano, e tal plano é a evolução". Ele resolveu dedicar-se inteiramente à Sua poderosa obra de evolução; este é o júbilo do Senhor, a execução desse esplêndido plano de verter Seu Amor por todo o Universo. Aquele que deseja entrar no júbilo do Senhor, isto é, tomar parte na obra da evolução e na bem-aventurança que ela traz, deve, portanto, usar ao máximo todo talento que possua.

P 148: *Por que algumas pessoas trazem "má hereditariedade" ou enfermidades congênitas?*

R: Uma "má hereditariedade" é a reação aos erros do passado. O bêbado de vidas anteriores nascerá em uma família que sofra enfermidades nervosas como a epilepsia; enquanto que um libertino renascerá no seio de uma família maculada por enfermidades do vício sexual. As doenças congênitas resultam de um duplo etérico defeituoso, fornecido ao Ego pelos Senhores do *Karma* como consequência de excessos e erros do passado. Quando os desejos em uma vida forem bestiais, cruéis, impuros, eles serão as causas de enfermidades congênitas em outra vida, de cérebros fracos e enfermos, dando origem à epilepsia, catalepsia e a outros distúrbios nervosos.

P 149: *Que solução a Teosofia apresenta para o antigo problema da imposição e do livre-arbítrio? Acha-se o homem inteiramente sob o império do destino ou imposição, sem espaço para o livre-arbítrio, ou acaso ele desfruta de um total livre-arbítrio?*

R: Apenas o Uno é absolutamente livre; o homem é relativamente livre, dentro das limitações que ele mesmo se impõe; e embora impotente para deter a marcha da evolução, a Vontade Divina, ele pode atuar a favor ou contra a Lei evolutiva, apressando ou retardando seu próprio progresso dentro de certos limites, segundo sua vontade. Pelo exercício de seu livre-arbítrio, ele criou imposições para si; pela repetição de ações sob a direção de sua própria vontade, ele criou hábitos que então se tornaram limitações.

É melhor abarcar uns poucos princípios simples e aplicá-los à solução dos detalhes ao invés de tomar os detalhes separadamente, sem ideia alguma dos princípios subjacentes. Primeiro: o Espírito no homem, o *Jīvātma*, o Ser, é um fragmento do Divino, uma "porção de Mim mesmo, um Ser vivente". Segundo: esse Espírito é livre e onisciente no plano *Átmico*, porém anela viver também em outros planos, para ver, ouvir, experimentar, etc., nos planos densos de existência; o exercício dos poderes lhe dá prazer, e ele quer experimentá-los. Terceiro: quando ele submerge na matéria densa, seus poderes não podem se firmar por si mesmos, e o Espírito é como uma semente, um gérmen da Vida Divina envolto em *avidyā*, ou ignorância, tornando-se limitado a partir do exterior. Quarto: lentamente ele aprende a modelar a matéria, de tal modo que possa se expressar através dela; a princípio, seus esforços consistem meramente em empurrar e tatear às cegas, em diferentes direções, recebendo prazer a partir de alguns e dor de outros. Quinto: ele *deseja* prazer; ele *pensa* em como obtê-lo; ele *age* de acordo com seu pensamento; e assim ele cria correntes para o seu futuro, pois deverá estar onde seus desejos possam ser gratificados, atuar no corpo mental criado por seus pensamentos, encontrar-se rodeado pelas circunstâncias criadas por seus atos. Portanto, ele torna-se internamente aprisionado pelos três fios da corda do destino, de que antes se falou. Sexto: em meio a todas essas amarras internas e externas, porém, ele permanece sendo a Divindade livre; pode exercer seu livre-arbítrio, apesar de que o exercício desta vontade seja dificultado pelas correntes exteriores que ele voluntariamente assumiu pelo intento de experimentar os fenômenos dos planos mais densos.

Todas as nossas circunstâncias são o resultado de nosso *karma*, que nos cria imposições. No entanto, ao invés de sermos limitados por essas correntes autoimpostas, podemos modelar o futuro; e apesar de não nos ser possível transcender subitamente os limites, podemos superá-los gradualmente até adquirirmos uma liberdade praticamente ilimitada na direção do Bem. Nosso cérebro e nosso sistema nervoso, constituídos hoje de acordo com nossos próprios pensamentos do passado, são nítidas imposições de vida para nós ao nos limitarem, mas podem ser gradativamente aprimorados. A ignorância é a causa do aprisionamento, ao passo que o conhecimento nos traz a libertação e o livre-arbítrio, já que é através da sabedoria que o homem se reconhece uno com a Vida Divina, atuando como um agente livre e responsável em harmonia com a Vontade Divina.

Entretanto, "temos muito clara consciência do livre-arbítrio nas escolhas entre o bem e o mal a cada passo na vida, e não há motivo para confundir nosso senso dessa liberdade engolfando-nos na mais elevada metafísica do problema".

P 150: *Existe verdade na astrologia? Se é assim, como pode ser conciliada com o livre-arbítrio?*

R: Sendo muito fragmentária, a astrologia moderna é geralmente muito incerta em seus resultados; mas existe uma verdadeira ciência da astrologia, e se podem encontrar autênticos astrólogos aqui e ali. Entretanto, mesmo a astrologia moderna é razoavelmente exata no delineamento do caráter. Em sua grande maioria, os modernos vaticínios astrológicos dos acontecimentos não são dignos de crédito, e as predições nem sempre são verdadeiras, pois não se conhecem todas as condições. Cada astro possui sua própria esfera magnética, e estas esferas se entremesclam de maneira muito intrincada; segundo a constituição do ser humano, algumas condições magnéticas lhe são favoráveis e outras adversas.

Não há antagonismo entre a astrologia e o livre-arbítrio. Um horóscopo, se for corretamente traçado, demonstrará os resultados do *karma* passado de um homem em seu caráter, suas tendências, circunstâncias, etc. Um astrólogo pode predizer com toda correção certos eventos ou conjunturas; mas conhecendo somente uma, de uma combinação de forças, não pode prever a resultante, nem pode prognosticar como reagirá o homem com seu livre-arbítrio. Tratando-se de uma alma débil, a reação será leve e ocasionará apenas alguma mudança, enquanto que, tratando-se de uma alma forte, que possa conduzir toda a força de seu livre-arbítrio para relacionar-se com as circunstâncias, o provável é que a reação seja intensa e desarranje todas as previsões. Daí o antigo provérbio astrológico: "O homem sábio rege seus astros, enquanto o néscio é regido por eles".

P 151: *Como um homem forja novos elos na cadeia do* karma, *em vez de liberar-se daqueles que lhe foram fixados para esta vida?*

R: Ao levar adiante seu labor, os Senhores do *Karma* usam outras pessoas como seus instrumentos para gratificação ou punição. E assim, embora estejamos sendo usados como meros instrumentos em Suas mãos para a liquidação de contas de várias pessoas, temos a falsa ideia de que somos agentes livres. Por isso, quando um homem nos prejudica, não compreendemos que ele foi somente um instrumento para nos dar aquilo que merecemos; mas nos irritamos com ele e tratamos de nos vingar, criando assim novo *karma* e esquecendo os comentários do *Evangelho* sobre este particular: "Necessariamente, devem sobrevir as afrontas, mas ai daquele através do qual venha a ofensa!" Ninguém neste mundo sofre por causa de outro, embora devido à nossa falta de compreensão cremos ter sido prejudicados por outros, sem culpa alguma de nossa parte.

O homem sábio, tendo consciência disso e compreendendo que não deverá "rebelar-se contra o *karma* nem contra as Leis imutáveis da Natureza", não se aborrece com ninguém, e sofrerá o dano ou a desonra sem queixar-se, liberando-se assim do *karma* que lhe foi fixado para aquela vida (chamado "*prārabdha*"); enquanto que o ignorante, através da raiva e das queixas, cria novo *karma* (chamado "*kriyamāna*"), o qual, agregando-se ao *karma* acumulado de vidas anteriores (que se chama "*sañchita*"), retorna sobre ele em uma vida posterior como *prārabdha*. E assim, devido à sua ignorância, o homem cria novo *karma* antes de esgotar o antigo, e por isso é tão remota a probabilidade de ele se liberar da roda de nascimento e morte.

P 152: *Mas se alguém nos prejudica, como podemos saber se isso foi resultado de nosso* prārabdha*? Ligados por* prārabdha, *que ações fazemos sob sua pressão, e quais por nosso livre-arbítrio?*

R: Em um universo de justiça perfeita, ninguém sofre sem causa ou por culpa de outro, como já se disse antes; e o simples fato de que podem nos prejudicar prova que merecemos tal dano devido ao nosso *prārabdha*, por mais que o homem que nos infligiu o dano, atuando como instrumento dos Senhores do *Karma*, pense que agiu por iniciativa própria.

O *karma* se divide em três partes ou tipos:

1. *Sañchita* (acumulado), ou seja, o *karma* que foi acumulado durante muitas vidas. Nas vidas iniciais do homem primitivo, é natural que haja, no conjunto, mais *karma* mau do que

bom. Por isso, somente uma porção do total de seu *karma* lhe é dada para ser resgatada na próxima vida, deixando o saldo como *sañchita*, já que, de outra maneira, o Ego não desenvolvido seria esmagado pelo resultado total de suas ações. Além do mais, algumas das ações do homem requerem maior tempo para o processo operativo de seus resultados, e devem ser acumuladas em *sañchita*.

2. *Prārabdha* (começado; a ser quitado na vida atual) ou *karma* maduro, selecionado do *sañchita* pelos Senhores do *Karma* para que o homem o esgote em sua vida presente. Isso é o que ordinariamente chamamos "fado", "sorte" ou "destino". Do *karma* total do passado, somente uma porção pode ser esgotada no limite de uma vida. Há certos tipos de *karma* que são demasiado incongruentes para serem quitados em um só corpo físico, de um tipo particular; há obrigações que foram contraídas com outras almas que provavelmente não se encontrem todas encarnadas ao mesmo tempo; há o *karma* que precisa ser esgotado em certa nação particular ou em determinada posição social, enquanto que o mesmo homem pode ter outro *karma* que requeira um ambiente completamente diferente. Consequentemente, de seu *karma* total do passado, os Senhores do *Karma* selecionam a parte que deverá ser esgotada dentro do período de uma única vida; e essa parte é chamada de "seu *Prārabdha*". Tal *karma* é o que pode ser delineado em um horóscopo bem interpretado, por um astrólogo competente.
3. *Kriyamāna*, o *karma* que está em formação enquanto *prārabdha* está sendo liquidado, e que, agregado a *sañchita*, nos será apresentado, quando maduro, como *prārabdha* em uma vida futura.

É errôneo crer que aquilo que tenhamos de fazer de má vontade seja resultado de *prārabdha* e que o que tenhamos de fazer de bom grado ou indiferentemente seja o resultado de nosso livre-arbítrio. A lei da gravidade se aplica igualmente tanto a uma montanha quanto a um átomo; de maneira similar, *prārabdha* se aplica a todas as nossas ações, grandes ou pequenas.

P 153: *Isso significa que somos escravos de* prārabdha, *sem espaço algum para o livre-arbítrio?*

R: *Prārabdha* exerce sua pressão até certa medida sobre nossas ações, mas não sobre nosso livre-arbítrio. Mesmo limitados por *prārabdha,* desfrutamos de *purushārtha* ou livre-arbítrio; e nosso *kriyamāna* depende disso. Ao executarmos qualquer ação, nossa atitude mental é uma questão de livre-arbítrio, e isto é o que forma nosso *kriyamāna.*

Consideremos o exemplo já dado das três pessoas que doam dinheiro para uma instituição beneficente, sendo uma impulsionada por motivo filantrópico, outra pela expectativa de recompensa, e a terceira pela combinação dos motivos. O *kriyamāna* das três seria diferente de acordo com os motivos, como já se explicou antes; e esse *karma,* agregado a *sañchita,* seria apresentado a cada uma delas, quando já estivesse maduro, como seu *prārabdha* em uma vida futura, constituindo o fator principal que ocasionaria a diferença em seus futuros destinos. Portanto, *kriyamāna* depende de nosso livre-arbítrio mesmo quando estejamos sob a influência de *prārabdha* – o *prārabdha* de nossas vidas futuras encontra-se em nossas próprias mãos.

P 154: *Mas se alguém é responsável tão somente por seu* kriyamāna *e não pela ação atual executada, e se há pressão de* prārabdha *em todas as ações, por que deveria ser punido um assassino por matar ou um ladrão por roubar?*

R: Se admitimos que um homem seja responsável por seu *kriyamāna,* devemos punir os assassinos e os ladrões, uma vez que eles têm por *prārabdha* o resultado de seu *kriyamāna* anterior, pelo qual são responsáveis. Por outro lado, cada ação presente é uma mescla de *prārabdha* e *kriyamāna*, jamais somente um ou outro.

Embora todas as ações, importantes ou insignificantes, encontrem-se de certo modo sob a influência de *prārabdha*, seus efeitos podem ser alterados ou detidos. De fato, *prārabdha* divide-se em três classes: 1.ª) *Drdha*, determinado ou inevitável; 2.ª) *Drdhādrdha*, semideterminado; 3.ª) *Adrdha*, flexível, que se pode evitar. Desses três, o *karma drdha prārabdha* não pode ser evitado, porém as outras duas classes podem ser evitadas ou alteradas em seus efeitos, em virtude do livre-arbítrio.

P 155: *Supondo que* drdha prārabdha *seja inevitável, como podemos escapar dos resultados das outras duas classes de* prārabdha*?*

R: O *karma drdha prārabdha* não pode ser alterado de maneira alguma; *drdhādrdha* pode ser alterado em seus efeitos mediante um grande esforço; enquanto que *adrdha prārabdha* pode ser facilmente alterado e até mesmo evitado.

Assim como em uma corda no "cabo de guerra", cada ação tem duas forças atuando sobre si ao mesmo tempo: *prārabdha* e livre-arbítrio. Quando a força de *prārabdha* é maior que a do livre-arbítrio, a resultante pertence a *prārabdha*, e o livre-arbítrio não pode alterá-la; quando as forças são idênticas, o resultado é *drdhādrdha*; e quando a força do livre-arbítrio é maior que a de *prārabdha*, resulta em *adrdha*. E assim, mesmo sob o domínio de *prārabdha*, o homem pode libertar a si mesmo em proporção ao seu livre-arbítrio.

Um homem pode opor sua força contra uma bola que lhe é lançada. Tratando-se de uma bala de canhão, ele não poderá apanhá-la ou evitar sua ação – esse é o caso de *drdha prārabdha*. Uma bola de críquete pode ser apanhada com grande esforço, ou pelo menos pode-se alterar sua direção – tal é o caso de *drdhādrdha prārabdha*. E uma pequena bola de borracha, que é apanhada com um esforço mínimo, tipifica o caso de *adrdha prārabdha*. Pouquíssimas ações em nossa vida são inevitavelmente determinadas. Poucas são as balas de canhão do destino em nossa vida, mas são muitas as bolas de críquete e de borracha; por isso, devemos exercer o maior esforço possível de nosso livre-arbítrio contra qualquer mau *karma*.

P 156: *Você aconselha o esforço em todos os casos, mas se um homem está preso por* drdha prārabdha, *de que forma o esforço ou o empenho de* purushārtha *(livre-arbítrio) o ajudará?*

R: Há casos em que a força do *karma* passado é tão poderosa que nenhum empenho do presente é bastante para sobrepor-se inteiramente a ela. Entretanto, devemos fazer todo esforço para escapar de qualquer classe de mau *prārabdha*, em primeiro lugar, porque não se pode saber se um *karma* é *drdha* ou *adrdha prārabdha*, além do que, em todo caso, o esforço diminui a força *kármica* para o futuro; e em segundo lugar, porque ao fazer o esforço cria-se um bom *kriyamāna*.

Poderia parecer que são muito estreitos os limites do poder de um homem para escolher entre os diferentes cursos em sua vida, completamente dissociado do argumento metafísico de que ele ali está, com seu caráter edificado como um impulso bastante dominante em sua natureza, e de que as circunstâncias nas quais ele se encontra estão também ali, sem qualquer escolha sua. Como ele pode ajudar seguindo a inclinação de sua natureza? Esse é precisamente o seu *karma*. Obviamente, é muito difícil escapar à sua influência – e mesmo impossível, em certo sentido. Mas *karma* é uma força em desenvolvimento, e nosso livre-arbítrio nos habilita a modificar seu crescimento. Nossa inclinação na direção atual será ainda mais definida na próxima vida, ou inclinada em uma direção diferente, dependendo se, nesta vida, nos rendemos a ele sem resistência ou pressionamos contra sua influência.

Um homem que tenha inclinação para o roubo deverá lutar contra ela até o máximo possível de sua força, pois embora possa falhar e cometer o crime, a tendência irá se debilitando no futuro. A indolência cria novo mau *kriyamāna* que depois surgirá como mau *prārabdha* em existências futuras.

O volume do *karma* de um homem comum pode ser classificado como *drdha*. Ele ainda não possui muita vontade e, por isso, aceita a submissão às circunstâncias externas, que são devidas às suas ações passadas. Todos os eventos de sua vida podem ser detalhadamente previstos em seu horóscopo, o que não é o caso de um homem de vontade forte, que possua um grande domínio sobre as circunstâncias graças ao poder de seu livre-arbítrio.

P 157: *Mas se um homem pode alterar seu* prārabdha *mediante a força de seu livre-arbítrio, não estaria intervindo na justiça do* karma*? Suponhamos que A tenha ofendido B em uma vida anterior, e que B se encontra hoje em condições de prejudicar A, de acordo com seu* karma. *Se, por seu livre-arbítrio, B se recusa prejudicar A, como colherá este o que merece? Se todo mundo procedesse assim, isso não impediria a atuação da Lei do* Karma*?*

R: Ninguém precisa se vangloriar com a ideia de que sua vontade seja forte o bastante para interferir mesmo minimamente no *karma* de outras pessoas. Embora alguém possa ser usado como instrumento para ocasionar felicidade ou sofrimento a outros, segundo estes o mereçam, se tal pessoa, pelo exercício de seu livre-arbítrio, se recusa cometer uma má ação, as pessoas destinadas àquele sofrimento não escaparão dele, pois os Senhores do *Karma* arranjarão outro meio para administrar a expiação através de outros agentes e por outras circunstâncias.

P 158: *Se cada um tem, pois, que sofrer inevitavelmente de acordo com seu* karma, *por que haveríamos de intervir na justiça* kármica *tratando de ajudar o cego, o deficiente ou qualquer outra pessoa merecidamente em dificuldade, que podem simplesmente se submeter à justa expiação de seu* karma *passado?*

R: Convém recordar mais uma vez que não há recompensa nem castigo na Lei do *Karma*. O *karma* é educativo, não punitivo; é meramente uma sequência de condições, como explicado anteriormente.

> Oh, vós que sofreis, sabei:
> Sofreis por vossa causa.
> Ninguém mais os compele.

Certo é que toda classe de males e sofrimentos à nossa volta é resultado do *karma*; mas isso não é razão para que deixemos de nos empenhar em mudar tais circunstâncias. Ninguém sofre algo que não mereça, mas nosso dever é, simplesmente, ajudar a todos, e deixar nas Mãos Divinas a atuação da Lei.

> Que a tua Alma dê ouvidos a todo o grito de dor como a flor de lótus abre o seu coração para sorver o sol matutino.
> Não deixes que o sol feroz seque uma única lágrima de dor antes que a tenhas, tu mesmo, enxugado dos olhos de quem sofre.
> Que cada ardente lágrima humana goteje no teu coração e aí fique; nem nunca a seques enquanto não for retirada a dor que a causou.[22]

Além do mais, não sabemos em que momento uma pessoa terminou de pagar sua dívida de dor e sofrimento; e se acaso deva receber algum alívio *kármico*, por que não sermos nós os agentes de tão boa ação?

Mesmo de um ponto de vista egoísta, deveríamos tratar de auxiliar ao que sofre por seu *karma*, pois, se não fizermos o melhor que pudermos, estaremos criando um *karma* que implicará em falta de auxílio na hora em que nós necessitarmos. O ato de aliviar um sofrimento limita seu campo de ação tanto aqui quanto no além, tanto com relação ao beneficiário quanto ao agente desse auxílio; enquanto que a crueldade e a indiferença ao sofrimento alheio aumentam o sofrimento em ambas as direções.

---

[22] BLAVATSKY, H. P. *A Voz do Silêncio.* Frag I, Aforismos 59, 60 e 61. Brasília: Ed. Teosófica, 2012. (N.E.)

Ao mesmo tempo, é absurdo crer que Seres tão elevados, como os Senhores do *Karma* e seus Agentes, seriam confundidos em seu labor pela intervenção de criaturas tão insignificantes como nós. Se um homem não merece auxílio, ou se não chegou ainda a hora decretada para que encontre alívio, não se beneficiará por nossa ajuda; ele pode, por exemplo, perder o dinheiro que lhe dermos através de um buraco em sua bolsa. Todavia, estaremos criando bom *karma* e adquirindo méritos por nossa ação generosa. Além do mais, não teríamos contato com aquele homem se não lhe fosse devido auxílio naquele momento. Portanto, devemos tentar ajudar a todo aquele que sofre, o melhor que pudermos, e descartar a incoerente ideia de que somos capazes de intervir no *karma* de alguém. De fato, o maior ideal à nossa frente seria considerar nosso contato com cada pessoa que encontrarmos, mesmo casualmente, como uma oportunidade que nos é oferecida para ajudar tal pessoa, por todos os meios possíveis.

P 159: *Se a Lei do* Karma *é irresistível, são inúteis as preces para afastar o sofrimento ou para obter uma graça?*

R: Essa pergunta é feita muito frequentemente, mas ela surge de um conceito errôneo de *Karma* – um resultado do passado que se reforça ou se debilita com a continuidade; uma corda do destino constituída por inumeráveis fios de desejos, pensamentos e ações em várias direções. A resposta, em qualquer caso particular, dependerá dos constituintes do *karma* em ação. Se for muito forte em uma direção – por exemplo, *drdha karma* –, nenhum desejo, pensamento ou ação que exercitemos contra ele no presente poderá neutralizar o passado ou desviar os resultados na direção oposta. Mas se o *karma* já está debilitado em certa direção – ou seja, *adrdha* ou *drdhādrdha karma* –, um forte desejo, pensamento e ação colocados naquela direção podem ser capazes de reprimi-lo. Por conseguinte, uma oração poderá modificar o equilíbrio quando o prato do *karma* na balança não estiver demasiado pesado, já que, sendo a oração um forte desejo, tem a mesma natureza de um dos constituintes do *karma*.

P 160: *Como será castigado pelo* karma, *em sua próxima encarnação, um homem egoísta?*

R: Como já se disse, não há castigos nem recompensas na Lei do *Karma*, mas o efeito que inevitavelmente segue as causas postas em ação. O egoísmo é uma atitude mental, e seus resultados imediatos necessariamente estão no plano mental. Há uma intensificação da personalidade inferior, de tal sorte que o egoísmo do homem vai crescendo continuamente, vida após vida, privando-o de oportunidades de progresso. Além do mais, há o *karma* gerado no plano físico pelas ações grosseiras próprias do egoísmo. Como um de seus resultados, o homem poderá nascer entre pessoas egoístas, aprendendo, por meio do sofrimento, a perversidade de tal vício.

P 161: *Você diz que um homem egoísta vai aumentando continuamente seu egoísmo em cada vida consecutiva; mas se um homem vicioso volta mais vicioso que antes em sua vida seguinte, e assim sucessivamente em outras vidas, como poderá um homem mau converter-se em bom?*

R: Existem certas forças neutralizadoras que devem ser levadas em consideração:

1. A infelicidade, até certo ponto, segue ao vício neste mundo, e em maior extensão no próximo. O bêbado desenvolve um corpo inchado e tosco, com nervos trêmulos e saúde arruinada; ele lamenta sua insensatez, e seus sofrimentos aumentam de intensidade depois da morte, no mundo astral. Ao fim de sua vida celeste, se fortalecerá seu lado bom e melhorarão suas faculdades; porém, ao regressar à Terra, ele também trará consigo, como resultado de suas tristes experiências, uma repulsa àquele vício através do qual se deleitou em sua vida física anterior.
2. A humanidade como um todo está sendo lentamente impulsionada por uma grande corrente de evolução, e um

malfeitor é forçosamente levado com ela, embora ele possa insensatamente retardar muito o seu progresso. Mas essa oposição voluntária da vontade individual contra a Vontade universal ocasiona um atrito tão insuportavelmente doloroso que obriga o homem a afastar-se de seu mau caminho.

3. O malfeitor poderá, alguma vez, ler um livro, ouvir uma conferência ou encontrar uma pessoa que suscitem nele um reconhecimento da insensatez de suas escolhas, fazendo-o abrir os olhos ao sofrimento que ele está criando para si, e isso poderá motivar um esforço para mudar.
4. A desaprovação daqueles a quem ama e respeita e o desejo de ter seu afeto poderão atuar sobre ele como um incentivo para uma vida melhor.
5. O mero fato de sua própria evolução, o desabrochar, embora lento, do Espírito divino em seu interior inevitavelmente acelera a tendência inata para o Bem e provoca uma luta contra o mal.

P 162: *Se* Karma *é a Lei da Justiça, por que um homem bom fracassa nos negócios enquanto um mau tem êxito?*

R: Não existe relação causal entre bondade e ganhar dinheiro. Seria o mesmo que perguntar: "Sou um homem bom, por que não posso voar?" A bondade não é uma causa que produza a faculdade de voar, assim como tampouco nos traz dinheiro. A virtude é sua própria recompensa; se somos verdadeiros, nossa recompensa consiste na felicidade que advém do aumento da veracidade em nosso caráter. Se um homem atua em harmonia com a Lei Divina, a felicidade será o resultado de tal harmonia.

Essa pergunta é formulada com frequência devido ao erro de identificar o êxito mundano com a felicidade e de não se levar em conta o fator tempo. Se um homem de negócios que tenha resolvido ser verdadeiro a todo custo não se desanima ao ver como lhe passam à frente pessoas pouco escrupulosas, mas permanece firme e trabalha em harmonia com a Lei Divina, sem importar-lhe o êxito comercial imediato, obterá a paz interna e a felicidade, embora não lhe ocorra um grandioso sucesso financeiro. E mesmo isto lhe chegará quando se estabilizar sua reputação, de maneira que ele desfrutará tanto da boa vontade quanto da confiança do público.

Por outro lado, a prosperidade material é, muito amiúde, o pior inimigo da virtude; e embora seja recebida como bom *karma*, muitas vezes é o contrário em seus resultados. É uma experiência muito comum observar que pessoas que se saem razoavelmente bem com as adversidades se tornam intoxicadas pelo sucesso mundano e pela prosperidade, desviando-se do caminho da virtude.

Por conseguinte, não deveríamos pensar que as recompensas do bom *karma* consistem somente em objetos materiais. As oportunidades para o desenvolvimento espiritual que um homem pobre e acometido pela aflição possa ter em uma vida podem beneficiá-lo tão intensamente a longo prazo que terão superado os males da pobreza e das angústias transitórias. Às vezes, um bom *karma* pode conduzir a uma vida em que as pequenas adversidades externas, as quais deveríamos ser aptos em superar, transformam-no em mau *karma* se formos imprudentes. Do mesmo modo, um mau *karma* pode disfarçar temporariamente seus efeitos na forma de prosperidade material e trazer consigo grandes sofrimentos a longo prazo, proporcionando àquele que o possui muitas oportunidades de acentuar alguma má inclinação. Tal é o significado do conto hindu em que um homem pobre, tendo ganhado um pleito judicial contra seu rico adversário, ao ser questionado pelo rei que castigo sugeriria, pediu que fossem concedidas mais riquezas a seu rico porém mal-intencionado inimigo.

P 163: *São todos os nossos sofrimentos resultado de nosso* karma *passado?*

R: Grande parte dos sofrimentos humanos é o que se chama "*karma* à mão", o qual não se deve a resultados de ações passadas, já que nove décimos de nossos sofrimentos atuais são meramente o produto de erros que, por ignorância, cometemos na vida presente.

P 164: *Os males que sofremos são produto de nosso* prārabdha karma *de uma vida anterior, ou é possível que em certas ocasiões não seja assim? Por que vemos tão frequentemente pessoas boas e puras sofrendo muito neste mundo?*

R: O "fado" selecionado para o indivíduo não é absolutamente rígido e imutável, já que um homem pode e realmente altera algumas vezes seu destino mediante uma reação inusitada frente às circunstâncias. Por exemplo, o suicídio não se encontra no *karma* de ninguém, embora circunstâncias visíveis e invisíveis, angústias e pesares, possam, a nosso ver, constituir uma carga impossível para a resistência de alguém. Ademais, o *karma* de um homem pode, por assim dizer, ser desligado pelas ações de outras pessoas que não estavam previstas para seu *karma* da vida em curso. Por outro lado, poderá conseguir uma vantagem que não parecia direcionada para ele, por exemplo, aproveitando a presença de algum instrutor religioso cuja vinda não esteja especialmente relacionada com ele; ele pode dar a si próprio uma nova oportunidade.

Entretanto, nada pode acontecer a uma pessoa que não lhe seja devido por seu próprio *karma*. Há uma grande reserva de *karma* que não está realmente em operação, isto é, o *karma sañchita*, segundo já se explicou; e o novo *karma* é deduzido dessa reserva ou agregado a ela de tal modo que, ao final, não haja favoritismo ou injustiça.

Todos temos uma grande provisão de *sañchita karma* que deve ser posto em atuação antes que possamos alcançar finalmente a liberação. Porém, quanto mais cedo se compreende o propósito da vida e toma-se seriamente as rédeas da própria evolução, empenhando-se em erradicar o mal e desenvolver rapidamente o bem que existe dentro de si a fim de tornar-se um canal cada vez mais perfeito do Amor Divino, mais os Senhores do *Karma*, reconhecendo esse desejo ardente, aumentam a quantidade de mau *karma* que deve ser liquidado na vida presente e auxiliam, assim, na rápida liberação dos débitos antigos. Deste modo, muitas almas puras e diligentes parecem sofrer por estarem fazendo um progresso acelerado e por quitarem com rapidez seus débitos (desde que estejam fortalecidas o bastante para fazê-lo), a fim de que estes sejam removidos do caminho em seu futuro trabalho.

P 165: *E com relação aos chamados "acidentes", como de um trem ou um naufrágio, ou as catástrofes sísmicas, como os terremotos, em que muitas pessoas sofrem ao mesmo tempo?*

R: Para que sofram coletivamente em tais ocasiões, agrupam-se as pessoas que têm *karma* individual apropriado a elas. Igualmente, reúnem-se as almas em grupos de famílias, castas, nações, raças, etc., considerados como individualidades maiores que têm seu próprio *karma* coletivo; nessas condições é que são encontradas oportunidades para os chamados "acidentes", assim como para os contínuos ajustes feitos pelos Senhores do *Karma*. Nada pode acontecer a um homem que não esteja em seu *karma* como indivíduo; no entanto, ele poderá ainda desfrutar ou sofrer por causa de laços de família ou de nacionalidade que não sejam inerentes ao *karma* dessa vida em curso, e, por assim dizer, receber ou pagar dívidas *kármicas* antes de seu tempo.

A ascensão ou a queda de nações, as mudanças sísmicas, sejam tremores de terra, erupção de vulcões, inundações, etc., ou as calamidades nacionais como a fome e as pragas, todos são casos de *karma* coletivo.

Cada pessoa vai acumulando grandes e variadas classes de mau *karma* no transcurso das idades; e assim, é aproveitada às vezes uma catástrofe ou um acidente coletivo, como um naufrágio, para dar ao homem a oportunidade de expiar uma porção de mau *karma* (*sañchita*) não exigível ainda naquela vida, pagando antes de seu vencimento, por assim dizer, uma dívida *kármica*. Tais oportunidades proporcionadas pelos acidentes são geralmente aproveitadas por escolha especial do

Ego, particularmente se for um Ego adiantado sobre o qual a morte súbita tivesse estado pendente por várias vidas, como uma espécie de algema ou corrente, impedindo seu avanço e entravando seu progresso. Contudo, a menos que esteja devendo tal morte à Lei ou, com tal débito, seja suficientemente adiantado para aproveitar a vantagem daquela oportunidade, não haverá de morrer, mas constituirá mais um caso de miraculoso salvamento de que frequentemente se ouve falar.

P 166: *Visto que cada ação do homem afeta invariavelmente muitos outros que o rodeiam, terá ele que se encontrar com todos aqueles para liquidar sua conta* kármica*?*

R: Os efeitos são triviais em muitos casos, embora em outros possam ser de graves consequências. Esses efeitos triviais, bons ou maus, são meramente pequenas parcelas de débitos ou créditos em nossa conta com a Natureza; no entanto, os efeitos maiores, de qualquer tipo, especialmente quando não há uma clara relação de amor ou ódio, constituem contas pessoais que deverão ser saldadas com as respectivas pessoas. Um homem que dá de comer a um faminto ou que causa um pequeno incômodo a alguém não precisará encontrar-se com essas pessoas novamente, já que receberá o resultado de sua boa ou má ação do depósito geral da Natureza. Porém, se ele altera o curso da vida de alguém mediante um grande benefício ou um sério prejuízo, deverá cedo ou tarde encontrar-se com aquela pessoa para ajustar as contas. Em suma, as pequenas dívidas passam ao fundo geral, enquanto as grandes devem ser pagas pessoalmente.

P 167: *A data exata e a maneira como morrerá uma pessoa são determinadas antes ou no nascimento?*

R: Nem mesmo os astrólogos podem, fundadamente, predizer a morte de um homem; podem apenas afirmar que, em certa época de sua vida, as más influências são fortes e o homem poderá morrer; mas que, se não morrer, continuará sua vida até que outros maus aspectos a ameacem.

Essas incertezas são pontos que ficam em suspenso para uma decisão posterior, dependendo do uso que o homem fizer de suas oportunidades e das modificações que introduzir por suas ações durante aquela vida.

Existem certas causas que atuam no sentido de que o homem abandone seu corpo físico, e durante o transcurso de sua encarnação, seu *karma* passado pode lhe levar, em várias ocasiões, ao que pode ser chamado "estágio crítico"; porém outras causas podem atuar sobre ele, e da soma dessas forças resultará que ele deixe ou não seu corpo físico em determinado momento. E assim, embora não esteja fixado o dia da morte do corpo físico de um homem, está fixado o período de tempo que deverá passar na condição física; e se ele abandona a vida terrena antes de completar-se este período, terá que residir o resto daquele tempo no mundo astral, em condições que poderíamos chamar de "vida semiterrena". Seu corpo físico foi eliminado antes que terminasse o prazo para sua vida, porém as condições normais *post-mortem* somente poderão ser estabelecidas quando aquele período de vida terrena estiver completamente esgotado. Muitos versículos dos *Shāstras* hindus garantem que a morte acontece apenas no tempo fixado, e habitualmente assim sucede. E quando dizem: "Antes que chegue a hora, uma lança não matará; quando tiver chegado, basta uma brisa para ocasionar a morte", significa que, uma vez chegada a hora, a mais leve causa produzirá o abatimento do corpo físico, mas se não, por mais violenta que seja a causa (um golpe de lança), não poderá ser alterado o período da vida, ainda que eliminado o corpo físico.

As pessoas cujas mentes não são claras acerca dessa questão dizem: "Se já está fixada a duração da vida de uma pessoa, se a hora da morte é determinada, de nada serve manter com vida o enfermo, nem chamar o médico, já que viverá ou morrerá de acordo com seu *karma*". Esse é um erro grave, pois, segundo se comentou, em um período crítico como o mencionado, o esforço ou as atividades vigentes poderão modificar consideravelmente, e mesmo completamente, o resultado, assegurando ao enfermo o uso de seu corpo físico até o final do período de sua vida atual.

Portanto, o fato é que o período de vida sob as condições físicas *está* fixado; a hora do falecimento do corpo físico *não está* fixada. Em um ponto ou outro poderá ocorrer a morte. Haverá momentos em que, por causa de *karma drdha*, a morte não poderá ser evitada; mas haverá outros períodos nos quais, em se tratando de *karma adrdha* ou *drdhādradha*, uma força adicional poderá afastar a morte, como também algum tipo de mau *karma*. Existem pontos que são de resultado exato; há outros que podem ser alterados pelo esforço.

P 168: *Existe* karma *entre os animais? Se não, como você explica as diferenças em suas condições, já que uns vivem bem alimentados e tratados carinhosamente, enquanto outros passam suas vidas sujeitos a brutalidades, morrendo de fome ou lutando por um viver miserável?*

R: Em primeiro lugar, deveríamos saber que, amiúde, um animal realmente cria boa porção de *karma* através da alma-grupo, embora não individualmente; e, em segundo lugar, que os animais bem tratados não têm tantas vantagens como parece. O cão esportista às vezes é treinado para que seja mais selvagem e brutal, para que em uma luta mate somente pelo desejo ardente de destruição; sua alma-grupo cria assim um mau *karma*, pelo qual deverá sofrer mais tarde através de outros cachorros que sejam a expressão dela; enquanto que um cão de estimação perde todas as suas virtudes caninas e adquire o *karma* do egoísmo para sua alma-grupo.

Uma alma-grupo, com suas muitas manifestações animais, pode ser comparada a um corpo íntegro, com seus variados membros e órgãos; se um órgão ou membro acha-se afligido por uma dolorosa enfermidade, nunca falamos de tal órgão como de um indivíduo digno de compaixão, nem como de algo à parte da integralidade do corpo. Se um animal é maltratado por um homem, isso poderá ser um ato espontâneo de injustiça da parte do homem, já que não pode ser o resultado de um *karma* prévio daquele animal particular, pois, não tendo se individualizado ainda, é incapaz de carregar uma conta *kármica*. Contudo, não poderia acontecer o mal a menos que a alma-grupo da qual o animal faz parte tenha adquirido mau *karma* no passado, que hoje é pago pela mesma alma-grupo mediante sua manifestação naquele animal particular. Aquele *karma* foi criado por lutas intencionais entre touros, cachorros, gatos, veados, etc., nas quais voluntariamente é infligida dor cruel. Já no caso de presa morta por animal selvagem para fins de alimento, o sofrimento é menor.

De todo modo, "a fera humana" que trata cruelmente um animal e o incita a brigar e a ocasionar dor a outros – em vez de ajudar aquele animal que chegou a suas mãos em busca de um estímulo para sua evolução por meio desse contato humano – está armazenando um *karma* excessivamente mau para si mesmo, e em muitíssimas vidas por vir sofrerá o justo resultado de sua abominável brutalidade.

P 169: *Você já explicou a atuação do* karma, *mas como pode um homem modelar seu* karma *deliberadamente e modificar seu destino?*

R: Em primeiro lugar, ele deve examinar os três fios da corda do destino explicados anteriormente; inspecionar cuidadosamente seus recursos (suas faculdades e qualidades inatas, quer sejam boas ou más, suas capacidades e fraquezas), assim como as oportunidades presentes e seu meio ambiente atual. Então, ao selecionar as qualidades a que conviria fortalecer, ele pode começar a trabalhar e modificar rapidamente seu caráter, considerando as qualidades, uma por uma, conforme dissemos anteriormente, e utilizando o poder do pensamento para adquiri-las sem jamais cogitar nas debilidades, mas nas potências correspondentes; e portanto, pensando naquilo que deseja ser, gradualmente mas de maneira inevitável ele assim o será sob o funcionamento da Lei.

Se cometeu erros no passado, pode modificar consideravelmente os resultados pondo em operação forças neutralizadoras. Ao enviar um forte pensamento de amor imediatamente depois de haver cometido o erro de emitir um pensamento de ódio, poderá contrabalançar aquilo que, de outra maneira, teria se constituído no inevitável efeito do ódio. As vibrações de ódio geradas em vidas anteriores podem também ser igualmente neutralizadas ao se estabelecerem vibrações de amor em sua oposição. Além disso, se alguém lhe enviar um pensamento de ódio, um homem pode neutralizar seus efeitos e ainda destruir aquele ódio enviando, por sua vez, um forte pensamento de amor, já que "o ódio só cessa pelo amor".

Considerando o segundo fio da corda do destino, a natureza de desejos não pode ser mudada pelo desejo, mas pelo pensamento. O homem deve criar mentalmente as formas-pensamento da oportunidade que ele quer e fixar sua vontade em tais formas, aproximando-as do seu alcance, literalmente formando e aproveitando oportunidades não proporcionadas pelo *karma* passado. Por exemplo, suponha que alguém seja muito afeito a manjares especiais e que tenha a debilidade da gula; essa pessoa deve, então, pensar nos desastrosos efeitos do vício, isto é, tornar-se obeso e ter problemas digestivos, e deve gerar uma repulsa por tal vício através do controle desse desejo.

Seu ambiente é, de tudo, o mais difícil de mudar, porque se trata das formas mais densas de matéria. Mas ele deve tentar modificar a parte indesejável de seu ambiente que possa ser alterada por meio de tenazes esforços; enquanto que a porção que não possa ser modificada, ele deve aceitar e aprender o que ela tem para ensinar, até que ela seja abandonada como uma roupa velha. Por exemplo, se nasceu no seio de uma família que lhe é desagradável, deve se adaptar às suas circunstâncias, cumprindo alegre e pacientemente com todas as suas obrigações para com todos os Egos atraídos para ele por seu passado, assimilando a paciência mediante as contrariedades, a firmeza através das irritações, e o perdão por meio dos erros.

E assim, trabalhando sob o livre-arbítrio e a necessidade (com livre-arbítrio, mas sob condições que foram criadas por suas naturezas mental, de desejo e física anteriores), ele pode modelar seu *karma* e criar o seu futuro destino.

Deve-se estudar o *karma* e aplicar o conhecimento adquirido para a orientação da própria vida. Há muitos que dizem: "Como eu gostaria de ser bom!", mas não se esforçam para criar as causas que resultem em bondade. É como se um químico dissesse: "Como desejo produzir água!", sem buscar as condições que a produzam.

P 170: *Já que um homem deve retornar à Terra várias vezes até que tenha esgotado seu* karma *individual, e visto que um bom* karma *arrasta o homem ao nascimento tão implacavelmente quanto um mau* karma, *como fará ele para cessar de produzir novo* karma *e esgotar todo o anterior, a fim de alcançar a liberação?*

R: Um bom *karma* criado sob o pensamento de recompensas atará o homem à Terra com correntes de ouro de maneira tão efetiva quanto um mau *karma* o prende com correntes de ferro; e embora ele possa obter, como recompensa *kármica*, riquezas e posição mundanas que lhe proporcionem bem-estar e felicidade, sua vida atual poderá ser meramente de agradáveis futilidades se não houver quaisquer inspirações ou ideais provenientes de seu passado. O ignorante, no gozo de seus sentidos, não considera tal bom destino como uma corrente; mas o sábio, sabendo do que se trata, tenta se desembaraçar tanto das correntes de ouro quanto das de ferro.

Um desejo nos incita à ação – o desejo pelo fruto da ação que impulsiona o homem à atividade. A satisfação por esse fruto recompensa seu esforço. O desejo pelo fruto, ou o apego ao fruto da ação, é, pois, o elemento aprisionante do *karma*. A cada ação está ligado o seu fruto, e o desejo é o fio que os ata; extinguindo-se o desejo, a ligação se parte. Portanto, se um homem anseia pela liberação, deve praticar a renúncia aos frutos da ação, erradicando gradualmente dentro de si o desejo de possuir qualquer objeto para seu próprio eu separado. Ele não deve "desejar semear semente alguma para sua própria colheita; mas desejar semear somente aquela semente cujo fruto alimente o mundo". Não deveria descuidar-se de nenhum dever, senão cumpri-los todos com perfeição e permanecer indiferente ao fruto que deles resultar. Então, todas as suas ações participarão da natureza do sacrifício, e os frutos serão generosamente doados para auxílio da humanidade. E assim, sem desejar nem rechaçar objeto algum, ele cessa de engendrar novo *karma*: "Do gérmen da renúncia do eu, dele brota o doce fruto da liberação final"; "Abstendo-se da atividade, não logra o homem a liberação procedente da ação"; "Ao abandonar o fruto de sua ação, o homem harmonizado alcança a eterna Paz; o não harmonizado, impelido pelo desejo, apegado ao fruto, permanece aprisionado".

Por conseguinte, ele terá de se libertar de todas as antigas correntes e, ao mesmo tempo, cessar de forjar novas correntes. Para isso, precisa do conhecimento. Ao considerar retrospectivamente suas vidas passadas, o homem terá de neutralizar as forças que surgem do passado opondo-lhes forças iguais e contrárias, extinguindo seu *karma* pelo conhecimento. Deverá, também, encontrar-se com as almas às quais prejudicou e pagar suas dívidas, esgotando assim obrigações *kármicas* que, de outra maneira, dificultariam e retardariam seu progresso.

P 171: *Um homem é atraído de novo à Terra por seus desejos; como os Mestres não têm desejos, o que os prende à Terra? Por que abandonam a indescritível bem-aventurança do* Nirvāna *pelos níveis inferiores do mundo dos homens?*

R: O mundo nada pode oferecer-lhes que tenha o poder de atraí-los de novo à Terra; mas eles permanecem no mundo para auxiliar a humanidade. Embora sintam compaixão pelos homens, eles jamais intervêm na Lei do *Karma*, já que essa intervenção certamente criaria confusão. Contudo, em acordo com a Lei, auxiliam algumas vezes os homens em seu sofrimento. Sua atuação não consiste em apagar o fogo, mas evitar sua atratividade; não em remover os infortúnios, mas dissipar a ignorância, a causa-raiz de todo sofrimento que prende o homem à

Terra através das más ações. E assim, eles permanecem neste mundo para ajudar a seus irmãos menores, e trabalham século após século não por algo que este mundo possa lhes oferecer, mas pelo contentamento de ver outras almas evoluindo à sua semelhança.

Capítulo VI

A vida depois da morte

P 172: *Qual é a vantagem de se conhecerem, durante a vida, as condições existentes além da morte? Por que deveria um homem ocupar sua mente com este assunto se está seguro de constatar os fatos logo que morrer?*

R: Este argumento é deficiente por várias razões. Ele não leva em conta o pavor que, devido à ignorância, ensombrece as vidas de tantos ao morrerem, nem a dor pela separação e a ansiedade sentidas por aqueles que têm seus entes queridos falecidos. O temor é inspirado não tanto pela expectativa definida de algo aterrorizante, mas por um confuso sentimento de incerteza, o pavor de um abismo de ociosidade.

O argumento acima não considera ainda o fato de que o homem não percebe seus erros imediatamente após a morte, e de que, devido à sua falta de capacidade para corrigi-los à luz da Verdade, ele frequentemente sofre muito. O homem comum, carente de conhecimentos, está aprisionado no plano astral pelo elemental do desejo – do qual logo se falará – e não compreende as possibilidades da vida depois da morte, perdendo assim muitas oportunidades de serviço e de progresso.

Embora as Leis da Natureza estejam sempre se impondo a nós, saibamos disso ou não, se as conhecermos, poderemos cooperar com elas para nosso grande benefício. Entretanto, não podemos fazer isso estando nas trevas da ignorância. Saber é como caminhar à luz plena; e compreender as Leis da Natureza é adquirir o poder de acelerar nossa evolução, aproveitando-nos das Leis que adiantam nosso crescimento e evitando a ação daquelas que o retardam.

Além disso, a partir do conhecimento sobre a existência além da morte, o homem percebe a verdadeira proporção que existe entre o fragmento físico da vida e o resto dela. Assim, não desperdiça seu tempo em trabalhar somente para o período físico, que é como a décima ou vigésima parte de toda uma vida entre duas encarnações. Igualmente, quando o homem chega ao que se chama "mundo astral" depois da morte, não se sente alarmado, pois ele compreende o ambiente e sabe qual é a melhor maneira de atuar nele, tendo, dessa forma, coragem e confiança. Mesmo o homem que tiver escutado as verdades teosóficas tão somente em uma conferência, ao encontrar-se no mundo além da morte e observar a exatidão geral dos ensinamentos, tentará se recordar das recomendações sobre como se conduzir lá. E tendo ao menos alguma informação sobre essa realidade, ele pode evitar muito do mal-estar, da desorientação e do temor sentidos por aqueles em completa ignorância. Porém, a maior das vantagens de tal conhecimento é que o homem pode se sentir seguro o bastante para estender uma mão amiga aos demais, gerando assim bom *karma* para ele.

P 173: *De acordo com isso, o que acontece a um homem do outro lado da morte?*

R: Para conhecer isso, devemos compreender exatamente o que é a morte. Há uma grande quantidade de pesar, de terror e de angústia totalmente desnecessários que a humanidade, como um todo, sofreu e ainda sofre por causa da ignorância e da superstição acerca da morte, que é vista como um terrível salto para um abismo desconhecido.

A morte é, a princípio, o descartar do corpo físico, o invólucro mais externo do Ego – o homem real, que continua vivendo em seu corpo astral até que se esgote a força gerada por suas emoções e paixões durante sua vida terrestre. Ocorre, então, uma segunda morte; e ao separar-se o corpo astral do homem, ele está em seu corpo mental, naquele que é chamado "mundo celeste". Terá que permanecer ali até que se esgote a força dos pensamentos altruístas gerados durante suas vidas física e astral. Sendo descartado também esse terceiro corpo, o homem permanece por algum tempo como Ego em seu próprio mundo, no corpo Causal, antes de retornar à encarnação.

Portanto, a morte não é outra coisa senão nascer em outra região; é um processo repetido de abandonar vestimentas – o homem imortal tirando de si, uma após a outra, as envolturas externas para passar a um estado superior de consciência.

P 174: *Como o homem real se separa de seu veículo físico?*

R: Durante o lento processo de morrer, o duplo etérico, levando consigo o *Prāna* e os Princípios superiores, vai se retirando do corpo denso, ao qual permanece conectado por um fio magnético. No momento solene da morte, mesmo que esta seja repentina, a vida passada desfila rapidamente diante do Ego, fato do qual têm dado testemunho aqueles que se salvaram de afogamento. O Ego revive, então, toda a sua vida nesses poucos segundos antes da morte propriamente dita; e a personalidade, unificando-se com o Ego onisciente e passando em revista a vida inteira em seus mínimos detalhes, com a cadeia completa de causas e efeitos, vê a si própria sem o adorno da ilusão e compreende o propósito da vida. Por conseguinte, durante o lento processo do morrer, deve ser observado no leito do moribundo uma extrema quietude e autocontrole, a fim de não perturbar o Ego que está absorto na contemplação de sua vida passada; e não se deve permitir nenhum pranto ou lamentação ligada à ideia de uma egoísta perda pessoal.

Lentamente, o homem se retira assim do corpo físico, envolto no duplo etérico cor cinza-violeta, até que o fio magnético se rompe. Então, ele submerge em uma pacífica inconsciência, enquanto o duplo etérico flutua sobre o corpo denso.

Os atos de morrer e de dormir são similares, exceto em pouquíssimos detalhes, segundo já se explicou no Capítulo III. Em ambos os casos, o homem se retira do corpo físico. Quando dorme, ele se retira no corpo astral, deixando o corpo etérico com a envoltura física, nos quais fluem as correntes de vitalidade que os mantêm vivos. Na morte, ele se retira também com o duplo etérico; e como tal duplo não é um veículo, o homem envolto por ele está geralmente inconsciente, pelo menos por um momento, não conseguindo atuar nem no mundo físico nem no astral.

Depois de algum tempo, podendo variar de uns poucos momentos até algumas horas, dias e até semanas – normalmente cerca de trinta e seis horas –, os cinco Princípios superiores se desenlaçam do duplo etérico, descartando-o como antes o fora o corpo denso, deixando-o insensível como um cadáver. *Prāna*, tendo perdido assim seu veículo, regressa ao grande repositório de vida universal, de modo semelhante ao da água que, contida em uma vasilha submergida no oceano, se mistura à água do oceano quando é quebrada a vasilha. O homem fica agora residindo em seu corpo astral, pronto para a vida astral.

P 175: *Você fala de "submergir em uma pacífica inconsciência", mas de fato o homem não sofre terrivelmente durante sua luta com a morte?*

R: As lutas com a morte e o crepitar da morte são apenas movimentos espasmódicos do corpo físico depois que o Ego consciente o abandonou. Em quase todos os casos, o instante de morrer é perfeitamente indolor, mesmo quando tenha havido longo sofrimento por uma enfermidade. E isso se demonstra pela expressão facial serena tão comum após a morte, assim como pelo testemunho direto de muitos daqueles a quem essa pergunta foi feita, imediatamente depois que morreram.

P 176: *O que ocorre com o duplo etérico já separado depois da morte?*

R: O corpo físico, abandonado à agitação das inumeráveis vidas que previamente estavam mantidas em coesão pelo *Prāna,* que atuava através do duplo etérico, começa a decair, e suas partículas passam a formar outras combinações à medida que suas células e moléculas se desintegram. O duplo etérico, pela proximidade com sua contraparte densa, compartilha do mesmo destino em poucas semanas ou meses, precisamente pela mesma razão: a força que coordena o *Prāna* está se retirando dele. Entretanto, não se deve supor que essas duas desintegrações dependam uma da outra. Os clarividentes veem nos cemitérios estes espectros etéricos flutuando sobre os túmulos onde foram enterrados os corpos físicos, apresentando às vezes muita semelhança com o corpo denso, e em outras ocasiões uma aparência de névoa ou luzes violáceas. É conveniente, por muitas razões, cremar os cadáveres e não os sepultar.

P 177: *Por que é preferível a cremação ao sepultamento?*

R: Há várias razões para isso:

1. Nada do que comumente se faz ao cadáver físico faz qualquer diferença ao verdadeiro homem que já vive no plano astral, embora isso às vezes ocorra devido à sua ignorância e insensatez. A duração da estada de um homem no mundo astral depois da morte depende de dois fatores: a natureza de sua vida física passada e sua atitude mental depois da morte. Durante sua vida terrena, ele afeta diretamente a construção de seu corpo astral por suas paixões e emoções, e indiretamente pela ação de seus pensamentos, acima delas, e a partir do inferior, por todos os detalhes de sua vida física – sua castidade ou devassidão, sua alimentação, etc. Se durante a vida terrena ele houver construído para si um veículo astral grosseiro, por renitentes paixões e desejos maldosos, após a morte ele ficará preso ao plano astral

durante o longo e lento processo de desintegração daquele corpo. Por outro lado, se por uma vida virtuosa ele tiver construído um veículo predominantemente composto por material mais refinado, ele terá muito pouco mal-estar depois da morte e passará com suma rapidez através do plano astral.

Esse primeiro fator é geralmente compreendido, mas o segundo grande fator – sua atitude mental depois da morte – parece ser frequentemente esquecido. O importante para ele é perceber que, nessa etapa, ele está se deslocando ininterruptamente em direção ao mundo do verdadeiro Ego, e que é seu trabalho desprender seus pensamentos, o máximo possível, das coisas físicas, fixando sua atenção cada vez mais nos assuntos espirituais, que posteriormente o ocuparão nos níveis *devachânicos*. Agindo assim, ele facilitará sobremaneira a natural desintegração astral e evitará o erro comum de deter-se desnecessariamente nos níveis inferiores daquele plano.

Entretanto, muitas pessoas simplesmente se recusam a voltar seus pensamentos para o mais elevado. Os assuntos terrenos são os únicos pelos quais sempre tiveram interesse vital, e assim aferram-se a eles com desesperada tenacidade mesmo depois da morte. Naturalmente, a poderosa força da evolução é eventualmente demasiado intensa para elas, e são arrastadas nesta corrente benfazeja. Todavia lutam a cada passo, causando para si não só incômodos e sofrimentos desnecessários como também um sério atraso em seu progresso ascendente.

Nessa ignorante oposição à vontade cósmica, o homem muito se vale da posse de seu cadáver físico como uma espécie de ponto de sustentáculo no plano físico. Encontra-se, naturalmente, em íntima relação com ele e, se for tão insensato para querer fazê-lo, pode usar seu cadáver como uma âncora que o retenha firmemente aderido aos níveis inferiores, até que a decomposição esteja bem avançada.

E assim, embora nem o sepultamento nem o embalsamamento de um cadáver que pertenceu ao Ego possam forçá-lo a prolongar sua estada no mundo astral contra sua vontade, qualquer desses métodos consiste em uma tentação para seu retardamento, facilitando-a se ele insanamente o desejar. Portanto, a cremação livra o homem de si mesmo nessa questão, pois se o corpo tiver sido desintegrado, seu "barco" terá sido literalmente queimado atrás de si, e sua possibilidade de retrocesso é enormemente diminuída.

2. Quer o corpo denso seja cremado ou deixado à lenta decomposição na repulsiva maneira habitual ou preservado indefinidamente como uma múmia egípcia, o duplo etérico prossegue seu próprio curso de lenta desintegração sem ser afetado por esses procedimentos. Porém, a cremação é aconselhável do ponto de vista sanitário, já que evita muitos perigos aos seres vivos pela rápida desagregação dos remanescentes físicos.
3. A cremação impede completamente qualquer tentativa de uma reunião parcial e não natural dos Princípios pela galvanização do cadáver etérico nas proximidades do corpo denso, imediatamente depois da morte, ou na sepultura, mesmo depois do sepultamento.
4. A cremação impede inteiramente qualquer esforço de se fazer um mau uso do cadáver nos horripilantes ritos da magia negra, que tão seriamente afetam a condição do homem no plano astral.

P 178: *Então, o que ocorre ao homem em seu corpo de desejos depois que ele se livrou do duplo etérico e se separou de* Prāna?

R: Quando se abandona o corpo físico na morte, começa a se desorganizar toda a ordem dos invólucros da personalidade, e o corpo astral começa a se desintegrar. O elemental do desejo, a vaga consciência corporal do corpo astral, já mencionado no Capítulo III, se apercebe disso e se atemoriza. Ele teme perder aquela habitação, que o capacita a manter-se separado e lhe dá excepcional oportunidade para o progresso, e receia que o desaparecimento final do corpo astral ponha fim à sua própria vida (elemental) como entidade separada; por isso, ele imediatamente se põe em ação para se proteger através de um método muito engenhoso. A matéria do corpo astral é muito mais fluídica que a do físico, e o elemental, apoderando-se de suas partículas, as reorganiza de tal sorte que o novo arranjo do corpo astral possa resistir a toda usurpação, fricção ou desintegração, tanto quanto sua constituição o permita, retendo, por conseguinte, sua forma o mais que puder. Durante a vida terrena, as distintas classes de matéria astral se entremesclaram na formação do corpo de desejo ou corpo astral, e o rearranjo consiste na separação de seus materiais, de acordo com sua densidade, em um conjunto de sete invólucros concêntricos, sendo constituídos pela matéria de cada subplano – o mais refinado internamente e o mais denso na periferia.

P 179: *Mas de que forma esta reorganização feita pelo elemental do desejo afeta o homem que morreu?*

R: O corpo físico adquire informação do exterior por meio de certos órgãos que são especializados como instrumentos de seus sentidos. Mas o corpo astral não possui órgãos separados, e aquilo que no corpo astral corresponde à visão é a capacidade que têm suas moléculas de responder a impactos do exterior, que lhes chegam de moléculas similares, de tal maneira que o homem poderá perceber um objeto astral, de matéria de uma subdivisão particular, somente se na superfície de seu corpo astral existirem partículas que pertençam a tal subdivisão. Durante a vida física, todas as sete classes de matéria astral em seu corpo se mesclam e estão em contínuo movimento, como as partículas de água fervente. Em qualquer dado momento, as partículas de todos os tipos estão representadas na superfície de seu corpo astral, e quando ele se encontra, por conseguinte, atuando naquele corpo durante o sono, pode ver qualquer objeto astral da matéria de qualquer subdivisão. Porém, devido ao rearranjo da matéria de seu corpo astral em camadas concêntricas, que ele por ignorância permitiu que seu elemental do desejo construísse após a morte, o homem fica confinado a um subplano de cada vez, isto é, sua consciência recebe impressões apenas mediante um tipo de matéria, e assim obtém uma visão extremamente parcial do mundo no qual se encontra.

Tendo, na superfície de seu corpo astral, somente as partículas mais inferiores e grosseiras, ele só pode receber impressões das partículas externas correspondentes. Porém, como as vibrações de tal matéria densa são expressões unicamente de sentimentos e emoções desagradáveis, da menos refinada classe de entidades astrais, ele somente pode ser consciente daquela variedade inferior de matéria astral, que corresponde à sólida aqui embaixo, e pode ver unicamente os habitantes indesejáveis do mundo astral, sentindo apenas suas influências mais desagradáveis e vulgares. Os demais homens que o rodeiam, que são de um caráter comum e corrente, lhe parecerão monstros de vício, já que pode ver e sentir apenas o mais baixo e vil neles. Mesmo os seus amigos, os que morreram poucos anos antes e já transferiram sua consciência aos níveis superiores, não se parecem com o que eram, porque agora ele é incapaz de apreciar qualquer uma das boas qualidades deles. Sob tais circunstâncias, não é de estranhar que ele considere o mundo astral um inferno; entretanto, de modo algum deve-se atribuir a culpa ao mundo astral, mas a ele próprio – em primeiro lugar, por haver permitido dentro de si tanta quantidade daquele tipo mais grosseiro de matéria astral, e, em segundo lugar, por permitir que aquela vaga consciência astral o dominasse e reorganizasse sua matéria astral daquela maneira.

Com o transcurso do tempo, ele passará aos subplanos superiores, um após o outro, à medida que se desgaste cada um dos invólucros concêntricos; e a vida astral do homem se prolonga, assim, indevidamente, retardando o progresso da alma.

P 180: *Você disse que a permissão para essa reorganização é resultado da ignorância; então o homem pode impedi-la e, evitando ficar confinado aos subplanos inferiores, um após o outro, preservar sua capacidade de ver qualquer objeto astral da matéria de qualquer subplano?*

R: Durante sua vida, ele pode se recusar a gratificar seus desejos inferiores, substituindo todas as partículas grosseiras por outras mais refinadas e elevadas, trocando assim a matéria astral dentro de si e construindo para si próprio um elemental astral de tipo superior.

Além disso, como o homem comum não tem conhecimento dessas coisas, aceita passivamente o rearranjo após a morte, especialmente porque o elemental do desejo lhe transmite seu próprio temor de um indefinido perigo e destruição. No entanto, o homem deveria simplesmente resistir àquela sensação irracional de temor por meio de uma serena afirmação de conhecimento, opondo-se a tal reorganização, que o reteria em um único subplano, e deveria insistir em manter aberta sua comunicação também com os níveis astrais superiores. Assim, poderá escapar da escravidão do elemental do desejo, vencendo lenta mas firmemente sua resistência. Encontrando-se então praticamente na mesma posição em que costumava atuar quando passava ao mundo astral ao dormir durante sua vida terrestre, ele será capaz de se mover livremente e manter sua habilidade para ver todo o mundo astral, e não somente a parte mais grosseira e vil do mesmo. Ele poderá ainda ajudar a seus amigos, ensinando-lhes a maneira de se liberarem. O hábito de voltar os pensamentos para o interno na meditação e a prática de dirigir as emoções pela vontade e pelo intelecto previnem também esse "encapsular", que não é frequente entre pessoas que se autodominam.

P 181: *Qual é, então, o estado de um homem comum no* Kāmaloca *imediatamente após a morte?*

R: É incerto que, ao se liberar de seu duplo etérico, o homem fique imediatamente consciente no mundo astral, especialmente se morreu repentinamente, pois ele retém consigo uma boa quantidade da classe inferior de matéria astral e pode ser formado um invólucro dela ao seu redor. Contudo, se oportunamente ele houver aprendido a manter sob controle os vários tipos de desejos sensuais, sua consciência não estará habituada a funcionar mediante tal matéria. No corpo astral reorganizado, tal matéria se agrupará por fora e, por consequência, será o único canal aberto às impressões externas. Não estando acostumado a receber esse tipo de vibração, o homem não pode desenvolver agora, de repente, a capacidade de atuar conscientemente por meio dela, e permanecerá inconsciente de todo o desagrado daquele subplano inferior até que aquela matéria grosseira se desgaste gradualmente e surja na superfície alguma matéria que ele estava acostumado a usar. No entanto, tal obstrução raramente é completa, pois mesmo no invólucro mais bem feito, algumas partículas da matéria mais refinada ocasionalmente encontram seu jeito de chegar à superfície, oferecendo ao homem lampejos de seu ambiente circundante.

Normalmente, um homem morto fica inconsciente até que se desembarace do duplo etérico; e assim, quando desperta para uma nova vida, tal vida é a do mundo astral. Mas algumas pessoas, devido à ignorância, aferram-se tão desesperadamente à existência física que com dificuldade se desapegarão de seu duplo etérico depois da morte. Sentem que ele é uma espécie de laço com o único mundo que conhecem. Podem ter êxito em manterem tal laço por um tempo considerável, mas somente à custa de grande desconforto para eles mesmos. Como o duplo etérico é tão somente parte do veículo físico e não um veículo em si – um corpo no qual se vive e se atua –, tais pessoas não podem ter um contato pleno com o mundo da vida terrestre ordinária por ausência de órgãos físicos sensoriais, e tampouco são conscientes do mundo astral por causa do invólucro de matéria etérica que os rodeia; estão, portanto, isolados de ambos os mundos, encontrando-se rodeados por uma densa névoa cinza através da qual veem as coisas do mundo físico muito confusamente e desprovidas de cor. Lutando terrivelmente para manterem sua posição, vagam à deriva nessa condição de solidão e sofrimento até que, de tanto cansaço, chegam a soltar sua presa e passam à relativa felicidade da vida astral. Às vezes, em seu desespero, agarram-se cegamente a outros corpos – a um corpo infantil e mesmo ao corpo de um animal – e tentam entrar neles, conseguindo-o em certas ocasiões, ainda que à custa de ulterior sofrimento para eles mesmos em um futuro próximo. Todos esses transtornos e aflições, frutos inteiramente da ignorância, jamais podem acontecer a alguém que entenda um pouco das condições e das Leis da vida após morte.

Um homem comum, ao despertar no plano astral depois da morte, notará muito pouca diferença em relação ao que lhe foi familiar no mundo físico. O mundo astral se estende a um pouco menos do que a distância média da órbita da Lua, segundo já se explicou no Capítulo II, e os tipos de matéria das diferentes subdivisões se interpenetram com perfeita liberdade, sendo a tendência geral que a matéria mais densa se coloque no centro, de modo que, embora as várias subdivisões não fiquem uma sobre a outra como as camadas de uma cebola, o arranjo da matéria daquelas subdivisões parece semelhante.

O homem que não permitiu a reorganização de seu corpo astral tem autonomia por todo o mundo astral, podendo flutuar em qualquer direção à sua vontade, embora geralmente permaneça nas proximidades a que está acostumado, onde estão seus interesses.

Ademais, a matéria astral interpenetra a matéria física como se esta última não existisse; cada subdivisão da matéria física tem ainda uma forte atração pela matéria astral da subdivisão correspondente. Daí que cada corpo físico tenha sua contraparte astral, e que o homem que morreu seja capaz, por conseguinte, de identificar sua casa, seus móveis, seus parentes e amigos. Os vivos pensam do amigo morto como se o tivessem perdido, mas aquele amigo, embora incapacitado de ver os corpos físicos dos vivos, vê seus corpos astrais, isto é, as contrapartes astrais que correspondem, com exatidão, ao delineamento dos corpos físicos. Ele está, portanto, ciente da presença de seus amigos, embora não possa promover qualquer impressão neles quando se acham acordados, com sua consciência no mundo físico, nem se comunicar com eles ou ler seus pensamentos mais elevados. Ele pode, no entanto, observar suas emoções pela mudança de cor em seus corpos astrais. Os amigos, igualmente, quando estão adormecidos, são conscientes no mundo astral e podem se comunicar com os mortos tão livremente como durante a vida física, mesmo que esqueçam tudo uma vez despertos.

A morte não muda o homem de maneira nenhuma; este continua sendo o mesmo em todos os aspectos, exceto em haver perdido seu corpo físico. Seus pensamentos, desejos e emoções são exatamente os mesmos, e sua felicidade ou tristeza dependem do grau em que a perda de seu corpo físico lhe afeta. Frequentemente ele não crê que esteja morto, já que vê os objetos que lhe eram familiares e seus amigos à sua volta, mas começa a se dar conta da realidade ao constatar que não pode se comunicar com eles. Ele fala com os amigos depois de sua morte e parece que eles não o escutam; tenta tocá-los, mas percebe que não causa nenhuma impressão neles. Durante algum tempo, ele se convence de que está sonhando, mas gradualmente descobre que está morto.

Então, geralmente, o morto começa a ficar desapontado com os ensinamentos incompletos que recebeu. Não compreende onde se encontra nem o que lhe aconteceu, pois sua situação não é a que esperava. Conforme disse um general inglês ao se achar em condição semelhante: "Então, se estou morto, onde me encontro? Se este é o Céu, não me parece grande coisa. E se é o inferno, está melhor do que eu esperava".

Assim, por causa da infundada e blasfema teoria do fogo do inferno, provoca-se uma grande quantidade de inquietação e até mesmo de agudo sofrimento totalmente desnecessários, já que causam prejuízos tanto além do túmulo quanto aqui. Porém, rapidamente o desencarnado se encontra com um auxiliar astral ou com algum outro morto já bem instruído, e aprenderá por ele que não há motivo algum para temor e que existe uma vida razoável que pode ser vivida neste novo mundo, da mesma maneira que naquele que abandonou.

Ele descobre, de modo gradual, que há muito de novidade e muito que é somente a contraparte do que já conhece, pois no mundo astral os pensamentos e os desejos se expressam em formas visíveis, embora sejam compostos, em sua maior parte, da matéria mais sutil do plano. Isso se faz cada vez mais proeminente à medida que avança sua vida astral e que ele se retrai para dentro de si mesmo. No decorrer do tempo, ele presta cada vez menos atenção à matéria inferior, que forma a contraparte dos objetos físicos, e se ocupa mais e mais da matéria superior, com a qual são construídas as formas mentais – até onde é possível que apareçam formas mentais no mundo astral. E, assim, sua vida vai gradativamente se transformando em uma vida no mundo do pensamento, e se desvanece de seu horizonte a contraparte do mundo que ele deixou para trás, não porque ele tenha mudado de localidade no espaço, mas porque seu interesse mudou de foco. Todavia, persistem ainda os seus desejos, e as formas que o rodeiam serão em grande parte a expressão de tais desejos – da natureza deles depende se sua vida será de felicidade ou de desconforto.

Toda a vida astral depois da morte consiste em um processo contínuo e equilibrado em que o Ego se retrai para dentro de si mesmo; e quando, no seu devido tempo, a alma chega ao limite daquele plano, morre para ele da mesma maneira que morreu para o mundo físico, isto é, se desfaz do corpo de matéria daquele plano e o deixa para trás, passando a uma vida mais elevada e mais plena no mundo celeste.

P 182: *Qual é o ambiente do mundo astral?*

R: Em geral, a pessoa constrói seu próprio ambiente. O mundo astral, conforme já se explicou no Capítulo II, acha-se dividido em sete subdivisões que se agrupam em três classes. Contando a partir da mais elevada, as subdivisões 1, 2 e 3 formam uma classe; as subdivisões 4, 5 e 6 outra classe; e a subdivisão 7 uma classe isoladamente.

Como explicado anteriormente, embora essas subdivisões se interpenetrem livremente, a matéria das subdivisões superiores encontra-se em sua totalidade a uma elevação sobre a superfície da Terra maior do que a massa de matéria das subdivisões inferiores. Embora uma pessoa possa se mover a qualquer parte do plano, sua tendência natural é flutuar no nível que corresponde à gravidade específica da matéria mais pesada de seu corpo astral. Uma pessoa que não tenha permitido a reorganização em seu corpo astral pode flutuar em qualquer região à vontade; mas aquela que permitiu tal reajuste encontra-se confinada a um único nível, não porque não possa se elevar ao mais alto ou submergir ao mais denso, mas porque está capacitado a sentir com clareza apenas o conteúdo daquele subplano, cuja matéria seja aquela mais externa dos invólucros concêntricos de seu corpo astral.

O subplano inferior, o sétimo, a cercania astral com sua atmosfera sombria e deprimente abaixo da superfície da Terra, é o mais horrível e repulsivo, sendo povoado pela escória da humanidade (assassinos, rufiões, bêbados, libertinos, etc.), flutuando na obscuridade e separada dos demais mortos, embora ali estejam conscientes apenas os infratores de crimes brutais ou de crueldade deliberada, ou os possuídos por apetites maléficos. Também se encontram ali pessoas de um tipo geralmente melhor; por exemplo, os suicidas que se mataram para escapar da condenação por crimes cometidos.

A quarta, a quinta e a sexta subdivisões podem ser consideradas como o duplo astral do plano físico. A grande maioria das pessoas permanece um pouco na sexta subdivisão, que é simplesmente como a vida física sem o corpo físico e suas necessidades; enquanto que a quinta e a quarta subdivisões são meramente cópias etéreas da sexta, sendo a vida menos material nelas.

A primeira, a segunda e a terceira subdivisões, embora ocupem o mesmo espaço, dão a ideia de estar muito mais afastados do físico, pois os homens que ali habitam perderam de vista a Terra e seus pertences, e encontram-se profundamente absortos em si mesmos.

A terceira subdivisão é o "paraíso"[23] dos espíritas, no qual os mortos, pelo poder de seus pensamentos, dão forma a escolas, igrejas e templos, casas e cidades; ou a belas paisagens, com deleitosos jardins, lagos encantadores e magníficas montanhas. Essas são meras criações coletivas de pensamento, mas as pessoas vivem ali em contentamento durante muitos anos.

A segunda subdivisão é o "céu material" do ortodoxo ignorante, a residência do religioso egoísta ou carente de espiritualidade, que usam aqui sua "coroa de ouro" e adoram a representação grosseiramente material de sua deidade particular, de sua época e seu país. É a afortunada área de caça do pele vermelha, o valhala do nórdico, o paraíso repleto de virgens do mulçumano, o portão de ouro da Nova Jerusalém do cristão, o céu repleto de liceus do reformador materialista.

A primeira subdivisão ou superior é ocupada por homens e mulheres intelectuais, marcadamente materialistas ou ansiosos por alcançar, através dos meios físicos do estudo, um conhecimento baseado na ambição egoísta ou no prazer de um exercício intelectual. Lá se encontram muitos políticos, estadistas e homens de ciência.

A vida astral é o resultado de todos aqueles sentimentos que têm em si o elemento "eu". Se tiverem sido completamente egoístas, trarão para aquele que os possui as condições de grande dissabor no mundo astral; se tiverem sido benévolos e amáveis, embora tingidos por pensamentos egoístas, lhe trarão uma vida astral relativamente agradável, mas ainda limitada. Os pensamentos e sentimentos que tenham sido inteiramente altruístas produzem resultado em sua vida no mundo mental; por conseguinte, a vida neste mundo só pode ser de bem-aventurança. A vida astral que o homem construiu para si, cheia de sofrimento ou relativamente jubilosa, corresponde ao que os cristãos chamam de "purgatório"; enquanto que a vida no mental inferior, que é sempre inteiramente feliz, corresponde ao que chamam de "céu".

---

[23] No original, *summerland.* (N. E.)

P 183: *Então não existe o inferno?*

R: O homem constrói para si mesmo seu próprio purgatório ou seu Céu, que não são localidades, mas tão somente estados de consciência. Não existe o inferno, que é apenas uma invenção da imaginação teológica. A crença popular do cristão em um fogo eterno e punição perpétua não é mais que uma superstição especialmente perniciosa, ensinada pelos monges medievais. A única coisa que, do ponto de vista cristão, deve ter alguma importância é aquilo que o próprio Cristo disse acerca desse assunto. Há oito passagens nas quais se supõe que ele tenha mencionado um castigo eterno, e pode-se demonstrar facilmente que cada uma dessas oito citações nada tem a ver com a ideia popular atribuída a elas. Existe um livro chamado *Salvator Mundi*, escrito por um clérigo cristão, o Reverendo Sandal Cox, que investiga muito cuidadosamente as palavras gregas originárias daquilo que se alega que o Cristo tenha dito; ele explica o que realmente quis dizer o Cristo, e fornece as palavras que ele deve ter usado, em grego, de maneira a se adequarem à interpretação popular. Ele não exprimiu o que as pessoas comumente lhe atribuem. Isso demonstra que não existe uma base racional para a crença em um castigo eterno, e é claro que isso pode ser refutado sob muitos outros pontos de vista. Pode-se dizer que se há um Deus, e se ele é um Pai amoroso, a crueldade da punição eterna, com sua evidente injustiça, é absolutamente impossível.

Entretanto, advirá um período no desenvolvimento humano – o qual ainda dista milhões de anos, o chamado "Dia do Juízo", em meados da Quinta Ronda – em que as almas jovens ou os homens que tenham se colocado tenazmente contra o progresso evolucionário serão apartados não para um inferno eterno, mas em uma condição de animação relativamente suspensa, na qual terão de esperar o advento de outro Esquema de Evolução que lhes ofereça, em seus primeiros estágios, uma oportunidade de avanço mais de acordo com os limites de suas débeis capacidades.

Tais homens estão simplesmente na posição de uma criança incapaz de seguir o ritmo de seus companheiros de classe. Ela não consegue atuar com eles na última e mais difícil parte dos estudos designada para o ano letivo; portanto, ela deve aguardar até que, ao início do próximo ano, outro grupo de crianças inicie os mesmos estudos que ela não pôde seguir. Unindo-se a ele e percorrendo novamente o mesmo terreno, ela poderá agora superar com êxito as dificuldades do caminho às quais anteriormente sucumbiu. Eis aí tudo o que o assunto significa; poderíamos chamá-la uma "suspensão eônica", pois tal é a verdadeira tradução das palavras que foram tão mal interpretadas como "danação eterna". De modo nenhum é uma danação, nem mesmo uma condenação em qualquer mau sentido; mas simplesmente uma suspensão pelo presente éon ou dispensação. No entanto, a mórbida imaginação dos monges medievais, sempre em busca de oportunidades para introduzir horrores grotescamente agravados em seu credo, para aterrorizar camponeses inacreditavelmente ignorantes e extrair maiores doações para a manutenção da "Santa Madre Igreja", distorceu essa ideia, perfeitamente simples, de uma "suspensão eônica" em uma "danação eterna".

Contudo, se o homem viver insanamente, poderá construir para si um purgatório desagradável e de longa duração, embora nem o Céu nem o inferno possam ser eternos, já que uma causa finita só pode produzir um resultado finito.

P 184: *Segundo isso, quais seriam separadamente as condições, no* Kāmaloca *ou mundo astral, de um homem muito mau, de um homem comum e de um homem que já tivesse adquirido alguns interesses racionais?*

R: As condições da vida após a morte são quase infinitas em sua variedade. Todo homem comum que tenha permitido a reorganização de seu corpo astral depois da morte terá de atravessar as sete subdivisões, embora nem todos estejam conscientes em todas elas. Uma pessoa habitualmente boa não terá em seu corpo suficiente matéria do subplano inferior para que se forme um invólucro denso; normalmente, ela tem matéria do sexto subplano mesclada com alguma do sétimo; e assim, depois da morte, ela comumente se encontra convivendo com a contraparte do mundo físico.

Todavia, um ébrio ou um sensual, que durante a vida física foi presa da luxúria a ponto de sobrepujar a razão e os sentimentos de decência ou do afeto familiar, encontra-se depois da morte nas mais baixas subdivisões do mundo astral, pois seus desejos foram aqueles que necessitavam de um corpo físico para sua gratificação. Esses anseios se manifestam como vibração no corpo astral; e enquanto ele estava ainda no mundo físico, a maior parte da energia desses anseios era usada para colocar em movimento as mais densas partículas físicas. Porém, achando-se no mundo astral, sem corpo físico para amortecer e retardar a força das vibrações do desejo, ele provavelmente sentirá os apetites multiplicados em sua força, embora seja incapaz de satisfazê-los por falta do corpo físico; e assim, sua vida é um verdadeiro inferno, o único inferno que existe. Entretanto, ele se encontra colhendo o resultado perfeitamente natural de sua própria ação, e nenhuma força externa o está castigando. Grande parte do sofrimento resulta ali da falta de satisfação dos desejos viciosos, fortalecidos e fomentados quando usava o corpo físico; o pecador é seu próprio carrasco. Tudo isso foi bem conhecido no mundo antigo, mesmo entre os gregos, fielmente representado no mito de Tântalo, que sofria de uma forte sede e estava para sempre condenado a ver que a água se afastava dele à medida que seus lábios estavam a ponto de tocá-la.

Um assassino, que no *Kāmaloca* revive as cenas do assassinato e subsequentes eventos várias vezes, repetindo incessantemente seu ato diabólico e passando novamente por todos os terrores de sua captura e execução, está sem dúvida experimentando um inferno; o fogo e o enxofre são meras encenações teatrais. Em muitos casos, o assassino, ao repetir em pensamento o crime que cometeu, produzirá algo semelhante a uma assombração na cena desse violento ato por meio dessa meditação interminável, meio malévola e meio aterrorizante.

Contudo, nenhuma dessas condições é eterna e nem punitiva. Elas são a inevitável atuação de causas postas em movimento no mundo físico, perdurando somente enquanto subsistem as forças geradoras. Com o transcurso do tempo, esgota-se a força do desejo, mas à custa de terrível sofrimento para o homem; e como no mundo astral o tempo só pode ser medido por meio de sensações, já que não há outro meio de mensuração como no mundo físico, cada dia pode ser comparado a mil anos. Portanto, a ideia blasfema da condenação eterna parece ser uma distorção deste fato.

O destino de Sísifo, na mitologia grega, tipifica exatamente a vida astral do homem de ambições mundanas. Sísifo estava para sempre condenado a empurrar uma pesada rocha até o topo de uma montanha unicamente para, já no momento de obter êxito, olhá-la rolando de novo até o abismo. O homem de ambições egoístas alimentou durante toda sua vida o costume de fazer planos para atender seu próprio interesse, motivo pelo qual continuará fazendo o mesmo durante sua vida no mundo astral; ele formula cuidadosamente seus planos até que, já perfeitos em sua mente, se dá conta de haver perdido o corpo físico, necessário para sua execução. Caem por completo suas esperanças; porém, de tal maneira se inculcou o hábito que ele continua repetidas vezes empurrando a mesma pedra de ambição até que chega o tempo em que o vício se esgota por completo, e por fim ele se dá conta de que não precisa mais empurrar a pedra e a deixa ao pé da montanha.

Tomemos agora o caso de um homem comum, inexpressivo, que não possua qualquer vício em particular, mas que ainda é apegado às coisas do mundo físico – alguém cujas ideias não tenham passado de mexericos ou zombaria, que não tenha pensado em outra coisa senão seus negócios ou seus trajes, e cuja vida tenha sido devotada exclusivamente a ganhar dinheiro ou em passatempos sociais. O mundo astral é para ele um local de tédio, pois as coisas que ele deseja não lhe são possíveis, já que não há compromissos de negócios neste mundo nem os convencionalismos em que se baseia a sociedade no mundo físico.

Para a grande maioria, o estado pós-morte é mais feliz do que a vida sobre a Terra porque já não há necessidade de ganhar o sustento diário. O corpo astral não sente fome nem frio nem sofre por enfermidades; e cada homem no mundo astral, somente pelo exercício de seu pensamento, poderá vestir-se como goste. Pela primeira vez, desde sua tenra infância, o homem se sente inteiramente livre para empregar o tempo em fazer exatamente o que lhe apraz.

As pessoas que tiverem os mesmos gostos e propósitos se agruparão naturalmente, tal como o fazem no mundo físico, e nunca faltará ocupação proveitosa para um homem que abrigue interesses razoáveis, desde que não requeiram um corpo físico para sua expressão. Um amante das belezas da Natureza poderá viajar rapidamente, a centenas de quilômetros por segundo, sem fadiga, até as mais deleitosas paragens do mundo; outro, cujo prazer seja a Arte, terá à sua disposição as obras-primas do mundo inteiro; enquanto que o estudante de ciências encontrará abertos todos os laboratórios e bibliotecas do mundo, e poderá visitar todos os cientistas e captar seus pensamentos. Para um homem que durante sua vida terrena tiver encontrado satisfação em ações altruístas e no trabalho pelo bem-estar de outros, este será um mundo da mais vívida alegria e do mais rápido progresso.

Para um homem que seja ao mesmo tempo inteligente e prestativo, que compreenda as condições dessa existência não física e se dê ao trabalho de adaptar-se a elas, abre-se uma esplêndida perspectiva de oportunidades, tanto para adquirir novos conhecimentos como para efetuar labores proveitosos. De fato, ele poderá promover maior bem em poucos anos de existência astral do que aquele que teria feito na mais longa vida física. Por conseguinte, há amplas possibilidades tanto para o júbilo quanto para o progresso no mundo astral.

P 185: *Quais são as condições* post-mortem *para aqueles que tenham morrido por acidente ou cometido suicídio?*

R: Para os primeiros, há uma grande variedade de estados; os do segundo grupo terão que completar o tempo de vida que lhes foi atribuído – o período fixado para a atuação do *karma* daquela vida, conforme já explicado no Capítulo V, quando se tratou do momento exato e da maneira pela qual se dá a morte de um homem.

Quando a morte ocorre por acidente, não é raro que coincida com o fim determinado pelos Senhores do *Karma* para aquela reencarnação; mas às vezes não, sendo o acidente uma interferência motivada por novas forças que se produziram naquela vida – exercidas por iniciativa do próprio indivíduo (quando ele opta por antecipar o pagamento de um débito) ou por ações alheias, que o afetam diretamente. Em tais casos, o plano alterado será ajustado ao início da próxima vida, de tal modo que, no fim das contas, nada perde a alma cujo destino foi momentaneamente desviado, por si ou por outras. Em nenhum caso, no entanto, está assinalado o suicídio na vida de alguém, sendo o homem diretamente responsável pelo ato, embora essa responsabilidade possa ser compartilhada com outros.

Quando se trata de pessoas que morrem por velhice ou enfermidade, certamente estarão enfraquecidos os desejos terrenos, em maior ou menor proporção, e provavelmente as partículas mais grosseiras já tenham sido descartadas, de maneira que o homem provavelmente se encontrará na sexta ou na quinta subdivisão do mundo astral, ou talvez nas superiores, pois os Princípios foram sendo gradualmente preparados para a separação, e o impacto, por conseguinte, não será demasiado forte.

Mas no caso de morte acidental ou suicídio, não ocorreu nenhuma dessas preparações, e a saída dos Princípios de seus invólucros físicos pode ser apropriadamente comparada ao ato de retirar o caroço de um fruto que não está maduro. Uma grande quantidade de matéria astral do tipo mais denso ainda se acha aderida à personalidade, e consequentemente é retida na sétima ou inferior das subdivisões do mundo astral.

As vítimas de morte repentina cujas vidas terrenas foram nobres e puras não têm afinidade por esse plano e, assim, o tempo de sua permanência nele transcorre em "uma feliz ignorância e completo esquecimento, ou em um estado de quieto torpor, um sono pleno de sonhos cor-de-rosa". Entretanto, se suas vidas terrenas tiverem sido de brutalidade, egoísmo e sensualidade, elas estarão conscientes, como os suicidas, de toda a repulsividade dessa região, e poderão adquirir a tendência a converter-se em entidades terrivelmente más.

Comumente um suicídio é cometido por debilidade ou por covardia, devido a um desespero momentâneo ou a um abalo que o homem não foi forte o bastante para suportar, ou ainda devido a um súbito infortúnio resultante de alguma má ação que ele teme que seja descoberta e de cuja punição deseja escapar. Às vezes é um ato deliberado, mas sempre precipitado, de alguém que tenta se livrar de um problema fugindo dele.

Pois bem, ele *não consegue* fugir do problema. Quando acaba de assassinar seu corpo, encontra-se completamente desperto no outro lado da morte, exatamente o mesmo homem que era minutos atrás, exceto que seu corpo físico foi precipitadamente descartado; não está diferente do que se tivesse simplesmente tirado seu casaco. A causa que o impeliu ao suicídio foi de origem emocional ou mental, de acordo com a situação, porém ele não se despojou nem de sua mente nem de suas emoções. Tudo o que faz parte dele e que o impulsionou ao suicídio ainda está consigo; não se trata de uma ação meramente corporal. O fato de haver perdido seu corpo físico resulta em que sua capacidade de sofrer está muitíssimo aumentada. Ele está sujeito às mesmas forças que o levaram a cometer o suicídio. Há, entretanto, uma peculiaridade acerca disso: ele geralmente passa "em sua imaginação", como já dissemos, por tudo aquilo que o induziu ao ato extremo de se suicidar, repetindo automaticamente os sentimentos de desespero e de temor que precederam ao suicídio, repassando repetidas vezes, com espantosa persistência, sua ação e sua luta mortal.

Este curioso efeito automático – a repetição incessante de um evento no *Kāmaloca* – é também uma característica do assassino quando ele morre, como mencionando anteriormente, quer se descubra ou não o assassinato. Naturalmente, se o assassino é capturado e enforcado, então a repetição da cena ocorre em rápida sequência. Essa recapitulação é também um dos modos pelos quais o homem primitivo aprende que matar é errado. Neste caso, não se poderia dizer que o assassinato seja totalmente um crime porque ele matou sem refletir; contudo, precisa aprender que não deve matar. E assim, na vida *post-mortem*, ele tem esse tipo de sofrimento breve pois houve muito pouco esforço mental por trás do ato, mas apenas uma emoção súbita que o levou a cometê--lo. Isso é parte da instrução que leva um homem primitivo à evolução: ele aprende que matar é errado ao perceber que resulta em dor para ele. Obviamente, os que estão mais evoluídos sofrerão por um período muito maior se cometerem um dano semelhante.

A ignorância que envolve o suicídio consiste em que o suicida, erroneamente, espera escapar da vida, porém percebe depois que ainda permanece vivo. Aí está a futilidade de seu ato. O suicídio decorre principalmente da ignorância. Se as pessoas estivessem convencidas de que não podem escapar, de que o resultado de suas ações é inevitável, esse conhecimento atuaria sobre suas mentes quando surgisse o impulso repentino de suicídio a partir do desejo de escapar. Elas não conseguem fugir, mas, pelo contrário, caem, por assim dizer, da panela diretamente ao fogo; sofrerão mais ainda que no plano físico, visto que atuam agora em matéria mais sutil, na qual o impacto do sentimento é muito mais forte sobre a consciência do que no mundo físico devido ao menor desperdício no movimento da tênue matéria astral.

O suicida tem muita propensão a se apresentar nas sessões espíritas. Pode ser induzido por aqueles que tentam ajudá-lo no outro lado da morte a aceitar quieta e pacientemente os inevitáveis resultados de sua ação; porém, frequentemente rechaça todo conselho e tenta se agarrar novamente à vida material por meios reprováveis. Tal homem (assim como uma vítima de morte repentina cuja vida terrestre tenha sido brutal, egoísta e sensual), inflamado por toda classe de horríveis apetites que já não pode saciar por falta do corpo físico, tenta repetidas vezes satisfazer suas ânsias materiais e suas paixões repugnantes de modo vicário, por meio de um interventor vivente (um médium ou alguma pessoa sensitiva) a quem possa obsedar. Infelizmente, se consegue fazê-lo, ele é capaz de prolongar enormemente sua tenebrosa vida astral e de renovar, talvez por período indefinido, seu poder de gerar mau *karma*, preparando para si uma futura encarnação do tipo mais degradado possível, além de correr o risco de perder uma grande porção do poder mental que tenha sido capaz de acumular. Entretanto, se tiver a sorte de não encontrar nenhum sensitivo por meio do qual possa saciar vicariamente suas paixões, os desejos não satisfeitos irão se consumindo gradualmente e o sofrimento causado no processo poderá servir, provavelmente, para redimi-lo do mau *karma* da vida passada.

No entanto, devemos lembrar que a culpa do suicida varia consideravelmente de acordo com as circunstâncias – desde o ato moralmente inocente de Sêneca ou de Sócrates; passando pelo suicídio cometido por motivos nobres, como um ato de amor e autossacrifício; descendo por todos os degraus até o crime hediondo do infeliz que tira sua própria vida para escapar das confusões em que sua vilania o envolveu. Naturalmente, a situação deles depois da morte difere em conformidade com essas circunstâncias.

P 186: *Se não existe o inferno, para que tanto sofrimento no mundo astral? Em que sentido o sistema de purgação auxilia o homem?*

R: Não há nenhum inferno nem eternidade alguma de tormentos irracionais e inúteis – nos quais a teologia ortodoxa quer que creiam seus devotos – pela mera gratificação da cruel malignidade de um déspota irresponsável. Entretanto, existe um purgatório, que consiste simplesmente em um processo necessário, o único efetivo e o mais misericordioso, para a eliminação dos desejos maléficos. Por mais terrível que possa ser o sofrimento, qualquer desses desejos vai gradualmente se esgotando; e somente quando isso tiver acontecido com todos eles, poderá o homem passar para a vida superior do mundo celeste.

O homem ficará definitivamente livre de um específico desejo maléfico quando este for consumido e não precisará se submeter novamente a este fardo em sua próxima encarnação, a menos que queira fazê-lo. Porém, ainda que o desejo em si esteja esgotado, subsiste ainda a mesma debilidade de caráter que induziu o homem a sucumbir a ele. Em sua próxima vida, ele nascerá com um veículo astral que contenha tal matéria, necessária para a expressão daquele mesmo desejo, isto é, com um equipamento, digamos assim, que o permita repetir sua última vida nesse aspecto. O homem recebe aquela matéria porque, em sua última encarnação, ele a buscou e fez uso dela; entretanto, embora a tenha à sua disposição outra vez, de modo nenhum é obrigado a empregá-la da mesma maneira que antes. Se, como resultado de suas ações prévias, ele tiver a sorte de, quando criança, estar em mãos de pais hábeis e cuidadosos, sendo ensinado a considerar como maléfico tal desejo, obtendo controle sobre ele e reprimindo-o logo que ele surja, então a matéria que o expressaria permanecerá não vivificada e gradualmente se atrofiará por falta de uso, como acontece aos nossos músculos físicos.

A matéria do corpo astral está lenta e continuamente se desgastando e sendo substituída da mesma maneira que a matéria do corpo físico. E como a matéria atrofiada desaparece, ela será substituída por matéria de classe mais refinada, que seja incapaz de responder às vibrações fortes e toscas daquele desejo sensual; e, assim, aquela abominação particular será impossível para ele. De fato, já a terá transcendido; e por último a terá vencido de tal maneira que nunca, em toda a longa série de suas vidas futuras, repetirá aquele erro, pois terá criado dentro de seu Ego a virtude oposta, um completo autocontrole no que se refere àquele vício. Através de uma vida de luta bem-sucedida contra aquele desejo, foi conquistada a vitória sobre ele; agora já não há mais luta, pois ele vê aquele vício em suas verdadeiras cores, e elas não exercem a menor atração sobre ele. Portanto, o sofrimento no plano astral, que outrora lhe pareceu – e foi – tão terrível, se tornou em realidade uma benção disfarçada, já que através dele pôde ser capaz de obter essa imensa vitória moral, de dar esse incontestável passo na Senda da evolução. Por enquanto, parece não haver outro método que não o sofrimento para serem alcançados resultados tão esplêndidos.

P 187: *Se não existe inferno, como você explica a doutrina cristã da "Salvação"?*

R: "Salvação", do latim "*salvus*" (salvo), não quer dizer "escapar de uma condenação eterna ou de um inferno mítico". "Ser salvo" significa, em verdade, ficar do lado correto quando houver uma divisão da Raça humana no futuro, no "Dia do Juízo", como mencionado antes. Tal divisão foi descrita como uma separação entre as ovelhas e as cabras, entre os salvos e os condenados. No Mundo Divino, não pode haver tal ideia de "condenado", pois Deus quer que todos evoluamos, e certamente todos teremos de fazê-lo. Mas a questão é se nós atingimos a individualização a tempo e se decidimos seguir voluntariamente a Senda da evolução, ou se ocasionaremos grande soma de sofrimento a nós mesmos e aos demais por resistir à orientação divina.

Esse é o único significado de "salvação" – de que um homem esteja seguro de escolher o lado certo naquele futuro julgamento; uma decisão quanto a se ele se considera ou não pronto para passar a um mundo superior e mais evoluído. Se não estiver, será apartado e seguirá na próxima onda evolutiva, conforme se comparou à criança na escola que, por não ter alcançado o nível necessário, não pode passar a uma classe superior com seus colegas, tendo que esperar e repetir o mesmo ano letivo.

No que diz respeito ao progresso que nos foi assinalado nesta Cadeia particular de mundos, a grande maioria de nós não está ainda no que se chamaria tecnicamente "seguro" ou "salvo". Só alcançamos essa ansiada posição quando nos tornamos membros da Grande Fraternidade Branca, que perdura de eternidade a eternidade, após passarmos pela Primeira Grande Iniciação, conforme se explicará no Capítulo X.

Os que estiverem familiarizados com o ensinamento cristão recordarão como o grande Iniciado São Paulo assinalou que a intenção da religião cristã era realizar o nascimento do Cristo dentro de cada fiel individualmente, e que o Cristo-menino, assim nascido no Espírito humano, deveria crescer e se desenvolver até que o homem alcançasse a estatura do Cristo. Dentro de cada um de nós há um Princípio Crístico que ainda dormita na maior parte da humanidade, mas que pode ser despertado; e o despertar de tal Princípio é o nascimento do Cristo dentro do coração de cada homem. Lemos nas Escrituras cristãs: "Cristo em vós, a esperança de glória"; e é a presença desse Princípio Crístico dentro de cada coração que traz a esperança de glória a toda alma humana. Tal Princípio está intimamente relacionado com a Segunda Pessoa da Santíssima Trindade, o Filho de Deus que se tornou carne, desceu ao mundo e se fez parte de nós a fim de que, através dele, possamos nos elevar à glória sublime. Sem esse Princípio Crístico, certamente estaríamos perdidos; e a crença nesse Cristo verdadeiro é necessária para a salvação. Já dizia, no século XVII, Angelus Silesius:

> Mesmo que Cristo nascesse a cada ano em Belém,
> Se nunca nascesse dentro de ti
> Estarias, então, perdido para sempre;
> E se dentro de ti não for mais uma vez erguido,
> Nem a Cruz do Gólgota poderá salvar-te da dor.

É esta crença, a certeza de que o poder do Cristo está dentro de cada um de nós, que nos capacitará a alcançar o estágio de salvação para viver a vida que devemos viver. E neste sentido se diz, com verdade, que a crença no Cristo é necessária para a salvação, mas do Cristo dentro de nós mesmos. A simples crença na narração de uma vida vivida pelo Cristo no plano físico de modo algum pode afetar nosso futuro; o que nos salvará, nos ajudará e nos fortalecerá em nossa Senda é o conhecimento do Divino dentro do homem e sua capacidade de responder à Divindade fora dele.

Todos nós podemos ser
Os Salvadores do Mundo,
Se crermos na Divindade
Que reside em nós
E a venerarmos.

O nascimento do Cristo dentro do coração do homem é algo muito real. Nesse sentido, podemos verdadeiramente afirmar que o Cristo é o Salvador do Mundo, pois é somente então que o homem pode alcançar o que Deus quer que alcance: realizar a Divindade em seu interior ao entrar conscientemente na glória e na plenitude do próprio Cristo.

Portanto, para escapar dos reincidentes nascimentos e mortes, é necessário desenvolver o Princípio Crístico dentro de nós. À medida que se desenvolve esse Princípio, percebemos que nossa consciência separada é tão somente uma ilusão – somos todos um em Deus. E à medida que nos damos conta da paternidade de Deus, compreendemos também a realidade da fraternidade humana.

O despertar do Princípio Crístico é também denominado "a realização da consciência Búdica". Os Santos, em seus momentos de êxtase, tocam inconscientemente a glória daquela maravilhosa consciência e realizam o Cristo dentro de si; porém há outros que, deliberada e cientificamente, se propõem a alcançar esse esplendor, e entram conscientemente na glória e plenitude do Cristo percebendo o Divino em si, pois são conscientemente parte do Deus que realizam. Este é o genuíno nascimento do Cristo dentro do coração do homem. O homem verdadeiro, sendo uma chispa da Chama Divina, já é divino e não necessita de salvação. Tudo que necessita é a capacidade de despertar a si mesmo em todos os mundos e em todos os níveis possíveis, e de ser um canal daquele Poder Deífico no cumprimento do Plano Divino.

Entre as nações orientais, a palavra "salvação" implica a ideia de escapar do sofrimento e do mal a uma condição de segurança, isto é, escapar das repetidas encarnações – a roda de nascimentos e mortes, aquilo que as Escolas Órficas no século VI a.C. chamaram "Círculo de Geração", denominado "*samsāra*" ou "Roda da Vida" pelos budistas.

P 188: *De quais fatores depende a permanência de um homem em qualquer das subdivisões do mundo astral? Quando e como um homem comum passa do mundo astral ao celestial?*

R: O Ego concentra firmemente dentro de si todas as suas forças, deixando para trás seção após seção da matéria astral. Sua permanência em qualquer uma das seções será proporcional à quantidade de matéria daquela seção em seu corpo astral, dependendo da vida que tenha vivido, dos desejos a que se permitiu, da classe de matéria que desta maneira atraiu para construir seu corpo astral.

Portanto, através de uma vida pura e de pensamentos elevados, o homem pode diminuir a quantidade de matéria dos níveis mais densos aderida a si, buscando a matéria mais elevada de cada nível, o chamado "ponto crítico", em que ao primeiro contato com a força desintegrante é rompida a sua coesão e ela é liberada à sua condição original, deixando o homem livre para passar imediatamente ao próximo subplano.

Também sua atitude mental depois da morte influencia sua estada ali, uma vez que, pela compreensão de sua condição e fixando sua atenção em assuntos espirituais, ele poderá facilitar a desintegração astral e encurtar sua permanência nos níveis inferiores.

No caso de uma pessoa totalmente espiritualizada, que tenha purificado seu corpo astral com os constituintes extraídos dos graus mais sutis de cada divisão da matéria astral, o ponto crítico mencionado poderá ser alcançado com relação a todas as subdivisões de matéria astral, e o resultado será uma passagem praticamente instantânea através daquele plano, de tal modo que ela recobre sua consciência, pela primeira vez [após a morte], no mundo celeste. Um homem menos desenvolvido, mas moderado e puro, passará através daquele plano menos rapidamente, ainda que em um plácido sonho, inconsciente de seus arredores, até que, tendo deixado para trás, uma após outra, suas envolturas astrais, desperta no mundo celestial. Naturalmente, segundo já se disse, os subplanos se interpenetram, não estando separados um do outro no espaço; por isso, quando se diz que uma pessoa passa de uma subdivisão a outra, não significa que ela se mova para algum lugar no espaço, mas simplesmente que o foco de sua consciência mudou do invólucro externo para o seguinte, mais interno.

O tempo médio em que as diferentes classes de pessoas permanecem no mundo astral já foi mencionado ao final do Capítulo IV.

Ao se encontrar na sexta subdivisão, ainda vagando em torno dos lugares e das pessoas com quem era mais próximo na Terra, o homem comum descobre, à medida que o tempo passa, que os ambientes terrestres ficam gradualmente obscuros e vão tendo cada vez menos importância para ele, e daí em diante ele tende cada vez mais a modelar seu meio circundante de acordo com o mais persistente de seus pensamentos. Quando chega então ao terceiro nível, percebe que essa característica substituiu totalmente a visão das realidades do mundo astral.

Quando tiverem sido consumidos todos os desejos e emoções inferiores assim como os pensamentos de natureza egoísta, e o Ego em seu firme processo de concentração tiver passado além da mais fina classe de matéria astral, chega o momento em que o corpo astral, ainda não completamente desintegrado, é finalmente descartado por meio da morte astral, e a alma tem uma espécie de período de gestação, submergindo em uma "inconsciência *pré-devachânica*", um sonho breve e aprazível, para ser despertada pela percepção de intensa bem-aventurança naquela parte do mundo celestial à qual pertença por temperamento – exceto em se tratando de um homem inusitadamente perverso, que não tenha nem uma gota de amor e bondade para com alguém ou que tenha se degradado em nível de pecado e de bestialidade irredimíveis.

Não há necessariamente movimentação no espaço, senão que a consciência do homem se acha agora focada no mundo mental inferior, onde se encontram também aqueles animais que, antes de morrer, se individualizaram e alcançaram a estatura de alma humana.

P 189: *Se a morte não é o fim da vida, mas tão somente um passo de uma etapa de vida até outra, o que dizer do intenso pesar dos que lamentam a perda de seus entes queridos?*

R: Conforme já foi explicado, seu pesar não se dá por uma perda real, mas aparente; resulta de um engano e da ignorância das Leis da Natureza, e representa um sofrimento desnecessário para a própria pessoa em luto. Aquele que partiu está ainda com eles. E quando seus corpos físicos estão adormecidos, conversam com ele; porém, quando despertam, voltam à sua antiga ilusão de havê-lo perdido e se enchem de pensamentos de tristeza durante todo o dia, causando muito sofrimento e tristeza àquele que morreu e está no mundo emocional. E não só isso, porque o pesar descontrolado e as brutais explosões de tristeza produzem um efeito muito doloroso naquele que partiu enquanto ele está aprazivelmente mergulhando na inconsciência que precede seu despertar na glória do mundo celestial. Frequentemente, ele é despertado de seu sonho de felicidade com uma recordação de sua última vida terrestre por meio da tristeza passional e dos desejos de seus amigos na Terra, provocando-lhe as correspondentes vibrações de tristeza com uma força centuplicada em seu corpo de desejos já liberado, causando-lhe grande desconforto e depressão, e retardando seriamente seu progresso ulterior. E ainda, esse pesar descontrolado dos parentes ignorantes, ainda que bem-intencionados, coloca grandes obstáculos no caminho dos auxiliares astrais que tentam ajudar o morto lhe explicando as condições do mundo astral, animando-o e confortando-o em seu novo ambiente.

Não é que aconselhemos o esquecimento, mas sim a recordação de forma benéfica, e não prejudicial, substituindo a tristeza egoísta e inútil por bons votos, sinceros e amorosos, de luz perpétua e paz eterna.

P 190: *As preces pelos mortos têm algum valor? Se o têm, como devem ser oferecidas?*

R: As preces sempre têm valor, tanto para os vivos como para os mortos, quando são ditadas pelo amor. Uma prece será eficaz na proporção da intensidade do pensamento expressado por ela, da pureza e força de vontade com as quais for dirigida à pessoa em questão, e do conhecimento que possua o solicitante. Uma oração, assim como um pensamento, cria uma forma, um elemental artificial, "um poder benéfico ativo", que vai até a pessoa para cujo benefício foi criado e que a ajuda quando a oportunidade se apresentar. Essa energia despendida no plano astral pode afetar qualquer pessoa em seu corpo astral; portanto, um homem que morreu pode ser auxiliado e protegido por tais formas-pensamento enquanto ele permanecer no mundo astral.

Um homem que compreenda a constituição do corpo astral e o poder do pensamento pode aumentar enormemente sua ajuda pelo envio deliberado de um elemental artificial que auxilie na desintegração dos invólucros astrais que aprisionam a alma, ajudando assim sua rápida passagem ao *Devachan*. Alguns dos mantras dos *Shrāddhas* hindus (cerimônias para os mortos) têm esse objetivo, sendo muito eficazes quando empregados por um homem sábio e santo.

Entretanto, o homem comum conhece tão pouco sobre a condição de seus entes queridos falecidos que fará muito bem em abster-se de colocar em movimento uma força que possa ser mal dirigida, por falta do conhecimento mais exato acerca do que eles necessitam. Tal pessoa procede melhor ao usar aquele famoso salmo, que tão frequentemente se ouve nos serviços aos mortos pela Igreja Católica: "Concede-lhe, oh Senhor, descanso eterno, e que a Luz perpétua brilhe sobre ele". Pois essas duas cláusulas expressam exatamente as condições de que o morto mais necessita: primeiro, perfeito descanso de toda ansiedade e solicitude terrenas, de forma que seu progresso em direção ao mundo celeste não seja perturbado; e segundo, a perpétua Luz do amor divino brilhando claramente sobre ele, na porção mais elevada e espiritual de sua própria natureza, atraindo-o sempre mais a essa Luz para que seu progresso possa ser acelerado. Em verdade, a Terra tem muito pouco auxílio a dar a um homem para quem essa prece for oferecida constante e fervorosamente. Dessa maneira, qualquer um pode ajudar seus amigos ou entes queridos que partiram ao elevar a si próprio – esquecendo de si e da ilusão de sua aparente perda – e ao enviar pensamentos de Luz perpétua e Paz eterna, substituindo o pesar egoísta e inútil por bons, sinceros e amorosos votos de que tenham rápido progresso do mundo astral ao celestial.

P 191: *Podemos fazer algo para ajudar uma pessoa que está próxima à morte? Se podemos, como e quando?*

R: Certamente podemos fazer muito em benefício dela. Se temos acesso físico a ela durante sua enfermidade, podemos explicar-lhe as condições depois da morte. Qualquer explicação razoável dessas condições acerca da vida além-túmulo, em uma conversa privativa e otimista, aliviará enormemente seu ânimo. Todavia, se nos é impossível a comunicação física, podemos ajudar o moribundo desde o plano astral; devemos fixar a mente, antes de dormir, na intenção de ajudar aquela determinada pessoa, bem como os argumentos que podemos lhe apresentar. O principal objetivo do auxílio é acalmar e fortalecer aquele que sofre, e induzi-lo a perceber que a morte é um processo perfeitamente natural, explicando-lhe a natureza do plano astral e as preparações necessárias para avançar rumo ao mundo celestial.

Aquele que quer auxiliar deve possuir as seguintes qualidades: saber focalizar sua mente no trabalho exclusivo de auxílio; total autocontrole sobre seu temperamento; perfeita calma, serenidade e contentamento; conhecimento dos planos superiores e total ausência de egoísmo, com um coração pleno de amor. Eis aí como se pode ajudar efetivamente o moribundo ou o morto.

Logo após a morte, a pessoa pode permanecer inconsciente por poucos minutos, horas, dias ou mesmo semanas; e embora um auxiliar treinado possa observá-lo por si mesmo, quem não está treinado deve se colocar de prontidão para ajudar durante várias noites sucessivas, a fim de não falhar na hora em que o morto recobrar sua consciência no plano astral.

P 192: *Encontraremos os entes queridos que nos precederam na morte?*

R: Certamente que sim, pois o amor atuará como um ímã e nos reunirá. Se o ente querido morreu recentemente, o encontraremos no plano astral; mas se ele abandonou a Terra há muito tempo, é possível que já tenha passado do astral para o mundo celeste. E quando chegarmos a este mundo, o teremos de novo ao nosso lado em sua melhor condição possível, mediante a forma-pensamento ou imagem mental que dele guardamos vivificada pelo Ego daquela pessoa, conforme se explicará em breve. Não perdemos aqueles a quem amamos; quando existe o afeto, a reunião é certa, pois o amor é uma das maiores forças do Universo, seja na vida ou na morte.

P 193: *Por que é prejudicial a um homem a morte repentina, e qual o motivo da antiga oração da igreja: "Da morte repentina, livrai-nos Senhor"?*

R: As condições de vida de um homem depois da morte dependem, em primeiro lugar, do tempo que ele permanece em qualquer dos subplanos, e, em segundo lugar, do quão consciente ele está em cada plano. A permanência em qualquer dos subplanos dependerá, entretanto, da quantidade de matéria daquele subplano em seu corpo. Portanto, os dois fatores da existência *post-mortem* não dependem da natureza da morte, mas da natureza da vida que ele teve, e nenhum acaso pode afetar o homem.

Embora uma morte repentina necessariamente não piore a posição de um homem no mundo astral, tampouco a melhora. O lento desgaste do corpo idoso ou a degradação provocada por uma prolongada enfermidade invariavelmente debilitam e desagregam as partículas astrais consumindo a maior parte dos desejos inferiores, de tal modo que, quando um homem recobra sua consciência no plano astral, muito de seu labor naquele plano já está feito, pois as partículas em seu corpo astral pertencentes aos níveis inferiores já foram consumidas. Já a vítima de morte repentina, conservando um corpo astral muito mais denso, poderá ter sua permanência um pouco mais prolongada nos subplanos inferiores do plano astral. Por outro lado, se ele aprende a fazer bom uso daquela vida, pode gerar muito melhor *karma* do que teria sido capaz de criar em igual tempo no plano físico. Portanto, há sempre dois lados a considerar.

Ademais, o terror mental e a agitação em uma morte súbita frequentemente persistem após a morte, não sendo favoráveis à preparação para a vida astral. Em nosso atual estágio de evolução, geralmente passamos grande parte ou mesmo toda a noite refletindo e considerando o último pensamento claro e preciso que ocupou nossa mente antes de nos entregarmos ao sono. Da mesma maneira é importante o último pensamento presente na mente antes da morte, especialmente tratando-se de uma pessoa de pouco desenvolvimento, cuja consciência astral seja vaga e caótica, já que seu último pensamento ocupará sua mente por longo tempo e, até certo ponto, estabelecerá a tônica de grande parte de sua vida astral. Por isso, valeria a pena cuidar para que tal pensamento fosse de um tipo bom, o que não é possível no caso de uma morte súbita. Naturalmente, tratando-se de uma pessoa desenvolvida e inteligente, esse constitui o modo de sua mente – a tendência geral de seus pensamentos – durante a vida terrestre, que dará o tom ao seu provável trabalho durante a vida astral, e a ideia particular que ocupe seu pensamento no momento da transição de um estado a outro não significará muito.

P 194: *Existem outros habitantes no mundo astral, além dos mortos?*

R: O mundo astral é habitado não só pelos mortos, mas também por uma terça parte dos vivos, que temporariamente deixaram seus corpos físicos durante o sono. Como a matéria astral é muito plástica sob a influência do pensamento, um homem no mundo astral parece semelhante a si mesmo, usando os trajes nos quais pensa. Também ali habitam[24] os Adeptos e seus discípulos; de pessoas que se desenvolveram psiquicamente sem a orientação de um Mestre; e de magos negros e seus *chelas*.

Naquele mundo encontram-se também: um grande número de habitantes humanos de outro tipo, sem corpos físicos; alguns muito acima do nível humano – como os *Nirmānakāyas* e os discípulos dos Mestres à espera de reencarnação; outros de nível abaixo do nível humano – como as sombras astrais e os invólucros dos mortos; os invólucros vitalizados para a magia negra; os magos negros mortos e os discípulos deles, etc.

Habitam nesse plano, ademais, seres não humanos, como a essência elemental de nossa evolução e os corpos astrais dos animais; e várias classes de Espíritos da Natureza, chamadas fadas, duendes, gnomos, faunos, sátiros, trasgos, etc., que têm uma linha diferente de evolução e geralmente usam uma forma humana em miniatura;

---

24 Tanto Blavatsky, em *A Chave para a Teosofia*, como Leadbeater em *Os Mestres e a Senda* insistem que os Mestres têm corpo físico e portanto moram em algum lugar físico. Porém, para darem instruções aos seus discípulos, eles também frequentam o mundo astral, ainda que geralmente prefiram fazer seu trabalho no mundo causal, onde podem influenciar simultaneamente o maior número de almas. (N.E.)

também formam grande parte de sua população os *Devas* ou Anjos, muito mais adiantados na evolução que o homem.

Esse é, igualmente, o *habitat* de entidades artificiais, os elementais inconscientemente formados por homens comuns e aqueles conscientemente formados por Adeptos e magos negros; bem como de elementais artificiais humanos empregados nas sessões espíritas.

Portanto, nós não somos os únicos nem os principais habitantes do mundo astral, já que ele está povoado em sua maior parte por seres pertencentes a outras linhas de evolução, que correm paralelamente à nossa; e estes seres, embora passem por um nível correspondente ao da nossa humanidade, não passam jamais pela humanidade.

Normalmente, os sentidos dos habitantes do mundo astral são capazes de responder tão somente às ondulações de seu próprio mundo. Um homem vivendo no mundo físico vê, ouve e sente por meio de vibrações conectadas com a matéria física ao seu redor. Ele está igualmente rodeado pelos mundos astral e mental, e outros, que interpenetram seu próprio mundo mais denso, mas normalmente ele não é consciente deles porque seus sentidos não podem responder às oscilações daquela matéria, assim como nossos olhos físicos não podem responder às vibrações da luz ultravioleta. Um ser que viva no mundo astral poderá estar ocupando exatamente o mesmo espaço que outro ser vivo no mundo físico; entretanto, cada um será inteiramente inconsciente do outro, e eles não impedirão, de maneira alguma, os livres movimentos um do outro. E isso também é verdade com relação a outros mundos. Portanto, nós não somos os únicos nem os principais habitantes do mundo astral, já que ele está povoado em sua maior parte por seres pertencentes a outras linhas de evolução que correm paralelamente à nossa; e estes seres, embora passem por um nível correspondente ao da nossa humanidade, não passam jamais pela humanidade.

P 195: *O que acontece com o cadáver astral logo que o homem passa para o* Devachan*?*

R: Ao morrer, o homem se separa completamente de seu corpo físico; porém o homem comum, que se identifica estreitamente com seus desejos inferiores durante a vida e permite assim que seu *Manas* inferior esteja de tal maneira enredado com *Kāma* que o Ego, não obstante toda a sua força de recolhimento, não pode se separar completamente dele. Então, quando finalmente o homem descarta seu corpo astral em parte desintegrado, deixa atrás de si uma porção de *Manas* aprisionada e enredada no corpo de desejos. Essa entidade fragmentária, denominada "sombra", tem, portanto, certa vitalidade, e como se move livremente no mundo astral, com suas memórias, consciência fragmentária e tendência a repetir automaticamente vibrações familiares de amor, desejos e pensamentos sem inteligência, é frequentemente confundida, por um ignorante em sessões espíritas, com o próprio homem.

Em uma etapa posterior (em poucas horas, ou em poucos meses ou anos, de acordo com a natureza mais material ou espiritual do Ego que tenha passado ao mundo celestial), a consciência fragmentária se esvai do corpo astral, embora não retorne ao Ego ao qual pertencia; e então o cadáver astral, sem reminiscência alguma de sua vida passada, e agora denominado agora um "invólucro", desintegra-se lentamente no mundo astral, conforme ocorreu com o corpo físico em seu próprio mundo.

P 196: *O que ocorre com o homem que passa ao* Devachan*?*

R: O *Devachan* (a morada dos deuses, o local da Luz ou bem-aventurança) é uma parte especialmente resguardada do mundo mental, em que o sofrimento e o mal são mantidos afastados pela ação de certos *Devas.*

Não é realmente um lugar, mas um estado de consciência, e se encontra aqui, à nossa volta, a todo momento, tão próximo quanto o ar que respiramos.

Depois de sua segunda morte, no mundo astral, o homem desperta para uma nova glória de vida e de cor, vivendo no radiante corpo mental, no mundo celeste. Gradualmente, é tomado por um sentimento de inefável júbilo e indescritível bem-aventurança; as mais delicadas melodias sussurram ao seu redor; seu ser é inundado de luz, e resplandecem através de uma neblina dourada os rostos de seus entes queridos na Terra.

Durante a vida terrestre, todo homem comum está rodeado por uma massa de formas-pensamento que representam os principais interesses de sua vida e se fortalecem cada vez mais, permanecendo com ele mesmo depois da morte. A força das formas-pensamento egoístas – sejam elas de cólera, ambição, orgulho, cobiça, gula, embriaguez, sensualidade, etc. – vertem-se na matéria astral e se esgotam no mundo astral quando o homem está eliminando aquela parte inferior de sua natureza durante a vida purgatória; porém, seus pensamentos altruístas – sejam eles puramente intelectuais ou de natureza amorosa, compassiva, terna, devocional, etc. – pertencem a seu corpo mental, e o homem os leva consigo ao *Devachan*, pois somente mediante tais pensamentos refinados ele poderá apreciar o mundo celestial.

No entanto, seu corpo mental é um veículo que ainda não se acha tão desenvolvido como o astral, e ele o impede de entrar no mundo mental à sua volta ao invés de permitir que o descortine, pois está em atividade apenas aquela parte de seu corpo mental usada de maneira altruísta em sua vida terrena. Os pensamentos elevados, refinados e nobres e as aspirações altruístas que ele gerou durante sua vida terrestre agrupam-se então em volta dele, formando ao redor de si uma espécie de invólucro, mediante o qual pode responder a alguns tipos de vibração na refinada matéria do mundo mental.

Esses pensamentos que o rodeiam são as faculdades através das quais ele percebe a riqueza do mundo celeste; e não obstante tal mundo seja um reservatório de extensão infinita (toda glória e toda beleza concebíveis), ele só pode aproveitá-lo exatamente na medida de sua capacidade de pensar sem egoísmo. Cada uma de tais formas-pensamento é uma janela através da qual observa, a partir de seu corpo mental, a glória e a beleza do mundo mental. Se ele considerou principalmente as coisas físicas durante sua vida terrena, contará apenas com umas poucas janelas pelas quais a glória superior poderá brilhar sobre ele.

Uma alma inteiramente altruísta e altamente evoluída é toda janelas, tem plena consciência e pode mover-se em seu veículo mental tão livremente quanto o homem comum emprega seu corpo físico; e por meio daquele veículo examina vastos campos de elevado conhecimento que se estendem diante de si. Entretanto, todo homem teve algum toque de pureza, de altruísmo, mesmo que tenha sido uma só vez em toda sua vida, que será agora sua janela. Todo homem, excetuando-se os completamente primitivos, em seus estágios iniciais, terá com certeza algo dessa maravilhosa vida de bem-aventurança. Portanto, na realidade, em vez de alguns homens irem para o Céu e outros para o inferno, a grande maioria tem uma etapa tanto no purgatório quanto outra no Céu, que diferem somente em suas proporções relativas.

Ter pensamentos amorosos ou nobres, apreciar uma obra-prima literária ou uma adorável obra de arte no mundo físico é abrir uma janela no mundo celestial; criar o hábito de ter pensamentos elevados e altruístas é manter aquela janela sempre aberta. Porém, a condição de um homem no mundo celestial é principalmente receptiva, e sua visão do que está fora de seu próprio invólucro de pensamentos é muito limitada; ele não conseguirá construir uma nova janela a partir de novas linhas de atividade se não teve interesse nelas durante sua vida física.

Os pensamentos superiores podem seguir muitas direções, algumas delas pessoais, como o afeto por uma pessoa ou a devoção a uma deidade pessoal, e outras delas impessoais. Entre estas últimas destacam-se a arte, a música e a filosofia; e um homem cujo interesse tenha girado em torno de qualquer uma destas linhas terá tanto incomensurável contentamento quanto ilimitada instrução aguardando por ele, ou seja, a quantidade de contentamento e de instrução será limitada tão somente por suas faculdades de percepção. Como um trabalhador que regressa ao lar com seu ganho diário, o homem extrai do *Devachan* tanto quanto tenha se preparado para obter por seus esforços durante a vida terrena.

Nesse plano encontra-se a infinita plenitude da Mente Divina, aberta em todo seu ilimitado influxo para todas as almas na exata proporção em que cada qual tiver se qualificado para receber. É um mundo cuja capacidade de resposta às aspirações do homem está limitada apenas por suas faculdades de aspiração. No Oriente se diz que cada homem leva consigo sua própria taça; algumas são maiores e outras menores, mas cada taça, grande ou pequena, será preenchida até o máximo de sua capacidade. Aquele oceano de bem-aventurança guarda muito mais que o suficiente para todos.

P 197: *As pessoas não têm, então, a mesma classe de Céu ou a mesma intensidade de bem-aventurança nele?*

R: As imagens mentais (ou formas-pensamento) altruístas que tenham existido como sementes no corpo mental começam a se manifestar como árvores no *Devachan*. Portanto, se um homem tiver formado muitas imagens mentais, seja por sua aspiração por conhecimento ou por desejo altruísta de ajudar a humanidade (por mais que no mundo físico tais imaginações parecessem castelos no ar), agora elas vão se materializar na matéria sutil do mundo mental, e o homem verá a si próprio atuando naquele plano de acordo com seus desejos.

Sendo a matéria mental mais sutil que a matéria física, os pensamentos são objetos no mundo mental ou celestial; e por meio do poder do pensamento cada homem cria nos Céus seu próprio mundo de acordo com seus desejos – tal como são seus pensamentos, assim é seu *Devachan*; e como duas pessoas não têm pensamentos iguais, seus Céus devem ser, por conseguinte, diferentes. Todavia, como cada homem encontra-se ali, a todo momento, exatamente de acordo com seu desejo, todos estão em completo contentamento, embora desfrutando diferentes graus de bem-aventurança.

Além do mais, se os júbilos celestes fossem tão só de um tipo particular, como sustentam as teorias ortodoxas, sempre haveria alguns que logo se cansariam devido à sua falta de habilidade para participar dessas alegrias, fosse por falta de preferência naquela direção específica ou por falta da educação necessária.

E assim, o Céu de um homem não pode ser imposto a todos os demais, do mesmo modo que um primitivo não pode se sentir feliz no ambiente glorioso de um artista, pois o que proporciona felicidade a um pode não oferecer o mesmo a outro. O fato é que cada um cria seu próprio Céu por suas formas-pensamento, pela seleção que faz nos esplendores inefáveis do próprio Pensamento de Deus. O homem decide para si mesmo tanto a duração como o caráter de sua vida celeste pelas causas que ele mesmo engendrou durante sua vida terrena. Portanto, terá exatamente a quantidade que mereça e exatamente a qualidade de júbilo que esteja mais de acordo com suas idiossincrasias. Assim, esse é o único arranjo imaginável que pode fazer feliz a cada um, até o máximo de sua capacidade para sê-lo.

P 198: *O que acontece às crianças no mundo celestial?*

R: De todos os que entram naquele mundo, as crianças são as mais felizes e as que se sentem completamente em casa. Não perdem seus pais, irmãos, irmãs, nem os companheiros de brincadeiras aos quais amam; simplesmente os têm perto de si para brincar com eles durante o que nós chamamos "noite", em lugar do "dia", de tal sorte que não se ressentem nem de perda nem de separação. Durante o nosso dia, jamais são deixadas sozinhas, pois naquele mundo, assim como neste, as crianças se reúnem e brincam – divertem-se nos Campos Elíseos, cheios de atrações raras –, e estão sempre em júbilo e profusamente felizes.

Mesmo aquelas crianças cujos pensamentos naturalmente se voltem mais para assuntos religiosos nunca deixam de encontrar o que anseiam, pois os Anjos e os Santos de outrora não são meras fantasias piedosas; e os que creem neles e deles necessitam são infalivelmente atraídos para eles, encontrando-os mais gloriosos e amáveis do que sonharam. E mesmo aquelas que desejarem encontrar o Próprio Deus (Deus em forma material) não ficarão desapontadas; pois aprenderão dos mais amáveis e gentis instrutores que todas as formas são formas de Deus, já que Ele está em toda parte. E aquelas que sirvam e ajudem mesmo a mais ínfima de suas criaturas estarão verdadeiramente servindo e ajudando a Ele. Como as crianças gostam de ser úteis, naquele mundo superior abre-se diante delas um vasto campo para auxílio e conforto em suas tarefas de misericórdia e amor para com os ignorantes.

Não devemos temer pelos pequenos bebês, ainda incapazes de brincar, pois muitas mães que faleceram aguardam ansiosamente para pegá-los ao colo, recebendo-os e amando-os como se fossem seus próprios filhos. Geralmente, esses pequenos bebês descansam no mundo espiritual por muito pouco tempo, conforme já se disse antes, e retornam novamente à Terra para serem, muito amiúde, filhos do mesmo pai e da mesma mãe.

P 199: *Como encontraremos nossos amigos e entes queridos no mundo celestial?*

R: Quando uma pessoa ama um amigo ou parente com amor profundo e altruísta, ela cria uma vigorosa forma-pensamento ou imagem mental daquele amigo ou parente, e naturalmente leva consigo aquela imagem ao mundo celeste, já que esse amor, em virtude de seu altruísmo, pertence àquele nível de matéria. A força de tal amor é suficientemente poderosa para atuar sobre o Ego do amigo na parte superior de seu corpo Mental, porque é o Ego ou a alma do amigo, e não seu corpo físico, que é amado com pureza. Então, o Ego do amigo, sentindo aquela vibração, responde imediatamente a ela e se infunde naquela forma-pensamento criada pelo residente do *Devachan*. E assim o amigo está real e vividamente diante dele, não importa se aquele amigo está vivo ou morto, pois o chamado se faz não ao fragmento do amigo, que muitas vezes está aprisionado em um corpo físico, mas ao Ego, que pode responder simultaneamente aos afetos de uma centena de amigos, já que nenhuma quantidade de manifestações em um nível inferior pode esgotar a plenitude do Ego, assim como nenhuma quantidade de linhas pode fazer um quadrado, ou nenhum número de quadrados um cubo.

Por conseguinte, no mundo celestial cada homem terá ao redor de si todos os amigos e parentes que desejar, e estes se apresentarão sempre sob seu melhor aspecto, pois estarão dois estágios mais próximos da realidade do que quando nas limitações do corpo físico.

Essa mesma observação vale quando se trata de um homem cuja inspiração tiver sido a devoção a uma deidade pessoal; a deidade estará sempre presente ante o morto, muito mais vividamente do que no plano físico.

P 200: *Acaso um morto, no Céu, pode observar e esperar por seus amigos e entes queridos que estejam na Terra?*

R: Não. Como poderia um morto ser feliz no Céu se olhasse para a Terra e visse seus entes queridos em pesar ou cometendo algum pecado; por exemplo, a esposa desesperada pela perda do marido ou, ainda pior, se ela tivesse se casado imediatamente com outro?

A questão de esperar provavelmente não seria melhor, pois ele teria um longo e cansativo período de espera, que talvez se estendesse por anos, podendo acontecer de o amigo chegar tão mudado que já não haveria afinidade. Porém, de acordo com o ordenamento da Natureza, todas essas dificuldades são evitadas, e aqueles a quem o morto amava encontram-se sempre com ele e sob seu aspecto mais nobre e melhor, já que não pode acontecer nenhuma mudança ou discordância entre eles, pois ele recebe deles, o tempo todo, exatamente o que deseja.

P 201: *Se uma alma passa tanto tempo no* Devachan *entre duas encarnações, quais são as suas oportunidades de desenvolvimento durante esta permanência?*

R: I. Por meio das qualidades que desenvolveu em si, o homem abriu as correspondentes janelas no mundo celestial; e pelo exercício continuado dessas qualidades durante longo tempo, ele as reforçará sobremaneira e voltará à Terra amplamente favorecido a esse respeito. Como os pensamentos se intensificam pela reiteração, um homem que tiver passado centenas de anos vertendo afeto desinteressado saberá, certamente, amar mais e melhor. A vida no *Devachan* é de assimilação, e as formas-pensamento de aspirações ou de experiências mentais e morais acumuladas na Terra são inseridas na textura da alma como faculdades mentais e morais, e tornam-se as faculdades e qualidades, as capacidades e tendências para sua próxima vida sobre a Terra.

II. Por meio de suas aspirações, ele se colocará em contato com alguma das grandes Hierarquias de Espíritos e aprenderá muito com ela. Por exemplo, com os *Gandharvas*, uma grande Ordem Angélica que se dedica especialmente à música, poderá aprender combinações novas e maravilhosas de tons musicais.

III. Obterá informação adicional e maior instrução por meio das imagens mentais feitas por outros, se estes estiverem suficientemente desenvolvidos para instruí-lo. Alguém que tiver uma forte imagem do Mestre obterá, por intermédio dela, claros ensinamentos e auxílio.

P 202: *Existem sete classes diferentes de Céus, como geralmente se crê, e o homem passa sucessivamente por todas elas; como ocorre no plano astral?*

R: Conforme já se explicou no Capítulo II, existem sete subdivisões no mundo mental, assim como no astral. As três superiores, o *Arupa Loka* ou níveis "sem forma", são a morada do Ego no corpo Causal; enquanto que os quatro níveis inferiores, o *Rupa Loka*, formam o Céu onde o homem passa sua vida celestial no corpo mental.

Como no corpo mental nada existe que corresponda à redistribuição da matéria astral, o homem não passa através das sucessivas etapas ou regiões do mundo celestial uma após a outra, como ocorre no mundo astral, mas é atraído para o nível que corresponda mais aproximadamente ao grau de seu desenvolvimento; e ali ele passa toda a sua vida no corpo mental.

A característica dominante da subdivisão inferior, ou seja, a sétima, é o afeto altruísta pela família, pois toda mancha de egoísmo foi esgotada no plano astral. A sexta tem a característica da devoção religiosa antropomórfica; enquanto que a quinta tem a característica da devoção que se expressa pelo serviço de qualquer tipo. Todas estas três subdivisões se referem à ação própria de uma devoção a personalidades, sejam elas família, amigos ou deidade pessoal.

A quarta subdivisão tem como nota dominante a mais ampla devoção pela humanidade, que inclui aquelas atividades relacionadas com a busca altruísta de conhecimento espiritual, da alta filosofia ou pensamento científico, habilidade artística ou literária desprovida de egoísmo, e o serviço por amor ao próprio serviço.

Ao final da vida celeste, que dura diferentes períodos, conforme se explicou no Capítulo IV, chega a vez de ser descartado o corpo mental, como sucedeu aos outros, e começa então a vida do homem no corpo Causal.

P 203: *O que acontece ao homem no Céu superior, nos três subplanos mais elevados do mundo Mental, quando se encontra em seu corpo Causal, já terminada sua vida celestial no mundo mental inferior?*

R: Todas as faculdades mentais que se expressam nos níveis inferiores são atraídas para o corpo Causal com todos os gérmens de vida passional que se infundiram no corpo mental, procedentes do astral quando do abandono do invólucro astral. Terminado um ciclo de sua peregrinação, o Pensador reside por algum tempo em sua própria terra natal; a alma aqui não necessita de janelas, pois todas as paredes se desvaneceram. Porém, como a maioria dos homens tem tão somente uma obscura consciência de seus arredores nestas alturas, descansam ali por um curto período, provavelmente não conscientes, mas assimilando os pequenos resultados da última vida terrestre.

Entretanto, se o homem já está desenvolvido, sua vida no nível "sem forma" é mais extensa, rica e profunda, pois seu corpo Causal é maior e mais bem organizado; e ele retorna à vida terrestre com um conhecimento maior e com faculdades mais efetivas para auxiliar a si mesmo e aos demais.

No subplano mais elevado vivem os Mestres ou Adeptos e seus discípulos mais adiantados; no imediatamente inferior, as almas cuja evolução superior é testemunhada por sua cultura interna e seu refinamento natural quando viveram em corpos terrestres; e no terceiro subplano, a vasta maioria dos 60 bilhões de almas de que antes se mencionou, que formam a massa de nossa ainda atrasada humanidade.

A duração da estada de um homem no mundo Mental Superior depende de seu estágio evolutivo assim como de sua reflexão profunda e de seu nobre viver durante a vida terrena, de acordo com o descrito no Capítulo IV.

Todavia, para todo homem, por menos que tenha progredido, advém um momento de clara visão antes de seu retorno à Terra, na qual ele vê sua vida passada com as causas que terão de ser trabalhadas no futuro; e olhando para o porvir, ele vê também sua próxima encarnação, que o espera com possibilidades e oportunidades. Então, as nuvens da matéria se fecham sobre ele e obscurecem sua visão principiando o ciclo de uma nova encarnação, com o despertar das faculdades da mente inferior através de *Tanhā*, o impulso cego pela vida manifestada, conforme foi explicado no Capítulo IV, sobre Reencarnação.

Capítulo VII

O poder do pensamento – sua ação e seu uso

P 204: *O que é o pensamento e como ele se manifesta?*

R: O pensamento é uma alteração na consciência, correspondendo a uma modalidade de movimento na matéria do plano mental. Já falamos de *Manas*, o Pensador, que pensa ou conhece, e a mente é tão só um instrumento seu para obter conhecimento, um órgão da consciência em seu aspecto como conhecedor. Vemos os objetos quando a éter-luz atua em ondulações entre eles e nossos olhos; quando pensamos em algum objeto, o éter-pensamento – isto é, a matéria do plano mental – atua em ondulações entre aquele objeto e nossa mente. Não apenas as ondas de pensamentos criadas por nós mas, também aquelas criadas por outros invadem nosso corpo mental e modificam o arranjo de sua matéria. No pensamento concreto, nós experimentamos repetidas vezes os impactos das ondas de pensamento originais.

Vimos no Capítulo III que o homem possui um veículo correspondente a cada um dos mundos interpenetrantes de nosso Sistema Solar; que seu corpo astral é o veículo de seus desejos, paixões e emoções; e que, de modo similar, seu corpo mental é o veículo para a expressão de seu pensamento. É na matéria do corpo mental que se inicia o pensamento, como uma vibração à visão clarividente – uma vibração que produz vários efeitos, tão definidos em sua ação sobre a sutil matéria mental quanto a energia do vapor ou da eletricidade o são sobre a matéria física.

Nem todas as pessoas dispõem de energia elétrica ou a vapor para realizar trabalhos proveitosos, porém todo ser humano, rico ou pobre, jovem ou velho, tem à sua disposição uma considerável proporção das forças dos tipos mais sutis de matéria que respondem às influências do pensamento e da emoção humanos. Esse poder, embora comum a todos, é hoje usado inteligentemente somente por alguns. Sua posse traz consigo responsabilidade; e a maior parte dos homens está fazendo mau uso desse poder por causa de sua ignorância. Em vez de utilizar em sua plenitude essas magníficas possibilidades, está inconscientemente causando danos tanto a si como aos demais.

P 205: *O que dizem as Escrituras das diferentes religiões do mundo a esse respeito?*

R: "A roda de nascimentos tem unicamente como causa os pensamentos", diz uma Escritura hindu; "Que cada homem trate de purificar seus pensamentos; naquilo que um homem pensa, nisto se converterá". "Tal como um homem pensa em seu coração, assim ele é", disse o sábio Rei de Israel. "Tudo o que somos é constituído por nossos pensamentos", declarou o Buda. A pureza (de pensamentos, palavras e ações) é a chave do Zoroastrismo; é dito: "a pureza é a maior bem-aventurança", sendo a pureza de palavras e ações evidentemente dependente da pureza de pensamento. "Quem quer que olhe cobiçosamente uma mulher, *já* cometeu adultério com ela em seu coração", disse o Cristo; e também: "Aquele que odeia seu irmão é um assassino".

O pensamento é real em dois sentidos: direta e indiretamente. Todos reconhecemos a ação indireta do pensamento, pois é óbvio que uma pessoa deva primeiro pensar antes de fazer algo, sendo o pensamento a força motriz da ação, como a água é a força motriz do moinho. Mas as pessoas, em regra, ignoram que o pensamento tenha também uma ação direta sobre a matéria, e quer o homem expresse ou não seu pensamento em ação ou palavra, este pensamento já produziu seu efeito. Além do mais, como o pensamento é o pai da ação, uma pessoa poderá modelar seu caráter e, por conseguinte, seu destino pelo exercício desse poder.

P 206: *Quais são os efeitos do pensamento?*

R: Em termos gerais, podem ser divididos em dois grupos: os efeitos produzidos sobre o próprio homem e aqueles produzidos externamente a ele.

Os efeitos produzidos sobre o próprio homem são: primeiro, o efeito sobre seu próprio corpo mental, ou seja, a formação do hábito de repetir um determinado pensamento; e segundo, os efeitos produzidos sobre outros dois veículos seus, os corpos astral e Causal, que apresentam grau de densidade respectivamente maior e menor que o corpo mental, ou seja, um efeito temporário sobre suas emoções e um efeito permanente no Ego, pela edificação de qualidades.

Os efeitos externamente ao homem são a produção de uma vibração irradiante e de uma forma flutuante.

P 207: *Você poderia descrever mais detalhadamente os efeitos sobre o próprio homem?*

R: O efeito do pensamento sobre o corpo mental do homem consiste no estabelecimento de um hábito, pois o pensamento tende a se repetir. Embora existam diferentes tipos de matéria no corpo mental, cada um deles apresentando um padrão especial de vibração que responde prontamente ao pensamento, um pensamento vigoroso coloca a matéria de todo o corpo mental sob o mesmo tipo de oscilação. Se um homem acostuma seu corpo mental a certo tipo de vibração, tal corpo aprende a reproduzi-la facilmente, criando o hábito de repetir imediatamente aquele pensamento. Por outro lado, uma mente ocupada por determinados pensamentos atua como um ímã, atraindo pensamentos similares de outras pessoas e intensificando o efeito inicial. Por exemplo, se uma pessoa pensa sempre algo nobre, estabelece um centro de atração para o qual convergem outros pensamentos elevados, atraídos por afinidade magnética, e sua mente é ajudada e fortalecida por esses pensamentos que afluem do exterior, e a pessoa obtém assim mais do que produziu.

Em segundo lugar, temos os efeitos sobre os corpos astral e Causal. A perturbação em um tipo de matéria física se comunica a outro tipo, mais denso ou mais sutil; por exemplo, o vento altera a superfície do mar, e um terremoto produz uma grande onda no oceano. De modo semelhante, uma alteração na densa matéria do corpo astral, isto é, uma emoção, pode causar ondulações na matéria mais sutil do corpo mental, um pensamento correspondente à emoção. Reciprocamente, um movimento no corpo mental pode afetar a matéria mais densa do astral, ou seja, um pensamento provocando uma emoção. Portanto, um homem, insistindo em pensar que sofreu uma ofensa, pode inflamar-se facilmente e sentir cólera; ao passo que, alimentando pensamentos de calma, ele pode evitar tal cólera.

Igualmente, o corpo mental atua sobre o Causal, que é mais sutil, pois os pensamentos habituais constroem qualidades no próprio Ego. Conforme já se explicou no Capítulo V, sobre *Karma*, o pensamento constrói o caráter. As qualidades que formam o caráter da personalidade – caráter que se mostra no corpo mental e é modelado em cada uma das personalidades pelo treinamento e pelas circunstâncias – são absorvidas no corpo Causal e se convertem no caráter permanente da Individualidade. O homem retorna à Terra com essas qualidades como seu estoque de recursos para uma nova vida.

E assim, considerando os efeitos sobre o próprio homem, vemos que, em primeiro lugar, o pensamento tende a se repetir constituindo um hábito; e em segundo lugar, ele atua sobre o próprio homem não só temporariamente, em suas emoções, como também permanentemente, em seu caráter. Um efeito adicional sobre o próprio homem, a partir de seus pensamentos autocentrados, veremos ao tratarmos de formas-pensamento.

P 208: *Entre os dois efeitos do pensamento externamente ao homem, descreva, por favor, o primeiro, ou seja, a vibração irradiante.*

R: O pensamento em si aparece primeiramente, ante a visão clarividente, como uma vibração no corpo mental, podendo ser simples ou complexa. Se o pensamento for puramente intelectual, como, por exemplo, se o homem pensar em uma questão filosófica ou na solução de um problema matemático, a vibração resultante ficará confinada ao mundo mental; se o pensamento for de natureza espiritual, se estiver matizado com amor, aspiração ou um sentimento altruísta, ele se elevará ao reino do Mental Superior, ou mais alto ainda, até o plano Búdico, podendo ser extremamente poderoso e glorioso. Mas a maioria dos pensamentos humanos não é, de forma alguma, simples. O afeto absolutamente puro é, porém, muito frequentemente tingido de orgulho ou egoísmo, de ciúmes ou de paixões animais; e assim, quando um pensamento está manchado por desejos pessoais, suas vibrações tendem para baixo e a maior parte de sua força se despende no mundo astral. Existindo, pois, pelo menos duas vibrações separadas, uma no corpo mental e a outra no astral, a vibração irradiante será do tipo complexa, enquanto que a forma-pensamento revelará várias cores em lugar de uma só.

Logo, o primeiro efeito do pensamento externamente ao homem é uma vibração irradiante (simples ou complexa, de acordo com a natureza do pensamento), tão somente no oceano de matéria mental ou em ambos os corpos, mental e astral, semelhante à ondulação produzida por uma pedra lançada em um lago. Essas ondulações, atuando nos respectivos níveis, como as vibrações de luz ou de som no mundo físico, se irradiam em todas as direções, tornando-se mais fracas à medida que se afastam de sua fonte. As irradiações de pensamento afetam não apenas o oceano de matéria mental circundante, mas também outros corpos mentais que nele se movem. As vibrações de uma nota qualquer tocada em um piano são levadas através do ar e fazem soar a nota correspondente em outro piano que estiver afinado exatamente no mesmo tom. Do mesmo modo, ao ser transmitida uma vibração de pensamento em um corpo mental através da matéria mental, ela tende a se reproduzir em outro corpo mental, isto é, produz nesse outro corpo mental um pensamento do mesmo tipo que aquele da mente do pensador que emitiu a vibração; em outras palavras, pode-se dizer que o pensamento é "contagioso".

A força da irradiação verte-se principalmente sobre algum dos quatro níveis do mundo mental inferior; mas os pensamentos de um homem, estando majoritariamente concentrados em si mesmo, são ondulações da subdivisão inferior do mundo mental; e como seu corpo mental ainda não está desenvolvido, suas porções superiores estão completamente adormecidas.

A distância percorrida por tal onda bem como a intensidade e a duração com que repercute sobre os corpos mentais de outros dependem da força e da clareza do pensamento originário, estando o pensador na mesma posição que um orador ao colocar em movimento ondas e sons no ar, que se irradiam em todas as direções e transmitem sua mensagem a uma distância que depende da força e da clareza de sua voz. E assim, um pensamento intenso chegará muito mais longe que aquele que seja débil e indefinido, mas a clareza e a precisão são de importância ainda maior que a força. Igualmente, como uma voz que caísse sobre ouvidos surdos, uma forte onda de pensamento pode passar sem afetar a mente de um homem que já estivesse ocupada com outra linha de pensamento.

Essa vibração irradiante transmite o caráter do pensamento, mas não seu conteúdo, sendo extremamente adaptável. Ela poderá se reproduzir rigorosamente se encontrar um conteúdo que responda facilmente a ela em todos os sentidos; de outra maneira, ela produzirá um efeito nítido sobre linhas amplamente semelhantes às suas. As vibrações devocionais que brotem de um hindu em êxtase de adoração a Shri Krishna, repercutindo sobre o corpo mental ou astral de outro *vaishnavite*, farão surgir neste um pensamento e um sentimento idênticos ao original; porém, se as mesmas vibrações repercutirem sobre um muçulmano ou um cristão, suscitarão neles, respectivamente, o sentimento de devoção a Alá ou a Cristo (ou à Virgem Santíssima). E mesmo se tocassem o corpo mental de uma materialista, sem qualquer ideia de devoção, produziriam um efeito exultante ao excitar a parte superior de seu corpo Mental colocando-a em alguma atividade, já que não poderiam criar um tipo de vibração à qual o homem seja completamente alheio. Portanto, ao refletir em sentido elevado, o homem está realizando um trabalho missionário, mesmo que seja inteiramente inconsciente disso.

Ao contrário, se um homem pensar em outro com ódio ou malícia, irradiará uma onda propensa a provocar paixões similares em terceiros; e ainda que seu sentimento de ódio seja por alguém que esses terceiros desconheçam, de forma que seja impossível que o compartilhem, a irradiação fará surgir neles uma emoção da mesma natureza para com outro homem inteiramente distinto. A partir daí, eles poderão até mesmo cometer um assassinato no calor da paixão; e o primeiro homem, que irradiou a onda, enviando energia ao golpe assassino, terá que repartir o *karma* do homicídio, como um dos que originaram tal paixão.

P 209: *A que se assemelha o corpo astral de um homem comum, com suas paixões e desejos, à visão clarividente?*

R: O corpo astral de um homem comum (que não seja particularmente perverso, impulsivo ou apaixonado, mas de um homem mediano) examinado à visão clarividente é percebido como uma massa turbilhonante. Em vez de distintas estrias de cores claramente definidas circulando em sua superfície, como o deveria, são vistos cinquenta ou sessenta pequenos vórtices ou redemoinhos em movimento veloz, cada um dos quais constituindo um nó rígido, como uma verruga no corpo físico. Estas estruturas invadem o corpo astral do homem por toda parte, impossibilitando-lhe pensar com a clareza e a precisão com que poderia fazê-lo se tudo estivesse em ordem. Devido a esses pequenos vórtices atuarem todo o tempo, a maioria dos pensamentos desses homens nunca são inteiramente nítidos, e suas emoções não são também definidas e unidirecionadas.

Ao se analisarem esses torvelinhos, descobre-se que todos se originaram ou de uma pequena explosão de cólera, ou de insignificantes ansiedades, ou de pequenos sentimentos de culpa, ciúme, inveja e até mesmo de ódio que o homem tenha tido em algum momento durante as últimas 48 horas, pois tais emoções persistem pelo menos por esse tempo. Se o homem renovar o mesmo tipo de pensamento sobre a mesma pessoa, ele criará um vórtice muito maior, que durará mais tempo. No entanto, se ele tem um pensamento de ira contra alguém, esse pensamento se estabelecerá em um desses torvelinhos na matéria de seu corpo astral, durando por alguns dias ainda que dez minutos depois ele já tenha esquecido aquele sentimento transitório de irritação ou creia que seu efeito tenha desaparecido por completo. Esses vórtices vão gradualmente se dissipando, sendo substituídos por outros; mas nove em cada dez homens comuns mantêm inconscientemente seu estoque de vórtices no mesmo nível, permanecendo sempre pontilhados por essas horríveis "verrugas" que os impedem de pensar ou sentir como o fariam, se não as tivessem.

Todos esses torvelinhos, do ponto de vista da força psíquica, são como feridas abertas pelas quais está se esvaindo continuamente a força de vontade do homem; e a primeira coisa que deverá fazer uma pessoa que queira conservar suas energias e utilizá-las para realizar um bom trabalho é examinar todas essas fontes de desperdício, mantendo seus corpos astral e mental em perfeita calma, ao controlar seu temperamento e evitar todas as preocupações sem importância e todos os pequenos pensamentos e sentimentos indesejáveis.

P 210: *Qual é o segundo efeito do pensamento externamente ao homem?*

R: O segundo efeito do pensamento externamente ao homem é a criação de uma forma-pensamento definida e flutuante.

Os corpos mental e astral têm ligação principalmente com o aparecimento das formas-pensamento. Cada pensamento produz vibrações similares na matéria do corpo mental, acompanhadas de um maravilhoso jogo de cores; e o corpo mental, sob esse impulso, desprende uma vibrante porção de si mesmo conforme a natureza das vibrações. Essa porção atrai em torno de si matéria semelhante a partir da essência elemental mental que nos rodeia, produzindo uma forma-pensamento de uma única cor se o pensamento for simples. Mas quando a energia do homem flui para o exterior, aos objetos externos de desejo, ou se direciona a atividades passionais ou emocionais, esta energia atua não na matéria mental, mas na matéria mais densa do corpo astral ou corpo de desejos. E assim, quando são estimuladas as paixões de um homem ou quando o invade uma onda de emoção, seu corpo astral entra em intensa agitação, com várias cores específicas irradiando-se através dele. O corpo astral, então, dá origem a uma segunda classe de entidades, semelhantes em sua constituição à simples forma-pensamento, porém limitadas ao plano astral e motivadas pela atividade de *Kāma-Manas*, ou seja, a mente dominada pelo desejo. Ao vibrar, o corpo astral despende uma porção de si mesmo também modelada pela natureza das vibrações, atraindo algo da essência elemental do mundo astral. Tal forma-pensamento tem como corpo essa essência elemental, e como alma o desejo ou paixão que a irradiou, enquanto que sua força será proporcional à quantidade de energia mental combinada com o desejo ou paixão. As formas-pensamento dessa segunda classe são, em larga escala, as mais comuns, já que as pessoas geralmente têm muito poucos pensamentos livres de desejo, paixão ou emoção.

A essência elemental – mencionada em conexão com a Segunda Onda de Vida, no Capítulo VIII –, essa peculiar vida semi-inteligente que nos rodeia, não se diferencia em formas estáveis ou permanentes. A matéria dos mundos astral e mental, independentemente da alma que faz dela seu veículo, encontra-se animada por essa essência elemental, um tipo singular de vida que é delicadamente sensitiva, plena de vitalidade e não individualizada. O efeito produzido nas partículas de água em um copo ao passar por elas uma corrente elétrica pode nos dar uma tênue ideia da vitalidade e energia dos graus de matéria mental e astral, à medida que a essência elemental dos tipos I, II e III a afeta e vivifica. Essa matéria vivificada está, por assim dizer, em um "estado crítico", pronta para se precipitar em formas-pensamento no instante em que a afete uma vibração de pensamento emitida pela mente de um pensador. Ela responde prontamente à influência de pensamentos e sentimentos humanos; cada pensamento ou impulso reveste-se de um veículo temporário dessa matéria vitalizada, convertendo-se transitoriamente em uma criatura viva, na qual a força-pensamento constitui a alma, e a matéria vivificada, o corpo – conhecida como "forma-pensamento" ou "elemental artificial". Uma forma-pensamento é uma entidade viva com uma vigorosa tendência de concretizar a intenção do pensador, porém não é nem autoconsciente nem capaz de experimentar prazer ou dor.

Existe uma infinita variedade de cor e aparência de tais formas-pensamento, já que cada pensamento atrai para si a matéria adequada para sua expressão, fazendo vibrar aquela matéria em harmonia com a sua própria. As formas-pensamento são, portanto, construídas da essência elemental de acordo com o tipo e a qualidade do pensamento. Elas são transitórias, podendo durar horas, meses ou anos; daí serem classificadas entre os habitantes dos mundos invisíveis sob o nome de "elementais". Há quatro princípios gerais que regulam a produção de todas as formas-pensamento:

1) A qualidade ou o caráter do pensamento determina a sua cor;
2) A natureza do pensamento determina a sua forma;
3) O grau de definição do pensamento determina a precisão ou clareza de seu contorno;
4) A firmeza e a intensidade do pensamento determinam sua duração e tamanho.

As cores indicam o caráter do pensamento e estão de acordo com as que existem nos corpos sutis, já descritas no Capítulo III.

O efeito de uma forma-pensamento é bastante limitado, porém muito mais preciso do que o efeito de uma ondulação irradiante. A forma não pode alcançar muitas pessoas – na verdade, ela só pode atuar sobre alguém desde que essa pessoa tenha em si algo em harmonia com a energia que anima tal forma; todavia, quando atua, produz no corpo mental que influencia não apenas um pensamento de natureza similar, mas efetivamente o mesmo pensamento. Uma irradiação pode afetar milhares de pessoas, fomentando nelas pensamentos do mesmo nível que o originário, embora nenhum deles seja idêntico a ele. Entretanto, uma forma-pensamento, mesmo que afete apenas uma ou algumas pessoas, reproduz exatamente a ideia inicial.

P 211: *Poderia esclarecer mais o assunto apresentando uma classificação das formas-pensamento?*

R: As formas-pensamento podem ser divididas em três grupos:

I. Aquelas que assumem a imagem do pensador – quando um homem se imagina em algum lugar distante, ou quando deseja ardentemente estar naquele lugar, ele cria uma forma-pensamento de sua própria imagem que aparece ali, que sendo algumas vezes vista por outros é tomada pelo corpo astral daquele homem.
II. As que adotam a imagem de algum objeto material – quando um homem pensa em algum amigo, uma casa, uma pai-

sagem, um livro, etc., ele forma dentro de seu corpo mental uma pequena imagem daquele amigo ou daquilo em que tiver pensado. Essa imagem flutua na parte superior de seu corpo mental, geralmente em frente ao seu rosto, à altura de seus olhos, permanecendo ali durante o tempo em que o homem se achar contemplando aquele objeto e, geralmente, por mais algum tempo, antes que se externe ou se desfaça, dependendo da intensidade e da clareza do pensamento.

III. Aquelas que assumem uma forma inteiramente por conta própria, expressando suas qualidades inerentes na matéria que acumulam ao redor de si.

Representar as formas-pensamento dos grupos I e II seria simplesmente desenhar retratos ou paisagens, pois teríamos a modelagem da plástica matéria mental ou astral em imitação às formas pertencentes ao plano físico; porém, no grupo III, temos um vislumbre das formas próprias dos planos astral ou mental.

Considerando-se somente o grupo III, pode-se dividi-las em três classes:

Pensamentos claramente dirigidos a outra pessoa ou pessoas
Pensamentos não direcionados a outros, mas concentrados no próprio pensador, ou seja, pensamentos autocentrados
Pensamentos nem dirigidos a qualquer pessoa, nem concentrados no pensador

As formas-pensamento das três classes deste terceiro grupo se manifestam principalmente no plano astral, já que a maior parte delas é expressão de sentimento tanto quanto de pensamento. A vibração de um pensamento a partir de um desejo pessoal volta-se para o inferior e atrai em torno de si um corpo de matéria astral em adição a seu revestimento de matéria mental. A forma-pensamento resultante pode atuar tanto sobre os corpos astrais das pessoas quanto sobre suas mentes; portanto, ela pode não só suscitar pensamentos como também produzir emoções.

1) Pensamentos direcionados a outros:

   Suponhamos que um homem envie um pensamento de afeto ou devoção, de inveja ou de ódio; tal pensamento, assim como qualquer outro, produzirá uma vibração irradiante que afetará todos que estejam dentro de sua esfera de influência. Mas a forma-pensamento assim criada tem uma intenção definida; por isso, tão logo ela se descola dos corpos mental e astral do pensador, vai diretamente até a pessoa a quem foi direcionada, prendendo-se a sua aura. É uma espécie de garrafa de Leyden[25], que existe para o único propósito de descarregar-se e aproveita a primeira oportunidade de fazê-lo. A essência elemental astral e mental cria a garrafa, enquanto que a energia do pensamento corresponde à carga de eletricidade. Se a pessoa a quem ela é direcionada se encontrar em uma condição passiva ou estiver pensando em uma linha similar àquela natureza, a forma-pensamento se descarregará imediatamente sobre ela, provocando ou intensificando uma ondulação semelhante à sua; porém, se a pessoa estiver ativamente ocupada com algum outro trabalho, a forma-pensamento ficará vagando ao seu redor, esperando uma oportunidade favorável para se descarregar.

   Todavia, um pensamento, bom ou mau, para que cumpra sua missão, deverá encontrar na aura da pessoa a quem é enviado matéria capaz de responder em afinidade a suas vibrações; de outro modo, em nada poderá afetar aquela aura, mas retrocederá com força proporcional à energia com a qual se chocaria sobre ela. Consequentemente, um mau pensamento projetado sobre

[25] Garrafa de Leyden é um tipo primitivo de capacitor de alta tensão, de uso comum em eletrostática; um dispositivo que armazena cargas elétricas. (N. E.)

uma pessoa virtuosa recua de seu corpo e é lançado de volta com sua própria energia, flutuando de volta pela linha magnética de menor resistência e atingindo aquele que a originou, que possui em seus corpos mental e astral matéria semelhante à sua. E assim, "as maldições (assim como as bênçãos) sempre retornam ao ninho".

Um pensamento intenso a partir de um desejo puro, pleno de amor ou benevolência, construirá uma forma de extraordinária beleza, tanto em formato quanto em cor; enquanto que um pensamento de cólera, ódio, vingança ou qualquer outra paixão malévola construirá uma forma repugnante em sua deformidade, que será a própria entidade do mal suprida pelo desejo de prejudicar e destruir. O amor de uma mãe produz uma maravilhosa forma-pensamento, cheia de ternura, que ronda os filhos como um agente protetor e defensor, buscando toda oportunidade de servir e defender, alegrando-os em suas tristezas e, como um verdadeiro anjo guardião, protegendo-os no perigo e advertindo-os na tentação.

2) Pensamentos autocentrados:

Um pensamento dirigido a outra pessoa voa como um projétil até ela; porém, se está conectado ao próprio pensador, permanece flutuando próximo a seu criador, pronto para reagir sobre ele e suscitar de novo em sua mente o mesmo pensamento sempre que ele estiver momentaneamente em uma condição de passividade. A maior parte dos pensamentos e sentimentos do homem comum é autoconcentrada, por isso suas formas permanecerem vagando ao redor dele. Geralmente, todo pensamento claro e preciso cria uma nova forma-pensamento; porém se já se encontra vagando em torno do pensador uma forma-pensamento de natureza igual, sob certas circunstâncias, em vez de um novo pensamento sobre o mesmo assunto dar origem a uma nova forma, incorpora-se à antiga e a fortalece, de tal modo que, ao refletir longamente sobre o mesmo assunto, pode-se eventualmente criar uma forma-pensamento de extraordinário poder. E assim, todo homem edifica para si mesmo um envoltório de formas-pensamentos, uma verdadeira vestimenta, tanto de sentimentos quanto de pensamentos; e o homem viaja pelo espaço sempre rodeado de uma hoste de tais formas, encarcerado em uma jaula construída por ele próprio.

Enquanto sua mente está ocupada com outros pensamentos, essas formas revoluteiam ao redor dele aguardando uma oportunidade; mas no momento em que a sucessão de seus pensamentos se esgota, ou quando sua mente fica desocupada ou em estado passivo, essas formas, estando mais próximas, reagem sobre ele na primeira possibilidade. Ao sentir a pressão de seus maus pensamentos como se fosse algo vindo do exterior, ele crê que está sendo tentado pelo demônio. Portanto, um homem que pense habitualmente em desonestidade ou que ambicione os bens dos outros poderá cometer um roubo em um momento de debilidade. Ao contrário, um homem cujos pensamentos habituais sejam de pureza, através da pressão de suas formas-pensamento, pode ser capaz de realizar bons feitos, que estando muito acima de sua capacidade normal lhe parecerão terem sido executados com a ajuda dos Anjos.

Ambos os exemplos mencionados são, meramente, contextos para reações naturais dos respectivos sentimentos e pensamentos habituais do homem.

3) Pensamentos nem autocentrados nem especialmente direcionados a qualquer pessoa:

Uma forma-pensamento gerada por essa classe de pensamentos não paira em volta da pessoa, seguindo-a aonde ela vá, nem é lançada para longe em busca de um objetivo definido, mas simplesmente permanece flutuando ociosamente na atmosfera em que foi criada, irradiando vibrações similares às que originariamente seu criador emitiu. Se não tiver contato com algum outro corpo mental, sua carga de energia se esgota gradualmente, consumida pela irradiação, e a forma se desintegra por completo. Porém, se aquela forma-pensamento consegue despertar vibrações afins em algum corpo mental próximo, ela é atraída e geralmente absorvida por esse corpo mental. Um homem comum tem numerosos pensamentos dessa classe, deixando-os atrás de si como uma espécie de rastro que marca a rota de seu criador.

Toda a atmosfera está assim repleta de pensamentos vagos desse último tipo; logo, enquanto caminhamos abrindo passagem, por assim dizer, através desses fragmentos vagos e errantes dos pensamentos de outras pessoas, nossas mentes serão seriamente afetadas por eles se não estiverem definidamente ocupadas. A maioria de tais formas, ao passar por uma mente ociosa, não desperta nenhum interesse especial, embora ocasionalmente alguma atraia a atenção; e então a mente, fixando-se nela, a alimenta por um momento, liberando-a um pouco mais forte do que estava quando a recebeu. Nem a quarta parte de nossos pensamentos são nossos, porém simplesmente fragmentos tomados da atmosfera, na maior parte dos casos sem valor algum e com uma tendência geral mais claramente direcionada para o mal do que para o Bem.

Todo homem comumente produz essas três classes de formas-pensamentos ao longo de toda a sua vida. Estamos, pois, povoando nossa atmosfera tanto com anjos de beleza e de virtude quanto com demônios repugnantes de fealdade e de vício, ou seja, estamos purificando ou poluindo as mentes de nossa geração. Se pudéssemos vê-las por um momento, essa visão nos iria deter, e seríamos sempre cuidadosos ao desprender qualquer pensamento mau ou impuro. Assim, não podemos mais afirmar que pelo menos nossos pensamentos são exclusivamente nossos, ou que devemos ter cuidado somente com nossas palavras e ações, não importando quais sejam os nossos pensamentos. Na verdade, nossos pensamentos são menos nossos do que nossas palavras e ações, em razão de eles alcançarem uma distância muito maior de nós do que o conseguem palavras e ações, e porque a influência deles, atuando diretamente sobre as mentes dos demais, é mais poderosa e tem maior expressão.

Tal é o poder ou a ação dos pensamentos sobre nós mesmos e sobre as outras pessoas. Ao formarmos nossos hábitos e nosso caráter nos corpos astral e mental e ao edificarmos qualidades permanentes no corpo Causal, não só afetamos imensamente a nós próprios como também influenciamos aos demais, seja para o bem ou para o mal, ao irradiarmos vibrações e formas-pensamento de várias classes.

P 212: *Já compreendemos a ação ou os efeitos dos pensamentos, então como devemos usar esse conhecimento?*

R: Há dois usos principais:

1º - Podemos fomentar nossa própria evolução;
2º - Podemos ajudar nossos semelhantes.

P 213: *Como podemos impulsionar nossa própria evolução pelo conhecimento do poder do pensamento?*

R: Visto que cada pensamento ou emoção produz um efeito permanente ao fortalecer ou debilitar uma tendência e que toda vibração de pensamento e forma-pensamento reage inevitavelmente sobre o pensador, devemos exercitar um grande controle e cuidado com relação a cada pensamento ou impulso que permitimos dentro de nós mesmos. Um homem comum se permite ceder a toda classe de emoções e pensamentos, mas por um estudo científico da ação dessas forças, conforme acima se apresentou, ele perceberia que tanto é seu interesse quanto seu dever manter todas as suas emoções e seus pensamentos sob um absoluto controle. O estágio evolutivo no qual nos encontramos consiste no desenvolvimento do corpo mental; e o homem, ao reconhecer que a mente não é ele próprio, mas um instrumento para seu uso, promoverá esse desenvolvimento impedindo que a mente se entregue à ociosidade e esforçando-se para assegurar o controle sobre ela.

Devemos, por conseguinte, impulsionar nossa evolução: primeiro, mantendo nossa mente e nossas emoções sob controle para, a partir daí, edificar nosso caráter; e segundo, não desperdiçando insensatamente nossa energia, que pode ser utilizada para uma ocupação superior e propósitos mais elevados.

P 214: *O que devemos fazer para manter sob controle nossa mente e nossas emoções e para evitar os pensamentos maus, ociosos ou inúteis que prejudicam a mente?*

R: Em vez de permitir que o surgimento de toda emoção nos influencie, devemos aprender a manter sob controle as emoções por meio da mente. Com as rédeas da mente em suas mãos, o condutor – ou seja, o homem real – será capaz de controlar e orientar os cavalos do desejo, que conduzem a carruagem, o corpo físico.

O primeiro passo para controlar a mente é mantê-la ocupada de forma útil. Não se deve permitir que ela fique ociosa, já que assim qualquer forma-pensamento de passagem poderá infiltrar-se nela; além do que, permanecendo na ociosidade, a mente é mais suscetível às más impressões do que às boas. A melhor maneira é manter como pano de fundo de nossa mente um pensamento elevado ou alguma inspiração nobre para a vida. A mente só pode se ocupar com uma coisa de cada vez. Deve-se escolher um pensamento bom que seja o oposto do pensamento ruim que se intromete continuamente; pode-se escolher algumas palavras ou uma frase que corporifiquem o bom pensamento para que a mente instantaneamente a reproduza quando surja o pensamento ruim, seja repetindo-a muitas vezes ou uma só vez, e meditando sobre ela. De vez em quando, durante o dia, quando a mente estiver ociosa, devemos repetir tal frase. Desse modo, o mau pensamento cessará gradualmente, já que a atmosfera mental criada não é propícia para sua recepção. Algumas palavras extraídas de uma Escritura sagrada e fixadas ao acordar se repetirão na mente várias vezes durante o dia, sempre que ela estiver desocupada.

O segundo passo para treinar a mente é levar a cabo, o mais perfeitamente possível, tudo o que tenhamos de fazer. Isso requer a aquisição do poder de concentração. Uma pessoa de temperamento devocional deve criar uma imagem do objeto de sua devoção e concentrar sua mente nela; estando seu coração vinculado a tal objeto, sua mente facilmente se ocupará dele. Uma pessoa não devocional deve tomar como tema de concentração alguma profunda ideia, de interesse intelectual. Alguém que não seja atraído por personalidade alguma pode escolher uma virtude e concentrar-se nela; isso encantará seu coração por sua beleza intelectual e moral, sua mente se conformará a ela, e tal virtude se tornará parte de seu caráter. Todo aquele que tentar manter sua mente absolutamente concentrada por alguns minutos descobrirá que essa é uma tarefa difícil. Mas devemos todos tentar adquirir esse poder de concentração, focando nossa atenção em cada coisa que façamos em nossa vida diária e tentando executá-la da melhor forma que nos seja possível. E assim, por exemplo, ao escrevermos uma correspondência, devemos fazê-lo bem e com a máxima concentração, sem descuidar de nenhum detalhe; ao ler um livro, devemos fazê-lo com toda atenção, tentando compreender profundamente a mensagem do autor.

Além disso, a pessoa que deseja treinar sua mente deverá manter-se em atitude vigilante, dando-se conta dos pensamentos que penetram em sua mente e exercendo a constante seleção deles. A prática de se recusar a dar abrigo aos maus pensamentos, expulsando-os prontamente ao entrarem e substituindo-os por pensamentos de boa índole, afinará de tal maneira a mente que, automaticamente, ela atuará repelindo o mal e atraindo o Bem.

P 215: *Como se constrói o caráter a partir do conhecimento do poder do pensamento?*

R: Esse é o terceiro método de concentração, recomendado para uma pessoa não devocional e descrito no Capítulo IV, sobre *Karma*, como um dos "fios da corda do destino". Vamos descrevê-lo de novo, de forma breve.

Examinando seu caráter, um homem poderá selecionar algum grave defeito seu, como por exemplo a irritabilidade. Porém, ele não deve esquecer que, como o pensamento constrói, fixar o pensamento na irritabilidade a torna mais permanente, em vez de afastá-la. Ele deve sempre tomar, como objeto de seu pensamento, o oposto de qualquer debilidade sua; por exemplo, para suprimir a incorreção, deve meditar na virtude oposta, a retidão. Portanto, ele deve ponderar acerca da virtude que seja o oposto exato da debilidade da irritabilidade – ou seja, a paciência – diariamente pela manhã, antes de adentrar nas coisas mundanas; deve sentar-se em recolhimento em um lugar tranquilo por cinco minutos refletindo e meditando sobre a paciência – seu valor, sua beleza, sua prática quando instigada, etc. Deve escrever uma dissertação mental sobre a paciência, rememorando-a quando a mente começar a divagar, e trazendo-a de volta dos desvios eventuais pelos quais ela venha a seguir. Deve pensar em si mesmo como um modelo de paciência, fazendo o voto de aperceber-se da paciência e praticá-la neste dia, na vida cotidiana. Nos primeiros dias, é possível que não se efetue nenhuma mudança perceptível; embora ele possa ainda demonstrar irritabilidade, deve perseverar na meditação todas as manhãs. Então, quando proferir alguma expressão irascível, brilhará em sua mente como um relâmpago o pensamento de que deveria ter sido paciente. Com um pouco mais de tempo, o pensamento de paciência surgirá simultaneamente ao impulso irascível, cuja manifestação extrema será reprimida. Com mais um pouco de prática, o impulso irascível irá se enfraquecendo, e por fim, ao desaparecer a irascibilidade, a paciência se tornará a atitude normal. Desse modo, pelo poder do pensamento, pode-se adquirir uma virtude atrás da outra e construir um caráter ideal, em que as paixões, os apetites e a natureza inferior estejam dominados e totalmente sob controle.

Naturalmente, muitas pessoas no mundo têm o costume de considerar o caráter com o qual se acham dotadas como algo inalienável, algo que lhes foi atribuído, como uma perna aleijada. Se um homem tem um temperamento ruim, uma vontade fraca ou se sente cheio de desejos grosseiros, dirá: "É assim que eu sou; essa é a minha natureza". Ele não se dá conta de que ele próprio assim se formou por meio de suas vidas passadas e de que, por conseguinte, se conseguir dominar qualquer uma de suas debilidades, poderá modificar-se através de seu esforço no presente; ele ignora que pode mudar um caráter que seja indesejável e, além disso, não compreende por que deveria fazê-lo. Não é fácil para um homem alterar seu caráter, que é seu próprio fundamento. Talvez não haja incentivo suficiente ou razão adequada para um homem comum se dar todo esse incômodo. Porém, se ele compreender o Plano de Deus, se aprender a amar a Deus – porque Deus é Amor – e a cooperar com Ele, então terá o mais extraordinário de todos os motivos para adotar a atitude de contribuir na grande Obra da evolução. Do mesmo modo, conhecendo a Reencarnação, ele compreende que sua vida atual não é a única vida, mas que ele terá todas as vidas que necessitar; que o ponto em que ele abandona uma vida é o mesmo de onde ele recomeçará a tarefa de melhorar seu caráter na vida seguinte; que, por maior que seja o intervalo entre o fim de uma vida e o início de outra de nenhum modo interfere na unidade do processo da vida; e que, dessa forma, ele consegue modificar a si mesmo, produzindo mudanças fundamentais em seu caráter e em seu temperamento. Portanto, somente através do conhecimento superior, trazido pela Teosofia, é possível um incentivo realmente eficaz para qualquer mudança séria de caráter.

P 216: *O que devemos fazer, então, para evitar o desperdício de nossa energia?*

R: Cada pessoa tem certa quantidade de energia e é responsável por seu uso da melhor maneira possível, mas o homem comumente dissipa de maneira insensata sua força. Ele constitui-se, simplesmente, em um centro perturbado de vibração; está continuamente em uma condição de preocupação, em profunda depressão ou indevidamente estimulado por alguma frivolidade, comunicando assim suas vibrações de inquietação, embora inconscientemente, a todos aqueles que tiverem a má sorte de encontrar-se perto dele.

Outro modo muito comum de desperdiçar energia é a argumentação desnecessária sobre assuntos políticos ou religiosos, ou acerca dos incidentes da vida do dia a dia. Um homem sábio jamais tenta impor sua opinião sobre os demais, e como sabe também que não é de sua conta o que crê o outro, ele simplesmente se abstém de perder seu tempo e gastar sua energia em disputas improdutivas, embora tenha toda boa vontade em fornecer informação quando solicitada.

As pessoas envelhecem mais pelas preocupações do que pela labuta. A preocupação consiste no processo de repetir a mesma sucessão de pensamentos várias vezes, com pouquíssimas alterações, sem chegar a qualquer resultado. Dessa maneira, muitas pessoas dissipam sua energia projetando o mal para si mesmas e para seus entes queridos, por temer a morte ou a ruína financeira. Entretanto, não precisam tentar cruzar a ponte antes de chegar até ela; e também deveriam saber que o mundo é governado por uma Justiça absoluta, que ninguém pode prejudicá-los, a não ser como instrumentos da Lei, e que nada poderá suceder-lhes que não mereçam por seu *karma* passado. Logo, deveriam aprender a exercitar suas mentes em confiar na boa Lei, estabelecendo um hábito de contentamento.

Igualmente, um homem sábio se abstém de sentir-se ofendido pelas declarações ou ações de outro, nem permite que se altere sua serenidade por causa delas, pois sabe que um comentário desagradável, mesmo intencionalmente malévolo, de maneira nenhuma poderá prejudicá-lo, a não ser que ele insensatamente permita que seus sentimentos sejam feridos, perdendo assim o controle sobre seus veículos.

Devo fazer de minha vida uma agonia
Porque um bruto foi rude e ríspido comigo? Claro que não.
O homem decoroso, sensível e bem-educado
Jamais me insultaria; e nenhum outro o conseguiria.

P 217: *A única vantagem ao controlarmos nossa mente e emoções e ao economizarmos energia é o aceleramento de nossa própria evolução?*

R: Além de fomentar sua própria evolução, a partir daí o homem se torna útil a seus semelhantes, abstendo-se de prejudicá-los e aprendendo como fazer-lhes bem. Por exemplo: se ele se permite ser raivoso, ele não só estabelece um mau hábito e prejudica a si mesmo como também, irradiando vibrações de cólera, atua consideravelmente sobre aqueles que possam estar tentando controlar sua irascibilidade, embora não esteja pensando neles.

A cada vez que ele envia uma onda de cólera, provoca o despertar de uma vibração similar em outro, se já não existir previamente neste; caso contrário, ele a intensifica. Dessa maneira, ele dificulta o trabalho de autodesenvolvimento de seu irmão; enquanto que, simplesmente por controlar suas emoções e irradiar vibrações tranquilizadoras, ele poderia ajudar muitíssimo àquele irmão em sua Senda. Assim, podemos perceber nossa responsabilidade até mesmo por um único pensamento impuro ou maléfico que possamos espargir como contágio moral sobre nossos semelhantes. Em muitas pessoas, há gérmens maléficos latentes que podem se atrofiar e morrer por falta de nutrição; mas se cedermos a um pensamento perverso, suas vibrações irradiantes podem despertar esses gérmens latentes, fazendo com que eles entrem em atividade e impulsionando aquela alma por um declínio de más ações que, por sua vez, podem afetar seriamente milhares de outras pessoas no futuro. Felizmente, também é assim com os bons pensamentos – por meio deles, o homem pode se tornar um verdadeiro sol, irradiando amor, serenidade e paz em torno de si; e este magnífico poder está ao alcance de todos.

P 218: *O que deve fazer um homem que não consegue controlar seus pensamentos ou suas paixões e, embora continue tentando fazê-lo, tem falhado constantemente?*

R: Devemos olhar para o problema de maneira científica. Se uma característica ou um hábito nocivo possui certa quantidade de força é porque não tentamos reprimir tal força, mas permitimos que ela se acumulasse e adquirisse um impulso com o qual é difícil de lidar. Isso significa que nos acomodamos em seguir por algumas direções, tornando difícil, embora não impossível, seguir por outras opostas. Ainda que tenhamos dedicado várias vidas à acumulação de tal energia, o tempo empregado nisso foi limitado, e a soma de seu impulso, afinal, só pode ser finita. Se nos damos conta agora do erro e queremos controlar tal hábito, devemos gerar, na direção oposta, quantidade de energia exatamente igual à que acumulamos para produzir aquele impulso. Evidentemente, teremos de trabalhar pacientemente, já que não é possível contrabalançar de imediato a atividade de muitas vidas; mas, sendo almas, podemos continuar gerando força indefinidamente. E embora possamos eventualmente fracassar, cada esforço reduzirá a quantidade de força maléfica acumulada, até que finalmente se esgote.

P 219: *Como podemos utilizar nosso conhecimento acerca do poder do pensamento para ajudar outras pessoas?*

R: Podemos intencionalmente criar formas-pensamento e direcioná-las a outra pessoa com o propósito de ajudá-la. Esta é uma das linhas de atividade adotadas por aqueles que desejam servir à humanidade. Devemos inicialmente imaginar a pessoa que queremos ajudar como desejamos que ela esteja; essa imagem atuará poderosamente sobre essa pessoa, fazendo com que ela se harmonize com a imagem. Igualmente, ao pensar em nossos amigos, devemos fixar o pensamento em suas boas qualidades; ao tentamos ajudar um amigo a livrar-se de uma debilidade, não devemos imaginá-lo como possuidor daquela má qualidade que desejamos retirar dele, mas pensar intencionalmente nele como possuindo a virtude oposta, já que ao pensar em qualquer qualidade fortalecemos suas ondulações e, por conseguinte, a intensificamos.

A partir dessa consideração, deduz-se que o hábito da maledicência ou da calúnia, que muitos descuidadamente se permitem, é uma maldade horrível, pois o pensamento é fixado não sobre uma boa qualidade que a pessoa possa ter, mas sobre uma suposta debilidade. Acerca da maledicência, um Mestre diz o seguinte:

> Se pensas no mal que existe em outrem, estarás fazendo ao mesmo tempo três ações más:
>
> 1º - Estás enchendo a tua vizinhança de maus em vez de bons pensamentos, e assim estás aumentando a tristeza do mundo.
>
> 2º - Se existir neste homem o mal que imaginas, estás reforçando e alimentando esse mal; e assim estás tornando teu irmão pior em vez de melhor. Geralmente, porém, o mal não existe, e tu o criaste apenas em tua fantasia; então o teu mal pensamento tentará teu irmão a cometer erro, pois, se ele ainda não for perfeito, poderás torná-lo tal qual o imaginaste.
>
> 3º - Enches tua própria mente com maus em vez de bons pensamentos; e assim retardas teu próprio crescimento, e tornas-te, para aqueles que podem ver, um objeto feio e penoso em vez de belo e amável.[26]

P 220: *Como podemos ajudar alguém que se encontre, por exemplo, sob a influência do mau hábito da bebida ou da irritabilidade?*

R: Devemos enviar pensamentos de auxílio àqueles a quem amamos ou queremos ajudar. Em pensamento, devemos manter diante deles um alto ideal de si mesmos, desejando ardentemente que sejam ca-

[26] KRISHNAMURTI, J. *Aos Pés do Mestre.* (Alcyone) – parágrafos 54, 55 e 56. Brasília: Ed. Teosófica, 1999. (N. E.)

pazes de alcançá-lo. Ao tomar conhecimento de qualquer defeito de caráter de uma pessoa, não devemos focá-lo, mas formular um forte pensamento da virtude oposta e enviar-lhe as ondas desse pensamento.

Se quisermos dar auxílio a um homem viciado em álcool, devemos inicialmente indagar sobre o momento em que a mente do paciente esteja inteiramente desocupada, como por exemplo a hora em que ele dorme, pois será muito melhor se a enviarmos enquanto ele estiver adormecido. Então, sentando-nos com toda tranquilidade, criamos a imagem vívida daquele homem sentado à nossa frente; fixando nossa atenção nessa imagem, devemos enviar a ela, lenta e definidamente, os pensamentos que queremos imprimir em sua mente, mostrando-os como imagens mentais muito claras, como se fossem argumentos que colocássemos diante dele. Nesse caso particular, devemos colocar diante dele um quadro vívido das enfermidades e do sofrimento que resultam do vício de beber, assim como o subsequente colapso nervoso e a inevitável ruína final. Não devemos tentar controlar esse homem, mas convencer sua inteligência, elevando e purificando suas emoções. Se ele estiver dormindo, será atraído até nós e irá animar sua imagem diante de nós. O êxito depende da concentração e da firmeza de nosso pensamento e da condição mental daquele homem em tal ocasião, pois se estiver ocupado com seus próprios pensamentos, nossa forma-pensamento ficará aguardando e cumprirá sua missão de misericórdia quando aquela sucessão de pensamentos tenha se esgotado.

Ao tentarmos ajudar um homem colérico, devemos igualmente imprimir em sua mente imagens mentais das desvantagens de sua perda de autocontrole e, desejando que ele permaneça tranquilo e sereno, enviar-lhe influências intensas e serenas.

P 221: *O que nos diz do auxílio por intermédio de preces pelo bem-estar de vivos e de mortos?*

R: O efeito das preces para os "vivos" e os "mortos" foi descrito no Capítulo VI. Um forte desejo pelo bem-estar de um homem, que lhe seja enviado como uma influência geral de proteção, permanecerá próximo àquele homem como forma-pensamento pelo tempo proporcional à força do pensamento e, atuando como uma barreira, o defenderá dos perigos e o protegerá contra o mal.

Muitas vezes, nada podemos fazer em favor de alguém que sofra, porque seu cérebro físico pode estar fechado a nossas sugestões por preconceitos ou intolerância religiosa; porém seus corpos astral e mental sempre estão abertos para nossa ajuda.

O auxílio prestado a outro por intermédio de uma oração é, em sua maior parte, desse tipo, porém a maior eficiência da oração pelo bem-estar de alguém se deve à maior concentração e intensidade postas na prece; em certas ocasiões, as preces podem atrair a atenção de Inteligências supra-humanas, que então prestam auxílio diretamente.

Os fenômenos de cura mental e de cura por meio da fé demonstram o poder do pensamento mesmo no mundo físico; mas como esse poder pode atuar mais facilmente nos mundos astral e mental, podemos exercitá-lo quando encontramos alguém que sofra de tristeza ou depressão, quer estejamos caminhando na rua ou em um transporte coletivo. Nosso envio de pensamentos de serenidade e calma podem ajudá-lo; embora seja difícil para nós crer que estejamos de fato influenciando as pessoas através de nossos pensamentos, qualquer um que se empenhe nessa prática descobrirá imediatamente fortes evidências de seu êxito.

A ausência de corpos físicos não é um obstáculo para a força do pensamento; pelo contrário, facilita o trabalho, pois não existe então a pesada matéria física para ser colocada em vibração, como é necessário fazer no caso de um homem vivo, antes que o pensamento possa chegar à sua consciência desperta; portanto, podemos ajudar, consolar, alegrar e até aconselhar os mortos mediantes nossos fortes pensamentos ou através de nossas orações, conforme já se explicou no Capítulo VI.

Além disso, há o poder do pensamento combinado ou da oração coletiva em prol de um objetivo comum; e as Ordens contemplativas da Igreja Católica Romana, assim como os ascetas das religiões hinduísta e budista, difundem pensamentos elevados e nobres através do mundo, prestando um imenso serviço à humanidade.

P 222: *Podemos ajudar com o pensamento mesmo que nos encontremos fora do corpo físico, durante o sono?*

R: Podemos realizar um trabalho muito eficaz enquanto nossos corpos estão descansando pacificamente durante o sono. Livres da carga dos corpos físicos, somos em realidade mais eficazes com nosso pensamento. Durante o sono, um homem comum geralmente está absorto nos assuntos que lhe interessaram quando se achava desperto, e muitas vezes, ao dormir com algo a decidir, "o travesseiro dá conselhos" e orienta uma decisão importante. Ao nos entregarmos ao sono, devemos manter, com toda tranquilidade em nossa mente, o problema que precisa de solução; não devemos discuti-lo nem argumentar sobre ele, mas simplesmente enunciá-lo e deixá-lo. O Pensador se encarregará da solução quando estiver fora do corpo e a imprimirá no cérebro; por isso aconselha-se ter papel e lápis à cabeceira para anotar a impressão imediatamente ao despertar.

Da mesma maneira, durante nosso sono, podemos ajudar um amigo, vivo ou morto. Devemos construir a imagem do amigo em nossa mente antes de dormir e nos determinar a encontrá-lo e ajudá-lo. A imagem mental o atrairá até nós, e nos comunicaremos com ele no mundo astral. Durante o período de vigília, podemos auxiliar qualquer conhecido que esteja triste ou com algum sofrimento sentando-nos calmamente, criando uma forte imagem mental dele, e vertendo nela ondas de compaixão, de afeto e de força; porém, durante a noite, nós mesmos podemos ir até ele em corpo astral e, em vez de oferecer-lhe simplesmente um consolo genérico, podemos auxiliá-lo mais efetivamente ao ver exatamente o que a sua situação requer. Entretanto, devemos permanecer perfeitamente calmos antes de nos entregarmos ao sono, não permitindo que surja em nós qualquer emoção ao pensarmos no amigo, já que isso pode causar um turbilhonamento em nosso corpo astral que pode não só atemorizar aquele como também impossibilitar a passagem de nossas vibrações mentais. Dessa forma, podemos realizar um trabalho muito bom como auxiliares astrais, embora possamos não lembrar de nada em nossa consciência de vigília.

Outra maneira de fazer o bem a partir de nosso corpo físico ou não, por meio do poder do pensamento, é o auxílio às boas causas e aos movimentos públicos benéficos à humanidade. Podemos auxiliar, inspirar e orientar todo tipo de pessoas, que possivelmente jamais nos ouviriam fisicamente. Podemos sugerir ideias liberais aos presidentes e aos estadistas, aos poetas e pregadores, aos escritores de livros, redatores de revistas e jornais, e podemos até mesmo sugerir enredos aos novelistas e projetos beneficentes aos filantropos.

P 223: *Podemos afetar a matéria física pelo poder do pensamento? Nossos pensamentos têm efeito sobre a saúde de nosso corpo físico?*

R: Nos últimos anos, muito se escreveu acerca da influência do pensamento sobre o corpo físico, já que as enfermidades são tanto produzidas quanto curadas pelo pensamento. Sabe-se que, em tempos de epidemia, aqueles que mais se estressam com o pensamento da epidemia são as vítimas mais fáceis daquela enfermidade.

Ademais, é pelo poder do pensamento que *Prāna*, a energia vital, é controlada e vertida pelo hipnotizador desde seu corpo até o de pessoas nervosas e débeis, que recuperam assim sua saúde física.

O pensamento é também utilizado, por vários métodos, para curar as enfermidades físicas de uma maneira sistemática. Um desses métodos consiste em manter a mente ocupada com pensamentos de saúde, como detentor de um corpo forte e saudável, pois, para a cura mental ou a cura por meio da fé, a pessoa é auxiliada por seu pensamento de saúde, pela fé inquebrantável em alguma coisa ou pessoa. Outro método consiste em nos recolhermos no silêncio no mais íntimo de nosso ser e nos colocarmos em comunhão com o Divino, trazendo dela toda a força e saúde de que necessitamos. Porém, existem coisas mais importantes que a mera saúde corporal; e embora não convenha permitir à nossa mente deter-se na dor ou na enfermidade, tampouco é conveniente fixá-la em demasia no pensamento de saúde, pois isso implica um gasto de energia mental que poderia ser sabiamente utilizada para propósitos mais elevados.

Outro efeito do pensamento sobre a matéria física é que as constantes irradiações de nossas formas-pensamento impregnam os objetos inanimados ao nosso redor a ponto de mesmo as paredes e os quadros de nossa casa refletirem tais pensamentos e sentimentos. As cadeiras, a escrivaninha e todos os objetos circundantes são inconscientemente magnetizados por nosso forte e repetido pensamento, possuindo a capacidade de sugerir o mesmo tipo de pensamento a outros que se encontrem sob sua influência. Assim, percebeu-se que determinada cela de uma prisão estava tão carregada do pensamento de suicídio que todos os prisioneiros que foram postos nela se suicidaram, um após o outro. A eficácia de alguns tipos de talismãs ou amuletos depende do mesmo princípio, pois o objeto que constitui o talismã é impregnado de um tipo específico de vibração por meio do pensamento concentrado.

Portanto, um mau pensamento é tão rápido para causar dano quanto um bom o é para fazer o bem; o pensamento – um poder de ricos e pobres, jovens e idosos – pode tanto ferir quanto curar, pode causar sofrimento ou alívio para o pesar. Tal é a Lei do Pensamento, e tal é o seu poder de influência; felizes os que conseguem usá-lo com sabedoria.

Capítulo VIII

A evolução da vida

P 224: *O que você quer dizer com "Evolução da Vida"?*

R: A palavra "evolução", do latim "*evolvere*" (evolucionar), é usada para denotar o desenvolvimento de formas cada vez mais elevadas a partir de suas precedentes inferiores. Segundo Herbert Spencer, "evolução consiste em o homogêneo se tornar heterogêneo, o simples transformar-se em complexo". Conforme Darwin observou, toda a Natureza está em estado de evolução, em que as formas inferiores sempre dão lugar às superiores, as simples às mais complexas, como o botão à flor e a flor ao fruto.

Mas a Doutrina da Evolução não esperou por Darwin para se expressar, embora o crédito de havê-la proposto cientificamente pertença a ele. Ciência e Religião estão recapituladas no dito de um místico persa: "Deus dorme no mineral, sonha no vegetal, desperta a consciência no animal, a autoconsciência no homem, e despertará a Consciência divina no homem perfeito". Os que forem profundamente versados nos ensinamentos esotéricos de qualquer religião encontrarão antecipações de muitas verdades que a ciência moderna ainda não descobriu; e se a ciência e a religião tiverem causa comum, o progresso da humanidade se acelerará imensamente.

O aspecto mais denso da manifestação da Vida Una é o que se denomina "matéria". Portanto, há dois polos na manifestação: de um lado a "forma", o polo da matéria, e do outro a "vida", o polo do Espírito. Eles são os dois aspectos opostos da Eterna Vida Una; e o processo da evolução consiste em a Vida se exteriorizar em seu aspecto dual, ocasionando a diversidade. Quando é alcançado o limite da diversidade, a Vida se introverte para reintegrar as diversas unidades separadas em uma poderosa e enriquecida unidade. Pode-se dizer que a Vida que se exterioriza busca a diversidade e tende para o polo da matéria; enquanto que a Vida introversa busca a unidade e tende para o polo do Espírito.

A Lei da Evolução, conforme a enuncia a Escola Darwiniana, demonstra com precisão científica o aperfeiçoamento gradual das formas e tem por fundamento a presença universal do protoplasma, a base física da Vida. Nas formas inferiores da vida animal, esse protoplasma é indiferenciado, existindo simplesmente como uma massa homogênea, gelatinosa; porém, nas formas superiores já aparece aperfeiçoado em células de diferentes formas, tamanhos e funções. O reino animal é classificado em ordens, gêneros, etc., segundo a complexidade relativa das estruturas implicadas. Essa classificação indica que quanto mais evoluída a Vida, mais elaborada a forma mediante a qual ela atua.

A prova da evolução em si encontra-se no detalhamento da embriologia, pois demonstra que todas as formas animais passam, durante as etapas de seu desenvolvimento, por toda a sucessão das espécies inferiores. No momento da fertilização, o óvulo consiste em uma célula simples, a qual se multiplica rapidamente por divisão; e durante as etapas subsequentes de desenvolvimento é que surgem as diferenciações que, mais tarde, resultam na produção de todas as inumeráveis variedades de formas. Todavia, um estudo do embrião de diferentes animais demonstrou que *todos* eles passam exatamente pelas mesmas etapas; ou seja, uma comparação dos embriões do peixe, da galinha, do bezerro e do homem revelou o fato de que em seus estágios primários os embriões são idênticos, desaparecendo as formas inferiores e menos evoluídas, uma após outra, a partir de um novo desenvolvimento – sendo eliminadas da raça, por assim dizer, quando é alcançado o padrão assinalado para seu desenvolvimento, até que tão somente o embrião humano subsiste para completar o percurso. Esse entendimento, chamado de "Teoria da Recapitulação", explica que durante o curso de seu desenvolvimento cada animal fornece um resumo de sua raça, demonstrando passo a passo todas as etapas através das quais as formas têm evoluído durante o transcurso de incontáveis eras.

A evolução poderia ser corretamente definida como o estudo da evolução das formas durante o desenvolvimento da consciência. A ciência estuda apenas a forma que evolui sob a Lei da Evolução, mas a Teosofia estuda também o desenvolvimento da Vida sob a Lei da Reencarnação, já que essas Leis são concomitantes e necessárias uma a outra, e ambas indispensáveis para a completa compreensão da Vida.

Portanto, embora a evolução, de acordo com a ciência, seja meramente a edificação consecutiva de organismos mais elevados e complexos, esses organismos em realidade implicam a necessidade de expressar com perfeição cada vez maior a Vida Divina, que está buscando manifestação no Universo. O ponto importante que devemos recordar aqui é que existe evolução não somente da forma, mas também da Vida. De fato, a evolução é primordialmente da Vida, e não da forma, por mais que as formas também evoluam e se aprimorem, especialmente para serem veículos convenientes a uma Vida mais desenvolvida. No Esquema da Evolução, a Vida Divina se envolve cada vez mais profundamente na matéria com o propósito de receber, por meio dela, certas vibrações que não podem afetar diretamente a Vida. Essas vibrações ou impactos externos suscitam as correspondentes vibrações dentro da Vida, de tal maneira que a Vida aprende a responder a elas e, mais tarde, a gerá-las a partir de si própria, desenvolvendo, por esse meio, seus poderes espirituais latentes.

Por conseguinte, toda evolução consiste, essencialmente, na passagem da Vida por várias formas à medida que evoluciona, armazenando em si as experiências adquiridas por meio de tais formas, até que o gérmen original da Vida se torne a imagem perfeita de Deus.

P 225: *Mas qual é a força motriz para a evolução?*

R: É o envolvimento da Vida na matéria perante o desenvolvimento de complexos organismos de todo tipo. O curso completo desse envolvimento pode ser sintetizado em duas etapas: a posse gradual de matéria cada vez mais densa, isto é, a involução; e depois o sucessivo abandono dos veículos que tenham sido arrogados, ou seja, a evolução. Todavia, para compreendê-lo, é necessário abordar o conceito das Três Grandes Emanações.

P 226: *O que se entende por "Três Grandes Emanações"?*

R: Os impulsos que construíram os sete mundos interpenetrantes com seus elementos a partir do oceano de espaço interestelar, conforme se indicou no Capítulo II, procederam do Terceiro Logos, de *Brahmā*, e são chamados de "Primeira Grande Emanação" ou "Primeira Onda de Vida".

Atuando através de seu Terceiro Aspecto – nos dizem os profetas –, ele emana sucessivos impulsos de força dentro da magnífica esfera que demarca o limite de seu campo de atividade. O primeiro impulso estabelece por toda a esfera um grande número de pequenos vórtices, cada um dos quais atraindo para si 49 bolhas de energia e as ordenando sob certa forma. Os agrupamentos dessas bolhas, assim formadas, são os átomos do segundo dos mundos interpenetrantes. Nem todas as bolhas são usadas dessa maneira, sendo deixado um número suficiente de bolhas em estado dissociado para atuarem como átomos no primeiro e mais elevado desses mundos.

No seu devido tempo, vem outro impulso que capta quase todos esses átomos de 49 bolhas – deixando somente o suficiente para prover os átomos para o segundo mundo –, solta-os dentro de si, e depois os expele novamente, estabelecendo vórtices entre eles, cada um dos quais contendo em si 49^2 ou 2.401 bolhas. Essas formam os átomos do terceiro mundo.

O impulso seguinte, de igual modo, capta quase todos esses 2.041 átomos, os faz retroceder à sua forma original e os lança novamente para fora como átomos do quarto mundo, contendo cada átomo desta vez 49^3, isto é, 49 X 2.401 bolhas.

Esse processo se repete para um átomo do quinto plano, ou mental, que tem 49^4, ou seja, 2.401 X 2.401 bolhas; para um átomo do sexto plano, ou astral, com 49^5, ou 49 X 2.401 X 2.401 bolhas; e para um átomo do sétimo plano, ou físico, com 49^6, isto é, 2.401 X 2.401 X 2.401 bolhas, com um número preciso de bolhas adicionais devido à formação peculiar do átomo físico.

E assim procede essa vasta Onda de Vida emanada do Logos: pulsa através de todo o Sistema Solar e rompe-se em inumeráveis fragmentos (como uma suave corrente de água que, precipitando-se por uma cascata, se rompe em milhares de gotas separadas), a fim de se converter nos átomos-vida que chamamos "matéria". Não há um só átomo, uma só partícula de matéria, que não tenha em si a Vida de Deus como sua própria Vida. Não existe nada que esteja morto. Portanto, o que a ciência denomina "matéria" é, em realidade, espírito-matéria, o Espírito que se fez manifesto; e dessa matéria viva são construídos os mundos. A matéria é o necessário veículo de manifestação para o Espírito; um não pode existir sem o outro, e a Vida Divina se torna Espírito somente quando anima a matéria.

Depois de terem sido criados os átomos de cada um dos sete planos, o Terceiro Logos cria, então, os subplanos de cada plano. Os átomos de cada plano são atraídos para compor grupos de dois, três, quatro átomos, etc., e assim formar os subplanos. O primeiro subplano, ou superior, é composto dos átomos individualmente, enquanto que o segundo, o terceiro e os outros subplanos inferiores são constituídos por combinações desses átomos. Portanto, como mencionado no Capítulo II, o subplano superior do plano físico é composto de átomos físicos simples de duas variedades, os positivos e os negativos, e por meio de combinações desses átomos são construídos os demais subplanos daquele plano. No curso da construção dos subplanos do mundo físico é que são produzidos os elementos químicos, que constituem o material básico para a edificação de todas as formas físicas. É dessa maneira que vêm à existência as subdivisões inferiores de cada plano, e o Espírito Divino se torna cada vez mais velado na matéria na medida de sua descida.

Depois, na matéria assim vivificada, desce a Segunda Emanação de Vida procedente do Segundo Aspecto da Deidade, *Vishnu*, que, combinando os elementos ou agregados de átomos em organismos e animando-os, confere características ou qualidades à matéria, capacitando-a para responder em diferentes modos a diversos estímulos do exterior, de tal maneira que uma classe de átomo e seus agregados respondem às alterações de pensamento, outra responde às alterações de emoção e desejo, e assim sucessivamente.

Essa Segunda Onda de Vida, chamada "essência monádica", especialmente quando está revestida da matéria atômica dos diversos planos, desce através dos planos superiores e chega ao plano mental, no qual projeta a matéria deste plano dispondo-a em combinações adequadas para expressar os pensamentos. Pela natureza de seus átomos, a matéria mental já é capaz de responder às alterações de pensamento por vibrações – os pensamentos abstratos na matéria mais sutil e os concretos na mais grosseira. Dessas duas classes de matéria mental, a superior e a inferior, são constituídos posteriormente os corpos Causal e mental. Na qualidade de primeira e segunda essência elemental, a Onda constrói nesse plano o primeiro e o segundo reinos elementais, respectivamente em seus níveis superior e inferior.

Continuando até o plano astral, a Onda de Vida estrutura em cada subplano as combinações apropriadas para expressar sensações (de cuja matéria astral, ou matéria-prima do desejo, é formado posteriormente o corpo de desejos), construindo neste plano o terceiro reino elemental, denominado "terceira essência elemental", a essência elemental do mundo astral. Em suas duas etapas ulteriores, a segunda e a terceira essências elementais estão muito intimamente relacionadas ao homem, pois participam enormemente na composição de seus distintos veículos, influenciando seu pensamento e suas ações, conforme se descreveu ao se tratar dos elementais mental e astral no Capítulo III.

Descendo mais até o mundo físico, a Onda de Vida forma em cada subplano as combinações próprias para constituir corpos físicos (os futuros elementos químicos, segundo são denominados, nos três subplanos inferiores) e constrói neste plano o reino mineral, que é às vezes chamado de "mônada mineral". Porém, no ponto central desta etapa cessa a pressão impulsora para baixo, sendo substituída por uma tendência para cima; termina então a exalação ou involução, iniciando-se a inalação ou evolução. O trabalho da Segunda Onda de Vida, por ser aquela em que são formadas as combinações que expressam qualidades, é conhecida como "doadora de qualidades". Os poderes variantes de cada átomo e suas agregações são concedidos por essa Onda de Vida em seu fluxo descendente até o ponto inferior de seu enorme círculo, ou seja, o estágio mediano, o reino mineral; a partir daí a Onda de Vida começa a ascender, criando formas de matéria que agora apresenta as qualidades que lhe foram atribuídas durante o influxo descendente.

Essa matéria, que agora revela qualidades – capacidade de responder, ou seja, a habilidade de fazer reajustes internos sob o impacto de estímulos –, é atraída e agregada em formas minerais, vegetais e animais, e por último em forma do homem animal. É a energia do Segundo Logos que, animando a matéria dos sete planos, a capacita para construir formas. Cada forma persiste somente enquanto a Vida do Segundo Logos mantém a matéria naquela forma. E aqui, pela primeira vez, aparece o fenômeno de nascimento, crescimento, decadência e morte; nasce uma forma porque a Vida do Segundo Logos tem que realizar a evolução através daquela forma, que evolui enquanto a obra se está efetuando. A forma apresenta sinais de decadência quando o Segundo Logos retira lentamente a Vida daquela forma; ela finalmente morre quando o Segundo Logos retira toda a vida para trazê-la de volta em uma forma renovada e aprimorada, que seja capaz de dar à Vida as novas experiências necessárias para seu crescimento ulterior. E assim, a Segunda Onda de Vida doa qualidades à matéria e depois constrói formas a partir daquela matéria, a saber, os sete reinos da Natureza: os três reinos elementais, o mineral, o vegetal, o animal e o humano. Este último reino recebe sua forma somente ao principiar-se, e o ocupante real toma posse daquela casa unicamente quando a Terceira Grande Emanação tiver atuado sobre ela.

Existem cinco esferas desde o plano físico até o Nirvânico, as quais constituem o campo de evolução. Acima delas, no plano *Mahāparanirvânico*, reside na perfeição de Sua própria natureza o Senhor do Sistema, *Ishvara*, não manifestado. No segundo plano brilham Seus Aspectos, os poderes manifestados, os *Logoi* de onde procedem as Ondas de Vida, Poderes que constroem a matéria e criam as formas, e o Poder Regenerador, do qual procede a Terceira Onda de Vida.

Residem ali também as sementes da Divindade, as Mônadas, emanações que vão ser os Espíritos humanos no campo da evolução; e a Terceira Onda de Vida consiste no envio desses Espíritos humanos para animar e utilizar os corpos preparados para eles mediante longas eras de evolução, a lenta ascensão do mineral ao vegetal, deste ao animal, e deste ao homem animal. Advém então o tempo em que os Espíritos humanos-divinos (as Mônadas), que têm aguardado o momento para seu advento, pairam sobre as formas humanas que estão sendo preparadas para elas, embora ainda sejam incapazes de guiá-las ou controlá-las. Essas constituem a Terceira Grande Emanação, os fragmentos da Divindade animando as formas preparadas para sua chegada e convertendo-as em tabernáculos dignos de Deus.

Portanto, a Primeira Onda de Vida – procedente do Terceiro Logos da terminologia teosófica, do *Brahmā* hinduísta, do Espírito Santo ou Terceira Pessoa da Trindade cristã – formou os átomos animados por Ela, combinou-os entre si e construiu as numerosas agregações dos diferentes tipos de átomos em elementos, isto é, construiu os sete grandes planos do Sistema Solar com seus subplanos. A Segunda Onda de Vida – procedente do Segundo Logos, *Vishnu*, o Filho, a Segunda Pessoa da Trindade cristã – concedeu características ou qualidades à matéria e criou formas. A Terceira Onda de Vida – procedente do Primeiro Logos, *Shiva* ou *Mahādeva*, o Liberador, o Pai, a Primeira Pessoa da Trindade cristã – efluiu os Espíritos humanos para animar as formas. Essas três grandes Ondas, ou correntes da evolução, são distinguíveis em nossa Terra em relação à humanidade: a produção do material, a edificação da casa e o desenvolvimento do ocupante da casa, ou seja, a evolução do Espírito-matéria, a evolução da forma e a evolução da autoconsciência.

E assim, a Vida vertida se envolveu na matéria, e esses gérmens de Vida, essas inúmeras sementes, procedem todos de um só *Ishvara*. Dessas sementes se revelarão qualidades, e essas qualidades serão poderes, mas poderes manifestados através da matéria; a evolução consiste na edução desses poderes, podendo assim ser sintetizada: são potencialidades latentes se tornando poderes ativos.

A Deidade não manifestada é a força motriz oculta, fazendo com que a evolução seja, ao mesmo tempo, possível e inevitável; é a força impulsora de elevação que ultrapassa todo obstáculo e a garantia do triunfo final do homem.

P 227: *Mas a Vida procedente de* Ishvara *não contém em si tudo já desenvolvido, todo poder já manifestado, toda possibilidade efetivada como realidade? Por que deverá se originar o imperfeito do Perfeito e regressar depois àquela perfeição da qual procede? Para que essa longa evolução e qual é o objetivo ou propósito dessa evolução da Vida?*

R: Essa pergunta se baseia em um equívoco fundamental. O Uno desejou ser muitos. A multiplicação necessariamente implica divisão e, portanto, limitação; e a limitação obrigatoriamente implica imperfeição. Essa limitação também é evidenciada pelo uso dos termos "chispa", com relação ao Universo, e "chispas", com relação a vidas individuais. Eles demonstram a limitação que se segue à manifestação; dão a ideia de que a chispa, alimentada de maneira apropriada, se desenvolverá à semelhança do Fogo do qual procede e, ainda, que a chispa é da mesma natureza da Chama, o Supremo *Brahman*. A chispa contém o todo em latência, mas nada em manifestação ao início; tudo possui em gérmen, mas nada como organismo desenvolvido na origem.

Na matéria trazida à manifestação por *Brahmā*, *Vishnu* não coloca a si mesmo com a força de seus poderes não manifestados, mas a semente de sua Vida, capaz de evoluir e contendo dentro de si, potencialmente, todas as coisas, mas nada apresentando em manifestação. Os gérmens da Vida de *Ishvara* desenvolvem passo a passo, etapa por etapa, todos os poderes que residem no Pai Criador; dessa semente a Vida evoluirá em elevação até que se forme um centro de consciência capaz de se expandir à consciência de *Ishvara*, embora permanecendo ainda um centro, com o poder de surgir como um novo Logos, do qual possam evoluir novos universos.

A edificação de tais centros é o propósito da evolução da Vida; tal construção é feita etapa por etapa à medida que a Vida passa de uma forma a outra, até que o filho se torne o que ele sempre foi potencialmente, uno com o Pai.

O que procede do Divino é tão somente uma massa de essência monádica sem individualização, ainda sem onisciência e imperfeita, e não Mônadas humanas. A diferença entre sua condição ao surgir e ao retornar é exatamente como a que há entre uma massa de substância nebulosa e um Sistema Solar que dela evoluiu. A nebulosa é bela, porém vaga e sem utilidade, enquanto que o sol formado a partir dela, por lenta evolução, verte sua luz sobre muitos mundos.

Traduzindo em linguagem mais simples, quando iniciamos nossa longa peregrinação nos encontrávamos, por assim dizer, adormecidos; mas ao passar por numerosas etapas, em todo tipo de formas, alcançaremos ao final de nossa viagem como humanos a meta assinalada para nós durante esta era ou dispensação, nos tornando Adeptos ou Seres de benevolência, poder e sabedoria. Nossa evolução, entretanto, continuará para além desse nível, até que cada um de nós se torne um Deus.

P 228: *Como a Vida Divina desenvolve, na vida germinal, o poder de responder nos primeiros estágios ascendentes de evolução, nos reinos mineral, vegetal e animal?*

R: Todo o trabalho da Vida pode ser sintetizado como o recebimento de vibrações da matéria externa e a resposta de si mesma em vibrações internamente. No reino mineral (nos metais, nas pedras e no que se conhece como matéria inorgânica), a Vida, a Mônada da forma, *Ātmā-Buddhi*, a Vida emanada do Logos, tem a capacidade de responder, mas de uma maneira muito limitada, devido em parte à sua natureza germinal e em parte à rigidez do veículo que a envolve. "Deus dorme no mineral", e assim a vida germinante de *Vishnu* transforma e suaviza a rigidez de seu material, pondo em atividade a essência interna mediante golpes, vibrações e fortes impactos, como os terremotos e vulcões – o fracionamento da matéria em uma escala gigantesca – até que seja alcançado um estágio de plasticidade, com uma oposição muito diminuída por parte da forma externa e uma resposta mais ativa por parte da Vida interna, quando então os primórdios do mundo vegetal podem ser trazidos à existência.

Depois que a Vida no mineral desenvolveu a capacidade de responder aos impactos externos, a etapa seguinte na evolução, alcançada no reino vegetal, se dá quando a resposta assume a forma de sensação, a capacidade de responder ao impacto externo por meio de um sentimento dentro da Vida. Essa sensação se expressa como prazer quando a Vida responde a impactos externos harmoniosos e como dor quando os impactos são conflitantes.

Chegamos então à etapa em que a Vida evolui através do reino animal. O prazer e a dor são agora sentidos de forma aguda, e além disso surge o gérmen da cognição, denominada "percepção", conectando objetos a sensações. A Vida em alvorecer desenvolve a capacidade de criar um elo entre o objeto que a impressiona e a sensação que responde àquele objeto. Quando a Vida identifica um objeto como provocador de prazer ou de dor, ou seja, quando distingue o objeto, desenvolve-se a faculdade de percepção, ou seja, a criação de elos entre os mundos externo e interno; a capacidade mental principia a germinar naquele organismo, tal como o encontramos nos animais superiores. Porém, em todo o processo, é a Vida em evolução que subtrai a experiência obtida de uma forma desgastada, assim como de um reino inferior da Natureza a outro superior – do reino mineral ao vegetal, e deste ao reino animal.

Com a capacidade de se mover de um lugar a outro, aumentam para os animais as oportunidades de acumular experiências, já que assim podem, por si mesmos, entrar em contato com objetos externos e não ter, como o mineral e o vegetal, que esperar a aproximação de tais objetos para responder a eles. Com a luta pela existência (a intensa competição por alimentos na Natureza), com o amor dos semelhantes, que se expressa no instinto maternal e paternal, com o instinto de liderança e gregário (no touro, por exemplo), ao caçar e ser caçado, e pelas vicissitudes em geral, por tudo isso, o animal desempenha astúcia, precaução e capacidade de autodefesa; desenvolve bravura e outras qualidades superiores, que finalmente tornarão possível o advento do homem. No entanto, mesmo quando surge o homem animal no processo da Vida, ainda não foi alcançada a verdadeira condição humana.

P 229: *Então o homem não descende do animal? Não evoluiu a partir do animal, conforme afirma a teoria Darwiniana?*

R: Isso não é verdadeiro. É tão somente um fragmento da Verdade, visto parcialmente e por isso mesmo distorcido. A matéria dos veículos inferiores do homem foi preparada em idades prévias, através da evolução desde as etapas inferiores dos reinos elemental, mineral, vegetal e animal a fim de poder ser utilizada para a forma humana.

Em ciclos prévios, evoluíram certas formas que podem ser descritas como metade símias e metade humanas, jamais ocupadas pelo triplo Ser, e que consequentemente pertenciam ao reino animal, e não ao humano. No ciclo atual, a forma humana evoluiu como um feto na vida pré-natal, passando rapidamente pelos estágios inferiores em seu caminho para o humano, e por isso ilustra em si as etapas pelas quais passou. Portanto, é visto que o homem não é meramente um desenvolvimento a partir do animal, como acreditam aqueles que adotaram um ponto de vista um tanto rudimentar sobre a teoria da evolução.

A matéria se tornou plástica no animal, mas o homem, em sua forma, é o resultado de uma obra superior. O gérmen de sua Vida jamais pode ser desenvolvido em um animal, mas tão somente no humano; por haver mais Vida envolvida nesse gérmen, ele deverá se manifestar por uma linha de crescimento humano direto. É a Terceira Grande Emanação, a Terceira Onda de Vida, que faz descer esses Espíritos humanos que aguardavam para habitar as formas preparadas para recebê-los, para animar e utilizar esses corpos, conforme explicado.

P 230: *Cada planta e cada animal possui uma alma separada, como o homem?*

R: Não. Cada homem *é* uma alma, mas não o são cada animal e cada planta. Quando a Segunda Emanação procedeu da Deidade, ela era homogênea, mas quando, pela primeira vez, tem alcance prático no plano Búdico, já não é vista como uma imensa alma mundial, porém como diversas almas – não mais uma Mônada, mas muitas. Na humanidade, vê-se fracionada em milhões de pequenas almas de homens individualmente. Portanto, nessa condição intermediária, a alma mundial já se encontra subdividida, embora ainda não ao seu limite extremo de individualização, como se observa no homem. Assim, o homem, como alma, se manifesta através de um só corpo por vez no mundo físico, enquanto que uma alma animal se manifesta por meio de vários corpos animais, exceto os animais mais adiantados, já em estado de domesticação, em que cada um deles já se tornou de fato uma entidade reencarnante, embora ainda não possua um corpo Causal, que é a característica do que usualmente se denomina "individualização".

P 231: *O que acontece então com o animal e com a planta depois da morte?*

R: Quando um homem morre ou abandona seu corpo físico, ele, sendo isoladamente uma alma, permanece como alma separada das outras almas; porém, quando um animal morre – um tigre, por exemplo –, como ainda não é uma alma permanentemente separada, aquilo que formou sua alma, depois de um período de vida consciente no mundo astral, incorpora-se à massa chamada "alma-grupo" da qual procedeu e que forneceu almas para muitos outros tigres. O verdadeiro animal não é o corpo, mas uma vida invisível que atua por intermédio da forma animal, assim como a alma do homem atua por meio do corpo humano. Essa vida invisível que energiza a forma animal é denominada "alma-grupo". A alma-grupo é constituída por uma quantidade definida de matéria mental carregada com a energia do Logos; essa matéria mental contém uma vida limitada no grau de evolução animal. Uma alma-grupo animal foi, em ciclos prévios, uma alma-grupo vegetal, e em ciclos anteriores ainda, uma alma-grupo mineral; de modo que qualquer alma-grupo animal já é altamente especializada, como resultado de suas experiências nas matérias vegetal e mineral.

Cada alma-grupo tem vários corpos animais vinculados a si, digamos, cem corpos de tigres para uma alma-grupo particular. Consequentemente, cada um desses corpos de tigre possui um centésimo de alma-grupo vinculado a si; e está, como o homem, completamente separado durante a vida física. Todavia, aquele tigre não é uma individualidade permanente, pois após sua morte e a breve vida astral que a segue, sua alma submerge de volta em sua própria alma-grupo.

Podemos compreender o assunto mais facilmente por meio de uma analogia. Imaginemos um balde contendo água e cem copos nela submersos; a água representa toda a alma-grupo, e os copos cem corpos de tigres. Ao submergir cada copo no balde, ele retira água que então toma a forma do copo, estando temporariamente separada da água que permanece no balde e nos outros copos. E então, se for colocado um pouco de corante dentro de cada copo de água, esse corante representa as qualidades desenvolvidas por cada uma das almas de tigre durante sua existência. A morte do animal seria representada pelo ato de derramar a água do copo de volta no balde. Entretanto, assim como o corante distribuído por toda a água do balde será muito mais tênue do que quando estava confinado a um só copo, as qualidades de um tigre, depois de sua morte, são compartilhadas por todos os tigres da alma-grupo, embora em um grau menor. Similarmente, jamais será extraído do balde, em uma segunda vez, um copo de água idêntico, já que cada copo tomado dali no futuro conterá traços do corante de todos os diferentes copos de água que foram despejados de volta no balde. Do mesmo modo, nenhum tigre pode renascer com a porção idêntica da alma-grupo, pois as qualidades desenvolvidas por um tigre individualmente se tornam propriedade comum de todos os tigres que no futuro nascerão naquela alma-grupo, ainda que em menor grau que no tigre original. É assim que aparecem os instintos herdados, as experiências continuamente repetidas e acumuladas na alma-grupo, "experiências hereditárias acumuladas" nas novas formas; e isso explica por que um patinho que nasce de um ovo chocado por uma galinha se lança na água sem ter aprendido antes a nadar; por que um pintinho, mal sai da casca do ovo, se encolhe ao perceber a sombra do gavião; e por que um pássaro que seja resultado de incubação artificial sabe construir um ninho de acordo com as tradições de sua espécie, sem jamais ter visto um.

Portanto, a Reencarnação é, em realidade, um processo que abrange toda a Vida, em todos os organismos, embora seja geralmente considerado específico das almas humanas. A Vida da rosa que morre retorna à sua subdivisão da alma-grupo das *Rosaceae* para encarnar depois em outra rosa; o cachorrinho que morre de cinomose retorna à sua alma-grupo dos *Canidae* para depois reencarnar como cachorro de outra ninhada. Quanto ao homem, a única diferença é que, sendo uma consciência individual, após sua morte não retorna a nenhuma alma-grupo, mas reencarna com todas as faculdades de suas vidas prévias como possessão exclusiva sua, sem compartilhá-las com outros indivíduos.

P 232: *Quantos corpos físicos tem vinculados a si cada alma-grupo?*

R: Incontáveis milhões dos menores insetos têm seus corpos vinculados a uma única alma-grupo; quatrilhões de mosquitos ou de moscas; milhões de ratos; centenas de milhares de coelhos ou pardais. Enquanto que uma alma-grupo vegetal tem agregada a si um número enorme de corpos de plantas; em alguns casos, talvez se tratando de ervas, toda uma espécie.

As diferenças de clima e outras variações nas circunstâncias externas às formas individuais provocam diferenças de resposta na Vida interna, de acordo com a parte do país onde aquela vida está se manifestando; cada forma traz para sua alma-grupo um tipo particular de experiência e de tendência. À medida que o tempo passa e as experiências se acumulam, as almas-grupo desenvolvem gradualmente divisões bem marcadas, até que afinal se separam, partindo-se em duas, como uma célula que se fraciona por divisão, subdividindo-se depois e fracionando-se mais ainda, de modo que no reino animal um número relativamente pequeno de formas físicas representa uma alma-grupo. De fato, assim como os gêneros se subdividem em espécies e famílias, também cada alma-grupo se divide paulatinamente em almas-grupos cada vez mais reduzidas, contendo cada vez mais características e tendências especializadas. Dessa maneira, sempre se enriquecendo de experiência, as almas-grupo se tornam menores, mas são mais numerosas, até que, chegando-se ao ponto mais elevado, aparece o homem com sua alma individual particular, que não mais regressa a um grupo, mas permanece sempre separada.

P 233: *A Vida que evolui principia na ínfima manifestação em cada reino e termina com a mais elevada?*

R: A força vital procede através de um curso definido de evolução, principiando geralmente pelas mais baixas manifestações de um reino e terminando pela mais elevada. No reino vegetal, por exemplo, a força vital pode começar seu curso ocupando ervas e musgos e terminar animando magníficas árvores da floresta. No animal, pode começar com mosquitos ou pequeninos animais e terminar com os mamíferos. Contudo, se a alma-grupo, ou a Vida que anima um grupo de formas ou corpos, habitou nas árvores frondosas da floresta, ao passar ao reino animal omitirá todas as etapas inferiores e não habitará em insetos ou répteis, mas começará no nível dos mamíferos inferiores, enquanto que os insetos e os répteis serão vivificados por almas-grupo que tenham saído do reino vegetal em um nível inferior. Similarmente, a alma-grupo que tenha atingido o mais elevado nível no reino animal não individualizará em selvagens primitivos, mas em homens de um tipo mais elevado; enquanto que os selvagens primitivos serão supridos por almas-grupo que tenham deixado o reino animal em um nível inferior.

Todo o processo consiste em uma evolução constante das formas inferiores e mais simples até as mais complexas; porém, conforme já foi dito, a evolução é primordialmente da Vida – diferenciada em sete Raios fundamentais – e não da forma, embora as formas também evoluam, especialmente a fim de serem veículos apropriados para a Vida mais avançada. E quando essa Vida alcança o nível mais elevado no reino animal, ela passa ao reino humano pela individualização.

P 234: *Quais são esses sete Raios ou tipos fundamentais nos quais a Vida Una se diferencia?*

R: Toda vida procede de Deus, mas através de diferentes canais. Os "Sete Espíritos ante o trono de Deus", seus Sete Grandes Ministros, são muito mais que simples servidores ou mensageiros; são antes as verdadeiras mãos de Deus por meio das quais Ele opera, são canais para o seu poder, partes dele próprio. A Vida Divina é vertida através desses Sete Ministros, sendo colorida pelo canal através do qual passa. Ao longo de toda sua longa evolução, ela leva consigo a marca de um ou outro desses potentes Espíritos; e sempre será Vida desse tipo, e não de algum outro, quer se encontre na etapa mineral, vegetal, animal ou humana de seu desenvolvimento.

E assim a Vida Una, muito antes de começar seu labor na matéria mineral, se diferencia em sete grandes correntes ou tipos fundamentais de Vida, chamados "Raios", cada um dos quais possui suas próprias características especiais e imutáveis.

Daí se segue que esses sete tipos se encontram entre os homens, e que cada pessoa pertence a um ou outro deles. Sempre foram reconhecidas na raça humana diferenças fundamentais; há um século os homens eram descritos como pertencentes ao tipo linfático ou sanguíneo, vital ou fleumático; e os astrólogos os classificam sob os nomes dos planetas, como homens de Júpiter, de Marte, de Vênus ou de Saturno, etc. Porém, existe um método melhor para estabelecer as diferenças básicas de disposição, devidas ao canal pelo qual os homens vieram; e as características principais ou qualidades especiais de cada um dos sete Raios podem ser respectivamente definidas como: 1ª) Força, Vontade ou Poder; 2ª) Sabedoria; 3ª) Adaptabilidade ou Tato; 4ª) Beleza ou Harmonia; 5ª) Ciência (conhecimento detalhado); 6ª) Devoção; 7ª) Serviço Ordenado (magia cerimonial, que invoca o auxílio angelical).

Na Hierarquia Oculta (ver Capítulo X), os sete Raios são claramente distinguidos. O Primeiro Raio, ou o Raio do Governo, é governado pelo Senhor do Mundo; à direção do Segundo Raio encontra-se o Senhor Buda; e abaixo deles vêm respectivamente o *Manu* e o *Bodhisattva* da Raça-raiz que estiver predominando em determinada época. O *Mahāchohan*, paralelamente em hierarquia aos dois últimos, supervisiona todos os outros cinco Raios, cada um dos quais, no entanto, tem também seu próprio Dirigente, em nível de Iniciação de *Chohan*.

Os sete Raios têm sua expressão e correspondências nos sete tons da escala musical e nas sete cores do espectro solar. Cada um desses Raios influencia o mundo, a seu turno. O Sexto Raio, ou Raio Devocional, foi dominante durante a Idade Média; e ao se desvanecer seu poder, houve um período de descrença, de ateísmo e de profunda ignorância quanto ao lado oculto da vida. O Sétimo Raio implica o estudo e o uso das forças internas da Natureza, assim como a cooperação inteligente com os Poderes que as regem. Essa é a influência que está alvorecendo atualmente no mundo e, consequentemente, o Sétimo Raio está justamente agora entrando em operação.

Os Raios Quarto e Quinto são predominantemente positivos ou masculinos; e os Terceiro e Sexto predominantemente negativos ou femininos; enquanto o Segundo Raio é dual, mas igualmente balanceado. O Primeiro Raio é dual, mas com o aspecto masculino intensificado. E o Sétimo Raio é dual, porém com o aspecto feminino intensificado.

Cada uma dessas sete correntes ou Raios subdivide-se, por sua vez, em sete modificações chamadas "Sub-raios". Essas 49 variantes da corrente da Vida Una seguem seus 49 distintos canais através de todos os grandes reinos; e não há mistura de um tipo de Vida com outro.

P 235: *Como ocorre a individualização do reino animal, e qual o seu método?*

R: O método de individualização consiste em elevar a alma de um determinado animal para um nível superior àquele já alcançado por sua alma-grupo que ela não possa mais regressar a esta.

A individualização do reino animal geralmente ocorre pela associação com a humanidade do período. Não pode efetuar-se com todo animal, mas somente com aqueles que tiverem desenvolvido seu cérebro até certo nível, devido, principalmente, a seu contato com o homem.

Todos os animais selvagens podem ser classificados em sete linhas (os sete tipos fundamentais de Vida ou Raios mencionados), que conduzem até os animais domésticos: a raposa, o chacal e o lobo culminam no cão; o leão, o tigre, o leopardo, o jaguar e a jaguatirica no gato doméstico; e assim sucessivamente. A individualização somente é possível a partir de animais domésticos; e no topo de cada um desses sete tipos encontra-se uma classe de animal doméstico, como o cachorro, o gato, o elefante, o macaco e o cavalo. Uma alma-grupo, digamos, de duzentas raposas pode se dividir, em uma etapa posterior, fracionando-se em dez almas grupos de vinte cães cada uma, segundo se explicou.

Um cão que receba tratamento afetuoso desenvolve habilidades intelectuais ao tentar compreender e agradar seu dono, e cultiva afeto por aquele amigo humano; enquanto os pensamentos e as emoções do dono atuam continuamente sobre os pensamentos e as emoções do cão, eles tendem a elevar o animal a um nível superior, intelectual e emocionalmente, até que o desenvolvimento chegue a um ponto suficiente para capacitá-lo a permanecer como uma entidade separada, sem que sua alma seja vertida de volta à alma-grupo, convertendo-se assim em veículo para a Terceira Grande Emanação. Pela união dessa Emanação com o fragmento da alma-grupo é que é formado o indivíduo; portanto, a individualização ocorre quando a Terceira Grande Emanação efetua uma junção com a Segunda Grande Emanação.

Essa Terceira Grande Emanação do Primeiro Logos (*Mahādeva*) não afeta simultaneamente a milhares, mas tão somente a cada um individualmente.

A especialização de um animal procedente de uma alma-grupo – digamos, de um cão a partir da alma-grupo canina – se deve não só às vibrações superiores que lhe são enviadas pelo dono do cão e seus amigos como também ao fato de que uma Mônada, "um fragmento da Divindade", está tentando formar um Ego ou alma a fim de começar suas experiências humanas. Essa Mônada, tempos atrás, atraiu para si um átomo de cada plano na condição de centro em cada um deles, como um enviado diligente antecipado, com vistas a seu futuro trabalho. Esses átomos permanentes, dos quais se falou no Capítulo IV, foram enviados sucessivamente às almas-grupo elemental, mineral, vegetal e animal para obterem ali toda experiência possível. Quando os átomos permanentes estabelecem contato com uma parte altamente especializada da alma-grupo animal, como a alma do cão, então a Mônada verte, desde seu plano superior, certas influências em resposta ao trabalho externo feito para a alma do cão por seus amigos humanos. Descendo até o plano Búdico, e não mais, efetua uma união, como a formação de uma tromba d'água, com a alma do animal doméstico; essa alma então dá uma guinada para cima. A energia da Mônada é vertida na matéria mental que serviu ao cão como sua pequena alma; essa matéria mental se reorganiza tornando-se um corpo Causal, constituindo o veículo desse "Filho no Seio do Pai" que desceu para ser uma alma humana. E assim, a matéria anímica do cão, a água no balde anteriormente mencionado, constitui-se em um veículo de algo muito mais elevado (a Terceira Grande Emanação); e em vez de atuar como uma alma, ela própria é animada. Não há uma analogia exata para isso no plano físico, excetuando-se a de bombear ar dentro d'água a alta pressão para fazer água gasosa. Aceitando-se esse simbolismo, a água que previamente constituiu a alma animal é agora o corpo Causal de um homem, e o ar comprimido dentro dela é o Ego, a alma do homem, que é apenas uma manifestação parcial da Mônada. A decida do Ego era simbolizada na antiga Mitologia grega pela ideia da Taça ou Cálice e pela lenda medieval do Santo Graal, pois o Graal ou o Cálice são o resultado aperfeiçoado de toda aquela vida inferior, em que é derramado o Vinho da Vida Divina a fim de que a alma do homem possa nascer. Portanto, o que previamente fora a alma do animal torna-se o envoltório do homem, denominado "corpo Causal", que habita a parte superior do plano Mental como o veículo permanente ocupado pelo Ego ou alma humana.

O Ego jovem, a alma humana recém-formada, absorve dentro de si todas as experiências que teve a matéria de seu corpo Causal, de maneira que nada se perde; e durante as idades de sua existência as leva consigo. E assim se forma um Ego no mundo Mental Superior, uma individualidade permanente, que perdura através de todas as encarnações até que o homem, transcendendo mesmo essa individualidade, regressa à Unidade divina da qual procedeu.

Desde o momento em que a alma de um cão se separa de sua alma-grupo, o cão cessou em realidade de sê-lo, embora continue usando a forma de cão. Desde esse ponto de separação até a real formação do corpo Causal, existem várias etapas de transformação até que, finalmente, como resultado da intensificação da emanação pela Mônada a partir dos planos superiores, forma-se o corpo Causal. Essas etapas podem ser apressadas por meio da adequada compreensão que os homens tenham do processo de individualização, de modo que nossos amigos animais possam passar rapidamente até a recepção daquela Emanação Divina que faz, de cada um deles, a alma de um ser humano.

P 236: *Qual é a diferença entre os animais mais elevados e os homens mais atrasados?*

R: Na individualização, tudo que tiver sido mais elevado no animal torna-se simplesmente veículo para um fragmento da Divindade, a Mônada. Ao constituir-se o Ego, o fragmento da alma-grupo que sempre desempenhava o papel de força anímica transforma-se por sua vez em animada, pois ela se incorpora em uma forma ou veículo (simbolizado pelo Cálice, o Santo Graal) – o corpo Causal, um esplêndido ovoide de luz viva que é animado pelo Ego, um fragmento da Mônada, a Centelha divina da Terceira Emanação, a partir do superior. A Centelha pairava suspensa sobre a alma-grupo no mundo Monádico durante toda a evolução prévia, porém não era capaz de efetuar uma união com ela enquanto o fragmento da alma-grupo no animal não tivesse se desenvolvido o suficiente para permiti-lo. Esse rompimento com o restante da alma-grupo e o desenvolvimento de um Ego separado com seu corpo Causal marca a distinção entre o mais elevado animal e o homem mais inferior.

Há um enorme intervalo na evolução entre o mais adiantado símio antropoide e a alma individualizada mais recente. E também uma grande diferença entre um animal altamente domesticado e o homem mais primitivo; pois neste último há a vida de uma Mônada – em realidade, uma corrente de energia e consciência da Vida Divina completamente diferente daquela que é encontrada nos reinos inferiores ao homem; e no primeiro temos apenas as mais elevadas manifestações da vida animal.

P 237: *Qual é, pois, o método de evolução humana?*

R: A humanidade evolui através de sucessivas Raças e Sub-raças, caracterizadas por qualidades particulares que são requeridas para o crescimento completo do homem. Assim, os homens nascem em várias Raças-raízes para que certas qualidades definidas possam se desenvolver dentro deles. Uma Raça possui uma característica específica com a qual favorece o homem; outra Raça tem uma característica inteiramente distinta como objetivo. E assim o homem deve passar através dessas diferentes etapas com a finalidade de desenvolver qualidades específicas, aprendendo determinadas lições em cada etapa, como uma criança na escola, que passa de uma classe a outra aprendendo algo novo em cada uma delas.

> O homem não é ainda obra completa,
> E antes do coroamento da idade das idades,
> Não passarão axônios e axônios
> Para tocá-lo e lhe dar forma?
> Tudo a seu respeito é ainda sombra,
> Mas enquanto florescem e se desvanecem as Raças,
> Olhos proféticos poderão distinguir
> Uma Glória que lentamente alcança a sombra.

Nosso mundo é inconcebivelmente velho, como já o reconhece até a própria ciência; e a humanidade tem existido sobre ele durante milhões de anos. Se os corpos humanos têm se aperfeiçoado, é porque as almas, evoluindo gradualmente a estágios sempre mais elevados, necessitam de um tipo de veículo melhor para se expressarem. Todo homem procede de Deus; ao passar por várias etapas diferentes, por toda classe de forma e tornar-se um homem perfeitamente sábio e amoroso, terá completado sua evolução humana e se reunirá com Aquele que é a Fonte de toda Vida dentro de Seu Universo.

> Como nove meses são necessários
> Para formar uma criança até seu nascimento,
> Assim se passarão muitos milhões de eras
> Para a formação do homem.

No próprio coração de toda religião, entrelaçada em sua própria urdidura e trama, encontra-se a ideia da evolução. Pois o que é religião senão o conhecimento de Deus, do Ser? E chega-se a tal conhecimento mediante a evolução.

> A religião que um homem professa, a raça a que ele pertence – essas coisas não são importantes; o que é realmente importante é este conhecimento – o conhecimento do plano de Deus para os homens. Pois Deus tem um plano, e esse plano é a evolução.[27]

P 238: *O que quer dizer uma "Raça-raiz" e uma "Sub-raça"?*

R: As Raças-raízes são gigantescas divisões da humanidade, como a Lemuriana, a Atlante e a Ariana; enquanto que as Sub-raças são suas subdivisões, porém consistindo também de muitas gerações de homens. As Sub-raças, por sua vez, se dividem em nações, a que chamamos Raças Ramais.

Na história de um globo, há ciclos recorrentes ou sucessões de eventos (as sombras, em nosso mundo inferior, de acontecimentos nos planos superiores), que se seguem em ordem definida, manifestando mais propriamente princípios que detalhes, e que se repetem no curso da história em maior ou menor escala. Cada ciclo recorrente consiste na formação e evolução de um novo tipo humano, corporificando como suas características dominantes um dos sete estágios de consciência de nossa humanidade: 1º, 2º e 3º, a Vitalidade corporifica a si própria na matéria etérica e densa, as etapas tríplice-embrionária e de nascimento; 4º, o passional eleva-se até o emocional (*Kâmico*); 5º, o mental (*Manásico*); 6º, o puramente racional (Búdico); 7º, o espiritual (*Átmico*). A corporificação de cada um desses estágios é chamada uma "Raça-raiz", e existem sete delas na vida de um globo. Nossos corpos físicos mostram duas subdivisões, a densa e a etérea. As duas primeiras Raças fizeram florescer essas duas subdivisões, sem serem ainda definidamente físicas; enquanto que a Terceira Raça-raiz construiu, até sua etapa mediana, a forma humana com o astral inferior e o mental em gérmen. Tudo o que lemos nos livros

[27] KRISHNAMURTI, J. *Aos Pés do Mestre.* (Alcyone) – parágrafo 02. Brasília: Ed. Teosófica, 1999. (N. E.)

sobre etnologia se refere ao desenvolvimento da Atlante e da Ariana, a Quarta e a Quinta Raças-raízes respectivamente; mas houve outra Raça que precedeu a Atlante e que recebeu o nome de Lemuriana. Essa Terceira Raça-raiz era voltada ao desenvolvimento do corpo físico. A Raça Atlante, que a seguiu, era voltada ao desenvolvimento do corpo astral ou emocional. A grande Raça Ariana, à qual pertence a maioria da população da Europa, da Índia e das Américas, está voltada principalmente ao corpo mental, que chamamos "mente".

Portanto, uma Raça-raiz corresponde a um elevado protótipo de acordo com o qual estão evoluindo os principais povos do mundo. Dentro de cada Raça-raiz existem sete subdivisões ou Sub-raças, cada uma das quais representa, de maneira incompleta e imperfeita, as características que a correspondente Raça-raiz deve revelar em sua perfeição. Sendo o objetivo último da evolução humana, de todo o ciclo evolutivo, a produção do homem perfeito, tal evolução procede regularmente desta maneira: uma Raça corporifica os gérmens de várias qualidades especiais, enquanto que uma Sub-raça desenvolve especificamente uma delas, dominante sobre as outras qualidades, que são necessárias ao homem, mas estão apartadas para tal propósito. E assim, são necessárias todas as Raças-raízes e Sub-raças, e cada uma delas tem seu lugar na derradeira humanidade perfeita que evoluirá em nosso globo.

Cada uma dessas grandes Raças predomina no mundo por milhões de anos, porém elas seguem simultaneamente, na medida em que uma Raça se inicia antes que a anterior tenha terminado; logo, embora a Raça Ariana vigore hoje em quase todo o mundo, ainda há muitos que claramente pertencem à Raça Atlante, e alguns poucos (os selvagens mais atrasados) que retêm fortes traços lemurianos. A Quinta Raça-raiz, a Ariana, embora tenha existido no mundo por 60 mil anos, ainda não está, como um todo, em seu apogeu, e tem muito tempo pela frente, provavelmente em torno de um milhão de anos.

O início de uma Raça-raiz vindoura está na Sub-raça correspondente na Raça reinante. E assim, a Quinta Raça-raiz surgiu da

Quinta Sub-raça da Quarta Raça-raiz, e a Sexta Raça-raiz surgirá da Sexta Sub-raça da Quinta Raça-raiz. Nós nos encontramos agora na incipiente etapa de um ciclo recorrente, que se repete pela sexta vez. A Terceira Raça-raiz, a Lemuriana, e a Quarta, a Atlante, nos precederam há muito; e o pequeno ciclo da Sexta Sub-raça da Quinta Raça-raiz ou Ariana, do qual se originará a Sexta Raça-raiz, encontra-se já nos primeiros estágios de seu crescimento na Austrália, na Nova Zelândia e nos Estados Unidos da América.

Todos nós, os atuais seres humanos da Cadeia de globos, devemos nos tornar perfeitos atingindo o Adeptado, saindo então desse Esquema de Evolução por um dos sete caminhos que se abrem a nós diante do Adeptado, como será explicado no Capítulo X; enquanto que o que hoje é o nosso reino animal deverá, ao final dessa Cadeia, alcançar a individualização e, por conseguinte, estar preparado para prover a humanidade da próxima Cadeia, a quinta de nosso Esquema Terrestre.

P 239: *O que quer dizer uma "Cadeia de globos" e um "Esquema de Evolução"?*

R: No momento atual, nosso Sistema Solar contém dez Cadeias, cada uma composta por sete globos, que estão todos evoluindo lado a lado, embora em diferentes estágios.

Sobre cada uma dessas dez Cadeias está ocorrendo um Esquema de Evolução; e no curso de cada Esquema, suas Cadeias de globos passam por sete encarnações. Os globos de cada Cadeia se apresentam como um pequeno ciclo de evolução, que é descendente até a matéria mais densa e em seguida ascendente a ela; de maneira exatamente análoga, as sucessivas encarnações de uma Cadeia são também descendentes à matéria mais densa e depois ascendentes a ela. Nossa própria Cadeia encontra-se agora em seu nível mais baixo de materialidade, de tal modo que de seus sete planetas ou globos três estão no plano físico, dois no astral e dois no mental inferior. A onda de Vida Divina passa sucessivamente de um globo a outro da Cadeia:

principia pelo mais superior, desce gradualmente até o mais inferior, e então ascende novamente ao mesmo nível no qual iniciou.

Podemos, para fins de referência, designar os sete globos com as sete primeiras letras do alfabeto e enumerar suas encarnações em sequência. Assim, como esta é a quarta encarnação de nossa Cadeia, o primeiro globo nesta encarnação será o 4A, o segundo o 4B, o terceiro o 4C e o quarto (que é nossa Terra) o 4D, e assim sucessivamente.

Como o número de globos que uma Cadeia possui em qualquer plano, a um dado momento, depende do estágio de sua evolução, esses globos não são todos compostos de matéria física. O 4A não contém matéria inferior à do mundo mental; tem sua contraparte em todos os mundos superiores a esse, mas nada abaixo dele. O 4B existe no mundo astral; mas o 4C é um globo físico, e na verdade é o planeta que conhecemos como Marte. O globo 4D é a nossa Terra, na qual a Onda de Vida da Cadeia está agora em ação. O globo 4E é o planeta que chamamos de Mercúrio, também no mundo físico. O globo 4F está no mundo astral, correspondendo, no arco ascendente, ao globo 4B no descendente; enquanto que o globo 4G corresponde ao globo 4A, pois tem sua mais baixa manifestação na parte inferior do mundo mental. Temos, pois, um esquema de globos começando no mundo mental inferior, submergindo-se através do astral até o físico, e emergindo depois no mental inferior através do mundo astral novamente.

Tal é o estado de coisas na quarta encarnação. Mas assim como a sucessão dos globos em uma Cadeia constitui um descenso até a matéria e uma nova ascensão a partir dela, também ocorre com as encarnações sucessivas de uma Cadeia; por conseguinte, a terceira encarnação começa não no nível inferior do mundo mental, mas no superior. Os globos 3A e 3G são ambos de matéria mental superior, os globos 3B e 3F do mental inferior, e os globos 3C e 3E do astral; enquanto que somente o globo 3D é visível no mundo físico. O cadáver desse globo físico 3D, da terceira encarnação de nossa Cadeia (passada há muito tempo), é ainda visível para nós sob a forma daquele planeta morto que se chama "Lua", razão pela qual aquela terceira encarnação é usualmente conhecida como "Cadeia Lunar".

A quinta encarnação de nossa Cadeia, que ainda está a um futuro bem distante, corresponderá à terceira, embora, naturalmente, o planeta 5D, que aparecerá no mundo físico, ainda não tenha existência. As outras encarnações da Cadeia seguem a mesma regra geral de materialidade decrescente.

Das dez séries de Cadeias de nosso Sistema Solar, cada uma delas existindo com um Esquema de Evolução próprio, sete estão representadas no plano físico por um ou mais globos, mas as outras três existem somente nos planos superiores. Essas sete são: 1) A do planeta Vulcano, não reconhecido ainda, muito perto do Sol, que se acha em sua terceira encarnação e, portanto, tem apenas aquele globo visível (a existência de Vulcano foi aceita por alguns astrônomos há cem anos, mas como agora não é possível encontrá-lo, os cientistas da atualidade sustentam que aquelas observações estavam incorretas; de fato, alguns ocultistas creem que Vulcano já passou à sua sexta encarnação); 2) A de Vênus, que se acha em sua quinta encarnação, possuindo apenas um planeta visível; 3) A de Marte, Terra e Mercúrio, que possui três planetas visíveis porque está em sua quarta encarnação (uma grande massa da raça humana já passou por uma série de encarnações no planeta Marte; e quanto finalizar nossa atual ocupação da Terra, todos passaremos por algum tempo à vida menos material do planeta Mercúrio); 4) A de Júpiter; 5) A de Saturno; 6) A de Urano (essas três últimas em sua terceira encarnação); e 7) A de Netuno e os outros dois planetas além de sua órbita, que se encontra em sua quarta encarnação e, portanto, tem três planetas físicos como os de nossa Cadeia terrestre.

Em cada encarnação de uma Cadeia (comumente denominada "período catenário"), a Onda de Vida Divina gira sete vezes ao redor da Cadeia de sete planetas, e cada movimento desses se chama uma

"Ronda". O tempo que a Onda de Vida se detém em cada planeta é conhecido como um período mundial, e no curso de um período mundial há sete Raças-raízes divididas em Sub-raças, e estas, por sua vez, divididas em Raças Ramais, como se explicou antes. Para facilitar a referência a isso, estabelecemos uma organização tabular das informações, como segue:

7 Raças Ramais formam	1 Sub-raça
7 Sub-raças formam	1 Raça-raiz
7 Raças-raízes formam	1 Período Mundial
7 Períodos Mundiais formam	1 Ronda
7 Rondas formam	1 Período Catenário ou encarnação de uma Cadeia
7 Períodos Catenários formam	1 Esquema de Evolução ou Esquema Planetário
10 Esquemas de Evolução formam	Nosso Sistema Solar

A Quarta Raça-raiz do quarto globo da Quarta Ronda do quarto período catenário corresponde ao ponto central de todo um Esquema de Evolução; e nós estamos atualmente apenas um pouco além desse ponto médio. A Raça Ariana, à qual pertence a maioria de nós, é a Quinta Raça-raiz do quarto globo, de tal sorte que o ponto médio vigente ocorreu no período da última grande Raça-raiz, a Atlante. Consequentemente, a raça humana como um todo se acha a um pouco mais da metade do caminho de sua evolução; e as contadas almas que já se aproximam do Adeptado (ver Capítulo X), que é o fim e o coroamento desta evolução, acham-se muito mais adiantadas que seus semelhantes.

P 240: *Quais são os primeiros estágios do desenvolvimento da consciência no homem, desde os seus primórdios?*

R: No estágio do homem primitivo, a consciência do "eu" e do "não eu" estabelece-se lentamente dentro de si. O "não eu" o toca e ele o sente; o "não eu" lhe dá prazer ou dor, e ele o conhece ou experimenta. Assim principia a inteligência e começa a se desenvolver uma raiz de autoconsciência; forma-se um centro ao qual tudo adentra e do qual tudo procede. Depois disso, ocorre o reconhecimento de um objeto que antes proporcionou prazer, e se espera a repetição do prazer. Essa expectativa é o alvorecer da memória e o princípio da imaginação, pois a memória provoca o surgimento do desejo de possuir aquele objeto, impulsionando a busca por ele.

Um animal vai atrás do alimento somente quando estimulado pela sensação de fome; mas quando satisfaz seu desejo, aquieta-se. A atração vem do exterior. O homem primitivo esteve muito tempo naquele estágio animal, porém, como agora ele tem a memória do prazer, deseja tal prazer e vai à busca dele, sendo sua consciência, portanto, estimulada à atividade por um movimento iniciado internamente. Assim, a satisfação do desejo é a lei de seu progresso e de sua evolução nos primeiros estágios. Para ele não há moralidade nem distinção entre o certo e o errado. A experiência é a lei da vida; ele não poderá discernir entre o certo e o errado a menos que haja a experiência tanto do bem quanto do mal. Patañjali qualifica com propriedade a mente nesse estágio de "mente borboleta", revoluteando de flor em flor sem qualquer propósito regular. Mas depois o homem descobre que vive em um mundo de Lei, obtendo prazer quando obedece à Lei e dor quando a viola; dessa forma, mediante experiências de prazer e de dor ele desenvolve seu discernimento.

Ademais, existem Instrutores que vêm ajudar sua evolução e fazer-lhe conhecer a existência da Lei – o que é o certo, o que é o errado ou, em outras palavras, o que é sábio, por seguir o fluxo da evolução, e o que é insensato, por ir contra ele. Quando despreza o ensinamento, advém a sanção e ele sofre conforme lhe preveniu o Instrutor. E assim a lembrança de um mandamento, comprovado pela experiência, produz uma profunda impressão na consciência dele; e pela declaração dos princípios fundamentais de moralidade, sua inteligência é imensamente estimulada. Quando ele não obedece à Lei declarada, é deixado sob o duro ensinamento da experiência e do sofrimento, e a lição que não quis aprender de lábios amorosos lhe é ensinada pelo chicote do sofrimento, até que seja desenraizado de sua natureza o desejo pelas coisas más.

Depois desse treinamento preliminar, a grandiosa Lei da evolução ordenada para o posterior crescimento humano é a Lei dos quatro graus sucessivos, que conduzem o homem ao final de sua jornada para esta idade ou dispensação e fazem dele mais que um homem.

P 241: *Qual é essa Lei de quatro graus sucessivos para uma ordenada evolução no desenvolvimento posterior da humanidade?*

R: Tal Lei entra em operação em cada nação depois que esta alcançou certa etapa de evolução, porém na Índia antiga foi proclamada como uma lei definida de vida evolutiva, que consiste no princípio subjacente pelo qual cada ser humano pode compreender e seguir seu *Dharma*, sendo este a natureza interna de um homem no ponto alcançado e a lei de seu crescimento para o estágio seguinte.

O primeiro *Dharma* ou dever é o do serviço, e seja qual for o país em que tenha nascido uma alma, após os primeiros estágios sua natureza interna requer a disciplina do serviço para adquirir as qualidades necessárias para o próximo estágio. Há uma tendência em tais almas, chamadas "*shudras*", a render-se a impulsos externos sem um juízo desenvolvido. Esse é o estágio da confusão, da ilusão, a "mente confusa" de que fala Patañjali. A essa classe pertence o tipo servidor, o *shudra*; e a lei de seu crescimento é a obediência, a devoção e a fidelidade. Com muito pouco juízo de sua parte, seu *Dharma* consiste em obedecer cegamente àquele a quem serve, como um soldado sob o comando de seu superior; e não se espera dele que demonstre virtudes mais elevadas.

Tendo aprendido a lição da obediência e da fidelidade em muitas vidas, ele se aproxima do estágio seguinte, a do *Vaishya* ou antigo tipo de mercador, cujo *Dharma* ou dever é ter um ofício e adquirir riquezas, desenvolvendo a partir dele as características de uma ocupação íntegra, da perspicácia, da astúcia, do pagamento devido em trocas justas, da frugalidade, etc. A liberalidade será, para o *Vaishya*, a lei de progresso ulterior, mas não a liberalidade em negligenciar o pagamento indevido. Ele acumula riquezas com energia e sagacidade, e as gasta com cuidadoso discernimento e liberalidade com propósitos nobres e em projetos pelo bem comum.

O terceiro estágio é o do *Kshatriya*, o governante e o guerreiro, cuja natureza interna é combativa e agressiva, disposta a proteger a todos no gozo de seu direito. Sua força constitui a barreira entre o opressor e o oprimido; o correto para ele é conduzir a guerra e a luta na selva com animais selvagens. Ele desenvolve a coragem, o destemor, a resistência, a generosidade esplêndida, a devoção a um ideal, a lealdade a uma causa, renunciando à vida em defesa dos fracos e no cumprimento do dever. Durante esse estágio, enquanto os veículos externos estão submergidos no derramamento de sangue, na mutilação e na morte, a vida interna está aprendendo que existe algo maior e mais nobre que o corpo físico e a existência física. O homem aprende a se sacrificar por um ideal, reconhecendo o serviço a um ideal como evolucionário da vida real e o corpo como uma vestimenta a ser posto de lado ao chamado do dever.

Advém, então, o último estágio, do *Brāhmana*, cujo *Dharma* ou dever é instruir. A alma deve já ter assimilado todas as experiências inferiores antes que possa instruir; e se não tivesse obtido a sabedoria mediante a obediência, o esforço e o combate através dos três estágios anteriores, como poderia instruir seus irmãos mais ignorantes? O herói ou o mártir de vidas prévias se torna agora o Santo, o Vidente, desapegado das coisas mundanas. A lei de seu crescimento é o conhecimento, a compaixão, o perdão, a gentileza, sendo amigo de toda criatura. O autossacrifício é a Lei fundamental de sua vida, pois embora a luta pela existência seja a lei de evolução para o bruto, a

Lei do Autossacrifício inteligente é a lei de evolução para o homem. Suas emoções serão puras e elevadas, seu intelecto bem treinado, com a mente firme e controlada. Sua natureza moral será nobre e forte; simultaneamente à pureza e fortaleza mental para si mesmo, terá uma terna simpatia pelos demais. E mesmo que se ache ele próprio além da possibilidade de sofrimento, será capaz de sentir plenamente a dor do outro pela lembrança de seu próprio passado. Terá capacidade de controlar todos os seus corpos e de atuar nos planos mais elevados, doando a si mesmo na mais jubilosa rendição como um canal da Vida do Logos. Com tal perfeição, o final de seu crescimento será a liberação. Encontra-se no limite do progresso supra-humano, ao lado dos excelsos Seres, os Adeptos; alcança o propósito assinalado para a humanidade e torna-se o Homem Perfeito. Ele, portanto, subiu a Escala de Vidas até o cume da perfeição humana, embora muitos degraus fiquem ainda por subir em uma nova e mais esplêndida evolução que se apresenta diante dele.

P 242: *Você traçou um amplo esboço da evolução humana; poderia agora explicar por que o homem, divino em sua origem, não pôde ter permanecido puro e não contaminado pelo mal durante todo o processo da evolução? Já que Deus é bom, por que há imperfeição ou mal no que ele produziu? Em suma, qual é a origem do mal e qual é sua utilidade?*

R: A Existência Una (*Brahman*) é absoluta e indivisa; o Um sem Segundo é absoluta Unidade, absoluta Identidade, sem multiplicidade ou diversidade, sem condições ou limitações. Porém, a menos que exista limitação, não pode haver qualquer manifestação, nenhuma multiplicidade. No momento preciso em que o Universo vem à existência, obrigatoriamente se produzem as condições, surge a limitação. A limitação é, em realidade, uma condição da manifestação, pois no exato momento em que é atingido o ponto de manifestação, é traçada uma circunferência a partir deste ponto central, o círculo de um universo, sem o que o pensamento se perderia na absoluta Unidade ou Identidade. Dentro desse círculo pode-se exercitar o pensamento, e a própria palavra "manifestação" implica desde logo essa limitação. Uma vez compreendido isso, o passo seguinte é muito simples: havendo diversidade, havendo limitação, surge imediatamente a imperfeição. O perfeito é ilimitado, o limitado é imperfeito. Por isso, a imperfeição há de ser o resultado da limitação. Há perfeição na totalidade, no todo, mas não nas partes. No exato instante em que surge a multiplicidade, a variedade de corpos, cada corpo considerado separadamente é imperfeito porque é menos que o todo; e somente ao todo se pode atribuir a perfeição. Portanto, a manifestação implica em limitação, e sendo a imperfeição o resultado da limitação, ela é coeterna com o Universo. Em suma, a imperfeição é uma condição necessária à limitação, de modo que onde quer que um universo passe a existir, ao mesmo tempo passa a haver imperfeição. O fato da manifestação é, por conseguinte, a origem da imperfeição, do que se chama "mal".

Embora a essência da imperfeição esteja na própria existência do Universo, aquilo que nós chamamos "mal" é mais propriamente a sua imperfeição em relação ao resto do que a necessária imperfeição dos corpos separados. Mas nos próprios termos "bem" e "mal" está fundamentalmente implicada a relatividade, os pares de opostos necessários para o pensamento; a palavra "bem" não se pode propriamente atribuir a coisa alguma a menos que se reconheça a ideia de "mal", ou seja, o "não bem". "Bem" e "mal" são termos correlativos, e um só pode ser distinto como o oposto do outro (como luz e escuridão), que está implicitamente presente na mente ao mesmo tempo. De fato, o mal não existe por si, não reside nas coisas, mas, como o bem, reside na relação entre uma coisa e outra; são relativos, e não absolutos. O que qualificamos como "mal" em uma circunstância pode não o ser em outra, pois a evolução implica essa alteração de característica, e o que é bem em um estágio pode ser mal em outro.

Quando um homem começa a compreender o que significa a evolução, considera como "bem" tudo o que está atuando em harmonia com a Grande Lei; e chama de "mal" tudo o que atua contra ela – todas as tendências que persistem desde o estágio de evolução no qual era solicitada maior diversidade. Portanto, "bem" pode ser definido como aquilo que ajuda o homem em sua evolução, e "mal" como aquilo que o impede. Logo, as qualidades consideradas hoje como más (a avareza, o desejo por conquistas materiais, etc.) foram boas durante o descenso da Vida que adentrava a matéria para se exteriorizar, ou involução, pois somente assim a diversidade pode ser obtida; enquanto que agora essas qualidades são consideradas más porque retardam o processo de integração, ao se oporem à ascensão da corrente de Vida que se internaliza em direção ao polo do Espírito. Igualmente, tendo os homens progredido até o estágio no qual infligir dor aos outros é contraditório à sua evolução em direção ao Amor divino, denominamos essa inflição de dor como "crime". Do mesmo modo, o egoísmo que foi necessário por um tempo para o desenvolvimento do individualismo agora é mal, pois o homem egoísta atua contra a Lei do Amor e está retrocedendo a um estágio prévio de evolução, que já deveria ter transcendido. De fato, o egoísmo é como o andaime que foi útil quando o edifício estava em construção, mas que agora não só é inútil como também um estorvo, após a conclusão da obra. E assim, "bem" e "mal" são termos puramente relativos; percebemos que aquilo que é bom em um estágio inicial é mau posteriormente e que, por outro lado, o que é bom em um estágio posterior é indesejável inicialmente, quando o homem não poderia apreciá-lo e, portanto, não seria auxiliado por ele.

Essa força retardatária do mal serve a muitos propósitos. A Vida que existe em nós não pode manifestar suas capacidades superiores a menos que estejamos sob condições nas quais tenhamos de lutar contra a oposição. O mal é, por assim dizer, o peso opositor ao se exercitar um músculo; e assim como desenvolvemos nosso corpo ao fazermos um esforço contra um peso externo que se opõe, também desenvolvemos o caráter moral pelo esforço contra o mal que se opõe a cada virtude. Toda virtude tem seu mal em oposição: veracidade e falsidade, coragem e covardia, compaixão e ódio, humildade e orgulho – são pares de opostos. Podemos desenvolver a veracidade somente lutando contra o falso, ao percebermos que no mundo que nos rodeia há falsidade por toda parte; e somente por nossos esforços em oposição poderemos purificar nosso caráter da falsidade e tornar verdadeira a Vida que estamos desenvolvendo. O mesmo ocorre com todas as demais virtudes, com o bem em sua totalidade. A coragem se desenvolve na presença, e não na ausência, de um objeto que tememos; se não houvesse objetos que fizessem surgir em nós a sensação de temor, jamais poderia ser desenvolvida a coragem. Por conseguinte, o homem nunca poderia desenvolver a força de manter-se fiel ao bem a menos que a tivesse obtido em conflito com o mal.

Outra utilização fundamental do mal consiste em propiciar a evolução da capacidade de discernir entre o bem e o mal, e assim entre vontade ou preferência. Não poderia haver conhecimento do bem sem a experiência do mal, assim como não poderíamos ter conhecimento da luz sem que tivéssemos experimentado a escuridão. Por toda a Natureza existem esses pares de opostos, e nenhum dos dois termos opostos de um par poderia existir sem o outro. Somente podemos distinguir a verdade apreciando-a como algo distinto do que não é veraz, e só podemos aprender seu valor descobrindo, por experiência, os efeitos destrutivos da falsidade, tanto no homem quanto na sociedade. Assim, tão somente pelo reconhecimento do mal podemos conhecer o bem, e para esse reconhecimento é necessário ter a experiência do mal.

O mal também é útil como um chicote que nos direciona para o bem. Uma vez que o mal é discordância com as forças evolutivas da Vida Divina em manifestação, só pode resultar em dor. Daí que, inevitavelmente, a consequência do mal é o sofrimento, não como uma pena arbitrária, mas como uma necessidade inerente. Por sua vez, o sofrimento dá origem a um sentimento de repulsão com relação à sua causa, afastando o homem do mal e conduzindo-o para o bem.

Sendo assim, devemos considerar com compreensão e absoluta clareza todas as formas do mal que nos rodeiam. Se virmos uma alma humana que se debate na corrupção e no mal, não devemos sentir raiva, intolerância ou ódio, mas recordar que, precisamente devido a esse mal contra o qual luta aquela alma, gradualmente ela ganhará fortaleza suficiente para vencê-lo e afinal triunfar. Fazendo dessa uma atitude habitual em nós, perceberemos que o Divino está em todas as coisas, tanto no bem como no mal; como diz a *Bhagavad-Gitā*, "Eu sou a trapaça do trapaceiro [...], e a verdade dos verazes Eu Sou"[28].

P 243: *Você diz que o mal inevitavelmente acarreta dor. Qual é, pois, o significado da dor e qual a sua utilidade?*

R: O Ser espiritual, a Mônada, descendente da Consciência Universal, é consciente em seu próprio plano desde a origem, mas à medida que se reveste de corpos de matéria (o mental, o astral e o físico), torna-se cego pelo véu da matéria. Ora, é esse Ser cego que vem ao Universo manifestado em busca de aprendizagem e experiências. Ele é conduzido a toda classe de objetos externos. Alguns deles lhe dão a sensação de prazer e o atraem; outros, a sensação de dor e o repelem. E isso acontece repetidas vezes até que ele descubra que a gratificação indiscriminada do desejo – por exemplo, da gula ou da bebida – vem sempre acompanhada do sofrimento; e quando tal experiência se repete muitas vezes, esse Espírito, que como mente tem a capacidade de pensar, conecta a gratificação indiscriminada do desejo ao sofrimento que se segue. Dessa maneira, gradualmente ele começa a compreender, mediante repetidas impressões em sua mente infantil, que existem Leis do Universo relacionadas com seu corpo físico; e que, quando em contato com essas Leis, se ele tentar violá-las, o resultado será o sofrimento. E assim, a lição é aprendida com cada um dos objetos de desejo até que uma grande soma de experiências acumuladas seja gradualmente

[28] *BHAGAVAD-GITĀ, A CANÇÃO DO SENHOR*; tradução do sânscrito para o inglês por Annie Besant – Discurso X, aforismo 36. Brasília: Ed. Teosófica, 2010. (N. E.)

adquirida pelo Espírito; e, pela dor, ele aprende a regular seus desejos, não mais permitindo que os cavalos dos sentidos galopem aonde queiram, mas refreando-os e tomando as suas rédeas, permitindo-lhes ir somente ao longo dos caminhos que sejam realmente convenientes.

Dessa forma, por esse processo gradativo de educação, cresce o conhecimento da Lei no mundo externo – por meio do qual o significado da dor é visto como um contato hostil com a Lei – e de que o esforço para violar uma Lei jamais obtém êxito – a Lei provará sua existência pelo sofrimento que se origina quando o Espírito tenta lançar-se contra aquela barreira. Portanto, a primeira utilidade da dor é adquirir, por meio dela, o conhecimento das Leis e a consequente orientação e educação da natureza inferior pela inteligência racional.

Uma segunda utilidade da dor é a gradual extirpação do desejo. Conforme vimos, o desejo é o que impele a alma para o exterior, e a educação da alma consiste em passar para o exterior acumulando conhecimentos e, depois, como resultado da experiência, em perder toda a preferência pelo externo, conduzindo ao interior o conhecimento assim obtido. Mas se os objetos de desejo continuassem sendo atraentes, não haveria fim para essa revolução da roda de nascimentos e mortes, não haveria acumulação de conhecimentos nem evolução real das possibilidades superiores. Por conseguinte, é necessário que a alma que está se manifestando não só adquira conhecimentos, mas que os leve consigo e os torne parte de seu próprio Ser futuro. E para que isso possa ser efetuado, o desejo deve ir mudando gradualmente sua natureza até que afinal se desvaneça. No princípio, à medida que a alma gratificava cada desejo, seu deleite se intensificava; logo, o satisfazia repetidamente. Mas, pouco depois, descobre que o prazer é transitório, já que ele não pode estar sempre com o objeto de seu desejo, e sua separação dele lhe proporciona dor. Além disso, os objetos de desejo são, por si mesmos, transitórios, e chega um momento em que eles lhe são retirados aparentemente para sempre, então a dor é maior que antes. E mesmo que eles permanecessem com ele até o final de sua vida, ele perceberia que não poderia levá-los consigo na hora de sua morte, e novamente haveria dor. Dessa maneira, ele aprende a se afastar dos objetos de desejo percebidos como transitórios, ligando seu desejo àqueles que acredita serem permanentes. No entanto, descobre, por sua vez, que esses são apenas relativamente permanentes e que em breve se afastarão dele, o que lhe traz novo sofrimento. E assim, um a um, os objetos do mundo externo inferior, de cada fase (física ou sutil) do mundo externo, tornam-se indesejáveis à alma que adquiriu conhecimento; tudo passa a ser indesejável, exceto o Eterno, que é a essência da própria alma. Dessa maneira, a alma gradualmente aprende, mediante a dor no universo físico, a se liberar do desejo.

Não há outra maneira pela qual o desejo seja dominado. A mera abstenção forçada em satisfazer o desejo é um estágio bastante elementar do progresso da alma. Há que ser cortada a própria raiz do desejo, e isso somente pode ser feito quando os próprios objetos que uma vez exerceram atração perderem esse poder, de modo que não mais possam atrair a alma para o exterior. Então, ao esgotar tudo o que podia aprender daquele objeto e tendo percebido que no fim ele lhe causou dor, a alma já não o considera desejável, mas o deixa de lado (como uma abelha que sugou mel das flores) e leva consigo o conhecimento que adquiriu. E a menos que possa se liberar do desejo pelas coisas do mundo físico, jamais poderá sentir o anelo íntimo, inicialmente pelas coisas da mente e depois pelas da vida superior, que constitui o verdadeiro objeto da evolução da alma.

A lição seguinte que se aprende por intermédio da dor é o caráter transitório de tudo aquilo que não seja da essência do próprio Espírito. Não há outro meio pelo qual a alma possa aprender essa lição e ser conduzida do irreal para o Real, das trevas para a Luz, da morte à Imortalidade. Através da enfermidade e do sofrimento, da pobreza e da aflição, ela compreende que tudo o que a rodeia (não somente no físico, mas também nas regiões do desejo e da própria mente) é transitório, e que no mutável ela, que é imutável, jamais poderá encontrar descanso. Nas etapas primitivas, a alma descobre que toda forma de sofrimento surge originariamente do desejo por algum objeto transitório, e que tal sofrimento cessa no momento em que o desejo se transfere para um objeto superior. E assim, inicialmente, ela se volta do sensorial para o intelectual, do transitório ao relativamente permanente, e aprende a cultivar a mente e a inteligência, assim como o lado artístico de seu temperamento, em lugar de procurar a gratificação daqueles sentidos que são comuns às inferiores formas da vida animal. E só isso já é uma grande vitória, porque as coisas dos sentidos são limitadas, e os homens lutam uns contra os outros para obter sua parte dessa quantidade limitada; todavia, as coisas de natureza elevada são praticamente ilimitadas, e nenhum homem se considera mais pobre porque seu irmão é mais profusamente dotado artística ou intelectualmente. Nas regiões do intelecto e das altas aspirações e emoções, todos podem compartilhar o que têm; e ao compartilhar descobrem que se tornaram mais ricos, e não mais pobres, por isso. E assim a humanidade progride da competição para a cooperação, aprendendo a lição da fraternidade.

No entanto, mesmo aqui descobrimos que não há satisfação, pois embora um degrau acima, esse deslocamento do desejo do corpo para a mente, dos sentidos para os órgãos internos, das sensações para as ideias e imagens, ainda constitui a natureza do desejo. E pela gratificação do desejo, jamais se encontra a felicidade, pois cada desejo satisfeito dá origem a um novo desejo. A felicidade não consiste em ter mais daquilo que já se possui nem em aumentar as satisfações do desejo, mas sim em transmutar o desejo pelo transitório em aspiração pelo Eterno e na mudança completa da própria essência, de alguém que busca o desfrute para alguém que procura doar. Pouco depois, por essa ausência de satisfação, que é dor, surge na alma a compreensão de que esse não é o caminho, e se sente fatigada pela substituição. Todos os objetos externos ao corpo e à mente perdem sua força atrativa. Ela foi no sentido externo, aos sentidos, e fracassou; em seguida se retraiu internamente na mente – mas do ponto de vista do Espírito a mente é também exterior – e fracassou novamente. Sempre abatida pela dor e pela insatisfação, que é a dor mais fastidiosa de todas, afinal aprende sua lição e volta-se daquilo que é externo para o que é interno, trilha a Senda que conduz do desejo para a realização do Ser, e encontra o princípio da paz, o primeiro contato com o Real, a satisfação essencial.

Outra utilização da dor é de caráter mais interno, pois a dor pode ser usada como instrumento para destruir a personalidade. A alma ainda não se afastou do alcance da dor, pois ainda está buscando, não tendo encontrado completamente, o seu centro. Embora ela saiba que não é o corpo, nem os sentidos, nem a mente, ainda é suscetível à dor que procede do interior, de relações que se traduzem como dor. E ao ter contato com as demais – com os pensamentos, os sentimentos e as opiniões de outros –, se vê continuamente magoada pelos juízos errôneos e descrições enganosas, por pensamentos e sentimentos hostis; e tendo então conquistado sabedoria, a alma pergunta a si mesmo: "Por que ainda sinto dor? O que é isso dentro de mim, e não fora, que dá origem ao sofrimento?" Por ela ter percebido que nada pode afetá-la exceto ela própria, se ela identifica que sente dor, é um sinal de imperfeição, de que ela não se desligou por completo da natureza inferior, que não é ela própria. E assim começa a utilizar a dor, em vez de meramente senti-la; já não se acha à mercê da dor, mas toma o sofrimento em suas próprias mãos como um instrumento e o utiliza para seus próprios propósitos. Quando encontra a dor procedendo de uma ação hostil ou de um juízo errôneo sobre seus motivos ou sua conduta, a alma toma a dor em suas mãos como um escultor toma um cinzel, e com o instrumento da dor golpeia sua própria personalidade e extirpa suas debilidades pessoais, pois sabe que se não fosse por essa personalidade que é egoísta, não sentiria dor por nada, mas permaneceria sereno e tranquilo em meio aos conflitos do mundo.

A dor possui ainda outra utilidade. A alma que tenta ser forte, não para si mesma mas para auxiliar o mundo (a alma que sabe que ela somente pode aprender a viver para os outros se for forte em si mesma), escolhe agora a dor deliberadamente, pois apenas assim pode assimilar resistência e paciência. Os que nunca sofrem sempre permanecem fracos, pois somente na tensão e na agonia do combate a alma aprende a resistir; e à medida que a força vai gradualmente atuando na alma, aquilo que antes era ansiedade e luta torna-se a serena calma da perfeita fortaleza.

E ainda por outro motivo a alma buscará a dor: para poder assimilar a compaixão. Pois mesmo a alma mais forte seria de pouca utilidade se não tivesse desenvolvido a compaixão; mais que isso, a alma fortalecida pode mesmo tornar-se perigosa se tiver se tornado vigorosa sem compaixão, se tiver acumulado força sem aprender a guiá-la retamente. E assim, quanto mais forte for, mais ansiosamente buscará essa lição da dor, a fim de que pelo sofrimento possa aprender a senti-lo por outros e, por sua própria dor, ela possa aprender como aliviar as dores do mundo.

Por conseguinte, todo tipo de sofrimento que uma alma possui em sua imperfeição constitui, por assim dizer, pedras com as quais finalmente é construído o templo do Espírito perfeito. Não haverá dor ao final, embora deva existir dor durante a construção. Mas à medida que o Espírito avança e cresce em maior liberdade, a paz toma o lugar da luta, e o contentamento toma o lugar do sofrimento. Ademais, a dor existe meramente nas envolturas em que o Espírito se encontra revestido, e não em sua natureza essencial. O Espírito é bem-aventurança, e não tristeza; é contentamento, e não sofrimento. A dor é passageira, a bem-aventurança é eterna, porque é a essência íntima de *Brahman*, o Ser de tudo. Como diz o *Upanishad*: "A Criação surge da bem-aventurança, é mantida pela bem-aventurança e retorna para a bem-aventurança"[29].

---

[29] MEHTA, Rohit. *O Chamado dos Upanixades*. Brasília: Ed. Teosófica, 2014. (N. E.)

Capítulo IX

Fraternidade

P 244: *Por que a "fraternidade da humanidade" constitui o único objetivo obrigatório da Sociedade Teosófica, o único "artigo de crença", que liga todos os seus membros?*

R: O reconhecimento intelectual desse princípio de fraternidade e os esforços por vivenciá-la no dia a dia são muito estimulantes para a natureza mais elevada do homem. Viver a fraternidade, mesmo em pequena amplitude, depura o coração e purifica a visão; vivê-la em perfeita amplitude equivale a erradicar todo sentido de *separatividade*. Tal reconhecimento é o primeiro passo para a realização da unidade, tão necessária para o progresso de um discípulo, tornando-o sensível às dores de todos e treinando-o na identificação de si próprio com toda a humanidade, a fim de que possa finalmente ser um deliberado colaborador de Deus, dedicando inteiramente sua natureza a Seus propósitos.

P 245: *Mas como poderá se estabelecer a fraternidade da humanidade? Se olharmos em volta, não nos parece que os homens sejam irmãos, pois os vemos prontos para agredir uns aos outros!*

R: A fraternidade da humanidade não é algo que necessite ser estabelecida. A fraternidade *é*, constitui um fato na Natureza; já é existente, e requer unicamente ser realizada. Ninguém pode fazer uma declaração mais simples ou mais perfeita sobre ela que o Cristo quando disse: "Um é vosso Pai, ou Deus, e todos vós sois irmãos".

As pessoas enganam e matam umas às outras porque esquecem a verdade da fraternidade, mas a ignorância dos homens não altera as Leis da Natureza nem faz variar sua marcha irresistível. Suas Leis aniquilam os que se opõem a elas. Nenhuma nação nem civilização alguma que ultrajam a fraternidade podem perdurar; e temos que afinar nossas vidas em harmonia com essas Leis.

P 246: *Qual é a base da fraternidade da humanidade, e por que não a realizamos por seu reconhecimento intelectual?*

R: A vida humana é uma porção daquela Vida Paternal da qual todos descendemos. Como compartilhamos uma só Vida, formamos todos uma fraternidade; por isso, conforme se explicou no Capítulo I, a solidariedade do homem é uma das verdades básicas da Teosofia.

O intelecto é um princípio separativo, espontaneamente combativo e autoafirmativo; sendo sua própria natureza reivindicar a si mesmo como separado dos demais; e a fraternidade não pode ser realizada nos planos inferiores, com seu senso de *separatividade* e conflito de interesses.

P 247: *Onde é possível, então, realizar-se a fraternidade em sua plenitude?*

R: A fraternidade não pode ser plenamente realizada nos planos inferiores, nem mesmo no intelectual, mas nos planos espirituais, os planos *Átmico* e Búdico, pois somente neles ela tem sua fundação.

Sendo o Ser no homem um raio do Ser Universal, a Unidade reside naquele Ser; e essa Unidade só é percebida com perfeita afinidade quando é alcançado o plano Búdico. Ao se tornar consciente neste plano, em um ponto específico de sua peregrinação denominado "Primeira Iniciação", conforme se explicará no Capítulo X, o homem de fato percebe a união de todos os seres viventes; e mais, a unidade de todas as coisas, pois tudo tem dentro de si a mesma Vida Divina. Ele sabe, portanto, que até então ele só havia acreditado; olha agora todas as coisas como a si mesmo e sente que tudo o que tem é tão seu quanto dos demais, e até mais dos outros do que seu, pois, sendo menor a força que possuem, eles têm maior necessidade. E assim, aqueles a quem chamamos "Mestres", mas que preferem a denominação de "Irmãos mais Velhos", sempre se destacaram por sua preponderante compaixão e ternura, usando seus poderes para proteger seus irmãos mais novos, sua sabedoria para guiá-los, e sua força para sustentá-los. Eis aqui o ideal, a perfeita Fraternidade na qual "irmão" significa "um servidor da humanidade".

P 248: *Por acaso a fraternidade não implica igualdade? Se não, como pode haver fraternidade com as desigualdades que por toda parte existem entre os homens?*

R: Conhecemos o lema da Revolução Francesa – "Liberdade, Igualdade e Fraternidade" –, pelo qual se dá por admitido que liberdade e fraternidade implicam igualdade. Agora, o que é "igualdade"? Se por ela se quer dizer que todos os homens são iguais em sua origem e que cada um, nascido da essência Divina, ao final alcançará a Divindade manifestada após ter desenvolvido suas potencialidades e tê-las transformado em poderes, então esse sentido de igualdade é verdadeiro. Porém, no curso da evolução, na dilatada e cambiante luta entre Espírito e matéria, surgem as desigualdades; enquanto no Espírito todos os homens são iguais, na carne todos são radicalmente desiguais.

Onde está a igualdade entre um gênio e um louco, entre um deficiente e um atleta, entre um santo e um bruto? Exceto no caso de gêmeos, a fraternidade implica diferença na idade dos corpos físicos e, consequentemente, em força, em inteligência, em capacidade e em dever; e essas diferenças, exceto a da idade, encontram-se mesmo nos gêmeos. A fraternidade implica uma comunidade de interesses – se uma família é rica, todos os membros são beneficiados, embora os interesses individuais dos irmãos sejam absolutamente distintos. Em uma família numerosa, alguns dos irmãos podem ser homens adultos que já trabalham no mundo, enquanto outros podem estar na escola e outros no berço. Que interesses em comum pode ter um adolescente de 14 anos com seu irmão de 4 anos; e que importam para o irmão mais velho de 22 anos, na luta em seu caminho no mundo, os prêmios escolares que o segundo irmão ganhou? O dever difere segundo a idade; e ao se esforçar para cumprir seu dever de acordo com seu estágio na vida, cada um promove a evolução da família humana como um todo.

P 249: *Então não existe igualdade na configuração social?*

R: Na construção social, o máximo que se pode pedir (por ser o máximo possível) é que haja igualdade de ricos e pobres perante a lei, de modo que nenhum homem possa, artificialmente, ser colocado em injusta desvantagem por uma lei ou costume criado pelos homens. E ainda, até onde seja possível, a todo homem se deve dar oportunidades iguais para o desenvolvimento de cada faculdade que traga consigo ao mundo, embora se deva ter presente que a desigualdade radical, que nenhuma sociedade ou lei humana pode suprimir, está na capacidade de aproveitar uma oportunidade quando ela se apresenta.

P 250: *Qual é o seu conceito de fraternidade no sistema social?*

R: Devemos edificar um sistema social no qual possa ser fornecido o serviço social de cada membro de acordo com sua capacidade, e também requerido a ele de acordo com suas necessidades, de maneira que todo homem tenha, portanto, a oportunidade de desenvolver cada faculdade que traz consigo ao vir ao mundo. Assim, a brutal lei da luta pela sobrevivência será transmutada na lei vital – a Lei social do Autossacrifício para acelerar a evolução da humanidade. Conforme já mencionado por um Mestre hindu: "A lei da sobrevivência do mais apto é a lei de evolução para o bruto; mas a lei do autossacrifício é a lei de evolução para o homem".

À luz desse elevado ideal, podemos ver que a desigualdade da idade significa desigualdade de capacidade e força, e portanto desigualdade de deveres; que o forte existe não para a tirania, mas para o serviço; não para ter o fraco sob seus pés, mas para protegê-lo com a mais terna compaixão. Ante o espírito da fraternidade, fraqueza representa um pedido de auxílio e não uma oportunidade para a opressão. Cada idade tem seu próprio dever; o dos mais jovens é aprender e servir, o dos mais velhos dirigir e proteger, todos igualmente amorosos e auxiliares na grande família da humanidade.

P 251: *Mas por que existe desigualdade entre diferentes pessoas e nações?*

R: A desigualdade entre diferentes pessoas é devida principalmente à idade da alma e, consequentemente, ao estágio alcançado pela alma em sua evolução. Algumas começaram sua viagem muito mais cedo que outras e, tendo assim um período maior de tempo que seus irmãos mais jovens, desenvolveram mais capacidades.

As nações, em sua maior parte, se compõem de almas em um nível específico de desenvolvimento, que nasceram juntas para adquirir certas experiências de acordo com seu *karma* e com o estágio de evolução que alcançaram.

Não menosprezamos uma flor porque ainda não é fruto; não menosprezamos uma criança porque ainda não é um homem; não nos menosprezamos porque ainda não somos deuses; da mesma maneira não devemos menosprezar as almas infantis que ainda não estejam tão desenvolvidas quanto estamos. Na escada da evolução da vida humana, ocupamos os degraus medianos, estando os Irmãos mais Velhos no topo e as almas mais jovens na base; e a própria palavra "fraternidade" denota identidade de sangue e desigualdade no desenvolvimento. Existem homens que se isolam dos corações de seus semelhantes por diferenças de casta, de credo, de classe social, de clã, de país ou de cor; porém o sábio, elevando-se sobre todas essas diferenças externas, vê cada um como parte de sua família, como filhos de um só Pai, em identidade com a vida essencial.

> As almas mesquinhas perguntam:
> 'Pertence este homem à nossa
> Própria classe, parentesco ou clã?'
> Mas os homens de grande coração
> Abraçam como irmãos toda a raça humana.

P 252: *É a unidade espiritual a única base da Lei de Fraternidade da Humanidade, ou encontramos algumas indicações desta Lei também nos planos inferiores?*

R: Primeiramente, no plano físico, as partículas de nossos corpos densos passam, de uma pessoa a outra, modificadas pelo corpo no qual residem por algum tempo. Vimos no Capítulo III que nossos corpos densos estão constituídos de pequeníssimas vidas, ou células, em estado de constante movimento, as quais estão continuamente passando de nós para o ar circundante e dali a outros corpos, sendo substituídas por células procedentes dos corpos de outros – e isso constitui uma fraternidade em nossos corpos físicos.

Igualmente, vimos no Capítulo VII, sobre o poder do pensamento, que muitos de nossos desejos, emoções e pensamentos nos chegam das vibrações invisíveis irradiadas de outros corpos astrais e mentais, e que, modificados para o bem ou para o mal em sua passagem por nossos veículos, seguem seu curso para afetar os demais.

E assim, estamos continuamente influenciando outras pessoas nos três planos inferiores pelo que somos, pelo que dizemos e pelo que fazemos, assim como pelo que desejamos e pensamos; e do mesmo modo somos influenciados por elas. Estamos todos intrinsecamente ligados, e ninguém pode avançar ou retroceder sem auxiliar ou dificultar o progresso dos demais, o que demonstra, portanto, uma verdadeira unidade da humanidade em meio a toda sua visível diversidade.

P 253: *Encontramos esse princípio de fraternidade elaborado no mundo antigo ou no moderno?*

R: O antigo ideal de realeza derivou-se do perfeito exemplo da Grande Fraternidade Branca dos Espíritos Liberados, os Mestres; e do reconhecimento da existência desses Irmãos mais Velhos durante a infância das Raças-raízes do mundo, chega-se aos fatos históricos das dinastias divinas e reis divinos no Egito, na Índia e na China, onde a vida de um rei, que sabia que "as lágrimas dos fracos minavam os tronos dos reis", não era uma vida de prazeres e contentamento, mas de serviço e sacrifício. Entretanto, a fraternidade foi negada por muitos dos grandes impérios do passado remoto, assentados sobre a base do egoísmo e da miséria da massa do povo. Todos esses antigos impérios – Babilônia, Assíria, Egito, Grécia e Roma – desapareceram; subsiste apenas uma nação contemporânea deles, a Índia, porque em sua literatura ensinou-se a Lei da Fraternidade. Mas a Índia deixou de vivenciar tal Lei na prática, o que marcou o princípio de sua decadência em tempos recentes.

P 254: *Mas a Índia antiga, com seu sistema de castas, não pregou e praticou a desigualdade mais propriamente que a fraternidade?*

R: Já se explicou que fraternidade não implica igualdade. A antiga teoria das castas se baseava na Lei da Fraternidade, pois admitia a desigualdade na idade da alma e a consequente desigualdade de desenvolvimento. Sobre essa verdade repousam as diferenças entre as diversas castas e classes sociais, pois irmãos de diferentes idades dentro da família humana têm distintos deveres, ocupações e responsabilidades.

O *Shudra* ou servente, sendo alma jovem e ainda não desenvolvida, era o irmão mais novo da família nacional, e não há humilhação nenhuma em ser o irmão mais novo em uma família. A riqueza da nação tinha de ser adquirida pelo *Vaishya*, o comerciante, o chefe de família da nação, mas somente com o objetivo de ser empregada para manter as outras ordens no Estado e para causas dignas e nobres. A caridade acha-se ainda profundamente gravada na alma do *Vaishya*, embora tudo que se precisa agora é que tal caridade mude de direção, isto é, para edificar escolas e universidades, e preparar a juventude na religião e na moralidade, em vez de edificar templos suntuosos, que já existem em demasia na Índia e dos quais, por conta de educação inadequada, os jovens fogem depois que crescem. Em seguida vem o *Kshatriya*, o guerreiro, com seu direito ao esplendor e ao desfrute, mas também com seu dever de sacrificar tudo – vida, família, amor – para proteger o povo. Por último vem o *Brāhmana*, o instrutor, de conduta pura e vida ascética, que só deve ser rico em sabedoria. Mas atualmente tudo é confusão nas castas, e o *Brāhmana* raras vezes é um instrutor. A Lei da Fraternidade é negada à sexta parte da população – os intocáveis, o varredor e o lixeiro, que são deixados em completo abandono e degradação. A Lei da Fraternidade foi a base da antiga sociedade hindu, quando estava em todo seu esplendor, mas a negação prática dessa Lei à sua população de intocáveis atraiu-lhe decadência e castigo.

Devemos nos compenetrar do dever e da responsabilidade que pesam sobre nós para melhorarmos, por todos os meios ao nosso alcance, tanto os ambientes quanto as características de nossos irmãos mais novos, nas classes depreciadas. Devemos usar nosso conhecimento das Leis superiores a favor deles, capacitando-os assim a encurtar sua permanência nesse estágio inferior de evolução. Ensinando aos filhos deles os elementos do reto viver, extrairemos e cultivaremos os poderes da alma; se corrigirmos e reprimirmos suas faltas à medida que se manifestem, se melhorarmos seu meio ambiente e sua alimentação, os ajudaremos a edificar melhores corpos, que sirvam de habitação a almas já mais desenvolvidas. Esse é o auxílio que todos podemos e devemos dar às almas que nos sucederão no palco do mundo; mesquinha será nossa súplica pelo auxílio dos Grandes Seres se nos recusarmos a ajudar os seres menores da raça humana. Não nos atreveremos a implorar aos Senhores da Compaixão que se inclinem até nós e nos ajudem a nos elevarmos a menos que, por nossa parte, nos inclinemos aos que estão abaixo de nós e tentemos elevá-los.

Em Londres, a décima porção da população morre nos asilos de pobres, nas prisões ou nos hospitais; mas a Inglaterra tenta cumprir seu dever para com sua população "intocável", educando-a, edificando casas para eles, e proporcionando salários decentes com menos horas de trabalho.[30] Sendo a Justiça uma Lei Divina, a Índia, ao tratar como intocáveis seus filhos menores, escravizou a si mesma.

P 255: *De que forma o reconhecimento desse princípio de fraternidade, como um fato definido, afeta nossa atitude para com aqueles que nos rodeiam?*

R: Com o reconhecimento da fraternidade, nossa atitude para com os demais muda radicalmente, tornando-se uma postura de constante auxílio e profunda simpatia, pois vemos que os verdadeiros interesses de todos são de fato idênticos e que não é correto fazermos algo que se choque com seus interesses mais elevados.

Também nos sentimos naturalmente plenos da mais ampla e possível tolerância e caridade porque nossa filosofia nos mostra que pouco importa o que um homem crê, contanto que seja bom e verdadeiro; e nosso maior conhecimento nos capacita a perdoar muitas coisas e a compreender melhor a natureza humana ao percebermos como apareceu o pecado ao pecador, no momento em que foi cometido.

E assim, não temos apenas simpatia, mas também inegável amor por toda a humanidade, e adotamos uma vigilante atitude de auxílio, já que sabemos que todo contato com os demais significa para nós uma oportunidade de ajudá-los ou aconselhá-los com o conhecimento adicional que adquirimos durante nosso estudo.

[30] O autor se refere a dados da época de publicação da primeira edição desta, 1925. (N. E.)

P 256: *Como podemos apressar a realização dessa fraternidade na vida física?*

R: Embora essa realização somente seja atingida plenamente no plano Búdico, conforme se explicou antes, podemos apressá-la no plano físico pelo altruísmo. Mas não devemos esquecer que distintos irmãos necessitam de diferentes tipos de ajuda devido à desigualdade de desenvolvimento, e que é mais importante ajudar nosso irmão a crescer moralmente do que aliviá-lo de alguma dor física.

Os extensos programas de reforma social são úteis em si e também educam a opinião pública ao apresentar claramente, diante das mentes dos homens, o sofrimento em que vivem seus irmãos menos afortunados; mas um bem maior pode ser feito com nossos esforços para ajudar as pessoas individualmente. Devemos tratar de estudar cada indivíduo que precisa de ajuda, descobrir o seu ideal, e mostrar-lhe como realizá-lo, colocando diante dele um ideal um pouco mais elevado. Assim, podemos ajudá-lo a acelerar seu crescimento ao lhe demonstrar como pode ajudar a si mesmo, lhe oferecendo nossa amorosa simpatia e encorajamento.

P 257: *Qual é nosso dever como irmãos para os que são superiores a nós, para os que se encontram no nosso nível, e para os que são inferiores a nós na grande família da humanidade?*

R: Não podemos conhecer a magnitude dos pesados labores que têm a seu cargo nossos Irmãos mais Velhos, pois ainda somos demasiado débeis e ignorantes para compreendê-los; entretanto, podemos diminuir aquele peso e aliviar um pouco seu labor oferecendo-lhe pronta obediência, benevolente serviço e inabalável devoção até nos tornarmos suficientemente fortes e sábios para compartilhar conscientemente de sua gloriosa obra.

Com relação aos nossos semelhantes, devemos ter uma atitude amistosa, que inspire confiança e boa-fé, rompendo as barreiras do orgulho, da desconfiança e das suposições para com os estrangeiros, apoiando assim as pessoas de diferentes nacionalidades com auxílio, simpatia e camaradagem, e nos libertando de preconceitos ao apreciar o bem em outras nações.

Quanto aos nossos irmãos menores, ou seja, os brutos, que ocupam corpos menos desenvolvidos que os nossos, devemos lhes oferecer justiça e gentileza ao contato com eles; e no que diz respeito às classes inferiores de nosso próprio país, devemos cuidar para que não passem fome, mas que tenham honesta remuneração, suficiente para que levem uma vida decente. Todos eles devem ser guiados, auxiliados e protegidos, pois têm um direito a ser levado em conta pela infantilidade de suas almas.

P 258: *Há alguma razão especial para enfatizar a fraternidade dentro da Sociedade Teosófica?*

R: É muito importante que todos os membros pratiquem um companheirismo mais estreito, um sentido de real unidade, ao esquecer seus sentimentos e interesses pessoais, pois o coração da Sociedade está construindo para si um corpo no plano Búdico, como um canal através do qual os Grandes Mestres de Sabedoria possam atuar.

P 259: *Estamos unidos somente à família humana pelos laços da fraternidade?*

R: Conforme se explicou no Capítulo VIII ao se tratar da evolução, há outros seis reinos na Natureza, e estamos intimamente ligados a todos eles. A Vida que sustenta nossos corpos físicos passou através de todos esses reinos e neles edificou formas cada vez mais evoluídas e complexas, cujo desenvolvimento culminou nos corpos humanos. Não só isso, mas dependemos, mesmo para nossa própria subsistência, do trabalho desses reinos inferiores, especialmente dos reinos vegetal e animal.

Igualmente, compartilhamos a Vida Divina não somente com cada ser humano, mas com cada animal, planta e pedra, e mesmo com cada partícula ou átomo de todos os reinos, com tudo o que existe. A Vida Divina é o Espírito em tudo que existe, desde o átomo até o Arcanjo, segundo se explicou ao se tratar da imanência de Deus no Capítulo I; e assim, a unidade interna, a Vida Una que habita igualmente em todos, demonstra que há não somente uma fraternidade na humanidade, mas uma fraternidade *oniabrangente*, uma fraternidade universal na Natureza.

O professor Overstreet, ao mostrar que o conceito de Deus está gradualmente deixando de ser um juiz extracósmico para ser uma presença imanente ("[...] milhares de vidas e, entretanto, uma vasta vida grupal em incessante atividade; [...] um Deus, em suma, que *é* o mundo na unidade espiritual da vida de sua massa."), nos diz: "As ciências genéticas estão em toda parte nos convencendo de que não existe fundamental solução de continuidade entre os animais inferiores e o homem, e que, conforme afirma Forel, 'todas as propriedades da mente humana podem ser derivadas de propriedades da mente animal' e, consequentemente, 'a doutrina da evolução é inteiramente válida tanto no campo da psicologia como em todos os outros campos da vida orgânica'. Restam dois grandes passos por considerar: sob o animal encontra-se o vegetal; sob o vegetal acha-se o denominado inorgânico. [...] Já nos liberamos da noção de uma diferença de classe entre o humano e o animal inferior; estamos paulatinamente fazendo o mesmo entre o animal e o vegetal. [...] O inorgânico pode encontrar-se no limite inferior de variação ou próximo a ele. [...] Se esses dados se comprovarem corretos, então o inorgânico é fundamentalmente igual em classe às mais adiantadas formas de vida".

P 260: *Então, como podemos ajudar nossos irmãos menores nos reinos inferiores?*

R: Nossas vidas estão intimamente ligadas com os mundos animal e vegetal; portanto, temos a princípio um dever fraternal para com o vasto reino animal que nos rodeia. Nossa atitude para com nossos irmãos mais novos não deve ser de rispidez, injustiça e desconsideração, ou de crueldade para nossa diversão e ganância pessoal, mas de proteção e tutela, com gratidão por seus serviços para conosco. Eles foram colocados em contato conosco a fim de podermos fazer algo pela germinação da mentalidade neles, assim como para elevá-los emocionalmente, acelerando sua individualização. Devemos também nos recusar a compartilhar do pecado do abatimento ao comer carne e peixe, e ao usar artigos obtidos exclusivamente pela matança de animais, como a pele de foca ou as plumas das aves.

Os Espíritos da Natureza, ou fadas e gnomos, elaboram as maravilhosas formas dos mundos mineral e vegetal sob a direção dos Grandes Construtores do Universo, e nosso dever para com esses reinos consiste em considerar de maneira amistosa esses Espíritos e em evitar, por descuido, prejudicar seu trabalho. Além disso, as plantas e as flores possuem os rudimentos de um corpo astral, com a capacidade de sentir prazer e dor, conforme se explicou no Capítulo VIII, e devemos nos abster cuidadosamente de danificar o que é vivente.

Temos ainda um dever para com as formas de vida inferiores ao mineral, a essência elemental que nos rodeia por toda parte constituindo os três reinos elementais. Essa essência progride por meio do efeito que produzimos sobre ela através de nossos pensamentos, paixões, emoções e sentimentos; e somente cumprimos plenamente nosso dever para com esses reinos se executamos nossos ideais mais elevados e cuidamos que nossos pensamentos e emoções sejam do tipo mais alto possível.

P 261: *Por último, qual é nosso dever individual com relação à fraternidade em geral?*

R: Devemos perceber que a própria condição da Vida espiritual consiste em ver que o mesmo Ser habita igualmente em tudo.

Quanto a nossos irmãos mais novos nos reinos inferiores, já se explicou em que consiste tal dever.

Devemos recordar que, na família humana, o Ser reside tanto no mais degradado quanto no mais puro. Por conseguinte, nenhum obstáculo deve ser colocado no caminho de quem esteja tentando chegar à plenitude de seu crescimento; ao contrário, a todos devem ser proporcionadas facilidades para que desenvolvam cada uma das faculdades que trouxeram a este mundo. Todos somos membros de uma só família, mas com diferentes deveres, e não devemos menosprezar ou desprezar nossos companheiros de jornada mesmo que seja humilde o seu trabalho. Devemos pensar com mais amorosidade neles exatamente porque são os que fazem o trabalho mais desagradável. Toda a humanidade, essencialmente una em sua Vida, forma um único corpo, e envenenar qualquer das partes, por mínima que seja, pode paralisar todo o corpo. Não podemos ter nenhum ganho real à custa do outro, pois todo benefício ou adiantamento na Senda da espiritualidade é algo que asseguramos não apenas para nós, mas para todos. Devemos manter sempre uma atitude de auxílio e de profunda compaixão com relação aos que nos rodeiam, assim como da maior tolerância e caridade possíveis; não só isso, mas evidente amor por tudo que nos rodeia.

Pela Lei do Espírito, ele existe pela doação e cresce quando esta é praticada; diferentemente da matéria, que se extingue pelo uso. A Verdade jamais é diminuída quando a compartilhamos. O conhecimento, se não é repartido, se torna um câncer no cérebro; mas se o transmitimos a nossos irmãos mais ignorantes que nós, a tocha do conhecimento pode acender outras mil tochas sem qualquer diminuição na chama original. Somos puros unicamente para podermos ir até o impuro, pois a verdadeira pureza jamais pode ser manchada ou maculada, mas ela pode purificar a outros e elevá-los a um padrão superior de vida. E assim, a Lei da Fraternidade da Humanidade nos impõe os seguintes deveres: elevar o pecador e o humilhado até nossa própria pureza; instruir o ignorante; resgatar o miserável; alimentar o faminto; cuidar do enfermo. Como partes da Fraternidade Una, vivemos nos outros e para os outros, influenciando a todos e sendo influenciados por eles. Não podemos retroceder um só passo sem enfraquecer a totalidade da humanidade, nem nos elevarmos um só degrau sem elevar o todo para a pureza. Por conseguinte, devemos nos esforçar para trabalhar para o bem de toda a família humana, em perfeita paz e harmonia.

Capítulo X:

Os Mestres e a Senda até Eles

P 262: *O que é um Mestre?*

R: Existem Homens Perfeitos, chamados "Adeptos", que têm em si a Divindade revelada; seres humanos que completaram sua evolução humana sem nada mais a aprender em nossa Cadeia de mundos na experiência como homens. Alcançaram o que os cristãos chamam de "salvação", e os hindus e budistas denominam "liberação", pois tendo trilhado o caminho comum dos homens, escalaram as alturas da Senda mais escarpada que leva ao estado do supra-humano. Eles já trilharam a Senda que ainda temos de percorrer; alcançaram seu ponto supremo, tendo passado de Iniciação a Iniciação ampliando sua Consciência até conhecer não somente este, mas todos os cinco mundos, incluindo o *Nirvāna*. A concepção do Adeptado é subjacente a um conceito de evolução que implica a expansão gradual da Consciência corporificada nas formas em contínuo aperfeiçoamento. No ápice de tão prolongada evolução encontra-se o Adepto, corporificando em si próprio o mais elevado desenvolvimento intelectual, moral e espiritual possível ao homem. A Eterna Luz Una está em *todos* nós; o Adepto apenas limpou o espelho e aprendeu a manifestar essa Luz. Ele assimilou todas as lições da humanidade e adquiriu todas as experiências que o mundo pode oferecer. Para além deste ponto, a evolução é supra-humana.

Alguns dos grandes Adeptos, embora livres da roda de nascimento e morte, tomam voluntariamente o fardo da carne e vivem em corpos físicos na Terra para ajudar os homens; e aceitam discípulos que, renunciando a tudo, desejam evoluir mais rapidamente que a massa de seus semelhantes a fim de servir à humanidade altruisticamente. A esses Adeptos denominamos "Mestres".

Um Mestre é um homem que se fez Divino, um Irmão Mais Velho que compartilha nossa mesma humanidade, mas superior a nós pela grandeza de sua evolução. Um Mestre deve atuar em um corpo físico e, conforme a denominação indica, tem discípulos, ou melhor, aprendizes, homens menos adiantados que desejam trilhar o caminho que os conduzirá, por um atalho, até o cume da evolução humana. Muitos outros Adeptos que alcançaram esse nível já não usam corpos humanos, só corpos espirituais, e não têm mais contato com a Terra, enquanto ainda há outros nesse nível que se ocupam de distintas linhas de serviço ao mundo.

P 263: *Como você pode demonstrar que os Adeptos são reais? Qual é a evidência de suas existências?*

R: Há pessoas para quem o próprio ideal dos Mestres, os *Mahātmās*, ou Grandes Espíritos, por ser tão elevado, é algo valioso e inspirador, embora não os reconheçam como reais.

Inicialmente, então, tomando a existência dos Mestres como uma teoria, seguindo as linhas da evolução natural vê-se que ela é muito provável, pois se a evolução é real e se a Reencarnação é um fato, esses homens devem existir em algum lugar. Considerando a enorme diferença entre o bruto mais primitivo e o mais elevado homem atualmente, e considerando também o espaço de tempo que transcorreu desde que o primeiro homem pisou na Terra, é provável que a evolução de alguns indivíduos os tenha levado a um estágio muito superior ao dos homens civilizados de hoje, da mesma forma que estes são muito superiores ao tipo mais primitivo em existência. Além disso, ao olharmos em retrospectiva, descobrimos vestígios de poderosas civilizações evidenciando que devem ter existido homens de um tipo mais adiantado, capazes de fundá-las.

Igualmente, tem-se o testemunho das religiões, pois não existe nenhuma grande religião que não tenha baseado sua crença em um Homem Divino como seu Fundador e que não considere seu Instrutor como um Homem Divino, em sua vida.

Ademais, existe a evidência histórica das Escrituras religiosas, com uma profundidade maior de conhecimento espiritual, de pensamento filosófico e de discernimento sobre a natureza humana que aquela que podem produzir as maiores mentes de nosso tempo. Essa não é uma questão de tradição, mas de literatura; não é uma questão de teoria, mas de fatos. E esses livros, com ensinamentos de tão pura moralidade, de tão sublime filosofia e de tão vasto conhecimento, devem ter tido seus autores. Os autores foram os Homens Divinos do passado, que nos legaram o testemunho de sua existência em uma literatura grandiosa e sublime, com ensinamentos idênticos em suas linhas fundamentais e em sua força moral.

Há ainda o testemunho da experiência em primeira mão, já que existem na Índia e em outras localidades muitos homens que têm conhecimento pessoal dos *Mahātmās*, dos Mestres que instruem seus discípulos na mais elevada Senda, chamada *Rāja Yoga*, ou *Yoga* Real – o *Yoga* que prioriza o exercício da mente ao invés do corpo, atuando pela concentração da mente, pela meditação e pelo desenvolvimento das mais altas faculdades mentais. A maravilhosa obra *A Doutrina Secreta* e a obra-prima de poemas em prosa *A Voz do Silêncio*[31] foram

[31] BLAVATSKY, H. P. *A Voz do Silêncio.* Brasília: Ed. Teosófica, 2012. (N.E.)

escritas por H.P. Blavatsky, segundo ela própria declarou, com ajuda dos Mestres, constituindo em si mesmas o melhor testemunho das fontes de onde procedem.

Mas se um homem quiser a evidência em primeira mão, uma demonstração absoluta de sua existência, terá que pagar o preço e dar-se ao trabalho de ser instruído, de adquirir conhecimento e sabedoria, e de trilhar a Senda que os próprios Mestres tiveram que trilhar antes de se tornarem membros da Grande Fraternidade Branca.

P 264: *O que é a Grande Fraternidade Branca da qual os Mestres são membros, e qual o objetivo de sua existência?*

R: Cada globo dentro do Sistema Solar tem um corpo de Ministros e outros poderosos Oficiais do Logos Solar que executam Seu plano e constituem a Hierarquia Oculta ou o Governo Interno daquele globo. Da mesma maneira, nosso mundo está sob controle de um Governo Espiritual específico que procede dos planos superiores, invisíveis aos olhos físicos; acima e por trás de todos os acontecimentos físicos, há uma poderosa Hierarquia em cujas mãos está o Governo do Mundo. São os membros da Hierarquia Oculta que guiam toda a evolução, administram as Leis da Natureza e dirigem os assuntos do mundo. Tais membros são ordenados por graus, regendo, instruindo e guiando o mundo; cada classe com seus múltiplos deveres, cumprindo-os em perfeita harmonia. Eles são os Guardiões de nossa humanidade, os verdadeiros Regentes dos homens e dos mundos, de quem os reis, os instrutores e os guias terrenos são apenas sombras ou imitações. Promovem a ascensão ou a queda dos chamados líderes populares; escolhem e rechaçam os candidatos aos altos postos – reis e estadistas, generais e políticos são os peões do xadrez em seu poderoso jogo que é a evolução, cuja finalidade é a redenção da humanidade da ignorância ao Conhecimento, das trevas à Luz. Às vezes são chamados de "Guardiões do Mundo", pois o mundo está dividido em áreas, cada uma das quais está sob o cuidado de um membro da Hierarquia.

Da mesma forma que o Logos atua como uma Trindade quando em manifestação (o Primeiro, o Segundo e o Terceiro Logos; *Shiva*, *Vishnu* e *Brahmā*; o Pai, o Filho e o Espírito Santo), assim também o Governo Oculto do Mundo compõe-se de grandes departamentos; e a representação, para o nosso mundo, daquele Grande Triângulo, "Eterno nos Céus", é outro Triângulo, composto dos três Chefes Departamentais, que não são meramente reflexos dos Três Aspectos do Logos, mas que de uma maneira muito real são verdadeiras manifestações desses Aspectos. São eles o Rei do Mundo, o Senhor Buda e o *Mahāchohān*, tendo alcançado graus de Iniciação (a serem explicados adiante) que lhes conferem consciência desperta nos planos da Natureza além do campo de evolução da humanidade, onde habita o Logos manifestado. O Senhor do Mundo é uno ao Primeiro Aspecto, no mais elevado de nossos sete planos, e encaminha a Vontade Divina sobre a Terra, atraindo para a humanidade as energias do Aspecto *Átmico*, ou Vontade, ou Poder do Logos; o Buda é uno ao Segundo Aspecto, que habita o plano *Anupādaka*, e distribui ao mundo o Aspecto Sabedoria, encarnado, por assim dizer, em *Vishnu*; o *Mahāchohān* é inteiramente uno ao Terceiro Aspecto, que reside no plano *Nirvânico* e exerce a Atividade Divina, ou seja, é o canal da Mente Divina ou Atividade Criadora para o nosso mundo.

O primeiro e o segundo membros desse eminente Triângulo são diferentes do terceiro membro, pois estão ocupados com um trabalho que não desce até o plano físico, mas somente ao plano Búdico, no caso do Senhor Buda, e do plano *Átmico*, no caso do Grande Agente do Primeiro Aspecto. Entretanto, sem seus elevados labores, nenhum dos níveis inferiores seria possível, pois eles promovem a transmissão de sua influência mesmo ao plano mais ínfimo, através de seus representantes, o *Manu* Vaivasvata e o Senhor Maitreya, respectivamente.

Esses dois grandes Adeptos encontram-se no nível paralelo ao do *Mahāchohān* em seus respectivos Raios, ambos havendo tomado a Iniciação que leva aquela denominação, formando assim outro triângulo para administrar os poderes do Logos aqui no plano físico.

Os três departamentos ou grupos no Governo Espiritual que dirigem, instruem e guiam o mundo em subordinação a seu Chefe Espiritual interno, que é o Rei ou Monarca de nosso mundo, são chamados às vezes de "Grupos de Regentes, Instrutores e Guias".

O primeiro deles, o Departamento da Regência (o Departamento das Leis), guia a evolução externa; altera a superfície de nosso globo; constrói e destrói continentes; controla o destino das nações; e molda os tipos e a direção das Raças dos homens, em que cada Raça exibe suas características e gradualmente contribui para a perfeição final da humanidade. Esse primeiro grupo, o dos Regentes, atua pelo Poder da Vontade, que em sua forma inferior é *Icchā*, ou desejo. Vontade e Força são as características naturais dos Regentes, e é pela Força da Vontade que trabalham os Regentes Ocultos do mundo. O Senhor de nosso mundo é o Chefe supremo da Hierarquia e também o Chefe do Departamento da Regência, ou Grupo de Regentes. Ele não apenas rege a humanidade como também todos os outros reinos visíveis e invisíveis da Terra – mineral, vegetal, animal, assim como os vastos reinos dos elementais e dos Espíritos da Natureza, e o grande e glorioso reino dos Anjos. Sob a direção desse augusto Chefe e de seus três Lugar-Tenentes[32] (os Quatro Poderosos), encontra-se o Ser que constrói uma Raça particular e dela é o Representante no Departamento Regente, o poderoso Ser do qual derivou a própria palavra "*man*"[33]. Ele é o *Manu*, o Homem Ideal, o tipo de cada Raça à medida que ela vai sendo gradualmente constituída; o Homem Perfeito de cada Raça, que gradativamente desenvolve nela as qualidades corporificadas nele mesmo. E como a palavra "*man*" significa "o pensador", "o racional", assim esse Homem Ideal, o *Manu*, tipifica o Regente, o Legislador da Raça.

Os *Manus* estão especialmente conectados com a evolução das Raças; há somente um *Manu* para cada Raça, e há sempre um *Manu*

---

[32] Auxiliares imediatos. (N.E.)

[33] "*Man*", em português, "homem". (N.E.)

trabalhando toda vez que uma grande Raça vai nascer no mundo. Ele dirige o desenvolvimento físico da Raça formando o novo tipo racial pela modificação daquele que já existe, conforme o Plano do Logos posto diante dele pelo Senhor do Mundo; guia suas migrações; dá a cada povo seu regime político e o guia para que desempenhe o trabalho que lhe é assinalado. Seu mandato se inicia com o lento reunir dos Egos ou almas que irão atuar subordinados a ele no princípio da nova Raça e através de todas as sucessivas Sub-raças, à medida que vão ordenadamente surgindo. Durante as centenas de milhares de anos da história de uma Raça-raiz, ele dirige a construção de uma variante após outra das Sub-raças, e ele próprio encarna em cada Sub-raça para estabelecer o tipo designado para ela.

O segundo, ou seja, o Departamento do Ensinamento (o Departamento da Religião e da Educação), encontra-se subordinado ao Senhor Buda, como já mencionado. Ele, como Chefe do Segundo Raio na Hierarquia Oculta de nosso globo, se dedica àquela parte do trabalho que se encontra nos mundos superiores, e confia o trabalho voltado para os planos inferiores a seu Assistente e Representante, a quem conhecemos como o Fundador de cada Fé, o inspirador de cada Profeta, o Guia da evolução espiritual, o Mestre dos Mestres, o Instrutor do Mundo, o Supremo Instrutor de Anjos e de Homens. Entre os hindus, é conhecido como *Jagat-Guru* (Instrutor do Mundo), e entre os budistas, como o *Bodhisattva* (Aquele cuja essência é Sabedoria). O Instrutor do Mundo cuida do desenvolvimento emocional e intelectual de sua Raça, e providencia para cada povo as religiões, as artes e as ciências que o capacitarão para desempenhar seu papel no drama escrito pelo Logos. Ele tem exatamente como seu trabalho: cuidar do bem-estar religioso do mundo e de sua educação no sentido evolucionário; guiar, abençoar e manter as várias religiões do mundo, fundadas por sugestão dele próprio; designar um de seus Assistentes como Guia ou Protetor especial de uma específica religião (sua própria benção fluindo continuamente sobre todas as religiões daquela época); e manifestar-se, de tempos em tempos, para inspirar uma nova religião, para fazer vibrar a nota de um novo acorde da Vida espiritual e proclamar ao mundo dos homens a antiga mensagem em uma forma renovada.

Assim como as Raças são construídas com vistas à perfeição final da humanidade, também as religiões são formadas para extrair, uma a uma, as grandes qualidades necessárias à evolução espiritual, até que a perfeição, tanto externa quanto interna, coroe o labor do poderoso Plano projetado pelo Divino Arquiteto para nossa humanidade. Esse segundo Grupo de Instrutores atua por *Jñānam*, ou Conhecimento. Em sua qualidade de Instrutores, possuindo o conhecimento detalhado de nosso mundo, atuam como canal do Aspecto Sabedoria do Logos, de sorte que, quando se forma um novo tipo de homem pelos Regentes, os Instrutores se dispõem a ensiná-lo e a ajudá-lo a evoluir. Do mesmo modo como o Departamento da Regência configura o destino material do homem e sua Terra, o Departamento de Ensinamento forma o destino espiritual do homem.

O terceiro grande Grupo, o Grupo de *Kriyā* ou Atividade (o Departamento de Guias), executa todas as atividades de nosso mundo que não sejam relacionadas à regência e ao ensinamento; é subordinado ao *Mahāchohān*, que é o grande "Guardião dos Registros" do processo evolucionário do globo e quem supervisiona e dirige todas as atividades dos membros da Grande Fraternidade à medida que elas desenvolvem, passo a passo, o Grande Plano.

O *Manu*, durante todo o período de uma Raça-raiz, elabora os detalhes de sua evolução; o *Bodhisattva*, como Instrutor do Mundo, Ministro da Educação e da Religião, ajuda seus membros a desenvolver toda a espiritualidade possível para eles nesse estágio; enquanto o *Mahāchohān* dirige as mentes dos homens, a fim de que possam ser desenvolvidas as diferentes formas de cultura e civilização de acordo com o plano cíclico. Eles são a Cabeça e o Coração, assim como a Mão com seus cinco Dedos, todos em atividade no mundo, modelando a Raça como um ser orgânico, um Homem Celestial.

O Logos, uma Trindade em atividade, tem um aspecto Seu como o Não Manifestado. Do mesmo modo, atrás dos Três Grandes (o Rei que governa, o Primeiro Ministro que planeja e o General que executa), encontra-se um Quarto, o Vigilante Silencioso, que na Ronda anterior foi o Senhor do Mundo em nosso globo e agora "vigia e espera" por trás dos Três, executando para o homem e para Deus grandiosas ações, incompreensíveis para nossa atual e limitada consciência humana.

Na Senda da Santidade, o homem deve passar por quatro estágios antes de alcançar o nível de *Asekha* ou Adepto, que é a meta assinalada para a humanidade durante esse período catenário, para libertar-se da necessidade da Reencarnação. Diante dele, abrem-se sete caminhos a sua escolha: ele pode entrar na onisciência, bem-aventurança e onipotência do *Nirvāna*, "tomando a Veste *Dharmakāya*"; pode entrar no Período Espiritual, "tomando a Veste *Sambhogakāya*; pode tornar-se parte daquele repositório de forças espirituais que os Agentes do Logos utilizam para seu trabalho, "tomando a Veste *Nirmānakāya*"; pode permanecer como um membro da Hierarquia Oculta, que rege e guarda o mundo no qual ele alcançou a perfeição; pode passar à próxima Cadeia, para auxiliar na construção de suas formas; pode entrar na esplêndida evolução dos Anjos ou *Devas*; pode dedicar-se ao serviço imediato do Logos (unindo-se ao "Corpo de Assistentes do Logos") para ser utilizado por Ele em qualquer parte do Sistema Solar. Portanto, somente um número limitado daqueles que alcançaram o nível *Asekha* trabalha ainda diretamente para a humanidade; eles se dividem em duas classes: os que retêm corpos físicos e os que não os retêm. Os últimos, chamados "*Nirmānakāyas*", suspensos, por assim dizer, entre este mundo e o *Nirvāna*, dedicam seu tempo e energia à geração de forças espirituais que vertem em uma espécie de reservatório para uso dos membros da Hierarquia em seu trabalho de auxílio à humanidade.

Um número ainda mais reduzido de Adeptos que retêm corpos físicos permanece em contato imediato conosco, fazendo todo o trabalho necessário para nossa evolução. São esses Supra-homens que formam a Hierarquia Oculta. Existe uma pequena quantidade de homens adiantados, de diferentes nações, que embora não vivam reunidos se mantêm em contínua comunicação nos planos superiores. Em muitos casos, eles continuam em seu próprio país, e seus poderes permanecem ignorados por aqueles que vivem próximos a eles.

A Grande Fraternidade Branca inclui a Hierarquia Oculta de Adeptos assim como os discípulos iniciados (que passaram por uma ou mais das quatro grandes Iniciações – os exames oficiais em cada estágio com a subsequente expansão da consciência, a ser explicado posteriormente), que vivem e trabalham no mundo atual, embora em sua maior parte desconhecidos, cumprindo a tarefa que lhes foi assinalada por seus superiores.

Nos quatro graus inferiores estão os discípulos iniciados. O grau de Mestre é o quinto na Fraternidade, alcançado na quinta das grandes Iniciações, que confere a "liberação" ou "salvação". O grau acima dos Mestres é alcançado, como todos os outros graus, por sua Iniciação correspondente, a sexta, ou a Iniciação do *Chohān* (palavra do idioma *rajput* usada como título de respeito, tal como a palavra inglesa "*lord*", que se aplica a um juiz ou a um bispo). Esses Grandes Seres, os *Chohāns*, guiam todas as forças que estão voltadas à evolução em nosso mundo, assim como as incontáveis Inteligências que guiam e modelam aquelas que estão sob sua direção. Existem sete linhas capitais de evolução, sete Raios, conforme mencionado, e os *Chohāns* são relacionados a elas, estando um *Chohan* como Chefe de cada Raio, enquanto que os Mestres trabalham sob suas ordens, cada um em seu próprio grupo ou linha ao longo da qual evolucionou. Depois, a sétima das grandes Iniciações concede qualificação para os ofícios superiores, os de *Manu*, de *Bodhisattva* e de *Mahāchohān*. Um Adepto do Primeiro Raio, ao tomar a sétima Iniciação, geralmente entra subsequentemente nos árduos deveres de um *Manu* de uma Raça-raiz em um globo. Após concluído seu trabalho como *Manu*, ele prossegue à oitava Iniciação como um *Pratyeka-Buda*, e éons mais tarde toma a nona Iniciação, a de Senhor do Mundo. A décima Iniciação é aquela tomada pelo Vigilante Silencioso, na Grande Fraternidade Branca.

A Iniciação do Buda é a mais elevada alcançada na Terra, no Segundo Raio, e é tomada por um *Bodhisattva* ou Instrutor do Mundo como coroação de seu labor durante eras à humanidade. Dos outros cinco Raios, desde o Terceiro até o Sétimo, a mais alta Iniciação como membro desta humanidade é a de *Mahāchohān*. Esse posto é ocupado somente por um Adepto a cada vez; e o tipo de Adepto que ocupa esse exaltado posto depende da influência dominante de um Raio e seus Sub-raios em determinada época na evolução.

O objetivo da existência da Grande Fraternidade Branca é realizar a Vontade de Deus, implementando seu Plano, a evolução; e todos os membros dessa Fraternidade trabalham em ordem verdadeiramente hierárquica de acordo com suas qualificações, tendo cada um a sua atuação em um departamento específico do Plano. Nas mãos dos Adeptos da Fraternidade, o Logos verte seu Poder, sua Sabedoria e seu Amor, e eles distribuem a energia do Logos a todos os muitos departamentos da atividade humana. A religião e a filosofia, a ciência e a arte, a cultura e a civilização, são todas inspiradas e guiadas por eles; seja encarnando entre os homens ou a partir do invisível, eles movem homens e nações como peças de um tabuleiro, esforçando-se por levá-los à cooperação com o Plano Divino, que é a evolução da humanidade como um todo no Sistema Solar.

P 265: *Você poderia dizer algo acerca dos Grandes Seres da Hierarquia Oculta? Onde eles vivem?*

R: De 1 a 4 – O REI E SEUS TRÊS DISCÍPULOS:

"O Rei", o Senhor do Mundo de nosso Globo, não é um Adepto de nossa humanidade; o posto que ele ocupa é demasiado elevado para ser desempenhado por um Adepto de nossa evolução humana.

Há aproximadamente 6,5 milhões de anos, em meados da Terceira Raça-raiz, a Lemuriana, chegou à nossa Terra um grupo de Grandes Seres, procedentes do planeta Vênus, que se acha muitíssimo mais adiantado em evolução que nossa Cadeia terrestre. Com o Chefe desse grupo vieram seus três Lugar-Tenentes e outros vinte e seis Adeptos como assistentes. Muitos desses Grandes Seres, chamados "Senhores da Chama", "Filhos da Nuvem de Fogo", e também "Filhos da Luz" e "Filhos do Fogo", há muito cumpriram seu trabalho de auxiliar a nossa evolução e se afastaram da Terra. No entanto, seu Chefe, o Grande Regente deste mundo sob a Deidade Solar, retém ainda o posto de Rei, que guia e controla toda a evolução em nosso planeta, representando o Logos no que diz respeito a este mundo. Dentro de sua Consciência é registrado tudo que ocorre em todos os sete planos de nosso globo. Como Sua poderosa aura interpenetra e rodeia toda a Terra, ele é consciente de tudo que acontece dentro daquela aura, não havendo nenhuma ação que lhe seja oculta. Sem a aprovação do Rei (o Iniciador Único) ninguém pode ser iniciado dentro da Grande Fraternidade Branca, e é a sua Estrela que brilha em assentimento sobre a cabeça do Adepto Iniciador. Quando então refulge essa "Estrela da Iniciação", isso não ocorre pelo envio de um esforço de sua Vontade, pois esta Vontade já estava ali; sua poderosa aura, a influência de seu poder, circunda todo o globo; mas quando, por seus próprios propósitos, decide manifestar aquele extraordinário poder em certo local, aquela porção da potente aura refulge por um momento à semelhança de uma estrela, o símbolo de sua imanência para nossa Terra.

Ele conserva em sua mente todo o Plano de Evolução em um elevado nível, do qual nada conhecemos; ele é a força que impele toda a engrenagem do mundo; a corporificação da Vontade Divina neste planeta; a força, a coragem, a determinação, a perseverança e todas as características semelhantes são reflexos dele quando aqui se manifestam nas vidas dos homens. Em suas mãos estão os poderes de destruição cíclica, pois ele pode manejar diretamente as forças cósmicas que se acham fora de nossa Cadeia de mundos. Seu labor está, provavelmente, mais conectado com a humanidade como um todo do que com indivíduos; porém, quando ele influencia exclusivamente a uma pessoa, essa influência ocorre em *Ātmā*, e não através do Ego.

Alcançado certo ponto do progresso de um aspirante na Senda, ele é formalmente apresentado ao Senhor do Mundo; e aqueles que o encontraram face a face se referem a ele como de um jovem de aparência bela, digna e benevolente além de toda descrição, e no entanto com um semblante de majestade onisciente e inescrutável, produzindo tamanha impressão de irresistível poder que muitos se viram impossibilitados de suportar seu olhar e cobriram a face em reverência.

A tradição hindu o chama de *Sanat Kumāra*; "o Jovem eternamente virginal", pois seu corpo, embora físico, não foi gerado por uma mulher, mas foi feito pelo poder da Vontade, ou *Kriyāshakti*; jamais envelhece, e sua figura não é a de um homem maduro, mas a de um "jovem de dezesseis primaveras". Em volta dele estão os Quatro Grandes *Devarājāhs*, ou os Regentes dos Elementos, que ajustam o *Karma* dos homens; e os grandes *Devas* e Anjos são seus cortesãos, prontos para cumprir seus comandos.

Durante cada período mundial existem sucessivamente Três Senhores do Mundo, e o atual titular do posto já é o Terceiro. A cada sete anos, ele dirige em Sambāllā uma grande cerimônia, para a qual são convidados todos os Adeptos e mesmo alguns iniciados em menor grau, tendo assim a oportunidade de estar em contato com seu grande Chefe. Em outras ocasiões, ele trata apenas com os Chefes da Hierarquia Oficial, exceto quando, por razões especiais, ele convoca outrem à sua presença.

Com ele estão seus três Discípulos e Lugar-Tenentes, chamados, segundo a tradição hindu, *Sananda*, *Sanaka* e *Sanātana*, que também procederam de Vênus. Quando a Onda de Vida passar da Terra para Mercúrio, esses Três se tornarão, por sua vez, os Senhores de Mercúrio e guiarão toda a evolução nesse globo. O Budismo popular os menciona como "*Pratyeka* Budas", os "Budas Solitários". Recebem essa denominação porque se acham ao nível do Buda, ou Supremo Instrutor; e por não ensinarem nem estabelecerem religiões mundiais, sendo o seu trabalho o mesmo dos Regentes, e não o dos Instrutores, alguns homens, em sua cegueira, tateando vagamente após algum entendimento acerca da existência supra-humana, se referem a eles como Budas solitários, sozinhos, isolados, e até passam dos limites aplicando-lhes o monstruoso adjetivo de "egoístas". Seu amor é tão grande como o dos Budas, mas como pertencem ao Primeiro Raio ou Raio Regente, conferem aos homens Poder e não Sabedoria, conforme fazem aqueles que pertencem ao Segundo Raio ou Raio do Ensinamento.

Os *Purānas* hindus se referem a esses *Kumāras* ("Os Quatro" ou "O Um e os Três") como Seres que vivem em um oásis no Deserto de Gobi, na mística cidade de Shambāllā, que é frequentemente mencionada como "Ilha Branca" ou "Ilha Sagrada", em lembrança ao tempo em que foi uma ilha no Mar da Ásia Central, que é parte da Ásia Central, muito cuidadosamente resguardada de toda intrusão e ainda existente.

5 – O SENHOR GAUTAMA BUDA:

O atual Buda é o Senhor Gautama, que teve seu último nascimento na Índia há cerca de 2.500 anos, finalizando naquela encarnação sua série de vidas como *Bodhisattva* e sucedendo ao anterior Buda Kashyapa como Chefe do Segundo Raio na Hierarquia Oculta de nosso globo. Durante um período mundial se sucedem sete Budas, um para cada Raça-raiz; e cada um, por sua vez, se encarrega do trabalho especial do Segundo Raio para todo o mundo, dedicando-se ele próprio àquela parte do labor relativo aos mundos superiores, enquanto confia a seu Assistente e Representante o ofício de Instrutor do Mundo nos planos inferiores.

Nosso Buda atual é o primeiro de nossa humanidade a alcançar essa formidável estatura, sendo os Budas anteriores produto de outras evoluções. Foi-lhe necessário um esforço muito especial para se preparar para esse elevado posto, um esforço tão extraordinário que os budistas constantemente se referem a ele como "*Mahabhinishkramana*", o Grande Sacrifício. Há muitos milhões de anos surgiu a necessidade de que um dos Adeptos fosse o Instrutor do Mundo da Quarta Raça-raiz, pois havia chegado o tempo em que a humanidade deveria fornecer por si mesma tal Instrutor ou avançar sem ajuda; porém, é dito que ninguém havia ainda alcançado completamente o nível requerido para assumir tão grande responsabilidade. Os primeiros frutos de nossa humanidade naquele período foram dois Irmãos que haviam alcançado igual desenvolvimento oculto: um deles, a quem hoje chamamos o Senhor Gautama Buda; e o outro, nosso atual Instrutor do Mundo, o Senhor Maitreya. Por seu grande amor pela humanidade, o Senhor Gautama se ofereceu imediatamente para capacitar a si próprio e fazer qualquer esforço adicional que fosse necessário a fim de alcançar o desenvolvimento requerido; e vida após vida ele praticou as virtudes especiais, mostrando a cada vida uma qualidade adquirida.

Depois de sua designação como *Bodhisattva*, ele retornou muitas vezes como um grande Instrutor Espiritual e encarnou sob diferentes nomes, durante um período que se estende por centenas de milhares de anos. Conhece-se muito pouco de seu labor na Quarta Raça-raiz, mas veio várias vezes às Sub-raças da Quinta Raça-raiz ou Ariana, usando a cada vez um símbolo algo diferente, mas sempre envolvendo a mesma Verdade fundamental.

Na origem de nossa Raça, na Primeira Sub-raça dos arianos, o grande Ser veio à Ásia Central, em aproximadamente 60000 a.C., com o nome de Vyāsa; pregou naqueles tempos remotos o *Sanātana Dharma*, a Religião Eterna, a Religião Sabedoria com seus *Vedas* e seus *Purānas*, e ensinou a Verdade Una através da figura e do símbolo do Sol – o Sol que está nos céus, símbolo visível da Deidade, e o Sol que há no coração do homem, o Ser individualizado nele, são idênticos; o Ser é Uno, "a Pessoa no Sol"; todos os outros Seres são raios daquele Sol; e o homem deve encontrar a Realidade dentro de si mesmo antes que seja possível conhecê-la como uma Verdade clara fora de si.

Para a Segunda Sub-raça, ele foi ao antigo Egito e Arábia, em aproximadamente 40000 a.C., com o nome de Tehuti ou Thoth, conhecido depois na Grécia como Hermes, Hermes Trismegisto, o Três Vezes Grande, que foi chamado "Pai de toda Sabedoria". Dessa vez, revestiu sua mensagem com a simbologia da Luz, e disse que a Luz no alto dos céus é idêntica à Luz dentro do coração de cada um de nós; e que quando os homens virem a Luz em seus próprios corações, poderão vê-la do lado de fora e encontrá-la em toda parte, no Céu e na Terra.

Por volta do ano de 29700 a.C., na Terceira Sub-raça, os iranianos, que fundaram o poderoso Império da Pérsia (de 30000 a.C. a 2000 a.C.), ele veio com o nome de Zarathustra, mais conhecido como Zoroastro (o primeiro e o maior dos vinte e nove Zoroastros), e revestiu o ensinamento da Verdade Una no símbolo do Fogo – o Fogo no coração do homem, o Fogo no templo para os adoradores e o Fogo no firmamento que dá luz ao mundo. Zoroastro foi o Mensageiro do Fogo, atraiu o Fogo dos Céus; e quando terminou sua missão, foi envolto em uma nuvem de Fogo e arrebatado da visão dos homens.

Retornou à Quarta Sub-raça, a Céltica (antigos gregos e romanos), por volta de 7000 a.C.; e sob o nome de Orfeu, ele falou por meio da música; e através dos mistérios do Som e da Harmonia, ele ensinou o desenvolvimento do Espírito no homem.

E então o Grande Ser voltou mais uma vez à Terra; desta vez, ao tronco original da Raça que, entre os anos 18875 e 9700 a.C., havia se transferido da Ásia Central para a Índia por migrações constantes. Sua vida na Terra como Siddhārtha Gautama foi maravilhosamente descrita por *Sir* Edwin Arnold em *A Luz da Ásia*[34]. Nascido no ano 623 a.C. como o príncipe Siddhārtha do clã Gautama, no norte da Índia, tornou-se um asceta, considerando impuras todas as coisas

[34] ARNOLD, Edwin. *A Luz da Ásia*. Brasília: Ed. Teosófica, 2011. (N.E.)

mundanas; vagueou pela floresta por seis anos buscando a causa do sofrimento e a cessação do mesmo, adquiriu a iluminação final sob a árvore sagrada em Gaya, tornou-se um Buda, um Iluminado, e fundou a religião budista, que com cerca de quinhentos milhões de seguidores ultrapassa em número qualquer outra Fé sobre a Terra. Alcançar o *Budado* é um passo definitivo, e quando um Instrutor do Mundo dá esse passo e torna-se um Buda, passa deste globo a campos mais amplos de trabalho. E assim, depois de haver ensinado por aproximadamente quarenta e cinco anos de sua vida, proclamado as "Quatro Nobres Verdades", o "Nobre Caminho Óctuplo" e as "Três Joias", e reunido ao redor de si todos os que em vidas anteriores haviam sido seus discípulos, Gautama Buda abandonou a Terra no ano de 543 a.C. Ele entregou seu posto de Instrutor do Mundo a seu amado Irmão, que havia avançado a seu lado no curso de muitas idades, o Senhor Maitreya, o Grande Ser que é o atual Instrutor do Mundo, a quem se venera em toda a Índia sob o nome de Krishna e a quem a cristandade chama de Cristo.

Disseram-nos que, devido à grande tensão de muitas vidas de esforço, houve certos pontos no trabalho do Senhor Buda que ele não teve tempo para aperfeiçoar por completo. É usual para um *Bodhisattva*, quando vive sua vida final e torna-se um Buda – quando entra na Glória, levando consigo suas ovelhas, segundo se diz nas Escrituras cristãs –, transferir *inteiramente* seu trabalho externo a seu Sucessor, dedicando-se a seu trabalho pela humanidade em níveis superiores. Quaisquer que sejam essas múltiplas atividades de um *Dhyāni* Buda, elas não o fazem nascer de novo na Terra; porém, devido às circunstâncias peculiares que rodearam a vida do Senhor Gautama, foram efetivados dois atos complementares.

O primeiro foi o envio, pelo Senhor do Mundo, o Iniciador Único, de um de seus três Discípulos, também Senhores da Chama, de Vênus, conforme mencionado antes, para assumir uma encarnação terrestre imediatamente após o Senhor Gautama ter alcançado o *Budado*, a fim de que, em uma curta vida viajando pela Índia estabelecesse centros de religião chamados *Mathas*. Seu nome naquela encarnação foi *Shankarachārya* – não aquele que escreveu os comentários, mas o grande Fundador de sua linhagem, que há mais de dois mil anos fundou uma determinada escola de filosofia hindu, renovou o Hinduísmo ao injetar nova vida em suas formas e ao compilar muitos dos ensinamentos do Buda, proibiu o sacrifício animal, e completou certo trabalho oculto em conexão com os planos superiores da Natureza, que era de importância considerável para a vida posterior da Índia.

O segundo ato complementar foi realizado pelo próprio Senhor Gautama. Em vez de se dedicar totalmente a um outro trabalho superior, ele permaneceu em contato com seu mundo o suficiente para que pudesse ser alcançado pela invocação de seu Sucessor quando necessário, de forma que seu aconselhamento e auxílio possa então ser obtido em alguma grande emergência. Ele se encarregou ainda de retornar a este mundo uma vez por ano, e derramar sobre ele uma torrente de bênçãos. A ocasião selecionada pelo Senhor Buda para dar essa benção ao mundo por meio de um maravilhoso eflúvio de sua própria força especial é o dia da lua cheia do mês hindu de *Vaisakh* (denominado *Wesak* no Sri Lanka, e que geralmente corresponde ao mês de maio), por ser o aniversário de todos os acontecimentos importantes de sua derradeira vida terrena: seu nascimento, sua conquista do *Budado* e sua partida do corpo físico.

Em relação com essa sua visita, e totalmente à parte de seu enorme significado esotérico, efetua-se uma cerimônia exotérica no plano físico, em um pequeno platô cercado por baixas colinas ao lado norte dos Himalaias, próximo à fronteira do Nepal e a aproximadamente 650 quilômetros a oeste da cidade de Lhasa; nessa cerimônia, o Senhor Buda efetivamente se mostra a uma multidão de peregrinos presentes.[35]

[35] Para maior descrição da Cerimônia de *Wesak*, consultar *Os Mestres e a Senda*, de C.W. Leadbeater. Bra-

Após realizados alguns cerimoniais pelo Senhor Maitreya e outros membros da Grande Fraternidade, "o Senhor Buda aparece como uma imensa figura flutuando no ar acima das colinas ao sul. [...] A Figura que flutua acima das colinas é de enorme proporção, e reproduz exatamente a forma e as características do corpo no qual o Senhor viveu por último na Terra. Ele aparece sentado de pernas cruzadas, com as mãos unidas, trajando o manto amarelo dos monges budistas, de forma a deixar descoberto o braço direito. Nenhuma descrição pode traduzir seu semblante – uma face realmente Divina, pois combina calma e poder, sabedoria e amor, em uma expressão que contém tudo o que nossas mentes possam conceber sobre o Divino. Podemos dizer que sua aparência é clara, tez branco-amarelada, e os traços claramente marcados; a fronte é larga e nobre; os olhos grandes, luminosos e de um azul escuro profundo; o nariz levemente aquilino; os lábios vermelhos e firmemente dispostos; mas todo o seu semblante coloca perante nós apenas uma máscara exterior, dando-nos somente uma pequena compreensão da vívida totalidade. O cabelo é preto, quase azulado, e ondulado; curiosamente, não é nem longo, de acordo com o costume hindu, nem completamente raspado, à maneira dos monges orientais, mas aparado à altura dos ombros, partido ao meio e penteado da fronte para trás. A história conta que quando o príncipe Sidarta deixou sua casa para buscar a Verdade, ele pegou seu longo cabelo e o cortou próximo à cabeça com um golpe de sua espada. Depois disso, ele sempre o manteve do mesmo tamanho"[36]. A ordem das faixas de cor na aura do Senhor, em sequência à intensa luz branca próxima à sua figura, da maneira como ele aparece flutuando no ar, é azul, amarelo, carmesim, branco, vermelho alaranjado – as cinco cores irradiando lateralmente nessa ordem. Tal aura, da qual se falou no Capítulo III, é descrita nos livros sagrados orientais, quando ele viveu pela última vez no plano físico, como sendo capaz de incluir pessoas que estavam a ci[illegible] quilômetros de distância dele.

sília: Ed. Teosófica, 2016. (N.E.)

[36] LEADBEATER, C. W. *Os Mestres e a Senda*. Brasília: Ed. Teosófica, 2016. (N.E.)

Embora o Senhor se mostre *ante* os peregrinos, não se sabe se ele se mostra *para* os peregrinos. Todos se prostram no momento em que ele aparece, mas isso pode ocorrer por estarem imitando a prostração dos Adeptos – alguns dos Adeptos se materializam para que possam ser vistos pelos peregrinos –, que de fato veem o Senhor Gautama. É provável que alguns peregrinos o tenham visto efetivamente, pois a existência da cerimônia é amplamente conhecida entre os budistas da Ásia Central, sendo mencionada como a aparição da Imagem ou Reflexo do Buda.

Normalmente, todos os membros da Grande Fraternidade Branca, exceto o próprio Rei e seus três Discípulos, comparecem à cerimônia, e todo teósofo ardoroso pode estar presente em seu corpo astral, ao se planejar para estar dormindo em seu corpo físico cerca de uma hora antes do momento exato da lua cheia, de forma a não ter perturbações no sono até cerca de uma hora após esse momento.

6 – O SENHOR MAITREYA:

O Senhor Maitreya assumiu o posto de *Bodhisattva* quando o Senhor Gautama o deixou. Um de seus primeiros passos àquele tempo foi aproveitar o imenso magnetismo gerado no mundo pela presença do Buda para organizar a aparição simultânea de grandes Instrutores em muitas diferentes partes da Terra, de maneira que em um espaço de tempo comparativamente curto tivemos não só o próprio Buda, Shri Shankarachārya e Mahāvira na Índia, como também Mithra na Pérsia, Lao-Tzé e Confúcio na China, e Pitágoras na Grécia antiga.

Duas vezes ele apareceu: como Krishna, nas planícies da Índia, e como o Cristo, nas colinas da Palestina. Primeiramente, ele veio a seu antigo povo hindu, há vinte e cinco séculos, para fundar o culto seguido ainda hoje pela vasta maioria do povo indiano. Manifestando-se como Krishna (aquele maravilhoso Menino das tradições orientais, que é a corporificação do Amor), proporcionou um supremo objeto de devoção àqueles para quem *Bhakti* (devoção) é o caminho mais direto à Verdade. À primeira vez que vem um Instrutor do Mundo, ele nasce da maneira comum, embora em seguida ele geralmente tome um corpo preparado para ele por um discípulo de especial pureza e desenvolvimento espiritual. E assim, ao vir como Shri Krishna, ele nasceu naturalmente como uma criança, mas sua vida na Terra foi muito breve, pois faleceu na juventude. Contudo, tão maravilhoso foi seu transbordante amor, tão extraordinária sua compassiva ternura que mesmo esses poucos anos de vida mortal puderam mudar completamente a expressão do Hinduísmo, tornando-o uma religião de devoção, quando havia sido até então uma religião de conhecimento. Por conta de sua elevada filosofia e reflexão intelectual, a Índia estava perdendo sua fé na devoção, e o trabalho do Supremo Instrutor consistiu então, especificamente, em fazer do país o que é ainda: uma terra na qual a forma divina de Krishna mantém cativos os corações de mais de 250 milhões de pessoas. Essa encarnação como Menino Krishna, o Krishna das Gopis, que apareceu em Braja por volta de 500 a.C., é diferente da encarnação de Shri Krishna do *Mahābhārata*, cerca de 3000 a.C., ainda que em ambos os casos fosse o Senhor Maitreya que apareceu, tendo sido ofuscado, na última encarnação, pelo então *Bodhisattva*, o atual Senhor Buda.

Cinco séculos depois ele retornou, mas já não nasceu como uma criança. Todas as lendas cristãs que aludem à sua infância referem-se ao Mestre Jesus, não ao Senhor Cristo. A dualidade de Jesus e Cristo é uma ideia muito antiga. Os gnósticos a ensinaram nos primeiros séculos da Igreja e os maniqueus a sustentaram, entre muitos outros.

Nos registros do *Novo Testamento,* encontramos a história de um jovem hebreu, nascido cerca de um século antes da era cristã, que foi educado parte no Egito e parte nos monastérios dos essênios, e apareceu com a idade aproximada de 30 anos para ser um Instrutor de seu povo. Sobre ele desceu o Espírito do Santíssimo e nele fez morada; esse momento do descenso foi a vinda do Cristo para ocupar o corpo escolhido, que ele próprio havia selecionado para sua estada na Terra. Isso é descrito no *Novo Testamento* como o Batismo de Jesus no Jordão, quando foi vertido sobre ele este novo Poder, isto é, quando o Senhor de Amor tomou o corpo de seu Discípulo; desde então, ele passou a ser conhecido como Jesus, o Cristo. A partir daí foi iniciado seu Ministério, e então o próprio Senhor predicou, curou e congregou seus discípulos. É muito provável que ele não tenha ocupado o corpo em tempo integral, deixando-o por vezes ao seu ocupante original, que, nesses casos, sempre se mantém em prontidão como um servidor.

Após uma breve vida de três anos entre os homens, na época da Rainha Salomé – uma vida da maior beneficência, de curas prodigiosas e sublimes ensinamentos –, o corpo em que havia residido foi assassinado por um terrível apedrejamento durante um tumulto na cidade de Jerusalém, no próprio átrio do Templo, e depois arrastado e pendurado em uma árvore com escárnio por aqueles que o mataram. A morte do corpo físico não interrompeu o trabalho do Cristo, pois ele continuou ensinando a seus discípulos, visitando-os em seu corpo sutil por mais de 40 anos, e provavelmente por muitos mais.

Na encarnação do *Bodhisattva* como Krishna, a característica preponderante foi sempre o amor; igualmente, em sua vinda na Palestina, o amor foi também o aspecto central de seu ensinamento. Ele disse: "Eu vos dou este novo mandamento, que vos ameis uns aos outros como vos tenho amado". Seu discípulo mais próximo, São João, insistiu firmemente sobre essa mesma ideia: "Aquele que não ama não conhece a Deus, pois Deus é Amor".

Mesmo desde tempos remotos, em 22605 a.C., quando foi o Sumo Sacerdote da grande religião atlante, o Senhor Maitreya pregou a doutrina do amor, que é tão caracteristicamente sua, proferindo a todos os peregrinos em uma cidade sagrada do Yucatán sobre a importância que deve ser dada a essa qualidade: "Amor é vida, a única vida que é real. Um homem que cessa de amar já está morto. Todas as condições da vida devem ser consideradas afortunadas ou desventuradas segundo as oportunidades que ofereçam ao amor. O amor surge nas circunstâncias mais improváveis, desde que os homens o permitam. Sem essa qualidade, todas as demais seriam apenas como água que se perde na areia".

No Ocidente, os orientalistas comuns não entendem por que o culto a Krishna, com sua desprendida devoção e perfeita rendição ao Objeto do amor, tendo surgido repentinamente cinco séculos antes da Era Cristã, é em muitos pontos tão semelhante ao Cristianismo; e por que nele tanto se menciona a Graça Divina, o auxílio de Deus ao homem, e o soerguimento do desamparado e do pecador. Não conseguem compreender como essa estranha semelhança com o Cristianismo pôde aparecer em uma forma de adoração pré-cristã. Não imaginam que o segredo se encontra no fato de que é o mesmo Senhor de Amor o Objeto central de devoção em ambos, venerado sob o nome de Krishna na Índia e de Cristo pela cristandade.

O *Bodhisattva* ocupou também, ocasionalmente, o corpo de Tsongkhapa, o grande reformador religioso tibetano, por volta do século XIV de nossa era. Embora ele, como Senhor das Religiões do Mundo, seja responsável por todas elas na forma originária em que foram fundadas, nem sempre ele vem pessoalmente ao mundo, mas envia algum de seus Discípulos para as atividades menores. E assim, através dos séculos, ele tem enviado uma sucessão de Discípulos, incluindo Nagarjuna, Aryasangha, Rāmānujāchārya, Mādhvachārya e muitos outros, que fundaram novas seitas ou lançaram nova luz sobre os mistérios da Religião, e entre estes se conta um de seus Discípulos que foi enviado para fundar a fé mulçumana.

A influência particularmente notável na pessoa do Senhor Maitreya é a radiação de seu Amor todo abrangente. Ele está usando, no tempo atual, um corpo da raça céltica, embora quando ele vier ao mundo para instruir seu povo, conforme ele pretende muito brevemente, ele usará um corpo preparado para ele por um de seus Discípulos. "Sua face é de admirável beleza, forte e ao mesmo tempo suave, com abundante cabeleira fluindo como ouro vermelho sobre seus ombros. Sua barba é adelgaçada, como em alguns quadros antigos, e seus olhos, de um violeta maravilhoso, são como flores gêmeas, como estrelas, como profundas e sagradas piscinas cheias de águas de paz eterna. Seu sorriso é deslumbrante além das palavras, e uma ofuscante glória de Luz o envolve, entremeada a uma incandescência maravilhosa cor-de-rosa, que sempre brilha do Senhor do Amor."[37]

A aura do Senhor Maitreya, em condição normal, tem um raio de cerca de quatro quilômetros. O arranjo das faixas de cor em sua aura é diferente da aura do Senhor Gautama. O âmago da aura do Senhor Maitreya, o "Buda da Compaixão", é de uma luz branca ofuscante idêntica à do Senhor Gautama, o "Buda da Sabedoria"; mas no primeiro, em sequência à luz branca central, vêm em sucessão faixas de rosa, de amarelo, de verde, azul e violeta intensos, e em seguida outra faixa larga do mais glorioso rosa pálido, no qual se mistura imperceptivelmente o violeta; envolvendo todas essas cores, há uma radiação de cores mescladas, tal como ocorre com o Senhor Gautama, com os Mestres ou mesmo um *Arhat*.

Um ponto digno de nota é que na aura do Senhor Maitreya as cores se sucedem exatamente na mesma ordem que no espectro solar, embora estejam omitidos o alaranjado e o índigo. Primeiramente, o rosa, que é uma variedade do vermelho, em seguida o amarelo, que vai mudando gradualmente para o verde, o azul e o violeta, em sequência. E então vem o ultravioleta misturando-se com o rosa, começando de novo o espectro em uma oitava superior, assim como o astral inferior segue o físico superior.

"Podemos imaginá-lo sentado na grande sala da frente em sua casa no Himalaia, uma sala com muitas janelas, com vista para os jardins e terraços, muito abaixo das planícies indianas onduladas; ou podemos imaginá-lo em togas que fluem em branco, com bordas de ouro, enquanto ele caminha em seu jardim no frio da tarde, entre as flores glorio-

[37] LEADBEATER, C. W. *Os Mestres e A Senda*. Brasília: Ed. Teosófica, 2016. (N.E.)

sas cujo perfume enche o ar ao redor com uma fragrância rica e doce."[38]

Esse jardim encontra-se em uma vertente sul dos Himalaias, dominando um vasto panorama de planícies da Índia que se estendem aos horizontes longínquos. Está resguardado em um vale e protegido por um bosque de pinheiros que se acha atrás e forma uma curva para a direita. Além desse bosque e um pouco para o leste, está a antiquíssima casa de pedra com uma ampla varanda de pilares onde reside o *Manu* de nossa Raça, o grande Senhor Vaivasvata.

7 – O *MAHĀCHOHĀN*:

Ele é o Comandante dos Guias, o Chefe do terceiro grande Grupo; e todos os que trabalham nas outras cinco das sete linhas de evolução para o nosso mundo (os sete Raios), à parte dos Regentes e dos Instrutores, acham-se subordinados a ele, a fim de que tudo possa sair dentro da devida ordem e todos os Grupos possam cooperar na evolução do mundo como um todo.

"O *Mahāchohān* é uma espécie de Homem de Estado, o grande Organizador, apesar de também ter muitas qualidades militares. Ele tem um corpo indiano e é alto e magro, com um perfil afilado, muito elegante e com silhueta bem marcada, imberbe. Sua face é bastante severa, com um queixo forte e quadrado; seus olhos são profundos e penetrantes, e ele fala de uma forma um tanto quanto abrupta, como um soldado. Ele geralmente veste uma toga indiana e usa um turbante branco."[39]

Tem-se observado que sua aura se estende por um raio de três quilômetros em condição normal.

8 E 9 – OS *MANUS*, SENHOR CHAKSHUSHA E SENHOR VAIVASVATA:

Somente dois *Manus* permanecem agora com nossa humanidade, os *Manus* da Quarta e da Quinta Raças-raízes. O *Manu* Senhor

---

[38] *Ibid.*

[39] *Ibid.*

Chakshusha, que fundou a Quarta Raça-raiz, a Atlante, há mais de um milhão de anos, está ainda encarregado dos cuidados com a maior parte da população do globo e zela por centenas de milhões de asiáticos (as nações da Quarta Raça-raiz), dos quais os principais são os chineses, os japoneses, os birmaneses[40] e os tailandeses.

O *Manu* Chakshusha é uma figura régia, chinês por nascimento e da mais alta casta; tem os proeminentes malares mongólicos, e sua face parece como se delicadamente talhada em marfim velho. Geralmente veste magníficas togas de esvoaçantes tecidos bordados a ouro. Os discípulos mais antigos dos Mestres normalmente não têm acesso a ele em seu trabalho regular, exceto quando acontece de eles terem que tratar de um assunto com um discípulo que pertença à sua Raça-raiz.

O Senhor Vaivasvata *Manu* é o *Manu* da Raça Ariana, ou seja, da Quinta Raça-raiz. Há um milhão de anos, ele iniciou o lento processo de seleção de prováveis membros para sua futura e remota Raça. Por volta de 100000 a.C., ele os selecionou em uma tribo e, a fim de começar definitivamente seu trabalho, separou-a da então existente Quinta Sub-raça da Quarta Raça-raiz, a Atlante. Aproximadamente em 79797 a.C., ele os conduziu desde uma ilha, que hoje é o Oceano Atlântico, através da África, até a Arábia, estabelecendo-os ali temporariamente – assim apreendemos dos Videntes. Posteriormente, ele guiou e estabeleceu sua incipiente Raça, por várias migrações, nas margens do Mar Gobi, que hoje é um vasto deserto na Ásia. Depois de muitas dificuldades e massacres, foi alcançado um tipo muito satisfatório; e a partir do ano 60000 a.C., a Quinta Raça-raiz cresceu e floresceu extraordinariamente.

De tempos em tempos, o *Manu* Vaivasvata realizava várias grandes migrações, guiando-as às vezes ele mesmo. Com uma delas, em aproximadamente 40000 a.C., ele construiu a Segunda Sub-raça nos impérios da Arábia e da África do Sul; com outra, a Terceira Sub-raça na Pérsia, em 30000 a.C. Uma delas se estendeu pela Europa, cons-

[40] Antiga denominação do povo da Birmânia, atual Myanmar. (N.E.)

tituindo na Grécia e em Roma a Quarta Sub-raça; e a outra formou a Quinta Sub-raça, os alemães e os ingleses. Ele levou para a Índia os habitantes do assentamento do Mar de Gobi (a Mãe da Quinta Raça-raiz) em sucessivas migrações, entre 18875 a.C. e 9700 a.C.; eles, então, conquistaram a Índia e lá se estabeleceram, construindo uma esplêndida civilização. Os hindus consideram o *Manu* como seu Legislador, e se denominam ainda os "Filhos do *Manu*" devido à peculiaridade de seu trabalho, em que toda a Raça-raiz tem origem nele e de que ele é, literalmente, o Pai da Raça. Atualmente ele está estabelecendo uma nova Sub-raça, a Sexta, a Austral-americana, principalmente na América do Norte, Austrália e Nova Zelândia. Desse tipo refinado, o futuro *Manu*, o Mestre Morya, que hoje é o Lugar-Tenente do *Manu* Vaivasvata, selecionará os materiais para sua Sexta Raça-raiz e, posteriormente, os estabelecerá em uma colônia no sul da Califórnia para adequá-los ao novo tipo que lhe foi assinalado pelo Rei.

O Senhor Vaivasvata *Manu* é o mais alto de todos os Adeptos, com dois metros de altura em perfeita proporção. Ele é o Homem Representativo de nossa Raça, seu protótipo; sendo todos os membros dessa Raça descendentes diretamente dele. O *Manu* tem um rosto notadamente de grande poder, com um nariz aquilino, uma vasta e ondulada barba castanha e olhos pardos. Nosso *Manu* vive nos Himalaias, não longe da casa do Senhor Maitreya, e algumas vezes ele vai à casa de seu grande Irmão. É um homem de magnífica aparência, com uma longa barba que desce sobre seu peito em fulgurantes ondas de um castanho dourado, um glorioso cabelo ondulado, uma cabeça de porte leonino, de insuperável força e poder. "Ele é alto", diz a Dra. Besant, "e tem a majestade de um rei, com olhos penetrantes como os de uma águia, fulvos e brilhantes como luzes de ouro."[41]

[41] LEADBEATER, C. W. *Os Mestres e a Senda*. Brasília: Ed. Teosófica, 2016. (N.E.)

10 – O MESTRE NILGIRI, O *RISHI* AGASTYA:

Aquilo que o Senhor Vaivasvata *Manu* faz por toda a Raça-raiz Ariana e as terras que esta ocupa, este *Mahā-Rishi*, "Sétimo dos Sete" (dos Sete Sábios ou *Saptarishi*), também do Primeiro Raio, faz pela Índia, a Pátria Mãe dos Arianos e o repositório de sua Sabedoria Antiga.

Suas realizações históricas se referem, em sua maior parte, à *arianização* do sul da Índia, guiando e estabelecendo colônias de *brāhmanas* procedentes do norte, muitos séculos antes de Cristo, depois das migrações dos primeiros arianos da Ásia Central à Índia, entre 18875 a.C. e 9700 a.C., conforme mencionado. Esses *brāhmanas* viveram sob a proteção dos Reis Dravidianos, sendo o próprio *Rishi* Agastya nomeado Sacerdote Real dos Pandyas. Com essa qualificação, ele compilou a primeira gramática tâmil, dando forma literária ao rude dialeto dravídico e ampliando bastante o seu alcance. Ele fundou e presidiu a primeira Academia Tâmil, em Madurai (provavelmente denominada após a cidade de Mathura, ao norte). Madurai foi destruída por uma inundação, mas aos poucos cresceu e floresceu uma segunda Academia também sob sua presidência, não distante da moderna Madurai, embora muitos séculos depois. E assim, atuando diretamente através de contínuas encarnações físicas ou influenciando o curso dos acontecimentos de uma maneira mais sutil, através de seus discípulos, o *Rishi* Agastya foi quem modelou a cultura tâmil.

O nome do Rei Pandya que foi recomendado pelo *Rishi* Agastya significa "aquele que sobreviveu à inundação"; e muitas tradições nos dizem que o *Rishi* esteve ativamente ocupado na conformação da Índia após o grande cataclismo que submergiu grande parte de Lanka, deixando somente o Ceilão e elevando ao mesmo tempo os Himalaias e as planícies do norte.

Esse grande Ser, a quem se dá o nome de "Júpiter" no livro *Man: Whence, How and Whither*[42], é profundamente interessado nas ciên-

[42] BESANT, Annie e LEADBEATER, C. W. São Paulo: Ed. Pensamento, com o título *A Visão Teosófica das Origens do Homem*. (N.E.)

cias mais abstratas, das quais a química e a astronomia são a expressão externa; reside próximo a Tiruvallum, a cerca de 130 quilômetros de Adyar, Índia, onde podem visitá-lo aqueles poucos que sabem (conforme o visitaram C. W. Leadbeater e o Swami T. Subba Row em seu retiro do Nilgiris), embora a curiosidade tola seja sempre frustrada em todas as tentativas de adentrar sua privacidade. Ele difere um pouco do que poderíamos chamar, com toda reverência, o tipo usual do corpo físico de um Adepto. Diz o Bispo Leadbeater: "Ele é mais baixo que a maioria dos membros da Fraternidade e é o único dentre eles, até onde sei, cujos cabelos mostram faixas de cinza. Ele se porta de forma muito retilínea e se move com prontidão e precisão militares. É um proprietário de terras; e durante a visita que eu lhe fiz juntamente com o Swami T. Subba Row, eu o vi várias vezes fazendo transações comerciais com homens que pareciam mestres de obras, trazendo-lhe relatórios e recebendo dele instruções"[43].

11 – O MESTRE M. (MORYA):

O Mestre Morya, que é o Lugar-Tenente e o Sucessor designado pelo Senhor Vaivasvata *Manu* e o futuro *Manu* da Sexta Raça-raiz, foi quem, com o Mestre Kuthumi, fundou a Sociedade Teosófica por intermédio de H. P. Blavatsky e H. S. Olcott, ambos discípulos do próprio Mestre Morya. Ele quase sempre foi um governante em suas vidas anteriores, e atualmente usa um corpo hindu e vive no Tibete, perto de Shigatse, a pouca distância da casa de seu Irmão, o Mestre Kuthumi. "Ele é um Rei Rajput por nascimento; possui uma barba escura dividida em duas partes, cabelos quase negros que lhe caem sobre os ombros, e olhos negros e penetrantes, cheios de poder. Ele tem 2 metros de altura e se comporta como um soldado, comunicando-se por frases curtas e concisas, como quem está acostumado a ser prontamente obedecido."[44]

---

[43] LEADBEATER, C. W. *Os Mestres e a Senda.* Brasília: Ed. Teosófica, 2016. (N.E.)
[44] *Ibid.*

Geralmente se veste de branco e usa um turbante. Parece ser um homem na plenitude do vigor – possivelmente com trinta e cinco a quarenta anos de idade. Entretanto, muitas das referências que dele fazem seus discípulos lhe conferem uma idade quatro ou cinco vezes maior, e Madame Blavatsky disse que quando o viu pela primeira vez, durante a infância, parecia ser exatamente como é agora. Ela com frequência descrevia como o encontrou no Hyde Park, em Londres, no ano de 1851, quando ele apresentou-se com um grupo de outros príncipes hindus na primeira grande Exposição Internacional.

Na presença do Mestre Morya, que é um Representante do Primeiro Raio em nível da Iniciação de *Chohān*, experimenta-se um sentido de poder e de força irrefutáveis, pois ele tem uma dignidade imperial que compele a mais profunda reverência.

12 – O MESTRE K.H. (KUTHUMI):

Muito frequentemente, ele foi um sacerdote ou um instrutor em suas vidas anteriores. Foi o sacerdote egípcio Sarthon, Supremo Sacerdote de um templo em Agade, Ásia Menor, por volta de 1530 a.C.; foi o grande filósofo Pitágoras, em 600 a.C.; o *Flamen* (Sacerdote) do Templo de Júpiter em Roma durante o reinado de Tibério; também foi Nagarjuna, o Instrutor Budista, em torno de 170 de nossa era.

"O Mestre Kuthumi usa o corpo de um *brāhmana* da Caxemira, e tem a cor da pele clara como o inglês comum. Ele também tem cabelos ondulados, e seus olhos são azuis e plenos de alegria e amor. Seus cabelos e barba são castanhos, de tal forma que, à luz do Sol, eles se tornam ruivos com reflexos de ouro. É difícil descrever sua face, pois sua expressão está sempre mudando quando ele sorri; seu nariz é finamente formado, e seus olhos são grandes e de um maravilhoso azul transparente."[45]

Geralmente usa roupas brancas, mas jamais é visto com turbante de qualquer tipo, exceto nas raras ocasiões em que se veste com a

[45] *Ibid.*

túnica amarela da seita ou clã *Gelugpa*, que inclui um capuz algo semelhante aos capacetes romanos. Aparenta ser da mesma idade que seu constante companheiro e amigo, o Mestre Morya. E ainda, diz-se que ele se graduou em uma Universidade na Europa em meados do século passado, o que, sem dúvida, o faria ser mais que centenário.

Esse Mestre é um grande linguista, pois além de ser um erudito em inglês, domina por completo o francês e o alemão. Compôs obras musicais, e escreveu notas e artigos com vários fins. Interessa-se também pelo desenvolvimento das ciências físicas, embora este ramo seja especialidade de um dos outros grandes Mestres de Sabedoria.

Os Mestres Morya e Kuthumi ocupam casas em lados opostos desse estreito desfiladeiro, perto de Shigatse, no Tibete, cujas encostas estão cobertas com pinheiros, correndo um pequeno riacho no trecho mais profundo. As veredas correm desfiladeiro abaixo passando por suas casas e se encontram ao fundo, onde há uma pequena ponte. Perto da ponte, uma estreita abertura leva a um vasto sistema de corredores subterrâneos que inclui um museu oculto, cujos conteúdos parecem ser uma espécie de ilustração de todo o processo da evolução, e do qual o Mestre Kuthumi é o guardião, como representante da Grande Fraternidade Branca.

No vestíbulo que conduz a esses vastos salões, conservam-se imagens vivas (que serão explicadas oportunamente) dos discípulos dos Mestres Morya e Kuthumi que estão na fase de Provação. Essas imagens estão alinhadas ao longo das paredes como estátuas, e são a representação perfeita dos discípulos aos quais se referem. Entretanto, não é provável que sejam visíveis aos olhos físicos, pois a matéria mais densa que entra em sua composição é a etérea.

"Uma trilha acidentada e irregular leva ao vale pelo lado do riacho. De ambas as casas dos Mestres, acima da ponte, pode-se ver o Templo; porém, a partir dele, nenhuma das duas pode ser vista, já que o desfiladeiro faz uma curva. Se seguirmos o caminho acima do vale, passando pela casa do Mestre Kuthumi, chegaremos a um grande pilar de pedra, para além do qual, o desfiladeiro dando outra volta, fica esse caminho fora de vista. Alguma distância depois o desfiladeiro se abre em um planalto onde há um lago.

O Mestre tem um grande jardim pessoal. Possui também uma extensão de terras e emprega trabalhadores para cultivá-la. Próximo à casa há arbustos floridos e arranjos de flores crescendo livremente, com samambaias entre eles. Pelo jardim flui um riacho, que forma uma pequena cachoeira e, sobre ela, uma pequena ponte foi construída. Ele frequentemente se senta lá quando está enviando correntes de pensamento e bênçãos para seu povo. Sem dúvida, ao observador casual, iria parecer que ele está parado olhando a Natureza, ouvindo de forma descuidada o som dos pássaros e as quedas d'água. Às vezes, também, ele descansa em sua grande poltrona; e quando seu povo o vê assim, eles sabem que não devem perturbá-lo. Eles não entendem exatamente o que ele está fazendo, mas supõem que ele esteja em *samādhi*. O fato de as pessoas do Oriente compreenderem e respeitarem este tipo de meditação pode ser uma das razões pelas quais os Adeptos preferem viver por lá, e não no Ocidente."[46]

Todas as manhãs, um certo número de pessoas – não exatamente discípulos, mas seguidores – vêm à casa do Mestre e se sentam na varanda, do lado de fora. Algumas vezes ele lhes ministra uma pequena conferência, uma curta preleção, mas frequentemente ele segue adiante com seu trabalho e não dá atenção a elas, afora um amistoso sorriso, com o qual elas parecem ficar igualmente contentes. Elas evidentemente se aproximam para se harmonizarem em sua aura e venerá-lo.

Pouco se sabe sobre a família do Mestre. Há uma senhora, evidentemente uma aspirante, que ele chama de "irmã". Se ela é realmente sua irmã, não sei; possivelmente ela seja uma prima ou uma sobrinha. Ela parece ser muito mais velha que ele, mas isso não tornaria improvável a relação, já que ele tem aparentado a mesma idade por um extenso prazo. A principal ocupação dela parece ser o cuidado da

[46] *Ibid.*

casa e a direção dos empregados. Dentre esses, há um velho homem e sua esposa que têm estado a serviço do Mestre por um longo tempo. Eles nada sabem sobre a real dignidade de seu empregador, mas o têm como um patrão muito indulgente e amável e, naturalmente, eles muito se beneficiam por estar a seu serviço.

De tempos em tempos o Mestre Kuthumi cavalga um grande cavalo baio e ocasionalmente, quando têm trabalho conjunto, ele é acompanhado pelo Mestre Morya, que sempre cavalga um magnífico cavalo branco. O Mestre Kuthumi visita regularmente alguns monastérios, e às vezes sobe por um grande desfiladeiro até um monastério isolado nas colinas. Cavalgar no curso de suas tarefas parece ser seu principal exercício, mas ocasionalmente ele caminha com o Mestre Djwal Kul, que mora em uma pequena cabana que ele construiu com as próprias mãos, bem próximo ao grande penhasco no caminho que dá vista para o lago.

A união do discípulo com o Mestre é mais próxima que qualquer vínculo imaginável na Terra. Ainda mais próxima, por estar em um nível superior, foi aquela entre o Mestre Kuthumi e seu Instrutor, o Mestre Dhruva, que por sua vez foi discípulo do Senhor Maitreya durante o tempo em que este aceitava discípulos. Por isso, o Mestre Kuthumi se tornou uno com o Senhor Maitreya, e no nível em que eles estão a unidade é ainda mais perfeita. O Mestre Kuthumi é uno com o *Bodhisattva* de forma muito sublime; ele é o assistente e destinado sucessor do Instrutor do Mundo, assim como o Mestre Morya é o assistente e destinado sucessor do Senhor Vaivasvata *Manu*.

Na pessoa do Mestre Kuthumi, assim como na de seu Chefe, o Senhor Maitreya, a influência mais especificamente notável é a irradiação de seu Amor todo abrangente. Sendo atualmente Representante do Segundo Raio, em nível da Iniciação de *Chohān*, daqui a muitos séculos ele sucederá ao grande Senhor em sua elevada Obra, assumindo o cetro de Instrutor do Mundo e tornando-se o *Bodhisattva* da Sexta Raça-raiz.

13 – O MESTRE VENEZIANO:

No comando do Terceiro Raio encontra-se o Grande Mestre, o *Chohān* Veneziano, assim chamado porque nasceu em Veneza. Nas pessoas que pertencem a esse Raio, a característica da adaptabilidade é muito marcada, e aqueles desse Raio que estejam bem avançados possuem uma especial diplomacia e a rara faculdade de fazer a coisa certa no momento certo.

Talvez o *Chohān* Veneziano seja o mais belo de todos os membros da Fraternidade. É bem alto, com estatura aproximada de dois metros, possui barba longa e cabeleira dourada, semelhante à do *Manu*, e seus olhos são azuis. Embora tenha nascido em Veneza, sua família indubitavelmente tem sangue gótico em suas veias, pois ele é marcadamente deste tipo.

14 – O MESTRE SERAPIS:

O Quarto Raio está sob os cuidados do Mestre Serapis, portanto a linha especial deste *Chohān* é "Harmonia e Beleza". Ele auxiliou e instruiu o coronel Olcott nos primeiros dias da Sociedade Teosófica, quando o próprio Mestre deste, o Mestre Morya, estava temporariamente cuidando de outros assuntos.

O Mestre Serapis é alto e claro em compleição. Ele é grego por nascimento, embora todo o seu trabalho esteja sendo feito no Egito, em conexão com a Loja Egípcia. Ele é muito distinto e tem feições ascéticas, de alguma forma lembrando o falecido Cardeal Newman.

15 – O MESTRE HILARION:

Ele foi Jâmblico, da Escola Neoplatônica, e deu ao mundo, por intermédio de Mabel Collins, o livro *Luz no Caminho*[47], e através de H. P. Blavatsky, *A Voz do Silêncio*[48]. Ele é um "artesão habilidoso em prosa poética inglesa e em enunciados melodiosos". Como Dirigente

[47] COLLINS, Mabel. *Luz no Caminho.* Brasília: Ed. Teosófica, 1999. (N. E.)
[48] BLAVATSKY, H. P. *A Voz do Silêncio.* Brasília: Ed. Teosófica. (N. E.)

do Quinto Raio, esse *Chohān* influencia a maioria dos grandes cientistas do mundo por sua esplêndida qualidade de precisão científica. Certamente, a ciência do Mestre muito supera a acadêmica. Ele conhece e maneja muitas das forças com que a Natureza interfere na vida do homem.

Embora viva no Egito, o Mestre Hilarion é grego e suas feições são do antigo tipo grego, exceto por seu nariz um pouco aquilino. Sua testa é baixa e larga, lembrando a de Hermes de Praxíteles. Ele também é admiravelmente belo e parece bem mais jovem que a maioria dos Adeptos.

16 – O MESTRE JESUS:

Há dois mil anos, ele foi um discípulo, quando aos 30 anos de idade, depois de seu Batismo, "o Espírito de Deus desceu sobre ele" e ele entregou seu puríssimo corpo ao Cristo. Nasceu novamente como Apolônio de Tyana, às vezes denominado "o Cristo Pagão", no ano 1 da Era Cristã, alcançando o Adeptado naquela encarnação. Dedicando-se à Obra, fez muitíssimas viagens como Mensageiro da Grande Loja Branca e formou centros ocultos de força em vários lugares da Europa, para serem usados muito tempo depois, quando novamente venha o Grande Instrutor. Estes centros de força na Europa, com objetos físicos (talismãs) ali enterrados, foram ligados a Jesus em seu corpo Causal e, consequentemente, sua influência continuará por eras; constituem-se em locais de importância futura, de onde se espargirá a Luz e a partir dos quais o Ensinamento será difundido.

Jesus apareceu também no sul da Índia, no século XI de nossa Era, como o Instrutor Rāmānujāchārya, para renovar o elemento devocional no Hinduísmo.

O *Chohān* Jesus rege o Sexto Raio, o Raio de *Bhakti* ou Devoção; esse é o Raio dos devotos santos e místicos de todas as religiões. O Mestre Jesus tem tais pessoas a seu cargo, qualquer que seja a forma sob a qual adorem a Divindade. É o Mestre dos devotos; e a tônica de sua Presença é uma intensa pureza e uma devoção ardente, que não reconhece obstáculos. Tem como seu encargo especial a religião cristã, e as forças espirituais que são liberadas durante as cerimônias cristãs fluem diretamente através dele. Atualmente, ele usa um corpo sírio, tem a pele escura, os olhos castanhos e a negra barba do árabe, e geralmente usa trajes brancos e um turbante. Vive entre os drusos no Monte Líbano e está, no presente momento, inundando sua Igreja com o Cristianismo místico, tão notável nestes dias.

17 – O MESTRE RAKOCZY:

Último sobrevivente da Casa Real de Rakoczy, conhecido na história da França como o Conde de Saint Germain, nasceu no século XVIII na Hungria e, segundo nos foi dito, atualmente algumas pessoas ainda o conhecem naquele mesmo corpo.

Em sua primeira vida de importância histórica, pertenceu a uma nobre família romana e foi conhecido como Santo Albano, tendo sofrido o martírio na grande perseguição do Imperador Diocleciano no início do século IV em sua cidade natal, Verulam, Inglaterra, que hoje chama-se St. Albans em sua memória. Verulam era naquele tempo a capital da Inglaterra romana, embora hoje seja uma pequena cidade.

Logo após essa, ele teve outra encarnação muito importante, em Constantinopla, no ano 411, na qual, sob o nome de Proclo, que se tornou famoso depois de sua morte, foi um dos últimos expoentes do Neoplatonismo e estendeu sua influência por toda a Igreja Cristã medieval.

Em sequência, o próximo dado que é claramente conhecido no presente é que renasceu no ano 1211, e nessa vida, como Roger Bacon, um frade franciscano, grande experimentalista e cientista, ele foi um reformador tanto da teologia como da ciência de seu tempo.

Em 1375, renasceu como Christian Rosenkreuz, uma vida de muitíssima importância, pois fundou a grande Sociedade Secreta dos Rosacruzes, a qual, embora se acredite que tenha desaparecido, existe ainda, e seus ensinamentos encontram-se em uma forma algo diferente na Teosofia, parte deles na Franco-maçonaria.

Após cerca de cinquenta anos, ele nasceu como John Hunyadi, um eminente militar e comandante húngaro; e de novo, em 1500, teve uma existência como o monge Robertus, em alguma parte da Europa Meridional.

Depois, em um de seus nascimentos mais importantes, no ano de 1561, nasceu como Francis Bacon. De fato, segundo é amplamente conhecido por uma história cifrada que escreveu secretamente nas obras que publicou, ele foi nada menos que o primeiro filho da Rainha Elizabeth, que havia se casado com *Sir* Robert Dudley (mais tarde, Conde de Leicester) quando ambos se encontravam prisioneiros na Torre de Londres. Como aquele matrimônio só foi legalizado posteriormente, ele não pôde ser o Rei da Inglaterra no lugar de James I (por várias razões, ele havia sido obrigado, por juramento à sua mãe, a não revelar aquele fato). Dedicou-se à obra de constituir o idioma inglês tal como hoje o conhecemos, escrevendo as obras teatrais atribuídas a Shakespeare (foi demonstrado que Shakespeare era um homem iletrado, que não conseguia sequer soletrar seu nome duas ou três vezes consecutivas) e também, principalmente, editando uma versão autorizada da Bíblia, que em seguida foi traduzida por uma comissão de quarenta e oito membros, sob a direção do Rei James I.

É dito que um século mais tarde, ele nasceu como Ivan Rakoczy, um príncipe da Transilvânia. Na época da Revolução Francesa, ele foi o Conde de Saint Germain; também o Barão Hompesch, ou então pode ter se disfarçado como tal, pois ambos pertencem quase ao mesmo período. Hompesch foi o último dos Cavaleiros de São João de Malta, que acertou a transferência da Ilha de Malta aos ingleses.

Sendo discípulo durante muitas laboriosas vidas mas hoje um Mestre, o "Adepto Húngaro", como é conhecido no Mundo Oculto, vive ainda em um corpo que não tem aparência de muita idade, e se sabe também que ele usa algumas vezes o nome de Rakoczy. Porém, fora isso, um profundo mistério envolve seus movimentos. Viaja incógnito pela Europa e regressa periodicamente, mas o que ele faz no interim não é sabido. Tem a seu cargo grande soma de labores na Europa e é, ao mesmo tempo, o Dirigente do Sétimo Raio ou Raio do Cerimonial, cuja influência, substituindo o da Devoção (o Sexto Raio), está se difundindo agora gradualmente por todo o mundo. Naturalmente, ele é profundamente interessado no trabalho da Igreja Cristã e da Franco-maçonaria (e da Co-maçonaria), cultos que na realidade são duas expressões da mesma eterna Verdade, embora popularmente se suponha que sejam diametralmente opostas. O Mestre também se ocupa muito da situação política da Europa e do crescimento da moderna ciência física. Atua, em sua maior parte, através da magia cerimonial, empregando os serviços de grandes Anjos, que o obedecem tácita e amavelmente. Embora fale todos os idiomas europeus e muitos dos orientais, grande parte de seu trabalho é feito em latim, idioma que constitui o veículo especial de seu pensamento. Possui uma cota de malha em ouro que pertenceu a um imperador romano, e em seus vários rituais usa maravilhosas togas e joias de muitas cores.

O Mestre Conde de Saint Germain é semelhante ao *Mahāchohān* de várias maneiras. Embora ele não seja especialmente alto, é bastante esguio e militar em seu porte, com a cortesia e a dignidade requintadas de um grande senhor feudal do século dezoito. Seus olhos são grandes e castanhos, e são plenos de ternura e graça, apesar de que neles há um brilho de poder. O esplendor de sua presença impele os homens à obediência. Sua face é morena, seus cabelos castanhos, curtos, partidos ao meio e escovados para trás a partir da testa, e ele tem uma barba curta e delgada. Frequentemente veste um uniforme negro com adornos em cordões de ouro; também amiúde usa um magnífico manto militar vermelho – isso acentua sua aparência militar. Embora viaje bastante, ele usualmente reside em um antigo castelo na Hungria, pertencente à sua família há muitos séculos. Em 1901, foi encontrado pessoalmente em Roma pelo Bispo Leadbeater, com quem manteve uma longa conversação.

18 – O MESTRE D.K. (DJWAL KUL):

Outrora, ele foi o filósofo Kleineas, um discípulo de Pitágoras, na Grécia, e posteriormente o instrutor budista Aryasangha, por volta do ano 600 de nossa Era.

O corpo desse Mestre, assim como o do Mestre do Nilgiri, difere levemente do que poderíamos considerar o tipo de corpo físico do Adepto. Ele ainda está usando o mesmo corpo em que alcançou o Adeptado, há apenas alguns anos, e talvez por esta razão não tenha sido possível fazer de tal corpo uma reprodução perfeita do *Augoeides*. Seu rosto é claramente tibetano, com proeminentes malares, com uma aparência um pouco enrugada, mostrando as marcas do tempo. A fim de que pudesse ter um lugar onde residir bem próximo ao Mestre Kuthumi (seu próprio Mestre), ele construiu para si mesmo, com suas próprias mãos, nos dias de seu discipulado, uma pequena cabana no alto da colina, perto do grande despenhadeiro antes mencionado, a curta distância da casa e do âmbito de seu Mestre, do lado esquerdo do riacho que corre entre as casas dos Mestres Morya e Kuthumi.

19 E 20 – AQUELES QUE, EM SUAS VIDAS TERRENAS, FORAM CONHECIDOS COMO *SIR* THOMAS MOORE E THOMAS VAUGHAN: são também Mestres agora.

Todos esses são alguns dos Grandes Seres publicamente conhecidos, que vivem em diferentes países espalhados pelo mundo. Superada a necessidade de nascer, quando um corpo está muito gasto, eles (com exceção dos Quatro *Kumaras*) escolhem outro onde for mais conveniente para seu trabalho, sem dar qualquer importância à nacionalidade do corpo, embora em geral este seja esplendidamente belo e sempre perfeitamente são, pois qualquer novo corpo tomado em uma encarnação subsequente será quase uma reprodução exata do antigo. Além disso, devido à perfeita saúde e ausência de aflições, os Mestres são capazes de preservar seus corpos físicos por muito mais tempo do que nós. Nossos corpos físicos envelhecem e morrem por várias razões: debilidade hereditária, enfermidades, acidentes, autoindulgência, aflições e excesso de trabalho. Mas no caso de um Adepto, nenhuma dessas causas está presente, embora devamos recordar que seu corpo é adequado ao trabalho e capaz de uma resistência maior que a de homens comuns. Quase todos os Mestres de quem sabemos algo têm aparência de um homem na flor da idade; no entanto, há testemunhos, conforme já se disse, que demonstram que seus corpos físicos devem ter ultrapassado em muito a idade normal do homem.

P 266: *Já que os Mestres possuem corpos físicos próprios, por que necessitam de outros na ocasião da vinda do Instrutor do Mundo?*

R: Aqueles que, tendo alcançado o nível do Adeptado, escolhem como sua ocupação futura permanecer neste mundo e auxiliar diretamente a evolução de sua própria humanidade consideram conveniente ao seu trabalho reter corpos físicos. A fim de que sejam adequados para seus propósitos, tais corpos não devem ser de um tipo comum. Eles devem não somente gozar de absoluta saúde como também ser expressão perfeita do Ego, o máximo que possa ser manifestado no plano físico.

A construção de um corpo assim não é tarefa fácil. Quando o Ego de um homem comum desce até o seu novo corpo, quando bebê, encontra-o aos cuidados de um elemental artificial, que foi criado de acordo com seu *karma*. Esse elemental está zelosamente ocupado em modelar a forma que logo deverá nascer no mundo externo, continuando o processo de modelação após o nascimento geralmente até que o corpo tenha seis ou sete anos de idade. Durante esse período, o Ego está gradualmente adquirindo um contato mais estreito com seus novos veículos emocional e mental, assim como com o físico, e está se acostumando a eles; mas o verdadeiro trabalho feito por ele sobre estes novos veículos, até a hora em que o elemental se separa deles, é insignificante na maior parte dos casos. Certamente o Ego está conectado com o corpo, mas geralmente dá pouca atenção a ele, preferindo aguardar até que ele tenha alcançado um estágio em que seja mais responsivo a seus esforços.

No caso de um Adepto, é muito diferente. Como não há mau *karma* a ser esgotado, não existe elemental artificial atuando, e o próprio Ego tem exclusivamente a seu cargo o desenvolvimento do corpo desde o princípio, limitando-se somente por sua hereditariedade, o que não só lhe possibilita a produção de um instrumento mais refinado e delicado, mas também lhe implica maior atribulação, e durante alguns anos lhe toma uma quantidade considerável de tempo e energia. Em consequência disso, e sem dúvida também por outras razões, um Adepto não deseja repetir o processo mais vezes que o estritamente necessário e, por conseguinte, faz com que seu corpo físico dure o mais possível.

Um corpo constituído dessa maneira, apropriado para um trabalho elevado, é inevitavelmente muito sensível, e por essa mesma razão requer um cuidadoso tratamento para que possa dar sempre o melhor de si. Se ele estivesse sujeito às inumeráveis fricções triviais do mundo externo e à sua constante torrente de vibrações conflitantes, logo se gastaria, como ocorre com o nosso. Portanto, os Grandes Seres geralmente vivem em relativa reclusão, aparecendo muito raramente em meio a esse caos ciclônico que chamamos "vida diária". Se eles levassem seus corpos ao torvelinho de curiosidade e veemente emoção, não haveria dúvida de que a vida desses corpos se encurtaria enormemente, além de que, devido à sua extrema sensibilidade, sofreriam muito desnecessariamente.

Ocupando temporariamente o corpo de um discípulo, o Adepto evita esses inconvenientes e ao mesmo tempo proporciona um ímpeto incalculável à evolução do discípulo. Ele habita o veículo somente quando dele necessita – para realizar uma conferência, talvez, ou para derramar um fluxo especial de benção –, e tão logo ele finalize a execução do que desejava, desocupa o corpo. O discípulo, que durante todo esse tempo esteve acompanhando-o, retorna a ele, enquanto o Adepto regressa ao seu próprio veículo para continuar seu trabalho usual, de auxílio ao mundo. Dessa maneira, se interrompem muito pouco suas ocupações habituais, e ele tem sempre, à sua disposição no plano físico, um corpo que ele possa usar quando necessário.

Esse método, de pedir emprestado um corpo conveniente, é constantemente adotado pelos Grandes Seres quando consideram necessário descer entre os homens sob condições como as que agora se verificam no mundo. O Senhor Gautama assim o fez quando veio como o Zoroastro original, em 29700 a. C., tomando o corpo do segundo filho (atualmente nosso Mestre K. H.) do então rei da Pérsia (nosso atual Mestre M.); e também quando ele veio, há 25 séculos, para alcançar o *Budado*. O Senhor Maitreya usou do mesmo procedimento quando visitou a Palestina há dois mil anos. A única exceção é aquela em que um novo *Bodhisattva* assume o posto de Instrutor do Mundo depois que seu predecessor se torna um Buda; em sua primeira aparição no mundo, nessa qualidade, ele toma nascimento como uma criança da maneira usual; assim foi feito pelo atual *Bodhisattva* quando nasceu como Shri Krishna nas férteis planícies da Índia, como mencionado.

O número de Adeptos que conservam corpos físicos para auxiliar a evolução do mundo é pequeno, de cinquenta a sessenta; porém a grande maioria deles não aceita discípulos, pois estão ocupados com trabalhos totalmente distintos.

P 267: *Qual é o trabalho dos Mestres?*

R: Eles auxiliam o progresso da humanidade de inumeráveis maneiras. Desde as mais elevadas esferas, vertem sua luz em uma benção generalizada, como a luz do Sol, iluminando e bendizendo tudo. Um homem pode abrir as janelas de sua casa e permitir que a luz do Sol a ilumine. Igualmente, qualquer um pode abrir as janelas de sua alma para permitir que seu Espírito seja inundado com a luz e a força deles em proporção à sua receptividade.

Há também organizações gerais, comunidades religiosas, nas quais um Mestre especial verterá suas bênçãos, sua força e energia espiritual. As grandes religiões são como poderosos repositórios ou grandes vasos de diferentes formas e contornos, contendo todos a única água Espiritual que aplaca a sede do Espírito do homem.

Ademais, existe um grande trabalho intelectual no plano Mental Superior, no qual os Mestres auxiliam o mundo do pensamento deixando fluir sobre ele nobres ideais, pensamentos inspiradores, aspirações devocionais e correntes de ajuda intelectual para todos os homens; mediante tal auxílio, uma descoberta fulgura na mente de um paciente buscador da Verdade, ou então a resposta a um problema longamente estudado ilumina o intelecto de um elevado filósofo. Dessa maneira, grandiosos pensamentos de beleza chegarão à mente de um gênio da Arte, ou então ideias de patriotismo serão recebidas pela mente de um gênio político. No mesmo plano Mental Superior, eles imprimem ideias mais liberais nos eminentes pregadores e professores, e enviam a seus discípulos seus desejos acerca do trabalho que deverão fazer. No plano mental inferior, eles instruem aqueles que se encontram no mundo celestial e geram formas-pensamento para influenciar a mente concreta, guiando-a em uma direção de atividade física proveitosa.

No mundo astral, eles auxiliam os mortos; geralmente supervisionam o ensinamento aos discípulos e enviam ajuda em numerosos casos de necessidade; enquanto que no mundo físico eles vigiam a tendência dos acontecimentos e neutralizam, até onde a Lei o permita, as correntes indesejáveis, fortalecendo o Bem e debilitando o mal.

Eles guiam as forças espirituais atuando com os Anjos das Nações, que orientam as forças da matéria, escolhendo ou rechaçando atores na grandiosa Obra, influenciando reis, estadistas e conselhos. Também se mantêm como um muro Guardião envolvendo a humanidade, dentro do qual ela possa evoluir sem ser esmagada pelas tremendas forças cósmicas que atuam ao redor de nosso planeta. De tempos em tempos, um deles vem ao mundo dos homens como um grande Instrutor religioso ou Profeta para espargir uma nova forma das Verdades Eternas, acondicionada para as necessidades e a capacidade dos povos daquela época, ou para a civilização de uma nova Raça.

Embora seja pequeno o número de Adeptos, eles asseguraram que nenhuma vida será menosprezada nem descuidada em todo o mundo; e assim, eles dividiram a Terra em áreas especiais, de maneira semelhante à divisão que fez a Igreja Cristã ao seccionar toda a terra em paróquias. As paróquias dos Adeptos, entretanto, não são distritos de países ou partes de cidades, mas grandes países ou até continentes. Como está atualmente dividido o mundo, pode-se dizer que um grande Adepto é responsável pela Europa e outro por cuidar da Índia. Da mesma forma, o mundo inteiro está fracionado. As paróquias não seguem nossos limites geográficos ou políticos, mas, dentro de seu território, o Adepto tem todos os diferentes graus e formas de evolução a considerar – não apenas a nossa, mas também o grande reino dos Anjos, as várias classes de Espíritos da Natureza, os animais, os vegetais e os minerais abaixo de nós, os reinos dos elementais, e muitos outros sobre os quais a humanidade até agora nada sabe; por conseguinte, há uma grande soma de trabalho a seu cargo.

A maior parte do trabalho dos Adeptos ocorre em níveis muito acima do físico, pois eles estão engajados em verter sua própria força e também aquela da grande reserva armazenada pelos *Nirmānakāyas*. Os Grandes Seres aproveitam as cerimônias de todas as religiões para verter sua força para o mundo nos planos inferiores, e assim estimulam o crescimento espiritual em quantos homens lhes seja possível, de acordo com a capacidade de cada um. Porém, isso não é feito apenas em conexão com cerimônias religiosas, pois a Fraternidade faz uso de toda oportunidade que se oferece. Se houver uma reunião de pessoas ou aspirantes que estejam todas sob a influência da devoção, todas inclinadas a pensamentos nobres e elevados naquele momento, tal reunião oferece aos Adeptos uma extraordinária oportunidade da qual eles prontamente farão uso, já que cria um foco que eles podem empregar como canal para influências espirituais.

Porém, as atividades nos planos inferiores são confiadas em sua maior parte a seus discípulos. Os Adeptos se ocupam preferencialmente dos Egos, em seus corpos Causais, e se dedicam a enviar-lhes influência espiritual, dessa forma evocando neles tudo de mais nobre e benéfico para seu crescimento.

Normalmente, embora encarnados, os Membros da Hierarquia Oculta permanecem em paragens retiradas e isoladas a fim de poder conduzir seu profícuo trabalho, que seria impossível de ser realizado em meio às turbulentas congregações de homens e do tumulto da vida humana. Porém, em certas épocas da história da humanidade, em crises sérias, os Mestres, e mesmo Seres mais elevados, vêm ao mundo dos homens.

P 268: *Para que, então, um Adepto, cujo trabalho parece ocorrer quase inteiramente nos planos superiores, precisa de um corpo físico?*

R: Isso realmente não é da nossa incumbência, mas se não for irreverência especular sobre tais assuntos, podemos sugerir várias razões. O Adepto emprega muito de seu tempo irradiando correntes de influências. Conforme foi observado, embora essas correntes sejam mais frequentemente irradiadas a partir do nível Mental Superior ou do plano superior a este, é provável que ocasionalmente elas sejam etéricas; e para sua manipulação, a posse de um corpo físico é indubitavelmente uma vantagem. Além disso, a maior parte dos Mestres têm uns poucos discípulos ou assistentes que vivem próximos ou com eles no plano físico, e por isso pode ser necessário um corpo físico para seus propósitos. De uma coisa podemos estar certos: se um Adepto opta pelo incômodo de manter um corpo físico, ele certamente tem uma boa razão para isso, pois seus métodos de trabalho são suficientemente conhecidos para se ter certeza de que eles fazem tudo sempre da melhor maneira possível e por meios que impliquem o menor gasto de energia.

P 269: *Com tanto poder e sabedoria à sua disposição, por que os Mestres não aceitam mais discípulos? Por que retêm o conhecimento? Por que não afastam do mundo o crime e o sofrimento?*

R: Eles estão em contínua espera, com incansável paciência, para encontrar algum coração humano que se abra por si mesmo, alguém que esteja disposto a ser instruído. Mas os corações das pessoas estão fortemente trancados para eles com os cadeados do dinheiro, do poder, da fama, da indolência e da indiferença, do pecado e dos prazeres mundanos; e a menos que se destranquem, o Instrutor, que aguarda do lado de fora, não pode cruzar a entrada e iluminar a mente. Disse um discípulo recém-aceito: "Sem ele eu nada teria podido fazer, mas por meio de seu auxílio fui capaz de vencer".

Deve-se recordar que o auxílio está disponível e à espera de cada um; por isso, sempre que houver algum impedimento, a dificuldade será por parte do discípulo, jamais por parte do Mestre. Por mais que um homem deseje encontrar seu Mestre, este é mil vezes mais constante em seu desejo de encontrá-lo, pois muitos são demandados e apenas poucos são os encontrados, que, ao se prepararem, podem ir ao mundo para auxiliar a humanidade.

Sendo assim, não é que os Instrutores retenham o conhecimento porque se recusam a transmiti-lo, mas porque eles estão impossibilitados de fazê-lo pela falta de receptividade, por estarem fechados os corações. Eles não podem forçar a humanidade em qualquer direção de progresso, embora auxiliem sempre que lhes é oferecida a menor oportunidade. Se conseguissem submeter nossa vontade à deles, a civilização seria sem dúvida mais perfeita que na atualidade; mas então seríamos apenas crianças obedientes, em vez de estarmos desenvolvendo a força e a iniciativa de uma humanidade autossuficiente.

Por outro lado, nenhum alívio ao sofrimento poderá ser permanente enquanto continuar existindo a causa do mal. O sofrimento que é proveniente do egoísmo dos homens só pode ser removido permanentemente extirpando-se a raiz das causas. A raiz de todo mal é a ignorância, conforme mencionado ao final do Capítulo I; e os Mestres estão sempre prontos a instruir, desde que encontrem pessoas dispostas a serem instruídas – "[...] pois quando o discípulo está pronto, o Mestre aparece"; "[...] portanto, no Templo do Saber, quando for capaz de entrar ali, o discípulo sempre encontrará seu Mestre".

P 270: *Se os Mestres possuem tão grandes poderes espirituais, por que permitem a conquista e a humilhação de seus países, como o Egito e a Índia?*

R: Já se explicou que os Mestres são de várias raças e que eles tentam ajudar o progresso dos homens de todas as raças, de um modo mais espiritual que material. Além disso, eles próprios são obedientes à Lei e não podem interpor-se ao *karma* das nações. Eles auxiliam aqueles que estão dispostos a receber ajuda por meio de sugestões, advertências ou encorajamento, mas não podem tomar em suas mãos o destino de pessoas ou nações. E ainda, as raças têm de desenvolver-se não para serem marionetes acionados por cordões nas mãos dos Mestres, mas para serem entidades autossuficientes através das lições da experiência, de acordo com a Lei *Kármica*, e através da liberdade de escolha, que é o início da manifestação do Deus em seu interior.

P 271: *Se um homem comum encontrasse um Mestre no plano físico, ele o reconheceria como tal?*

R: Muito provavelmente não. Ele sem dúvida saberia estar na presença de alguém impressionante, nobre e digno, com uma serenidade e benevolência que expressam sua paz interior, mas não haveria nenhuma peculiaridade externa pela qual pudesse supor que tal homem é um Adepto. Um Mestre será muito mais silencioso que a maior parte das pessoas, pois ele não desperdiça sua força em conversações ociosas, falando somente com o definido propósito de auxiliar e orientar. Ele poderá ser considerado sábio e bondoso, e possuidor de afinado senso de humor; porém, para conhecê-lo como um Adepto, será necessário ver seu corpo Causal, com sua aura esplendidamente extensa – que em muitos casos se estende por aproximadamente dois quilômetros à sua volta –, com seu completo desenvolvimento e seu especial arranjo de cores. É uma Lei da Natureza que somente podemos reconhecer aquilo a que podemos responder, em proporção ao que reproduzimos; e conforme disse Maeterlinck: "Somente revelando o divino que há em nós é que podemos descobrir o divino nos outros". E assim um homem comum, que ainda não desenvolveu a divindade em si mesmo, embora certamente impressionado pela presença do Mestre, não reconheceria seus poderes ocultos.

P 272: *Como um homem é atraído aos portais da Senda, ao princípio do caminho do desenvolvimento espiritual?*

R: De acordo com os livros orientais, existem quatro meios para isso:

1) *Satsang*: acompanhar-se daqueles que já entraram na Senda. A influência exercida por alguém que já se encontre na Senda de maneira nenhuma se limita ao ensinamento que proporciona. Trata-se da influência de sua vida; a influência das vibrações que dele irradiam é que são tão poderosas. O fundamental é que o discípulo esteja com o instrutor. Na Índia, quando o instrutor é um filósofo peripatético (como tantos o são), se ele vai de um lugar a outro, seu grupo de seguidores ou discípulos o acompanha, assim como os discípulos de Jesus viajavam com ele pela Palestina. E isso é inteiramente científico. A aura do instrutor (geralmente seus veículos superiores) é guiada por uma frequência de vibração mais elevada que as auras de seus discípulos. Por conseguinte, apenas sua proximidade já atua sobre os veículos dos discípulos,

auxiliando-os a vibrar em uma frequência similar à sua. E assim, vivendo constantemente na aura de um homem menos mundano, os discípulos tornam-se menos mundanos do que seriam. Por ser bem constante a pressão da vibração, os discípulos, quer estejam dormindo ou acordados, estão em íntimo contato com ela e a absorvem, com a consequente mudança em seu caráter. Sabemos que é lei da física que a vibração mais forte domina a mais fraca, e o mesmo ocorre nos planos superiores. Por isso, sempre se reconheceu que a presença real do Instrutor conta muito mais que as palavras que ele possa pronunciar, auxiliando o discípulo a modificar rapidamente o seu caráter – em geral, um processo lento e tedioso, entretanto, indispensável para alguém que deseja entrar na Senda.

2) *Shravana*: ouvir ou ler algum ensinamento da Filosofia Oculta. Pode acontecer de um homem ouvir ou ler um ensinamento desse tipo que lhe seja confiável intuitivamente; então ele, naturalmente, tratará de satisfazer seu desejo de conhecer mais sobre o ensinamento. Isso é resultado do *karma* de uma vida anterior. Ele já havia entrado em contato com aquela verdade e se convencido de sua beleza e realidade em outra vida; por isso, quando ela se apresenta nesta vida, ele a reconhece como verdadeira. Haverá centenas ou milhares que podem ouvir ou ler o mesmo ensinamento e, contudo, não receber nenhum impulso a partir dele. Tal significa simplesmente que eles estão em um estágio em que tudo é alheio a eles e, portanto, não lhes desperta a mesma resposta suscitada naqueles que já tenham o bom *karma* de antes haver compreendido o ensinamento, sendo capazes de vê-lo internamente porque já o trazem consigo.

3) *Manana*: reflexão iluminada. Pela simples força da reflexão séria e do raciocínio lógico, um homem pode chegar à Verdade e resolver o enigma da Vida. Ele pode se dar conta de

que deve existir um Plano de Evolução, que devem existir Aqueles que conheçam tudo acerca dele, Homens Perfeitos e Evoluídos, e que deve haver uma Senda pela qual se possa chegar até eles. E, certamente, o homem que chega a essa decisão vai em busca da Senda e encontra o seu caminho até os Grandes Seres. Provavelmente, são poucos os que seguem por essa Senda, mas ela é factível.

4) *Nididhyāsana*: prática da virtude através da meditação. Deve-se recordar que embora a prática da virtude leve ao início da Senda, essa prática de maneira alguma é o seu fim, como poderia crer o cristão comum. Nos primórdios do Cristianismo, a Purificação (ou "Santidade", que é o que colocam diante de si como meta) era apenas o primeiro passo. Os primitivos Instrutores cristãos certamente defendiam que era dever do homem tornar-se santo, mas ao mesmo tempo sustentavam que isso era somente o primeiro estágio; e São Clemente de Alexandria, que em muitos aspectos foi o maior entre os primeiros Padres da Igreja, discorre ligeiramente sobre esse estágio: "A pureza, ora, é apenas um estado passivo, valiosa principalmente como uma condição de discernimento". A principal aplicação de ser puro é que o homem, a menos que o seja, não pode ver claramente. A coisa em si é, pois, meramente passiva. Ser bom é em si somente uma condição necessária para o progresso ulterior. Um homem deve tornar-se santo, mas após isso, ele terá que buscar atingir o segundo estágio, o da Iluminação. Tal foi o que quis dizer São Pedro ao falar a seus discípulos: "Acrescentai à vossa fé o conhecimento". Somente aqueles que conquistaram plenamente essa Iluminação, com árduo labor, recebiam permissão para passar ao terceiro estágio, o da Iniciação. São Paulo disse: "Falamos de sabedoria entre aqueles que são perfeitos", e a palavra "perfeito" implica aqui certo nível de progresso

oculto. Em toda Escola Oculta, existem coisas que só podem ser transmitidas àqueles que pertencem a graus superiores, e outras que podem ser reveladas aos que são discípulos do Mestre. E assim, no Cristianismo primitivo usavam-se estes três termos: Purificação, Iluminação e Perfeição. A afirmação de que a prática da virtude leva um homem à entrada da Senda parece um retrocesso à antiga teoria: "Sede bons e sereis felizes". Mas, em realidade, significa que, embora o homem que leve uma vida boa através de muitas encarnações não possa, só por isso, desenvolver o intelecto, ele alcançará nesta vida intuição suficiente para ir à presença de pessoas que realmente sabem, para levá-lo de fato aos pés de alguém que seja servidor do Mestre. Esse método, no entanto, leva muitos anos, e mesmo muitas vidas. O homem que pratica a virtude e nada mais chegará eventualmente ao portal da Senda, mas o processo será lento. Ele pode apressar seu desenvolvimento e poupar muito tempo se seguir o conselho de São Pedro e adquirir conhecimento. Assim, seu progresso será muito mais rápido.

Quando, por algum desses métodos, o homem alcança um certo nível, ele inevitavelmente atrai a atenção dos Mestres e se coloca em contato com eles, geralmente por intermédio de um de seus discípulos adiantados.

P 273: *De que modo a Sociedade Teosófica auxilia um aspirante em seu acesso à Senda?*

R: Em países que possuem somente a cultura europeia, existe quase que um único caminho pelo qual se pode adquirir o ensinamento interno da maneira mais clara, que é filiando-se à Sociedade Teosófica ou lendo obras teosóficas. Houve obras místicas ou espiritualistas que forneceram alguma informação, que percorreram um extenso caminho, porém não há obras que apresentem o ensinamento tão claramente, tão cientificamente, como tem feito a literatura teosófica.

O progresso humano é lento, mas constante; por conseguinte, o número de Homens Perfeitos está aumentando, e a possibilidade de alcançar seu nível está ao alcance de todos que estejam dispostos a fazer o prodigioso esforço que é requerido. Em tempos normais, os aspirantes necessitariam de muitos nascimentos antes que pudessem alcançar o Adeptado, mas agora é possível para eles acelerar seu progresso nesta Senda, condensar em poucas vidas a evolução que, de outra maneira, tomaria milhares de anos. Esse é o esforço que tem sido feito por muitos membros da Sociedade Teosófica, pois há nela uma Escola Esotérica que ensina aos homens como se prepararem mais rapidamente para um trabalho superior. Tal preparação requer um grande autocontrole, um esforço determinado, ano após ano, e frequentemente com muito pouco resultado externamente no percurso do progresso delineado, pois essa preparação envolve muito mais o treinamento dos corpos superiores que do corpo físico; e tal treinamento superior nem sempre se manifesta muito obviamente no plano físico.

Quando uma pessoa se filia à Sociedade Teosófica externa, é dito que o Mestre a observa e que, em muitas ocasiões, os Grandes Seres guiam pessoas a se filiarem à Sociedade Teosófica, em consequência de suas vidas prévias. Assim, parece que eles geralmente já conhecem mais acerca de nós antes que saibamos algo a respeito deles. O Adepto jamais esquece algo; parece estar sempre em plena recordação de tudo o que lhe aconteceu; portanto, se ele realmente lançar apenas um olhar de relance sobre uma pessoa, ele jamais perderá tal pessoa de vista. Quando alguém ingressa na Escola Esotérica, é formado um elo definitivo, ainda não *diretamente* com um Adepto, mas inicialmente com o Chefe Externo da Escola e através deste com o Mestre M., que é o Chefe Interno.

Logo, todos os membros da Escola Interna estão em contato com o Mestre Morya, embora se encontrem às vezes trabalhando em atividades distintas das dele; e se tornarão discípulos de outros Mestres quando entrarem em Provação. Entretanto, sob tais circunstâncias, receberão a influência de seu próprio futuro Mestre através desses canais, pois os Adeptos, ainda que fisicamente vivam muito separados, estão em contato tão estreito que estar unido a algum deles significa estar realmente ligado a todos.

Essa Senda possui muitos degraus, agrupados em três grandes grupos:

1) O período probacionário, ou a Senda Probatória, antes de tomar qualquer juramento ou que seja concedida qualquer Iniciação ao discípulo;
2) O período de discípulo juramentado, ou a Senda Própria, ao final da qual ele alcança o Adeptado;
3) O período oficial em que o Adepto toma parte definitiva no Governo do Mundo. O conteúdo desse período oficial está muito acima da compreensão ordinária.

P 274: *Como pode um chefe de família, uma pessoa do mundo, rodeada de deveres sociais, de obrigações familiares e atividades mundanas, levar uma vida espiritual e preparar-se para a Senda? Quais são os estágios iniciais de Purificação?*

R: Comumente, os homens devem ser treinados primeiro em *Karma Yoga*, ação pela qual pode resultar a união com o Divino. As três *gunas* ou propriedades da matéria (*Sattva*, *Rajas* e *Tamas*) constituem o Universo manifestado; e o homem comum, identificando-se com essas atividades, vive descontroladamente sob sua influência. O *Karma Yoga* consiste no treinamento dessas *gunas*. O emprego de *Tamas* ou obscuridade (ociosidade, negligência, indiferença, preguiça, inércia) no crescimento do homem atua como uma força contra a qual se tem que lutar e superar a fim de que floresça o vigor, se desenvolva o poder da vontade e seja adquirido o autocontrole. Assim, se dispõem os ritos e as cerimônias da religião, com o objetivo de treinar o homem para derrotar a preguiça, a negligência e a obstinação da natureza inferior. Eles lhe são impostos como obrigações, para acostumá-lo à vida superior e compelir a natureza inferior a seguir a direção determinada pela vontade.

Depois, *Rajas* ou mobilidade, que impulsiona para um esforço constante, apressado e trabalhoso, para produzir resultados materiais e satisfazer a natureza inferior, tem de ser bem direcionada, purificada e transmutada pelo *Karma Yoga* em *Sattva* (ritmo ou harmonia), para servir aos propósitos do Eu Superior.

A vida do chefe da família é a melhor preparação para a vida espiritual, pois ele deve forçosamente viver para os demais, sendo o altruísmo sua principal colheita no rico campo do lar. A piedade ou compaixão pelos seres mais fracos é uma virtude que ele tem muitas oportunidades para cultivar ali; e a paciência e a tolerância brotam mais facilmente na vida familiar. Igualmente, a liberalidade, a hospitalidade, a caridade voluntária e cortês para com os pobres, a amabilidade para com os animais, a faculdade de guiar firmemente e de treinar almas mais jovens, e o isolamento espiritual em que o Espírito nada possui mesmo quando o corpo esteja nadando em riquezas, todas são mais algumas virtudes que se pode adquirir na vida familiar. Essas são algumas das lições a serem aprendidas nas primeiras séries de vida pelo chefe de família que fixou os olhos na meta e busca utilizar sua vida para pôr os pés na Senda Probatória. De fato, tal vida é o melhor campo de treinamento para a vida do discípulo.

Um homem comum age pelo fruto que gratificará sua natureza inferior, pelo desejo de recompensa e de dinheiro, atuando pela influência da qualidade *Rajásica*. Já um homem que aspire à vida espiritual deverá mudar seu ideal do egoísmo para o serviço; deverá alterar a motivação no trabalho que está realizando, e realizá-lo não porque procure meios de sustento (embora em nada temos de nos envergonhar ao ganhar nossa subsistência mediante qualquer trabalho), não porque queira ganhar algo, mas porque ele deve ser realizado. Ele poderá ensinar, curar, argumentar, fazer comércio ou empreender negócios de qualquer classe, mas não o fará somente pelo dinheiro que produz ou pelo poder que confere, mas a fim de que o grande trabalho do mundo possa ser realizado e de que, através de seus serviços e auxílio à humanidade, ele possa ser um colaborador com o Divino no mundo. A espiritualidade é o reconhecimento de Deus em toda parte e em todas as coisas; e não depende de seu ambiente que o homem seja mundano ou espiritual, mas de sua atitude interna. A questão não é *o que* uma pessoa faz, mas *como* faz.

Portanto, *Karma Yoga* substitui a satisfação pessoal pelo dever; mas há algo maior ainda que o dever quando toda ação é realizada como um sacrifício, quando o sacrifício espontâneo e de boa vontade toma o lugar do dever. Na vida diária externa, o homem que anteriormente trabalhava pelo fruto neste mundo e pelo Céu depois da morte faz tudo em primeiro lugar como um dever e depois como um sacrifício, por seu próprio livre-arbítrio – uma doação de tudo em contentamento. Sem o sacrifício Divino, sem as Divinas autolimitações, não haveria o Universo, nenhum dos mundos que preenchem os reinos do espaço; e como a vida do mundo está baseada no sacrifício, toda vida autêntica é também sacrifício. O que aprisiona não é a ação, mas o desejo pelo fruto da ação; e a única ação que não aprisiona é o sacrifício.

Então, executando cada função da vida familiar e da vida cívica como um ato de sacrifício, percebendo-se a si próprio como um Deus corporificado, o chefe de família e o homem do mundo se tornam homens perfeitos ou espirituais. Esses são os primeiros passos na Senda do Discipulado para um homem que viva no mundo, que o levarão ao encontro do Guru, direcionando-o a uma vida superior, até que ele tenha perdido todo apego e seja internamente desapegado – o peregrino; e pela renúncia e autossacrifício esteja pleno de conhecimento e devoção.

P 275: *Qual é o primeiro passo ou a qualificação mais importante e necessária para aproximar-se da Senda? Qual é a característica pela qual podemos saber se um homem está se preparando para entrar na Senda?*

R: O primeiro passo, sem o qual nenhuma aproximação da Senda é possível, é o serviço à humanidade. "Viver para beneficiar a humanidade é o primeiro passo"[49], diz *A Voz do Silêncio*. A vida do homem que se aproxima da Senda é marcada pelo serviço altruísta aos demais, por sua disposição de sacrificar tudo pelo bem dos outros, por sua prontidão em abandonar tudo que os homens mundanos consideram valioso por devoção a um ideal ou a uma causa que ele acredita corporificar a retidão. Essa é a característica do homem que está se aproximando da Senda. Tal homem, desenvolvendo-se por meio do serviço aos demais, realiza a verdade das palavras que o próprio Cristo pronunciara: "Por que haveis feito isto pelo menor de Meus Irmãos, o haveis feito por Mim".

Não existe distinção entre as várias classes de serviço, contando que este seja altruísta e vigoroso. Poderá ser puramente intelectual, como a obra do autor ou do escritor que tenta espalhar entre os demais os conhecimentos que adquiriu; ou poderá ocorrer ao longo das linhas da Arte, nas quais o músico, o escultor ou o pintor põem diante de si o ideal de tornar o mundo um pouco mais belo, um pouco mais cheio de graça; ou poderá ser em prol do melhoramento social, quando um homem, movido de simpatia pelo pobre, verte sua vida inteira no trabalho de auxílio ou tenta modificar antigos ambientes ou costumes sociais que retardam o progresso da humanidade; ou o trabalho poderá ainda se desenvolver na direção política, onde a vida da nação é o objetivo do serviço; ou por atividades curativas. Poderá escolher-se qualquer trabalho útil de acordo com a capacidade – comércio, indústria, fornecimento dos serviços necessários à vida humana –, pois tudo cabe dentro do serviço.

[49] BLAVATSKY, H. P. *A Voz do Silêncio*. Fragmento II, Aforismo 144. Brasília: Ed. Teosófica, 2012. (N. E.)

P 276: *Mas cada um está ocupado com uma ou outra dessas atividades. Onde está, então, a diferença?*

R: A diferença está no motivo pelo qual se empreende a obra. Certamente, há homens escritores ou autores, políticos, reformadores sociais e médicos; participam da indústria e do comércio, mas movidos por qual motivo? Os homens comuns são movidos pela motivação do êxito pessoal, e não pelo serviço, em soerguer um pouco o pesado *karma* do mundo, em fazer o mundo um pouco mais elevado ao mesmo tempo em que obtêm sua subsistência. Naturalmente, é necessário trabalhar pelo fruto da ação em um estágio inferior; mas o ideal de serviço – ajudar o mais fraco, ensinar o ignorante, soerguer o oprimido –, o serviço altruísta em que tudo se dá sem pedir nada em troca, não por escolha mas por um impulso invencível, constitui o primeiro passo na direção da Senda.

P 277: *Qual é, então, o segundo passo ou qualificação para aproximar-se da Senda?*

R: O que caracteriza o segundo passo é estar dominado por uma ideia de maneira que nenhuma argumentação e nenhum proveito pessoal possam desviá-lo dela. A fixação em uma ideia pode parecer com a do maníaco, mas essa será uma ideia falsa. Se a ideia for uma verdade, voltada ao serviço do homem, aquele que estiver dominado por ela – como um entusiasta, um herói, um mártir – estará próximo à entrada da Senda. Quando um homem está convencido de que algo é verdade, é mais fácil para ele morrer como mártir do que negar aquela verdade – Giordano Bruno é um caso. O homem é julgado mais por sua motivação para uma ação do que pela própria ação. A coroa de louros do heroísmo não é unicamente para as frontes do vencedor e do forte; aquele que tem aspiração também é heroico, embora essa aspiração promova seu insucesso. Os esforços para realizar um Ideal nobre e elevado transformam a vida em grandiosa e heroica.

Portanto, para tornar as nossas ações o mais sábias possível, devemos nos entregar inteiramente ao serviço sem nada reter, auxiliando onde surja uma oportunidade para o trabalho; e devemos nos devotar a algum Ideal elevado, seguindo-o tanto em tempos de calmaria quanto de tempestade.

P 278: *O que significa ser discípulo de um Mestre? O que se espera daquele que aspira sê-lo, e qual o trabalho que deve realizar?*

R: Os Mestres se dedicaram definitivamente a servir à humanidade. Sua força, embora grandiosa, é ainda limitada; por isso, eles são muito cuidadosos em usá-la com o melhor proveito possível. Um Mestre somente poderá tomar um homem como discípulo quando vir que a quantidade de força empregada em seu treinamento produzirá, ao final, maior resultado que qualquer outro modo de emprego da mesma força. Ninguém, por mais benevolente, bondoso e sincero em seu desejo de auxiliar outros, poderá ser aceito como discípulo se ainda se encontrar cheio de imperfeições menores ou sofrer de alguma fraqueza que possa comprovar-se um sério obstáculo em seu caminho. Para que um indivíduo receba auxílio especial, ele terá que mostrar especial receptividade. Um Mestre não tem favoritos. Ele tem suas afeições particulares como todos as temos, e certamente ele ama alguns mais que outros, mas ele jamais permitirá que tais sentimentos influenciem sua atitude, o mínimo que seja, quando se tratar da Obra. Ele poderá passar por muitos contratempos por um homem se observar nele as sementes de futura grandeza, se acreditar que ele comprovará ser um bom investimento pela quantidade de tempo e energia gasta com ele. Não há a menor possibilidade de favoritismo em sua mente. Ele considera única e simplesmente o trabalho que tem de ser realizado, a obra da evolução e o valor do homem em relação a ela. O serviço desinteressado ou a atitude altruísta, sem motivação pessoal; a natureza amável, altruísta e prestativa – somente isso chama a atenção do Mestre; e ele se volta para o provável discípulo, colocando oportunidades em seu caminho para testar sua força e invocar sua intuição.

Tornar-se discípulo de um Mestre significa, portanto, que o aspirante deve também possuir a mesma perspectiva de vida que ele possui; deve esquecer-se *absolutamente* de si e não ter qualquer desejo pessoal; deve estar disposto a sacrificar tudo, e a si mesmo em primeiro lugar; deve ordenar toda a sua vida de acordo com o trabalho que tem de efetuar; e deve abandonar tudo e segui-lo. Segundo o Cristo: "Aquele que perder sua vida, a encontrará". E disse o Senhor Buda: "Mata a sede de vida se desejas a Senda".

Os discípulos são utilizados pelo Mestre de muitas diferentes maneiras. Alguns têm que fazer o trabalho astral de ajudar os vivos e os recentemente mortos; outros auxiliam diretamente o Mestre na tarefa que ele estiver realizando; outros são enviados ao astral para dar conferências para auditórios de almas menos adiantadas ou para instruir outros que se encontrem soltos no mundo astral, temporariamente pelo sono ou permanentemente pela morte. Os recém-falecidos precisam ser tranquilizados e confortados para que, quando for possível, sejam libertos do terrível e irracional temor que muito frequentemente os captura, retardando seu progresso para as esferas superiores além de ocasionar-lhes sofrimento desnecessário; devem receber explicações, até onde for possível, sobre a condição em que se encontram e o curso de ação que para eles é mais conveniente seguir; na extensão de sua capacidade, devem também ser capacitados a compreender o futuro que se abre diante deles. Todo auxiliar astral tem uma quantia de casos regulares. A maior parte do treinamento de um discípulo acerca do trabalho astral lhe é ministrado por alguns dos discípulos mais antigos, embora às vezes o próprio Mestre possa dar algumas instruções especiais.

Os discípulos são também empregados pelos Poderes do Bem como agentes, para responder às preces, e como canais, para que vertam energia. Além disso, são treinados para trabalhar por meio de sugestão, ou seja, simplesmente instigando bons pensamentos nas mentes daqueles que se acham prontos para recebê-los, e sugerindo pensamentos verdadeiros e belos aos autores, poetas, artistas e músicos. Sem essas influências, a humanidade seria de fato improdutiva, embora grande parte pouco saiba sobre a real fonte de sua riqueza. Os próprios Adeptos não podem se afastar de seu exaltado trabalho para se ocuparem dessas tarefas inferiores e mais fáceis, pois, se o fizessem, todo o mecanismo da evolução sofreria.

Portanto, os discípulos realizam uma grande variedade de trabalhos em cada ramo da civilização e da cultura humana, todos como parte do labor dos Adeptos no mundo. Por serem também aprendizes em seu nível inferior, como mencionado, servem como canais de influência e como transmissores da energia dos Mestres ao mundo como um todo.

P 279: *Se é necessário fazer tanto trabalho, por que os Mestres não usam os muitos aspirantes que lhes são tão devotos e que desejam ardorosamente ser tomados como discípulos e treinados para auxiliarem o mundo?*

R: Pode haver muitas razões pelas quais um Mestre não o faz. Algumas vezes a pessoa tem um defeito proeminente, o que em si já é razão suficiente. Muito frequentemente trata-se do orgulho. Uma pessoa pode ter um conceito tão elevado de si mesma que não seja dócil para ser instruído, embora pense que sim. Seguidamente, nesta nossa civilização, o defeito é a irritabilidade. Em grande medida, vivemos em uma civilização de ruídos torturantes; e mais que qualquer outra coisa, o ruído abala os nervos e provoca irritação. Algum leve sentimento desagradável e temporário que esteja em nossa mente por dez minutos pode talvez produzir no corpo astral um efeito que perdure por 48 horas. As vibrações subsistem por um período de tempo considerável. Por isso, uma pessoa boa e digna costuma ter seus nervos tão perturbados que se torna impossível para ela estar em contato próximo e constante com o Mestre. Às vezes o impedimento é a curiosidade acerca dos assuntos alheios, e especialmente quanto ao desenvolvimento ou estatura oculta de outras pessoas. É quase impossível para um Mestre aproximar-se de alguém que tenha tal falha.

Outro obstáculo comum é a facilidade para sentir-se ofendido. Muitos aspirantes sinceros e fervorosos sentem-se tão facilmente ofendidos que praticamente não servem para o trabalho porque não conseguem se relacionar com outras pessoas.

Há ainda aqueles que, em vez de considerar os aspectos bons no trabalho ou no caráter de outra pessoa, estão sempre prontos para descobrir os defeitos e se comprazem na crítica destrutiva. Mas um Mestre disse: "Há uma crítica elevada que se arremete contra uma pérola tão avidamente quanto a sua se precipita sobre uma falha". Muitas pessoas têm esse tipo de defeito, mas não lhes agrada que suas faltas sejam assinaladas, e geralmente não acreditam que as possuam.

A centralização em si próprio é tão somente mais uma forma de orgulho, e está bastante acentuada nos tempos atuais. A personalidade que temos edificado por muitos milhares de anos se fortaleceu e geralmente é arrogante. É uma tarefa muito árdua reverter sua atitude e obrigá-la a adquirir o hábito de considerar as coisas do ponto de vista de outros. Se a pessoa deseja chegar ao Mestre, indubitavelmente tem de sair do centro de seu próprio círculo.

Entretanto, acontece às vezes que os aspirantes não possuem nenhum defeito particular avantajado, mas ainda não são suficientemente fortes e devem crescer um pouco mais, integralmente, antes que sejam considerados dignos. É preciso energia para ter a atitude de se direcionar ao trabalho que o próprio Mestre adota, pois, em adição a qualquer defeito que tivermos, temos contra nós toda a pressão da forma de pensar do mundo – a pressão constante da opinião alheia –, pois milhares de pessoas ao nosso redor estão produzindo pensamentos autocentrados.

Os corpos astral e mental de um aspirante devem exibir continuamente quatro ou cinco esplêndidas e importantes emoções, entre elas amor, devoção, simpatia e aspiração intelectual. Contudo, em vez de algumas grandes emoções vibrando esplêndida e claramente com finas cores, vê-se geralmente um corpo astral manchado de vórtices vermelhos, pardos, cinzas e negros, às vezes cem ou mais deles; são algo como uma massa de verrugas sobre o corpo físico, impedindo que a pele seja sensível como deveria sê-lo. O candidato deve cuidar para que esses vórtices sejam removidos e o usual emaranhado de emoções mesquinhas inteiramente desmanchado.

Na Senda não pode haver coisas pela metade. Muitos homens estão na posição daquele par de malignos, Ananias e Safira. Não concedem tudo, mas retêm um pouco para si próprios, não de seu dinheiro, mas do profundo sentido de "eu", o que os afasta dos pés do Mestre. Em Ocultismo, isso não serve. O aspirante deve seguir o Mestre sem reserva, e não dizendo para si: "Eu seguirei o Mestre desde que ele não me faça trabalhar com tal pessoa; eu seguirei o Mestre contanto que tudo que eu faça seja reconhecido". Com eles, não se impõe condições. Isso não significa que o aspirante deva abandonar suas obrigações regulares do plano físico, mas simplesmente que todo seu ser deve estar à disposição do Mestre; deve estar preparado para se submeter a qualquer coisa, para ir a qualquer parte, não como uma prova, mas porque o amor ao trabalho é supremo em sua vida. Deve adotar uma atitude inteiramente diferente para com a vida em geral; tal atitude foi expressa por um dos Mestres na frase: "Aquele que deseja trabalhar conosco e para nós deve abandonar seu próprio mundo e vir para o nosso".

P 280: *O que devemos fazer para atrair a atenção do Mestre?*

R: Se trabalharmos no mesmo sentido em que ele trabalha, estaremos cada vez mais em afinidade com ele, e nossos pensamentos se tornarão cada vez mais semelhantes aos dele. Isso nos aproximará continuamente dele, tanto em pensamento quanto em atividade; e dessa forma logo atrairemos sua atenção, pois ele está ininterruptamente observando o mundo para encontrar aqueles que sejam úteis ao seu trabalho. Ao nos perceber, ele logo nos atrairá para mais perto dele, para uma observação ainda mais próxima e detalhada, usualmente nos colocando em contato com alguém que já seja seu discípulo. Por conseguinte, é inteiramente desnecessário fazer qualquer esforço direto para chamar sua atenção.

P 281: *Entre os milhares de homens em toda a humanidade, como pode um Mestre saber se uma pessoa já está adequada para a Senda?*

R: Sobre o fundo negro do egoísmo humano, na noite da luta humana, um coração aceso pelo amor e pelo serviço à humanidade brilha como uma lâmpada na escuridão, como a luz de um farol nas trevas da noite; e o Mestre sabe imediatamente que ali está um futuro discípulo.

Como um homem no alto de uma montanha que vê a luz de uma única cabana porque ela brilha em meio à escuridão circundante, assim também um homem que iluminou sua alma atrai o olhar do Vigilante na montanha. Porém, é necessária uma rígida autodisciplina antes que um homem possa tornar-se mesmo um candidato ao Discipulado.

P 282: *De que maneira um homem é conduzido para buscar o Mestre?*

R: Em verdade, foi declarado em uma Escritura do Oriente, a *Bhagavad-Gitā* dos hindus: "De qualquer modo que os homens venham a Mim, Eu lhes dou as boas-vindas, pois são Meus todos e quaisquer caminhos que os homens possam tomar"[50]. E igualmente expressa o primoroso aforismo dos sufis, os místicos do Islã: "Os caminhos para Deus são tantos quantos os alentos dos filhos dos homens". Porém, todos esses variados métodos podem ser classificados em três grupos: *Jñāna Yoga* (União pelo Conhecimento), *Bhakti Yoga* (União pela Devoção), *Karma Yoga* (União pela Ação); sendo que em um estágio adiantado os três se fundem em um só, quando cada um deles adquire as qualidades dos outros dois. No primeiro, o homem é movido por um intenso desejo de conhecimento, pelo anseio de com-

[50] *BHAGAVAD-GITĀ, A CANÇÃO DO SENHOR*; tradução do sânscrito para o inglês por Annie Besant, IV Discurso: O *Yoga* da Sabedoria, Aforismo 11. Brasília: Ed. Teosófica, 2010. (N. E.)

preender; no segundo, ele aproxima-se da busca pelo intenso amor por alguém ou da lealdade e devoção a um líder que corporifique um ideal; enquanto que no terceiro grande método, ele tem o aspecto vontade despertado em si pela percepção do terrível sofrimento de tantos ao seu redor.

Quando a pessoa alcança o ponto em que sente que deve conhecer ou perecerá, quando sente que deve ter um ideal perfeito ou perderá todo o ânimo para viver, quando percebe que precisa encontrar um remédio para o sofrimento humano, então algo acontece em seu caminho que a estimula a uma busca consciente do Mestre – algo relativamente insignificante ou acidental, um livro, uma conferência, um quadro; e em seguida lhe vem o conhecimento dos grandes fatos da Reencarnação, do *Karma*, da existência da Senda e da realidade daqueles que trilharam antes a Senda. Com tal conhecimento, surge a ânsia não somente de compreender, mas de ser um instrumento para a execução do Plano Divino no Esquema da Evolução. Tal pessoa descobre que há uma ciência do *Yoga*, ou ciência da União; vê diante de si o início da Senda e aprende as qualificações necessárias para trilhá-la.

Yoga é a aplicação das Leis de Evolução da mente humana no indivíduo de tal modo que o homem possa, assim, acelerar o desenvolvimento de sua mente e superar sua Raça a fim de auxiliar o mundo; é a maneira pela qual um homem pode apressar sua evolução, expandir sua consciência e elevar-se até a união com o Divino. Mas o *Yoga* requer uma Disciplina de Vida. As Leis ordinárias da Natureza nos conduzem pela evolução ordinária, mas se aumentamos a tensão para uma evolução mais rápida, devemos fortalecer aquilo em nós que está submetido àquela tensão. Um homem que queira realizar em um breve espaço de tempo o que a vasta maioria de sua Raça fará em milhares de anos deve preparar seu despreparado corpo e sua destreinada mente pela Disciplina de Vida, e deve adquirir, pelo menos até certo ponto, as Qualificações para o Discipulado antes que possa entrar na Senda Probatória.

P 283: *Dos dois requisitos, "Disciplina de Vida" e "Qualificações para o Discipulado", o que significa o primeiro?*

R: A Disciplina de Vida é uma rígida autodisciplina para purificação de todos os veículos temporários, o corpo físico e a natureza inferior, as emoções e a mente. Devem ser abandonadas as bebidas alcoólicas de todo tipo, pois a prática que conduz à busca do Mestre necessita de meditação concentrada e definida com a intenção de estimular e desenvolver certos órgãos físicos no cérebro, e os vapores alcoólicos, assim como as drogas narcóticas, produzem efeitos tóxicos sobre esses órgãos.

Ainda, terá de renunciar a alimentos carnívoros de todo tipo, pois eles tornam o corpo muito grosseiro, conforme se explicou no Capítulo I. Além da questão da compaixão, um estudante de *Yoga* precisa de um corpo forte e resistente, e ao mesmo tempo sensível e responsivo às vibrações dos mundos sutis de matéria e de Vida.

Em seguida, o aspirante deve purificar o corpo astral e adquirir autocontrole, exercitando a natureza inferior até que ela esteja completamente subordinada à Vontade. Ele deve eliminar a natureza de desejo de cada contato do eu pessoal, purgando-a de tudo que o torne separado daqueles que se encontram abaixo tanto quanto dos que se encontram acima, destruindo, assim, as paredes da *separatividade*. Porém, ao combater tudo que seja pessoal, ele deve reter a essência de todas as numerosas qualidades que adquiriu como resultado de sua incessante ascensão pela Escada da Vida.

Para uma melhor compreensão da purificação da natureza inferior, algumas ilustrações podem ser úteis. Consideremos inicialmente a potente força que se desenvolve nos estágios inferiores do crescimento de cada ser humano, mas que agora precisa ser purificada: a força da raiva ou da ira. Nós a vemos no homem não desenvolvido sob a forma brutal de paixão, se confrontando com tudo que se oponha à satisfação de sua vontade. Para treinar essa paixão da raiva, o homem primeiramente se livra do elemento pessoal através do perdão da injúria como um dos seus deveres, substituindo a raiva pelo amor, derrotando o mal com o Bem. Resta então uma raiva impessoal. Ele vê um homem pobre oprimido ou um animal maltratado e se sente indignado com o opressor. Essa raiva impessoal, essa nobre indignação, porque é mais nobre que a indiferença insensível, tem que ser transmutada na qualidade de fazer justiça tanto ao fraco quanto ao forte, sentindo compaixão tanto pelo malfeitor quanto pelo prejudicado, pois aquele prejudica mais a si mesmo que ao maltratado, por armazenar mau *karma* para o futuro, e portanto necessita de auxílio e instrução. O homem detém a má ação porque é seu dever fazê-lo, mas reconhecendo o Divino no coração mesmo do malfeitor, mostra-se gentil com ele, transmutando a raiva por meio da alquimia espiritual em perfeita justiça, que impede o mal e auxilia tanto o tirano quanto o escravo, o opressor assim como o oprimido.

Do mesmo modo com referência ao amor; o amor sensual que se manifestou de forma obscena e vil torna-se mais nobre e menos egoísta, moralizado, refinado e purificado, sendo transmutado por meio da alquimia espiritual em um amor que, ao se direcionar aos outros, procura servi-los em vez de servir a si próprio, procura doar em vez de tomar, e assim gradualmente se torna divino em sua essência.

Igualmente, a cobiça, o egoísmo e outras paixões de natureza inferior devem ser efetivamente destruídos e purificados pela Disciplina da Vida. O *Yoga* é realizado, portanto, pelo moderado autocontrole, pelo deliberado treinamento da natureza inferior, pela cuidadosa seleção dos materiais puros para alimentação e pelo cuidado e moderação em todas as atividades físicas.

P 284: *No que diz respeito ao segundo requisito, quais são as qualificações exigidas antes de se obter acesso à Senda Probatória?*

R: A primeira das qualificações necessárias, em considerável amplitude, antes que seja possível o Discipulado, é o controle do pensamento. Quando dizemos que um homem tem autocontrole, o que normalmente queremos dizer é que sua natureza intelectual ou superior – com sua mente e sua vontade, sua capacidade de raciocinar e de julgar – é mais forte que sua natureza inferior – com suas paixões e emoções. Esse autocontrole, no sentido comum da palavra, é verdadeiramente uma qualidade admirável, mas a um candidato ao Discipulado é requerido muito mais que isso, muito mais que o controle da natureza inferior pela superior. No Capítulo VII, estudamos o poder criador e a influência do pensamento; portanto, sabemos que é necessário um deliberado controle do pensamento no treinamento sistemático da mente – pensar conscientemente e com um propósito por trás do pensamento, recusar-se a nutrir os fragmentos rejeitados dos pensamentos de outros, e concentrar o pensamento em uma ideia através de uma prática constante na vida diária.

Esse controle do pensamento é uma condição necessária para o Discipulado, pois quando um homem se torna um discípulo, seus pensamentos ganham poder adicional, com vitalidade e energia aumentadas. Por meio de um pensamento, um homem pode matar o outro ou curar uma enfermidade; por meio de um pensamento, ele pode influenciar uma multidão ou criar uma ilusão visível; desse modo, antes que esses intensos poderes estejam a seu dispor, ele deve aprender a controlar seus pensamentos, detectar todo mal que haja neles, e não nutrir nada que não seja puro, benéfico e útil.

Outra importante qualificação é a meditação, o treinamento deliberado e formal da mente na concentração e fixação do pensamento. É necessária a prática diária da meditação, tanto devocional quanto intelectual. O candidato, na hora de sua meditação matinal, deve aprender a concentrar sua mente no Ideal Divino, no Instrutor a quem espera ao final encontrar. Quanto à meditação intelectual, que se refere à construção gradual e consciente do caráter, ele deve escolher uma das boas qualidades como tema, incorporando-a à sua vida diária pelo processo conjunto de meditação e ação. Ele deve meditar na pureza, na verdade, na compaixão, na coragem, no perdão, na caridade, etc., uma virtude após a outra, construindo um caráter nobre pela prática dessas virtudes em sua comunicação e em suas ações da vida diária.

Todo aquele que medita no Mestre estabelece uma firme conexão com ele, visível à visão clarividente como uma espécie de cordão de luz. O Mestre, subconscientemente, sempre sente o impacto desse cordão e envia em resposta uma forte corrente de magnetismo, que continua atuando longo tempo depois de finalizada a meditação. Por isso, a prática regular de tal meditação e concentração é de extremo auxílio para o aspirante; e a regularidade é um dos fatores mais importantes na produção do resultado. Deve ser feita diariamente no mesmo horário, com firme perseverança, ainda que não produza efeito evidente. Quando nenhum resultado aparece, deve-se cuidar especialmente de evitar a depressão, pois isso torna mais difícil que a influência do Mestre atue sobre o aspirante e demonstra que ele está pensando mais em si mesmo que no Mestre.

Em suma, o controle do pensamento, a meditação diária e o caráter nobre são as três principais qualificações para o Discipulado probacionário; mas há uma qualidade subjacente a todas elas: a sinceridade, a seriedade de quem reconheceu seu objetivo e vai diretamente a ele.

P 285: *Qual é o propósito do estágio chamado "Provação"? Como e por que um homem é inicialmente aceito como discípulo em provação?*

R: Quando, pela prática do *Yoga*, um aspirante purificou todos os seus veículos e, pelo serviço altruísta para o bem da humanidade, pela devoção, compaixão, pureza e autossacrifício, pelo controle do pensamento, pela meditação e pela nobreza de caráter, ele lutou até colocar-se na crista da onda do avanço humano, demonstrando uma natureza altruísta inteiramente dedicada ao serviço da humanidade, então ele encontra seu Mestre, ou melhor, seu Mestre o encontra.

Mas antes que possa aceitá-lo definitivamente como discípulo, o Mestre toma precauções especiais para assegurar-se de que tal pessoa está suficientemente preparada para ser posta em contato próximo com ele; e este é o objetivo do estágio chamado "Provação".

O Mestre submete o aspirante à prova do tempo, pois muitos, arrebatados pelo entusiasmo, parecem inicialmente muito promissores e ávidos para servir, mas infelizmente logo se cansam e retrocedem. Quando o discípulo houver progredido, através de todas as lutas, sob observação daquele benévolo olhar, em certo ponto desse progresso ele recebe, por meio de um discípulo mais antigo, a convocação do Mestre para comparecer à sua presença, usualmente em seu corpo astral; e o Mestre se lhe revela e o coloca definidamente em provação. Geralmente, não há cerimônia relacionada a esse ponto; o Mestre pronuncia algumas palavras de aconselhamento ao novo discípulo sobre o que dele é esperado e frequentemente, à sua maneira amável, encontra alguma razão para congratulá-lo pelo trabalho que já tenha realizado.

Um discípulo é posto em provação em resposta a uma solicitação feita por ele próprio aos Guardiões da Humanidade para que lhe sejam dadas oportunidades de um progresso mais rápido que o normal, que aquele dos homens comuns. Ao mesmo tempo, seu *karma* individual tem que ser reajustado, livrando-o daquele *karma* que possa limitar seu futuro aproveitamento e dando-lhe maiores oportunidades para um conhecimento mais amplo e um serviço mais efetivo.

Quando um Mestre toma um aspirante como discípulo em provação, ele o faz com a expectativa de apresentá-lo para Iniciação na mesma vida. Mas, simplesmente pelo fato de o Mestre ter respondido à aspiração do discípulo, não quer dizer que este terá êxito. A oportunidade lhe é dada por ele a merecer, como direito *kármico*; porém, o que ele faz de tal oportunidade depende exclusivamente dele mesmo. Além disso, o mais provável é que triunfe, se levar o assunto a sério e trabalhar intensamente a serviço do mundo.

P 286: *Quais são os defeitos comuns na vida diária que atuam como obstáculos para o progresso do discípulo em provação?*

R: A irascibilidade é um desses defeitos, pois os torturantes ruídos de nossa atual civilização e a pressão de tantos corpos astrais vibrando em diferentes frequências tornam muito difícil evitá-la, especialmente para o discípulo, cujos corpos estão muito mais afinados e são mais sensíveis que os do homem comum. Naturalmente, essa irritação é algo superficial; no entanto, um leve e passageiro sentimento pode produzir um efeito que dure por quarenta e oito horas. Quando se reconhece um defeito como esse, ele pode ser efetivamente removido ao não se enfocar nele a atenção, mas pelo esforço em desenvolver a virtude oposta, conforme já se explicou. Uma maneira de tratar a questão é colocar nosso pensamento firme e resolutamente contra tal defeito; mas não há dúvida de que essa ação provoca, em regra, a oposição do elemental mental ou astral, por isso um método melhor é tentar desenvolver consideração pelos outros, baseada fundamentalmente, é claro, em nosso amor por eles. Um homem que esteja pleno de amor e consideração não se permitirá falar – ou mesmo pensar – de modo irritado com alguém; e se ele estiver preenchido dessa ideia, alcançará o mesmo resultado sem suscitar oposição por parte dos elementais.

Existem várias formas de egoísmo que podem retardar muito seriamente o progresso do discípulo. A preguiça é uma delas. Uma pessoa, por exemplo, que esteja se deleitando com a leitura de um livro não vai querer deixá-lo para ser pontual; outra escreverá com péssima caligrafia, sem se importar com os inconvenientes, e mesmo o dano aos olhos e ao humor, àqueles que irão ler. Coisas como essas tendem a nos tornar menos sensíveis às influências superiores, a tornar a vida desmazelada e feia para outras pessoas, e destroem nosso autocontrole e eficiência. Eficiência e pontualidade são essenciais se quisermos realizar satisfatoriamente um trabalho. Muitas pessoas são ineficientes; quando lhes é dado um trabalho, não o concluem e se desculpam de mil maneiras; ou quando lhes solicitam alguma informação, não sabem onde encontrá-la. As pessoas diferem muito a esse respeito; a uma pode ser feita uma pergunta e ela responde: "Não sei"; enquanto outra diz: "Bem, eu não sei, mas vou indagar", e regressa com a informação solicitada.

Assim, em todo bom trabalho, o discípulo deve sempre pensar no benefício que resultará para os demais e na oportunidade de servir ao Mestre naqueles assuntos – que, mesmo materialmente pequenos, são de grande valor espiritual – e não pensar no bom *karma* que possa lhe resultar, o que seria tão somente outra forma de centralização em si mesmo, embora mais sutil.

Outros efeitos sutis, de igual tipo, são vistos na depressão e no ciúme, assim como na declaração agressiva de nossos próprios direitos. Um Adepto disse: "Pense menos em seus direitos e mais em seus deveres". Haverá ocasiões, ao tratar de assuntos do mundo externo, em que o discípulo considere necessário exigir gentilmente aquilo de que precisa; porém entre seus condiscípulos não existe algo como "direitos", mas somente oportunidades. Se um homem se sente contrariado, começa a emitir sentimentos agressivos; ele pode não chegar ao efetivo ódio, mas está originando uma incandescência nebulosa e turva em seu corpo astral, afetando também seu corpo mental.

Semelhantes perturbações se estabelecem frequentemente no corpo mental e são igualmente desastrosas em seus efeitos. Se um homem se deixa afetar demasiadamente por algum problema e se volta a ele repetidas vezes sem chegar a nenhuma conclusão, ele estabelece, assim, algo como uma tempestade em seu corpo mental. Existem algumas pessoas tão argumentadoras que discutem acerca de tudo, e claramente se comprazem tanto neste exercício que às vezes nem se importam com o lado da questão que estão defendendo. Uma pessoa desse tipo tem seu corpo mental em estado de perpétua inflamação, e tal inflamação tende, sob a mais leve provocação, a romper como uma verdadeira ferida aberta. Para tais pessoas, não há esperança de nenhuma espécie de progresso oculto até que estabeleçam o equilíbrio e o bom senso ao se relacionarem com essa condição insalubre.

Aqueles que estão se aproximando dos Mestres devem estar inteiramente livres de tudo que seja violento e grosseiro. Além disso, existe às vezes a tendência a risadinhas fúteis que produzem um efeito muito ruim no corpo astral, tecendo ao seu redor uma rede de fios cinza escuro, muito desagradável à visão, formando uma camada que dificulta a entrada de boas influências. Não se deve permitir que a alegria se tinja, por um lado, de aspereza ou indelicadeza, nem que degenere, por outro, em risadas tolas.

É especialmente necessário que o aspirante evite toda inquietação e alvoroço, pois, ao permiti-los, estabelece ao seu redor uma aura de trêmulas vibrações pelas quais não poderá passar qualquer pensamento ou sentimento sem que haja distorção.

Um clarividente, que consegue ver os efeitos das várias emoções indesejáveis sobre os corpos superiores, não tem dificuldade em compreender o quanto é importante que elas sejam controladas. Mas como a maior parte das pessoas não pode ver o resultado, tende a esquecê-lo e se permite esse descuido. Se um discípulo que foi posto em provação, enquanto desperto em seu corpo físico, pudesse ver as vivas imagens que o Mestre cria, compreenderia plenamente a importância do que parecem ser detalhes menores. Se ele puder cultivar o hábito de escolher o reto ponto de vista, de atuar pelas retas razões e de ter sempre uma atitude reta; se puder trabalhar infatigável e altruisticamente sob a orientação de um discípulo mais antigo do Mestre, ele irá acelerar consideravelmente seu progresso e se aproximará cada vez mais firmemente do ideal dos Mestres.

P 287: *Como um discípulo mais antigo guia um discípulo mais jovem em seu progresso?*

R: Pela presença de um discípulo mais antigo do Mestre, geralmente é dada ao aspirante, esteja em provação ou já aceito, muitíssima ajuda pelo exemplo, como também por intermédio de claras instruções sobre todo tipo de assunto, incluindo a formação do caráter. Conforme mencionado, na Índia antiga, quando um guru selecionava seus *chelas*, formava com eles um grupo e os levava aonde quer que fosse; e mesmo se não recebessem instruções, eles faziam rápidos progressos porque estavam sempre dentro da aura do instrutor e eram mantidos em harmonia com ela, em vez de serem envolvidos pelas influências comuns. Os Mestres não podem adotar fisicamente este plano, mas às vezes providenciam que alguns de seus discípulos mais antigos possam reunir em torno de si um grupo dos discípulos mais recentes e os atendam individualmente – tal qual o jardineiro cuida de suas plantas –, derramando sobre os jovens discípulos, dia e noite, as influências necessárias para despertar certas qualidades ou fortalecer certos pontos fracos. O discípulo mais antigo raramente recebe instruções diretas com relação a esse trabalho, embora o Mestre possa fazer, eventualmente, algumas observações ou comentários.

O fato de os discípulos se agruparem auxilia também em seu progresso; eles são influenciados pelos ideais elevados que tenham em comum, e isto acelera o crescimento de características desejáveis. É provavelmente inevitável, no curso da Lei do *Karma*, que um aspirante seja posto em contato com alguém mais adiantado que ele e seja bastante beneficiado por sua habilidade de responder a ele. Geralmente os Mestres não adiantam um discípulo sem que ele tenha estado com um discípulo mais antigo para guiá-lo e auxiliá-lo, embora haja exceções, pois cada Mestre tem sua maneira particular de conduzir seus discípulos.

P 288: *Qual é o trabalho a ser realizado por alguém que entra na Senda Probatória? Como é a vida do discípulo em seus estágios iniciais?*

R: O trabalho é inteiramente moral e mental, e o discípulo em provação tem que se dirigir, por si mesmo, ao ponto em que "se encontre face a face com o seu Mestre". Ele descobre, então, que existem certas qualificações estabelecidas para se trilhar a Senda Probatória, o "Caminho da Purificação" da Igreja Cristã, e que ele precisa adquiri-las não por um desejo vago, mas por meditação diária e pela prática em sua vida.

Há quatro qualificações que são requeridas ao discípulo em provação antes que possa se tornar um discípulo aceito, embora nesse estágio não lhe seja demandado um desempenho perfeito. Essas qualificações estão expostas detalhadamente no formidável livro *Aos Pés do Mestre*[51], traduzido em vinte e sete idiomas e do qual já se fizeram mais de quarenta edições, com milhares de impressões. Podemos dar aqui um simples esboço, com seus nomes técnicos em sânscrito (usados pelos hindus) e em páli (usados pelos budistas):

I - *VIVEKA:* discernimento entre o real e o irreal, entre o eterno e o transitório; e também entre o certo e o errado, o importante e o não importante, o útil e o inútil, o verdadeiro e o falso, o altruísta e o egoísta. O discípulo deve desenvolver a faculdade de fazer distinção entre as coisas transitórias, como a fama, o poder e a posição social, e as coisas perduráveis, como as qualidades mentais, morais e espirituais. Deverá aprender a distinguir o Deus interno das paixões e insensatezes exteriores, e ver o Divino, o melhor, em tudo e em cada homem – não importando se o mal apareça superficialmente –, deve aprender a identificar-se com o melhor a fim de poder auxiliar. Entre os budistas, essa qualidade se chama *Manodvāravajjana*, ou "a abertura das portas da mente".

II - *VAIRĀGYA:* ausência de desejos ou paixões. Desejos comuns, preferências fugazes, gostos e aversões que tanto preenchem a vida de um homem, não devem ser eliminados, mas transcendidos e transmutados no superior, substituídos por um único desejo, o de estar em perfeito acordo com a Vontade Divina.

[51] KRISHNAMURTI, J. *Aos Pés do Mestre*. Brasília: Ed. Teosófica, 1999. (N. E.)

Por exemplo, o amor humano, frágil e egoísta, pode ter seu lado animal transcendido pelo amor altruísta por toda a humanidade. À medida que o discípulo percebe a irrealidade à sua volta, os objetos mundanos perdem seu poder de atração; e da indiferença por esses objetos surge a indiferença por seus frutos, que são também reconhecidos como irreais e impermanentes. Ele não deve cessar suas atividades; entretanto, embora trabalhando como o ambicioso, não deve sê-lo. Uma prova da ausência de desejos consiste em que ele possa ser capaz de constatar, sem sinal de tristeza, que seus projetos ou empreendimentos de muitos anos desmoronaram, reduzindo-se a pó. Todo desapontamento ou remorso surge do pensamento do eu e implica desejo pelo fruto da ação. Além disso, enquanto um desejo não satisfeito possa fazê-lo infeliz, ele ainda está se identificando com seus desejos. Ele não deve "jamais ter o desejo de brilhar ou de parecer muito hábil; não ter o desejo de falar" e "acostumar-se a escutar mais do que falar", reprimindo inflexivelmente "o desejo de se meter nos assuntos dos outros". E assim, quando realmente se experimenta *Viveka*, não simplesmente quando se fala a respeito, cessa todo desejo pelos objetos mundanos, e *Vairāgya* segue o rastro de *Viveka*, como as rodas seguem atrás do cavalo. Entre os budistas, é *Parikamma*, "preparação para a ação"; indiferença pelo fruto da ação, adquirida por executar o correto sem considerar nosso próprio ganho ou perda.

III – *SHATSAMPATTI*: o grupo sêxtuplo de qualidades ou atributos mentais, os Dons da Mente, às vezes chamado "Reta Conduta"; são qualidades muito necessárias ao discípulo; entre os budistas, é chamado *Upachāro*, "atenção à conduta". Essas qualidades assim se detalham:

a) *SHAMA* – controle do pensamento. Muito amiúde, é a mente que controla o homem, e não o homem que controla a mente. Deve haver o controle sobre o temperamento, com uma mente sossegada e audaz, sem ânsia nem depressão; esse autocontrole, para a mente, é absolutamente necessário, pois a menos que a mente se mova obedecendo somente a direção da vontade não poderá ser um instrumento perfeito para o trabalho do Mestre no futuro. Essa qualificação é muito abrangente, pois inclui em si tanto o autocontrole quanto a calma necessária para o trabalho astral.

b) *DAMA* – controle da conduta, autocontrole na ação ou na fala. Muito mal é causado pela imprudência ou falta de amabilidade nas palavras, ou por descuidada repetição; mas se o pensamento for reto, a conduta também o será. "Antes que a voz possa falar na presença do Mestre, deverá ter perdido o poder de ferir." O discípulo deve cumprir todas as suas obrigações ordinárias, estar constantemente ativo no bom trabalho, e "estar sempre pronto a oferecer auxílio onde for necessário, mas *nunca* interferir".

c) *UPARATI* – tolerância, uma nobre e amável tolerância para com todos à sua volta; uma capacidade de compreender a todos sem querer do outro mais do que ele possa dar. É o reconhecimento do direito do outro de pensar por si mesmo, sem a menor intervenção alheia. Com essa atitude tolerante, o discípulo deve olhar para todos a partir do interior, compreendendo suas aspirações, seus desejos e motivos; e embora saiba que as cerimônias não são necessárias, deve abster-se de condenar os que se mantêm fiéis a elas. Livre de toda superstição e fanatismo, deve aprender a ser tolerante com toda forma de religião, com todas as variedades de costumes, com todas as crenças e tradições dos homens, sabendo que são todas diferentes aparências externas da mesma Verdade fundamental.

d) *TITIKSHĀ* – resistência. Essa virtude se traduz também como "contentamento", pois implica a disposição de suportar com contentamento e alegria qualquer situação que o *karma* possa trazer, e de se desapegar de qualquer coisa que seja mundana sempre que necessário. O discípulo compreende que "nada tem muita importância, e grande parte das coisas não importa de forma alguma"; e imperturbável tanto pela alegria quanto pela tristeza, ele sabe que "isto também passará" e que "o que quer que seja, é o melhor". Ao perceber que tudo o que venha a ele em forma de distúrbios na mente ou no corpo, na família ou nos negócios, procede de sua própria criação no passado, e que aqueles que lhe causam danos são apenas instrumentos de seu próprio *karma,* ele suporta tudo não somente com total ausência de ressentimento, mas com absoluto contentamento. Ele também sabe que será de pouca utilidade para seu Mestre enquanto seu mau *karma* não tiver sido inteiramente esgotado; portanto, ele recebe alegremente qualquer aceleração desse *karma*, consumindo agora, em uma ou duas vidas, o que de outra maneira poderia se estender por mais de cem, compensando grandes dificuldades e incômodos com o tempo que ganha.

e) *SHRADDHĀ* – fé, confiança. É a profunda convicção interna de sua própria divindade e, por conseguinte, de seu poder de triunfar; a poderosa fé em sua própria deidade, não realizada ainda mas pressentida; a perfeita confiança em seu Mestre e em si mesmo. Sabendo que "somente havendo perfeita confiança poderá existir o perfeito fluir de amor e de poder", ele confia ao máximo grau em seu Mestre, que lhe tem instruído e guiado, e que o conduzirá através do árduo caminho até o portal da Iniciação; e por meio dessa confiança em sua própria divindade, ele crê que "o que um homem (hoje seu Mestre) fez, outro homem (ele) pode fazer".

f) *SAMĀDHĀNA* – equilíbrio, compostura, quietude da mente, serenidade não perturbável por tristeza ou por júbilo. É a completa direção ao trabalho do Mestre que o discípulo tomou sob sua responsabilidade; é o propósito único de seguir a Senda, do qual tentações, prazeres ou afetos mundanos não conseguirão afastá-lo nem por um momento.

IV – *MUMUKSHUTVA* – desejo de liberação (da roda de nascimentos e mortes), conforme dizem os hindus; *Anuloma*, "ordem direta ou sucessão", como os budistas o denominam. A conquista dessa qualificação segue a obtenção das outras três. É, em realidade, a vontade de ser um com o Supremo; e porque o Supremo é Amor, e uma pessoa que se torne una com Ele deve inevitavelmente estar plena de perfeito altruísmo e amor, o amor elevado do humano ao Divino, o Mestre designa essa quarta qualificação como "Amor", e estigmatiza os três vícios da maledicência, da crueldade e da superstição como pecados contra o Amor. O discípulo deve não apenas se refrear do mal, mas também ser ativo em praticar o bem, devendo estar sempre vigilante para prestar serviços a todos os homens, animais e plantas ao seu redor. Deve aspirar ser uno com Deus não para seu próprio proveito, mas para que possa ser um canal por onde flua seu amor e sua Vida sobre os demais.

Nesse estágio inicial, não é esperado uma perfeita obtenção de todos esses talentos e qualificações; porém, quando o discípulo os tenha adquirido de forma a marcar seu caráter, ele é chamado de *Adhikāri*, pelos hindus, e de *Gotrabhū*, pelos budistas. "Somente aquelas ações através das quais resplandece a luz da Cruz são dignas da vida de um discípulo", diz um versículo de um livro de máximas ocultas; e isso significa que tudo que um aspirante faça deve ser instigado pelo fervor do amor do autossacrifício. Ele pôs os pés na Senda Probatória que conduz ao "Estreito Portal" da Iniciação, além da qual está o "antigo caminho estreito", a Senda "tão difícil de trilhar como o fio de uma navalha", o "Caminho da Santidade".

P 289: *O Mestre dá ao discípulo em provação algum trabalho especial ou algum conselho e instrução?*

R: Tratando-se de pessoas mais velhas postas em provação, elas são deixadas com muita amplitude para que encontrem o trabalho mais adequado para si mesmas; mas com os jovens, ele coloca, às vezes, em seu caminho algum trabalho específico e observa como o executam. Em outras ocasiões, ele se digna a transmitir mensagens especiais de encorajamento e instrução a alguns desses jovens, e mesmo dá um conselho especial com relação a seu treinamento.

P 290: *O que acontece ao discípulo depois de ter adquirido as quatro qualificações no estágio probatório? Qual é a duração desse estágio e qual a sua relação com seu Mestre durante esse e os estágios seguintes?*

R: Conforme já mencionado, quando um homem adquire as qualificações necessárias para entrar no estágio de discípulo em provação, o Mestre o chama, por via astral, até sua presença, coloca-o em Provação e o mantém sob estreita observação por um período médio de sete anos, embora se saiba que tal período tenha sido estendido por trinta anos no caso de um candidato insatisfatório, e reduzido a algumas semanas em um caso totalmente excepcional. Durante esse período de Provação, o discípulo não tem comunicação direta com seu Mestre e dele nada vê nem ouve, embora receba dele muitos ensinamentos durante o sono, use seu corpo astral como veículo de consciência para auxiliar no astral e também aprenda muito da vida do plano Mental durante a meditação.

O estágio Probatório consiste em testá-lo para ver até onde ele pode suportar os embates de seu *karma*, que tem de ser acelerado, permanecendo, entretanto, firme em seu altruísmo apesar de sua vida ficar privada daquelas satisfações e deleites que, para a maior parte dos homens, fazem com que a vida valha a pena ser vivida. Ele também é testado quanto a compreender que "uma pequena coisa que seja diretamente útil no trabalho do Mestre é muito mais digna de ser executada do que uma grande coisa que o mundo consideraria boa", e quanto a se adaptar o suficiente para ser um entusiasta trabalhador e servidor do Mestre em suas numerosas atividades em prol da evolução da humanidade.

E assim, o discípulo é colocado à prova não tanto para adquirir conhecimentos do Mestre, mas para treinar a si mesmo como um aprendiz que ajudará o Mestre em seu trabalho. Por conseguinte, espera-se que harmonize seus métodos de trabalho com os de seu Mestre, que esteja pronto a cooperar com seus companheiros aprendizes, e que demonstre, de todas as formas, que o Ideal de trabalho lhe motiva mais que sua satisfação pessoal como trabalhador.

Durante esse período, embora cheio de provas e aflições de todo tipo, em todos os planos, atenuadas às vezes por experiências encorajantes e por sugestões e auxílios, por via de regra, não lhe são colocadas dificuldades especiais em seu caminho, e ele é apenas observado cuidadosamente pelo Mestre em sua atitude frente aos problemas diários da vida. Para facilitar essa observação, o Mestre cria o que se chama "imagem viva" do discípulo, isto é, ele modela, com matéria mental, astral e etérica, uma contraparte exata dos corpos Causal, mental, astral e etérico do neófito, e mantém à mão essa imagem a fim de poder examiná-la periodicamente. Tal imagem está magneticamente aderida à pessoa que representa, de tal sorte que toda variação em seus pensamentos e sentimentos nela se reproduza exatamente por vibração simpática; e assim, por uma olhada de relance na imagem, o Mestre pode ver imediatamente se houve, durante o período desde a última observação, algum tipo de perturbação nos corpos que ela representa – se o neófito perdeu o controle ou se permitiu ser presa de sentimentos impuros, de aflição, depressão ou algo semelhante.

Se for satisfatório em perspectiva o progresso do discípulo na aquisição das quatro qualificações antes detalhadas, assim como o registro perfeitamente exato de seus pensamentos e sentimentos, marcado através da imagem viva, virá, então, uma nova convocação pelo Mestre, que dissolve a imagem viva e toma o discípulo em relação mais estreita, em um segundo estágio, o estágio de discípulo aceito, dando-lhe um ensinamento iluminador para auxiliá-lo a acelerar sua caminhada.

O discípulo se torna agora um canal para as forças do Mestre – um inteligente cooperador, um posto avançado da consciência de seu Mestre. A fim de ter seus veículos harmonizados e afinados pela íntima associação com o Mestre, ele se aproxima tanto da consciência dele que qualquer coisa que o discípulo veja ou ouça passa ao conhecimento do Mestre. Se, infortunadamente, surgir na consciência do discípulo algum pensamento inadequado para ser acolhido pela mente do Mestre, este erigirá instantaneamente uma barreira para cortar de si aquela vibração. Mas como isso toma a atenção do Mestre e desperdiça certa soma de sua energia, o discípulo deve se guardar muito cuidadosamente de todo pensamento não só definidamente mau ou egoísta, mas mesmo o trivial ou crítico. Por estar em contato tão próximo com os pensamentos de seu Mestre, o discípulo pode, a todo o momento, ver como o Mestre pensa sobre algum determinado assunto; pode comparar seu juízo com o juízo do Mestre sobre aquele particular ao elevar momentaneamente sua consciência até tocar a margem da consciência de seu Mestre, e assim salvar-se de cair em erro. Como o Mestre pode, a qualquer momento, enviar um pensamento através do discípulo, tanto na forma de uma sugestão como de uma mensagem, o discípulo, nos estágios iniciais, supõe que essas ideias surgiram espontaneamente em sua própria mente.

Em seguida, vem o terceiro estágio, de união ainda mais íntima, quando o discípulo se torna o "filho" do Mestre, e o vínculo é tal que não só a mente inferior como também o Ego no corpo Causal do discípulo se tornam envolvidos com os do Adepto. Esse vínculo só se faz quando o Mestre, após longa experiência daquele homem como discípulo aceito, estiver certo de que nada indigno, nada que requeira ser eliminado, jamais surgirá nos corpos astral e mental do discípulo; pois, embora o discípulo aceito possa ficar desconectado quando necessário, o "filho", levado a união tão estreita e sagrada, não pode fazê-lo, nem pode ter sua consciência separada da do Mestre por um instante sequer. Aquele que já é "filho" de um Mestre é também, ou muito brevemente o será, membro da Grande Fraternidade Branca. Sendo um raio da consciência de seu Mestre, o discípulo possui agora uma profundidade de sabedoria que não é sua, mas que lhe é conferida por seu Mestre para que seja usada. O discípulo já não está sozinho; na tristeza e na alegria, na obscuridade e na luz, a consciência do Mestre estará envolvendo a do discípulo, ainda que este não se dê conta desse tão glorioso fato.

A cada estágio, desde a Provação até a Aceitação, e daí à Iniciação, o Mestre apresenta formalmente seu discípulo ao *Mahāchohan*, e o nome e a categoria do discípulo são registrados pelo Guardião dos Registros da Hierarquia Oculta em seu imperecível Arquivo.

Os intervalos de tempo entre os vários estágios da Senda Probatória dependem da iniciativa e das capacidades do discípulo. Pode ocorrer que por trás de algum discípulo particular exista acumulado um grande *karma* de serviço que lhe confira a fortaleza e as oportunidades que outros não obtenham. Contudo, um discípulo vigoroso e determinado pode ultrapassar todos os obstáculos e "entrar na Senda" rapidamente, enquanto outro, que deixa passar inadvertidamente as oportunidades, pode ficar décadas em um estágio antes de chegar ao seguinte. Todos os discípulos recebem igualmente a inspiração do Mestre, mas cada um assimila dela de acordo com sua própria capacidade.

Os períodos de discípulo em provação, de discípulo aceito e de "filho" do Mestre são meramente relações pessoais entre Mestre e discípulo, e nada têm a ver com Iniciação ou passos na Senda Própria, que são provas da relação do homem com a Grande Fraternidade Branca e seu augusto Chefe.

P 291: *O que é Iniciação e qual o seu objetivo?*

R: É a expansão da consciência com o objetivo de abarcar o suprafísico assim como o físico, sendo a cerimônia da Iniciação uma série de fatos reais pelos quais um homem passa em presença da Grande Assembleia dos Mestres, fora de seu corpo físico. O homem, com sua consciência ampliada, com um novo sentido que lhe é conferido, com a chave do conhecimento que lhe abre novas perspectivas de poder e sabedoria para o serviço à humanidade, torna-se consciente de um novo mundo que surge em seguida por sua capacidade de estudar e de investigar o que sabe. A evolução normal da humanidade está acontecendo nos três planos inferiores – o físico, o astral e o mental –, frequentemente mencionados como "os três mundos", a bem conhecida *Triloki* ou *Tribhuvanam* da cosmogonia hindu. Nos dois planos espirituais seguintes – os planos da Sabedoria e do Poder, o Búdico e o *Átmico* –, prossegue a evolução específica do Iniciado, depois da Primeira das Grandes Iniciações.

A Primeira Iniciação consiste na admissão do discípulo como membro da categoria inferior da Grande Fraternidade que governa o mundo. A Iniciação é conferida por um Membro da Fraternidade em Nome do Iniciador Único; e a cerimônia de Iniciação é um exame oficial demonstrativo da aptidão do candidato para usar os novos poderes que lhe serão conferidos, a fim de que ele possa se tornar um melhor auxiliar no mundo dos homens. Os "mistérios" da Grécia e de Roma assim como a Franco-maçonaria moderna são débeis imitações da verdadeira cerimônia em si e das provas pelas quais passa o candidato.

Muitas pessoas, quando pensam em Iniciação, têm em mente a ideia de um grau a ser obtido para elas mesmas. Elas pensam do Iniciado como de um homem que se desenvolveu em um nível bastante elevado e se tornou uma figura imponente e gloriosa em comparação com o homem do mundo externo. Isso está correto; entretanto a importância da Iniciação não está na exaltação de um indivíduo, mas no fato de que ele se tornou uno, definitivamente, com a grande Ordem, a "Comunhão dos Santos", como tão admiravelmente é designada na

Igreja Cristã, embora muito poucos se deem conta do significado real dessas palavras.

A entrada na Fraternidade daqueles que regem o mundo é o terceiro dos grandes pontos críticos na evolução do homem. O primeiro é quando ele se torna um homem – quando se individualiza, deixando o reino animal para obter um corpo Causal. O segundo é o que os cristãos chamam "conversão" e os hindus denominam *Viveka*, ou aquisição do discernimento, como já se explicou. O terceiro ponto é o mais importante de todos, pois a Iniciação que o admite nas fileiras da Fraternidade também lhe dá garantia contra a possibilidade de fracassar no cumprimento do divino propósito, no prazo determinado para isso na atual corrente de evolução, e de não se desligar, no "Dia do Juízo", da próxima Ronda. Daí que aqueles que atingiram esse ponto são chamados no sistema cristão de "eleitos", "salvos" ou "ilesos". As palavras usadas na admissão de um candidato na Grande Fraternidade, na majestosa cerimônia da Primeira Iniciação, incluem precisamente este versículo: "Estás agora a salvo para sempre; entraste agora na corrente; que logo alcances a outra margem", sendo a outra margem o Adeptado, o próximo grande estágio para o Iniciado.

Existem cinco dessas Iniciações (desses cerimoniais na Senda que leva à Perfeição), sendo a Quinta a de Adepto ou Mestre. Na Primeira Grande Iniciação ocorre a união definitiva do Ego com a personalidade do candidato. Ele tem que passar pela Segunda, Terceira e Quarta Iniciações antes de atingir o Adeptado, que é a Quinta. Mas quando obtém a Quinta, ele une a Mônada ao Ego, da mesma forma que antes havia unido o Ego à personalidade. Portanto, quando ele tiver conseguido a união do Eu Superior com o eu inferior, quando já não exista mais sua personalidade a não ser como uma expressão do Ego, ele terá que iniciar o mesmo processo novamente, por assim dizer, fazendo daquele Ego uma expressão da Mônada antes de alcançar o Adeptado, que vem assinalar sua partida do reino humano e sua entrada no supra-humano.

P 292: *Qual é, então, a Senda que conduz afinal à Perfeição?*

R: A Senda que conduz à Iniciação, e dali à Perfeição do homem, é reconhecida em todas as grandes religiões, e suas principais características são descritas em termos similares. Nos ensinamentos católico-romanos, a Senda é dividida em três partes: 1) A Senda da Purificação ou Purgação; 2) A Senda da Iluminação; 3) A Senda da União com a Divindade. Entre os muçulmanos, nos místicos ensinamentos sufis do Islã, ela é conhecida como "o Caminho, a Verdade e a Vida". No Hinduísmo e no Budismo, a encontramos dividida em duas partes, e novamente subdividida. A Senda Probatória do hindu e do budista, na qual devem-se desenvolver certas qualificações morais, é a Senda de Purificação do cristão. Com relação a essa parte da Senda, enquanto o cristão coloca mais energia no fato passivo da purificação, os religiosos orientais enfatizam mais a aquisição ativa de elevadas qualificações – um, o lado negativo da aquisição, e o outro, o lado ativo. A Senda da Santidade, a segunda parte da Senda de acordo com o hindu e o budista, é dividida em quatro estágios, dos quais os dois primeiros representam a Senda de Iluminação e os dois últimos a Senda de União, do cristão. Cada um desses quatro estágios se caracteriza por uma expansão de consciência e se inicia por uma Iniciação especial, simbolizada entre os cristãos pelo Nascimento, o Batismo, a Transfiguração, a Crucificação e a Ressurreição do Cristo. Ao final do quarto estágio, é alcançado o Adeptado (ou a Maestria), a Liberação, a Salvação Final, simbolizada pela Ascensão do Cristo e a Descida do Espírito Santo.

P 293: *De que condições ou qualificações depende a adequação do discípulo para a Iniciação?*

R: A questão sobre se um homem está se aproximando da adequação para a Iniciação envolve três grupos separados e interdependentes de considerações. O primeiro, se ele já está de posse de uma suficiente soma das qualificações necessárias, conforme detalhado em *Aos Pés do Mestre*[52]; significa que ele deve possuir todas elas em alguma extensão e muitíssimo mais do que o mínimo de algumas delas. O segundo, se o Ego tem seus veículos inferiores exercitados de tal maneira que possa atuar perfeitamente através deles quando desejar fazê-lo; ele já deverá ter efetuado o que, nos primórdios de nossa literatura teosófica, se denominava "a união do eu inferior com o Eu superior", da personalidade com o Ego. E o terceiro, se ele está suficientemente forte para resistir ao grande esforço demandado, que se estende mesmo ao corpo físico.

P 294: *Em que nível de progresso um discípulo é iniciado?*

R: Há uma grande variedade de níveis de progresso em que são iniciados os discípulos. Os Iniciados são todos desiguais em seu desenvolvimento, assim como os homens que tenham adquirido um determinado grau profissional são todos diferentes em conhecimento. Um homem pode estar extremamente bem em muitos dos tópicos requeridos, muito acima do mínimo total, e encontrar-se, entretanto, seriamente deficiente e abaixo do padrão mínimo em outro tópico. Assim, naturalmente, será necessário que ele espere até ter o mínimo requerido naquele tópico negligenciado; e quando estiver adquirindo essa qualificação, estará, sem dúvida, desenvolvendo ainda mais as outras. Portanto, é óbvio que, embora seja requerido um certo nível de capacidade, alguns daqueles que são apresentados para a Iniciação poderão tê-lo superado em muito em algumas direções. Daí se pode deduzir que existe uma considerável variação no intervalo entre Iniciações. Um homem que esteja apenas minimamente apto para receber a Primeira pode, no entanto, possuir já considerável soma das qualificações para a Segunda; por conseguinte, para ele, o intervalo entre ambas poderá ser extraordinariamente curto. Por outro lado, um candidato que tenha somente a força suficiente, em todas as di-

[52] KRISHNAMURTI, J. *Aos Pés do Mestre.* Brasília: Ed. Teosófica, 1999. (N. E.)

reções, para capacitá-lo a passar pela Primeira, terá que desenvolver lentamente dentro de si mesmo todas as faculdades adicionais e conhecimentos necessários para a Segunda; por isso seu intervalo será provavelmente mais longo.

Um progresso oculto rápido implica uma tensão muito forte, e o estudante de Ocultismo que se proponha a acelerar seu desenvolvimento deve se recordar de que uma das condições prévias é a boa saúde física. Ele deseja efetuar em uma só vida os progressos que, sob circunstâncias ordinárias, seriam distribuídos em cerca de cinquenta ou mais; e como a soma do que precisa ser realizado é a mesma em ambos os casos, pois não há qualquer redução no padrão dos requisitos para a Iniciação, ele deverá, obviamente, empregar todos os seus veículos muito mais arduamente se quiser triunfar.

Até aqui, exceto em raríssimas ocasiões, as pessoas têm sido iniciadas somente depois que seus corpos físicos chegaram à idade madura, e depois de haverem demonstrado, por suas ações na vida, que seus corações estão juramentados ao trabalho do Logos. O Mestre pode dispor dos serviços de qualquer homem comum do mundo até o limite de sua capacidade; mas alguém que já seja discípulo aceito do Mestre será de muito maior utilidade a Ele, em vários sentidos, do que pode ser um homem do mundo. E de utilidade quase infinitamente maior será alguém que já tenha passado pelo portal da Iniciação e tenha despertado os múltiplos vínculos que unem os membros da Fraternidade. É sempre o Ego que é iniciado; pouco importa a idade do corpo físico que estiver usando no momento.

P 295: *Como, então, o discípulo é iniciado, e como se torna um membro da Grande Fraternidade Branca?*

R: Quando o Mestre, depois de uma estreita identificação da consciência do discípulo com a sua própria, está satisfeito com ele (o que usualmente coincide com o princípio ou o fim do estágio de "filho"), ele o apresenta ante a Fraternidade para a solene cerimônia da

Primeira Iniciação. O candidato é proposto e apoiado por dois dos mais altos membros da Fraternidade (da categoria de Adeptos), sendo um deles seu próprio Mestre. A apresentação é feita em primeira instância ao *Mahāchohān*, que designa então um dos Mestres para que atue como Hierofante Iniciador. Seja no salão de Iniciação ou em qualquer outro lugar indicado, o candidato é então iniciado em uma imponente cerimônia pelo Hierofante Iniciador, que em nome do Iniciador Único recebe do candidato o juramento e põe em suas mãos o novo fundamento de conhecimento que ele deverá usar no nível agora alcançado.

No relato de uma Primeira Iniciação conferida a um candidato na noite de 27 de maio de 1915, se lê: "Neste caso, o Senhor Maitreya foi o Iniciador e, por conseguinte, a cerimônia se efetuou em seu jardim. Quando o Mestre Morya e o Mestre Kuthumi executam o ritual, geralmente ele ocorre no antigo templo da gruta, cuja entrada é próxima à ponte que cruza o riacho entre suas casas. Houve uma grande congregação de Adeptos, estando presentes todos aqueles cujos nomes nos são familiares. O glorioso jardim estava em todo seu esplendor; os arbustos de rododendro resplandeciam por sua floração carmesim, e a fragrância do ar apresentava intenso perfume de rosas frescas. O Senhor Maitreya sentou-se em seu costumeiro banco de mármore que circunda a grande árvore em frente à sua casa; e os Mestres se agruparam em um semicírculo a partir de sua direita e até sua esquerda, em assentos para eles colocados no terraço gramado, sobre o qual se eleva em alguns degraus o referido banco de mármore. O Senhor Vaivasvata *Manu* e o *Mahāchohān* tomaram também assento no banco de mármore, um de cada lado dos braços do trono talhado, chamado 'Trono de Dakshinamurti', especialmente elevado e exatamente voltado para o sul".

O que acontece ao discípulo é realmente uma Iniciação, o início de um novo modo de existência, no qual a personalidade torna-se de forma crescente cada vez mais um mero reflexo do Ego; e o próprio

Ego começa a atrair os poderes da Mônada. A alma do homem é realmente aquela parte mais elevada de si, que é a Mônada; mas desde o momento em que esta, no momento da individualização, fez para si um corpo Causal, fora da alma-grupo animal, a "chispa pende da Chama pelo mais tênue fio de *Fohat*". O Ego, embora ligado assim à Mônada, não havia tido, até o momento da Iniciação, nenhum meio de comunicação com aquele aspecto mais elevado de si mesmo. Mas na Iniciação, ao chamado do Hierofante, a Mônada desce até o corpo Causal para assumir o voto de Iniciação, para fazer ela mesma o juramento de dedicar toda sua vida e toda sua energia, dali em diante, para promover a Obra da evolução; de esquecer completamente de si pelo bem do mundo; de tornar sua vida toda amor, como Deus é Todo Amor; e de guardar segredo sobre o que lhe ordenam manter secreto. A partir daquele momento, "o mais fino fio de *Fohat*" torna-se um feixe de fios, e o Ego, em vez de pender meramente como uma "chispa", torna-se como a extremidade de um funil que provém da Mônada e que traz vida, luz e força ao candidato.

Depois de sua Iniciação, o candidato é transferido ao Plano Búdico por seu Mestre ou por um discípulo mais velho para ser instruído sobre como atuar ali, em seu veículo Búdico. E então passa a acontecer o que ainda não havia ocorrido. Anteriormente, quando o discípulo deixava o plano físico para atuar no plano astral ou mental, seu corpo físico – ou seus corpos físico e astral, conforme o caso – era deixado sobre o leito para ser ocupado quando retornasse a ele. Agora, quando ele passa do plano Mental Superior ao Búdico, ele, é claro, deixa seu corpo Causal; mas este corpo Causal, em vez de permanecer com os corpos físico, astral e mental, desaparece. Quando o discípulo, a partir de seu veículo Búdico, olha para o plano Mental Superior, não vê ali nenhum corpo Causal que o represente. O Cristo disse: "Aquele que perder sua vida por mim, a terá encontrado". Como o Cristo representa o Princípio Búdico, essas palavras significam: "aquele que por minha causa (pelo desenvolvimento crístico dentro de si) abandonar seu corpo Causal no qual viveu por tanto tempo, encontrará *a si mesmo*, encontrará a mais verdadeira, grandiosa e elevada Vida". É preciso coragem para fazer isso. A primeira vez que um homem se encontra totalmente no veículo Búdico e verifica que desapareceu seu corpo Causal, do qual dependera por milhares de anos, é surpreendente; e, contudo, esse é o procedimento. Ele deve perder sua vida pelo Cristo se quiser encontrá-la por toda a eternidade. É certo que quando o discípulo iniciado regressa de seu corpo Búdico, ele encontra-se a si mesmo outra vez em um corpo Causal; mas este não é o corpo Causal que teve por milhões de anos desde o dia de sua individualização, mas um corpo Causal que é uma réplica daquela sua antiquíssima casa. Com sua primeira experiência Búdica, o Iniciado compreende que ele não é o Ego, mas algo mais transcendental, e conhece também – não somente acredita, com base na crença – a Unidade de tudo que vive; compreende como as vidas de todos os homens, suas dores assim como suas alegrias, seus fracassos assim como seus êxitos, são inseparáveis de sua vida.

Para alcançar o nível da Primeira Grande Iniciação, o homem deverá dominar seu corpo por meio de sua alma; deverá ajustá-los de maneira que todos os seus sentimentos estejam em harmonia com o sentimento superior. Quando chega o segundo dos grandes passos, repete-se o mesmo processo do estágio anterior, e a mente do homem, não apenas seus sentimentos, é colocada na mesma sintonia da mente de seu Mestre. Naturalmente, a mente do discípulo está em um nível infinitamente inferior ao do Mestre, pois ele é tão somente um homem, ainda muito frágil e humano, enquanto que o Mestre se eleva por sobre a humanidade como um Supra-homem; no entanto, os pensamentos do discípulo deverão seguir a linha dos pensamentos de seu Mestre. Assim como o homem que está começando a trilhar a Senda diz: "O que faria o Mestre nestas circunstâncias? Eu farei o mesmo"; também o homem que passou ao segundo estágio deve vigiar seus pensamentos a cada instante e dizer a si mesmo: "O que pensaria o Mestre em um caso como este? Como tal coisa teria se apresentado a ele?"

Existem cinco dessas Iniciações, grandes cerimônias que acontecem na Senda Própria, conforme já se falou antes.

P 296: *Como encontramos essas Iniciações na doutrina cristã?*

R: A vida do Cristo é não só um registro histórico como também a história do desenvolvimento do Espírito humano através dos portais das Iniciações. Aquele em quem já nasceu o Cristo, o Cristo Menino, o novo Iniciado, é denominado em todo o mundo invisível "a criancinha", nascida para a nova vida do Espírito; e a expansão de consciência que tal homem alcança consiste para ele na abertura do grande mundo espiritual, onde todas as verdades são conhecidas por intuição e não por raciocínio, passando o conhecimento a ser intuitivo em vez de racional. Por ter nascido nesse novo mundo do Espírito, ele é chamado "o duas-vezes-nascido", na vida da matéria e agora na vida do Espírito, que será para sempre sua. Por isso, a Primeira Grande Iniciação é também chamada "o segundo nascimento", o "nascimento do Espírito".

Portanto, a Primeira Iniciação é simbolizada entre os cristãos pelo Nascimento do Cristo, quando a Estrela do Oriente se coloca sobre o Menino; a Segunda, pelo Batismo, quando o Espírito desce sobre ele e nele reside para sempre; a Terceira, pela Transfiguração na Montanha, quando a Deidade interna brilha através dele. A Quarta Iniciação está indicada pelo sofrimento no Jardim de Gethsemane – a Crucificação e a Ressurreição do Cristo; e a Quinta é a Iniciação do Mestre, do Homem Perfeito, que alcançou a estatura da plenitude do Cristo, o Salvador dos homens, e é simbolizada pela Ascensão do Cristo e a Descida do Espírito Santo.

Com propriedade, a Primeira Iniciação é simbolizada no drama-mistério pelo Nascimento do Cristo porque nesse estágio surge dentro do homem uma grande mudança e um novo poder, bem expresso pela ideia de "nascimento".

Na Segunda Iniciação, há um maravilhoso influxo de força do Iniciador para o candidato, que se tipifica pelo Batismo do Cristo, ou melhor, pelo Batismo do qual ele falou, o do Espírito Santo e do Fogo; pois é o poder da Terceira Pessoa da Santíssima Trindade que é derramado naquele momento, descendo em algo que poderia ser inadequadamente descrito como uma torrente de força, uma flamejante onda de luz vivente.

A Terceira Iniciação é tipificada no simbolismo cristão pela Transfiguração do Cristo. Ele seguiu para uma distante e alta montanha e foi transfigurado diante de seus discípulos: "Sua face brilhou como o Sol, e suas vestes eram brancas como a luz"; "[...] mais brancas que a neve, de tal modo que nenhuma outra brancura poderia superá-las na Terra". Essa descrição sugere o *Augoeides*, o homem glorificado, e é um quadro descritivo do que acontece nessa Iniciação, pois assim como a Segunda Grande Iniciação está relacionada principalmente com o aceleramento evolutivo do corpo mental inferior, neste estágio é o corpo Causal que é especialmente desenvolvido. O Ego é levado a um contato mais próximo com a Mônada, e é, assim, verdadeiramente transfigurado. Mesmo a personalidade é afetada por aquele maravilhoso influxo. O Eu Superior e o eu inferior tornam-se um na Primeira Iniciação, e essa unidade jamais se perde; porém, o desenvolvimento do Eu Superior que agora ocorre nunca pode ser refletido nos mundos inferiores da forma, ainda que os dois sejam um na maior extensão possível.

Nesses estágios, especialmente no terceiro, o homem não só fica frente a frente consigo mesmo, com Deus em seu interior (a Mônada, para o Ego, e o Ego, para a personalidade, são cada um o Eu Superior em relação ao seu inferior), mas fica também face a face com o "Rei", o Iniciador Único. Em Seu nome são conferidas todas as Iniciações, mas na Primeira e na Segunda algum Mestre atua por Ele como Representante ou Hierofante Iniciador, embora só o faça com a permissão expressa do Rei através do *Mahāchohān*, como já mencionado.

Mas o homem que seja afortunado o bastante para alcançar o terceiro grande passo deverá encontrar-se face a face com o Rei, que nesse terceiro estágio ou confere a Iniciação Ele mesmo ou a delega para algum de seus Discípulos, os Três Senhores da Chama, que com Ele vieram de Vênus; e no evento posterior, o homem é apresentado ao Rei imediatamente após ocorrer a Iniciação. E, assim, o "Cristo" vai à presença de seu Pai; *Budhi* no Iniciado é elevado até se tornar uno com sua origem no plano Nirvânico, e efetua-se então uma maravilhosa união entre o primeiro e o segundo Princípios do homem. Por isso é que, em conexão com a Festa da Transfiguração, vem também a Festa da Apresentação do Cristo no Templo, às vezes chamada "Purificação da Santíssima Virgem Maria" ou "Dia da Candelária".

O drama-mistério da vida do Cristo simboliza não só o progresso do homem como também a descida do Segundo Logos, a Segunda Pessoa da Santíssima Trindade, à matéria. Inicialmente vem a Anunciação, quando a Terceira Pessoa da Santíssima Trindade faz sua Primeira Emanação na matéria, e assim agita e impregna os mares virgens da matéria que são simbolizados no sistema cristão pela Santíssima Virgem Maria, cujo termo latino, "maria", é o plural de "*maree*", o mar. Portanto, ela representa os mares da matéria dos diferentes planos. Todo o assunto é uma vasta e bela alegoria na qual a primeira descida é simbolizada pela Anunciação. E muito tempo depois, tendo sido lentamente preparado o caminho pelo Terceiro Aspecto (Deus-Espírito Santo), o Segundo Aspecto (Deus-Filho) desce à matéria e nasce no Natal. Mas a frutificação da matéria, sua vivificação, requer tempo; e assim, na alegoria, são demonstrados seus resultados quarenta dias mais tarde, no Festival da Purificação dos grandes mares de matéria, que significa sua vivificação e sua elevação pela presença desse Segundo Grande Aspecto neles, o florescimento através deles. Esse resultado aparece quando o Cristo recém-nascido é apresentado ao Pai; quando a Terceira Emanação, que procede do Primeiro Aspecto, a Primeira Pessoa da Santíssima Trindade, flui sobre ele; e aquela purificação aperfeiçoada da matéria é simbolizada pela apresentação do Cristo em sua Casa, seu Templo, ao seu Pai.

A Quarta Iniciação difere de todas as outras por existir esse estranho duplo aspecto de sofrimento e de vitória. Cada uma das Iniciações anteriores foi simbolizada no sistema cristão por um fato definido: o Nascimento, o Batismo, a Transfiguração; mas a fim de representar a Quarta Iniciação, foi necessária uma série de eventos. A Crucificação e todos os vários sofrimentos dos quais ela foi a culminação foram empregados para tipificar uma parte dessa Iniciação, enquanto que a Ressurreição, com seu triunfo sobre a morte, representa o outro lado. Nesse estágio, há sempre sofrimento – físico, astral e mental; há sempre a condenação do mundo e o aparente fracasso; há sempre o esplêndido triunfo nos planos superiores, o qual, entretanto, permanece desconhecido para o mundo externo. O tipo peculiar de sofrimento que invariavelmente acompanha essa Iniciação liquida por completo qualquer resíduo de *karma* que possa ainda se interpor no caminho do Iniciado; a paciência e o contentamento com que o suporta têm grande valor para o fortalecimento de seu caráter e o ajudam a determinar a importância de sua contribuição ao trabalho que se abre diante dele.

A Crucificação e a Ressurreição que simbolizam essa Iniciação são assim descritas em uma antiga fórmula egípcia: "Então o candidato haverá de ser atado a uma cruz de madeira, haverá de morrer, será enterrado e descerá aos submundos; ao terceiro dia, haverá de ser resgatado de entre os mortos".

No simbolismo cristão, a Ascensão e a Descida do Espírito Santo equivalem à conquista do Adeptado, pois o Adepto de fato ascende claramente por sobre a humanidade, além da Terra, embora ele possa escolher, como o fez o Cristo, retornar para instruir e auxiliar. À medida que ele ascende, torna-se um com o Espírito Santo, e invariavelmente seu primeiro ato com seu novo poder é derramá-lo sobre seus discípulos, assim como o Cristo enviou línguas de fogo sobre as cabeças de seus seguidores na comemoração de Pentecostes. O triplo *Ātmā*, o triplo Espírito do homem, radica na parte inferior do plano Nirvânico ou Espiritual, enquanto que a manifestação inferior da Terceira Pessoa, Deus-Espírito Santo, se acha na parte superior do mesmo plano. O Adepto se torna um com esse último naquele nível, e esta é a explicação real da comemoração cristã do Domingo de Pentecostes, o Festival do Espírito Santo.

Esse é o antigo caminho, denominado "Reino dos Céus" ou "Reino de Deus"; chamado também o "Caminho da Cruz", sendo a Cruz o símbolo da Vida triunfante sobre a morte, do Espírito vitorioso sobre a matéria. Não há diferença na Senda, seja no Oriente ou no Ocidente, pois existe um só ensinamento oculto e uma única Grande Loja Branca. Os Guardiões dos tesouros espirituais de nossa Raça apenas reconhecem as qualificações e, segundo o antigo costume, abrem o portal que permite ao homem trilhar a antiga e estreita Senda. Aqueles que buscam, encontrarão; e àqueles que batem se abrirá a porta; diante dos que golpeiam com o martelo das quatro qualificações, a porta está completamente aberta para que possam encontrar a Senda. São cinco os Portais na Senda, e o quinto leva à derradeira e Divina Perfeição da Humanidade. A vida do Iniciado, entre a Primeira e a Quinta Grandes Iniciações (sendo o estágio inicial o Nascimento do Cristo e o final o atingimento de sua estatura plena), é denominada "Vida Crística".

P 297: *Qual é a vida do novo Iniciado, e qual é seu trabalho para cumprir o ideal de Humanidade Divina, para alcançar a liberação ou salvação final?*

R: Chegamos já à Senda Própria, com seus quatro estágios, cujo percurso, ao cruzar o quinto Portal, faz de um discípulo na Senda um Supra-homem, ao alcançar sua meta na Quinta Grande Iniciação. Deve se preparar para cada Iniciação mediante experiências adequadas e autotreinamento. A Primeira Iniciação corresponde à matrícula pela qual se admite um estudante na Universidade, e a conquista do Adeptado equivale a receber o diploma ao final do curso. Continuando com a comparação, existem três exames intermediários, usualmente denominados Segunda, Terceira e Quarta Iniciações, sendo o Adeptado a Quinta.

Os estágios na Senda de Santidade, como se denomina esse processo de desenvolvimento espiritual, são marcados por expansões de consciência, conforme já se disse, e pela dádiva de novos conhecimentos e novos poderes ao Iniciado pela Grande Fraternidade. Antes que o discípulo passe de um estágio a outro, a Fraternidade lhe requer um registro de seu trabalho executado para a humanidade, a independência de específicos defeitos morais e mentais, e a posse de certas faculdades espirituais. Especificamente, são dez *Samyojanas*, ou grilhões, que prendem o homem ao círculo de renascimentos, o afastam do *Nirvāna*, e dos quais o discípulo juramentado – o Iniciado – deve, portanto, se libertar, um por um, antes que possa alcançar finalmente o Adeptado. O Guru toma a seu cargo a direção, a instrução e a tutela de seu *Chela*, que agora deve estar inteiramente livre desses obstáculos e desenvolver cada qualidade por completo, e não parcialmente, como durante o estágio probatório. A vida interna do discípulo está repleta de júbilo, mas não é uma vida fácil, pois o trabalho que tem de executar (o trabalho de condensar em umas poucas e curtas vidas a evolução de milhões de anos) frequentemente envolve uma terrível tensão sobre seus veículos. Ele deverá ser muito cuidadoso acerca das frivolidades da vida diária, pois, conduzindo a vida oculta, ele sabe que "as frivolidades criam a perfeição, e a perfeição não é qualquer frivolidade". No mundo dos homens, sua sinceridade de propósito é frequentemente mal compreendida; ele é rejeitado e desprezado por todos que o rodeiam, e a tudo que fizer serão atribuídos motivos pessoais.

1º) ESTÁGIO: Depois da Primeira Grande Iniciação, após o Nascimento do Cristo dentro de si, o discípulo, que até então, segundo os hindus, era um *Parivrājaka* (o Viajante, aquele que não encontra lugar nos três mundos inferiores como sua morada permanente ou para se refugiar), converte-se em um *Kutichaka* (o Construtor, que edifica os veículos de que necessita, ou aquele que constrói uma cabana porque chegou a um lugar de paz). Para os budistas, ele é um *Sotāpatti* ou *Sohan*, "aquele que entrou na corrente", cuja margem adiante é a Maestria. O Iniciado deve agora erradicar completamente três debilidades da natureza humana, deve libertar-se inteiramente de três grilhões que ainda o prendem:

1º. Grilhão: a ilusão do eu ou o sentido de *separatividade* (*Sakkāyaditthi*). O senso de que ele é separado do outro, a consciência de que "eu sou eu", a qual, por estar conectada com a personalidade, não é mais que ilusão e, entretanto, ainda é difícil livrar-se dela. Mas como a Primeira Iniciação lhe trouxe uma mostra do plano Búdico, o *Chela* sentiu a completa unidade de tudo que existe; e quando o Iniciado realiza essa unidade, ele percebe sua identidade tanto com o vagabundo e o pecador quanto com o mais elevado santo.

2º. Grilhão: dúvida ou incerteza (*Vicikicchā*). Isso não significa que seja requerida ao discípulo uma cega e irracional adesão a certos dogmas ou uma crença inquestionável. A eliminação desse grilhão consiste em adquirir a certeza absoluta baseada tanto na experiência individual e conhecimento pessoal de primeira mão quanto no raciocínio matemático. A dúvida que o discípulo deve deixar atrás de si, para sempre, é aquela que se refere a certos fatos da Natureza – da Reencarnação e do *Karma*, da existência dos Mestres e da eficácia do método para alcançar o mais elevado Bem pela Senda de Santidade. Existem muitos estágios na dúvida, desde uma franca descrença até a aceitação de uma verdade como uma "hipótese provável". Um idealismo elevado, baseado em hipóteses prováveis, conduzirá o homem ao Portal da Iniciação; mas há que chegar um tempo em que algumas, pelo menos, de suas hipóteses prováveis sejam fatos reais de sua consciência íntima – os fatos que, não aceitos com base em autoridade ou crença cega, mas sabidos como verdade por observação externa e realização interna, serão para sempre parte de sua individualidade.

3º. Grilhão: superstição. Tomar o não essencial pelo essencial e a cerimônia externa pela realidade interna (*Sīlabbataparāmāsa*). Esse grilhão a ser eliminado compreende toda classe de crenças irracionais ou errôneas, toda dependência na eficácia de ritos e cerimônias externas. O discípulo sabe que os ritos e as cerimônias têm seu lugar na evolução humana, atuando como pontes para que os homens comuns alcancem a realidade invisível, mas que já não são necessários para ele, que aprendeu a depender apenas de si mesmo. Sobretudo, ele está livre da superstição da ira do Poder por trás da evolução e sabe que tudo que existe encontra-se dentro do Amor Universal.

2º) ESTÁGIO: Depois que o discípulo se livrou *inteiramente* dos três primeiros grilhões, ele passa à Segunda Iniciação. Mas antes que possa galgá-la, o Iniciador pede evidências da maneira como o candidato utilizou os poderes que adquiriu na Primeira Iniciação, e um dos mais belos episódios da cerimônia é aquele em que aqueles que foram auxiliados pelo candidato vêm à frente para dar seu testemunho. Também é requisito para essa

Iniciação que o candidato tenha desenvolvido o poder de atuar livremente em seu corpo mental, pois embora a cerimônia da Primeira Iniciação ocorra no plano astral, a da Segunda se dá no mundo mental inferior.

Se o Senhor Maitreya atua como Iniciador, a cerimônia ocorre, geralmente, em seu jardim ou em seu salão. Ele próprio está presente em seu corpo físico, assim como, em muitas ocasiões, o Senhor Vaivasvata *Manu*, que mora próximo. Todos os outros presentes estão usualmente em seu veículo astral quando ocorre a Primeira Iniciação, mas em corpo mental, tratando-se da Segunda. Os Grandes Seres presentes focam sua consciência, com perfeita facilidade, em qualquer nível que seja requerido, e naturalmente existe nos planos astral e mental uma contraparte perfeita de tudo o que existe no físico.

O discípulo é agora um *Bahūdaka* ("Muitas Águas", aquele que continua em peregrinação aos lugares santos), de acordo com os hindus. Para os budistas, ele é um *Sakadāgāmi* ("o homem que retornará só mais uma vez"), o que significa que aquele que alcançou tal nível não requer mais que uma encarnação antes de alcançar o *Arhatado*, a Quarta Iniciação, depois da qual já não é compulsório o renascimento físico. Portanto, apenas mais um nascimento físico lhe é obrigatório, e ao final de sua próxima vida física, após ter alcançado o *Arhatado*, ele poderá completar os estágios restantes da Senda sem voltar a encarnar, se assim o desejar. Na narração dos Evangelhos, que, lida corretamente, não trata da história de uma pessoa mas do grandioso drama da Iniciação do Espírito, essa Iniciação é denominada "Batismo", quando o Espírito de Deus desce sobre Jesus e nele faz morada. O Espírito que desce é o Espírito da Intuição; e antes que possa seguir adiante, o discípulo deve aprender a atraí-lo até sua

consciência física através de seus corpos Causal e mental ampliados, a fim de que esse Espírito possa "nele fazer morada" e guiá-lo.
Durante esse período, que geralmente consiste em um considerável avanço tanto psíquico quanto intelectual, não são eliminados grilhões adicionais, mas o discípulo tem de edificar e aperfeiçoar todos os seus corpos sutis, desenvolvendo assim as faculdades psíquicas e adquirindo os poderes suprafísicos que pertencem aos corpos suprafísicos. Ele agora tem consciência astral sob seu domínio enquanto está acordado, e durante o sono o mundo celestial estará aberto diante dele, pois a consciência de um homem, quando separada de seu corpo físico, está sempre em um nível acima daquela quando sob o fardo da carne. Esse estágio, em que ocorre um grandioso e rápido desenvolvimento do corpo mental, é normalmente de curta duração, após o qual o discípulo passa ao terceiro Portal.

3º) ESTÁGIO: O aspirante que passou pelo terceiro grande Portal, denominado "Transfiguração" na narração cristã, é chamado pelos hindus de *Hamsa*, o Cisne, a ave celestial, o símbolo do reconhecimento do "Eu" como uno com Deus; aquele que realizou "Eu sou Aquilo". Para os budistas, ele então se torna *Anāgāmi*, "aquele que não retorna", assim denominado porque se espera que ele alcance a próxima Iniciação, o *Arhatado*, na mesma encarnação e porque, consequentemente, já não necessitará nascer em um corpo físico, a menos que assim o escolha, pois o mesmo já não lhe será necessário para alcançar a meta final. O trabalho pode ser feito nos mundos invisíveis, e o Iniciado pode desde então, se assim o decidir, seguir para a Quinta Iniciação.
Durante o tempo que transcorre entre a Terceira e a Quarta

Iniciações, ele tem que eliminar, finalmente, os remanescentes de mais duas debilidades.

4º. Grilhão: apego ao prazer da sensação caracterizada pelo amor terreno (*Kāmarāga*). De forma alguma ele deixará de sentir atração pelo que é agradável, belo ou puro e também repulsão pelo oposto a isso, e não levará essas sensações em consideração no curso do trabalho; não permitirá que essa atração ou essa repulsão sejam um elemento decisivo em seu dever, e irá desprezá-las nas ocasiões emergenciais, quando necessário para o seu trabalho. Vemos na alegoria dos Evangelhos como o Cristo pôs de lado a atração por tudo aquilo que o afastasse da iminente Paixão. Mas o mais nobre amor humano jamais perece; seu amor pela humanidade aumentou e se ampliou até abarcar todos com o mesmo fervor que, inicialmente, era dissipado com apenas uma ou duas pessoas, embora, ao conquistar esse afeto ampliado, toda a sua afeição por seus amigos próximos (aquela entre Egos) seja enormemente intensificada e se torne "o perfeito amor que expulsa todo temor".

5º. Grilhão: toda possibilidade de ira ou de ódio (*Patigha*). Neste estágio, ele estará disposto a auxiliar um inimigo tão prontamente quanto a um amigo, e se regozijará em ajudar tanto um adversário como seu parente mais querido. Na alegoria dos Evangelhos, vemos como havia terminado toda repulsão para o Cristo quando foi permitido "à mulher que era uma pecadora" que se aproximasse dele, lavasse seus pés com suas lágrimas e os enxugasse com seus cabelos. Neste estágio, o discípulo aprende a se elevar além de toda atração e repulsão.

4º) ESTÁGIO: Entre a Terceira e Quarta Iniciações, existe um abismo de silêncio no qual o discípulo paira em solidão no vazio, sem nada na Terra em que confiar, sem nada nos Céus a que clamar, e ainda com a visão do Supremo obscurecida e turva, como simbolizado pela Agonia no Horto. Seguindo adiante, através dos estágios da Paixão, o discípulo se vê traído, negado, rejeitado, pendurado na cruz da agonia para que todos os homens zombem dele e o desprezem; ele ouve a provocação de seus inimigos – "Ele salvou a outros, mas não pode salvar a si mesmo." – e desprende o choro do coração dilacerado: "Meu Deus, meu Deus, por que *Vós* me abandonastes?"; vê-se na mais completa solidão e, ao perder o Deus fora dele, o encontra finalmente dentro de si.

Então é realizada a Quarta Iniciação (a Crucificação e a Ressurreição do Cristo). Ele se tornou o Cristo crucificado e, por conseguinte, o Salvador do mundo. Para ele, a solidão terminou completamente, pois encontrou a Vida Una e a tem para sempre. Ele se tornou um *Paramahansa*, aquele que está além do "Eu sou Ele", segundo a terminologia hindu, pois não há mais distinção entre "Eu" e "Ele", mas somente o Uno; um *Arhat* – o Venerável, o Perfeito, o Digno –, de acordo com a nomenclatura budista, sem mais nenhuma encarnação compulsória. Doravante, enquanto ainda no corpo físico, é sua a consciência do plano Búdico; e quando abandona esse corpo durante o sono ou em êxtase, ele passa instantaneamente à indescritível glória do plano Nirvânico.

Nesse estágio, entre a Ressurreição e a Ascensão do drama cristão, ele tem que eliminar completamente mais cinco debilidades ou grilhões. Quando se encontra no degrau do *Arhatado*, pode-se dizer que ele trilhou metade de seu caminho desde a Primeira Iniciação até o Adeptado, pois ele já terá eliminado, então, cinco dos dez grandes grilhões, em uma média de sete encarnações; e diante dele se apresenta o desafio de eliminar os outros cinco, para o que, se ele assim o desejar, também lhe serão permitidas outras sete encarnações, embora essa média não seja, absolutamente, uma regra geral. Os cinco grilhões restantes, cujos últimos remanescentes ele terá que descartar, são:

6º. Grilhão: desejo pela beleza da forma ou pela existência em uma forma (*Rūparāga*), seja no mundo físico ou mesmo no mundo celestial. Deve livrar-se de todo apego à vida na forma.

7º. Grilhão: desejo pela vida sem forma (*Arūparāga*) nos planos superiores e sem forma do mundo celestial ou mesmo no plano Búdico, que seria meramente um tipo de egoísmo menos sensorial.

8º. Grilhão: orgulho (*Māno*), *Ahamkāra*, a tendência ao egocentrismo, em perceber a si mesmo separado dos demais.

9º. Grilhão: agitação ou irascibilidade (*Uddhacca*). Ele deve permanecer perfeitamente inalterado por qualquer coisa que possa lhe acontecer.

10º. Grilhão: ignorância (*Avijjā*). Ele deve se libertar de tudo que se interponha em seu caminho para a aquisição do perfeito conhecimento acerca de nossa Cadeia planetária.

Todos esses atributos e faculdades são desenvolvidos pelo *Chela* em si próprio, com muito pouco auxílio da parte de seu Mestre, exceto orientação. "Um Adepto não é feito, ele se torna", diz o aforismo oculto.

5º) ESTÁGIO: O Iniciado passa então pela Quinta Iniciação, simbolizada pela Ascensão do Cristo e a Descida do Espírito Santo, e torna-se o *Jivanmukta*, a vida liberada, dos hindus; o *Asekha*, "aquele que nada mais tem a aprender", dos budistas. Tendo cumprido o ciclo de humanidade e realizado o ideal da Humanidade Divina, ele é agora o Homem Perfeito, Mestre da vida e da morte, livre de todos os grilhões que aprisionam, e com todos os poderes conferidos a ele nos Céus e na Terra. Nasceu pela última vez e alcançou a salvação final. Conquistou a vida eterna e está agora entre os muitos Irmãos, dos quais o Cristo é o Primogênito; tornou-se "um pilar no templo de meu Deus, de onde nunca sairá", e alcançou a plena estatura do Cristo.

P 298: *Como o Adepto se torna um Mestre?*

R: Tendo cumprido sua peregrinação, o Adepto vê agora diante de si, conforme exposto, sete caminhos, sete Sendas de glória e de poder que conduzem aos grandes reinos da vida suprafísica; todas elas, exceto uma, o livram para sempre do fardo da carne humana e se estendem para muito além de nossa Terra. À medida que ele contempla esses sete caminhos, através da sublime música que o rodeia, surge um soluço de dor; e ele escuta o choro do mundo em sua obscuridade, em seu sofrimento, em sua degradação moral – o choro da humanidade aprisionada –, e vê as tentativas do ignorante, do desamparado e do cego. Então, movido por compaixão, por sua antiga identidade com a humanidade, da qual ele é a flor, ele volta-se para o mundo que deixou; e em lugar de descartar o fardo da carne, ele o toma novamente para carregá-lo ainda a fim de poder ajudar a humanidade. Ao trilhar a Senda da Santidade, ele alcançou a Perfeição, venceu a morte e conquistou a Imortalidade; alcançou a Liberdade e vive agora no Eterno. Mas, sendo perfeito, ele permanece para nos auxiliar, que ainda somos imperfeitos; tendo realizado a Eternidade, ele permanece entre as sombras do tempo até que também nós a realizemos; ele abriu os portões da Bem-aventurança e os mantém abertos, permanecendo ao lado para que todos nós possamos entrar à sua frente, pois ele, que foi o primeiro a conquistar a Bem-aventurança, designa a si mesmo como o último a desfrutá-la. Seus sentimentos poderiam ser muito tenuemente reproduzidos nestas palavras da Dra. Annie Besant:

> Não terei a paz final até que meus irmãos participem dela; não terei a derradeira liberdade enquanto ela não for compartilhada por meus irmãos, nenhum regozijo que não seja também deles. Não tomarei o *Nirvāna* para mim mesma, deixando meus irmãos na prisão do nascimento e da morte, em sua ignorância e obscuridade, em seu desamparo e fragilidade. Se conquistei a Sabedoria, foi para a iluminação deles. Se aprendi a vibrar em agonia pelo homem, de que me serve descartar estas envolturas e seguir para onde é inútil essa vibração? Permanecerei aqui onde estou e trabalharei pela humanidade. Cada dor humana me afetará. Cada agonia do homem me atormentará e oprimirá meu coração. Cada debilidade do homem será minha debilidade por identificação com a humanidade, e cada pecado e crime seu será meu sofrimento, até que todos, juntos, sejamos livres.

E assim ele se torna o que chamamos "Mestre"; um elo entre Deus e o homem; um Espírito liberado que está ainda disposto a suportar o fardo da carne para não perder o contato com a humanidade que ama, colocando-se a serviço dela pelo ato supremo da renúncia e permanecendo em escravidão até que todos sejam livres, seguindo para o *Nirvāna* quando todos puderem ir, de mãos dadas com ele.

Ele, e outros como ele, elevando-se além do grau de sabedoria e poder supra-humanos, formam a Hierarquia Oculta, os Guardiões do mundo, que permanecem conosco para dirigir, instruir, guiar e definitivamente auxiliar a humanidade ao longo do difícil caminho da evolução humana.

Tornou-se um Salvador do mundo; tendo sofrido e conquistado tudo, é agora capaz de "ajudar até o limite extremo", não por uma substituição pessoal, mas por identidade de natureza; não por tomar o lugar do débil ou do pecador, mas pela infusão de sua própria força no débil, pela impregnação de sua pureza no pecador. Ele conhece, portanto, a identidade de natureza que faz sua a debilidade do mais débil assim como a fortaleza do mais forte; que faz seu o pecado do maior criminoso assim como a pureza do mais puro. Desse modo, o mais depreciável é tão intensamente amado quanto o mais elevado, pois faz parte dele tanto quanto o mais santificado e o mais puro.

Ele auxilia o progresso da humanidade de inumeráveis maneiras, como já referido. Suas mãos estão prontas para auxiliar cada homem que lhe estenda as suas, cada irmão de sua Raça que peça orientação; seu coração responde a todo clamor. Por todo o mundo, está buscando quem tenha ouvidos para ouvir a Sabedoria e quem responda a seu apelo por mensageiros que a levem a toda a humanidade ao dizer: "Eis-me aqui, enviai-me". Permanece à espera até que estejamos dispostos a ser instruídos e tenhamos a oportunidade que ele assegurou quando renunciou ao *Nirvāna*.

A Senda para os Mestres de Sabedoria está sempre aberta, e qualquer um de nós pode trilhá-la e alcançar a meta que eles alcançaram. Nascido do Espírito Eterno, é um direito inato do Espírito humano conhecer sua própria Divindade, e então realizá-la e manifestá-la; conhecer as possibilidades de sua própria natureza, e então cumprir o propósito para o qual veio ao mundo. Pois o mundo existe para a revelação do Espírito, e a Divindade é a verdadeira meta do homem.

Shānti

Leia também

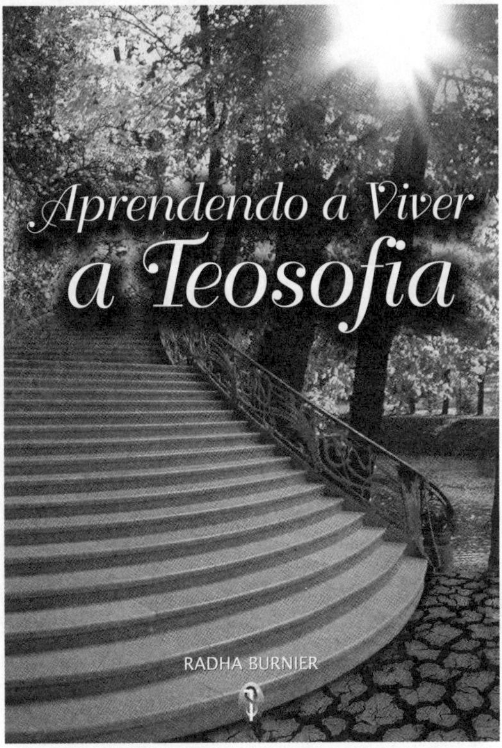

"Onde há vida, há consciência"; dessa forma, a vida pode evoluir para inúmeros estágios de expansão da consciência.

A Dra. Radha Burnier, que foi presidente internacional da Sociedade Teosófica, descreve esses estágios do caminho do autoconhecimento a partir de sua própria vivência e do convívio com N. Sri Ram e Jiddu Krishnamurti.

Esta obra investiga tanto os fundamentos da meditação quanto a consciência e seus poderes, visando despertar a nossa auto-observação para expandir nossa percepção dessa sabedoria da vida. Assim, ela nos leva a aprender como vivenciá-la para encontrar a harmonia e a felicidade que o nosso coração procura.

Leia também

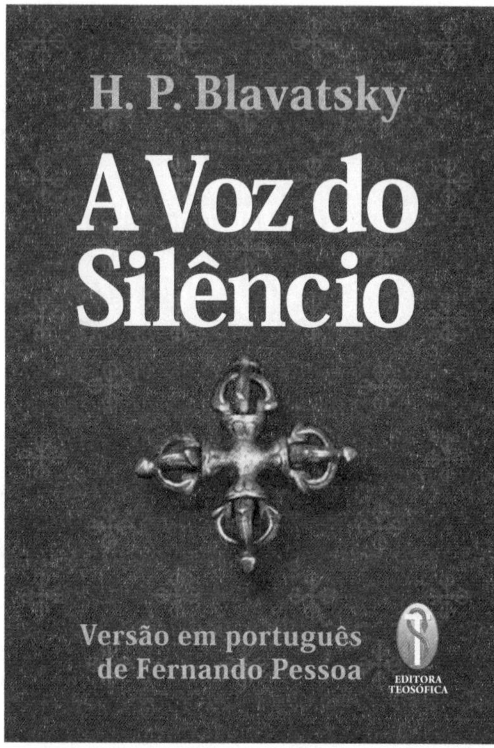

A Voz do Silêncio, a última obra de H. P. Blavatsky, é um tratado de Budismo tibetano que apresenta ao mundo ocidental a ética do desenvolvimento espiritual para o bem de todos os seres. De forma extremamente poética e inspiradora, descreve passo a passo a jornada do aspirante rumo à espiritualidade. Deixa claro que a Senda Espiritual se torna limitada quando temos apenas o interesse no usufruto pessoal. A plenitude da Sabedoria não é para nós, mas para que possamos ajudar nossos semelhantes. Temos que escolher entre continuarmos egoístas ou desenvolvermos a compaixão. O livro aconselha: "Permanece altruísta até o interminável fim".

Informações sobre Teosofia e o Caminho Espiritual podem ser obtidas na Sociedade Teosófica no Brasil, no seguinte endereço: SGAS - Quadra 603, Conj. E, S/N - (61) 3226-0662, CEP 70200-630. Também podem ser feitos contatos ou pelo e-mail secretaria@sociedadeteosofica.org.br - www.sociedadeteosofica.org.br